認識大陸作家系列

烽火智囊

——民國幕僚傳奇

伍立楊・著

幕僚史研究的特異之作

來新夏序

中華數千年政壇宦海，其正面出場人物之背後無不擁有數人、一夥人、甚至數百人者隸於麾下，為幕主的各種情事理清思路，擘劃獻策，通謂之幕僚。帝王將相有謀臣策士，州縣官吏有師爺西賓。他們在一定程度上可決定幕主各類事務之生死成敗，得其益者可獨步青雲，諸事順遂；受其害者可亡事僨事，毀滅事業。幕僚陰影，倘徉游走於歷史滾滾潮流中。若推衍幕僚謀士之聲華，明文具載，當始於春秋戰國之際，蘇秦、張儀等縱橫家，翻覆捭闔，既成就國君霸業，復博取個人利祿。此後各朝各代，皆有其人，為士人一大出路，而當興亂紛擾之際，其人尤顯活躍。有清一代，幕士鼎興，名幕迭出，有的幾成專業，故世有「紹興師爺」之說，紹興吉昌鎮師爺館所存師爺檔案是為師爺史研究之依據。

民國以來，世事紛擾，各類幕僚群起鼓噪，雖稍有著述可資探索，但窮原竟委之作，終稱闕焉。

伍君立楊，精研民國史事，前者所著《鐵血黃花》、《讀史的側翼》已為民國史研究增益多多，問世後學林視為別具一格，為史學研究開闢新路。近聞其《烽火智囊》業已問世，不禁為之一振。循讀全稿，凡北洋及國民政府時期政軍各界，涉及之幕僚達百餘人之多。其中有世人所知者，有世人未詳其究竟者，有從無知其人者，而立楊多方羅掘，不可謂不廣，所列諸人不僅敘其生平，亦評騭其功過。史料之有據，分析之深刻，可稱鞭辟入裏，為民國史中具有卓見特異之作。讀其書不只補民國史史事之闕漏，亦為當世當政之網羅人才，使用幕僚增有益之歷史經驗。鑒往知來，伍君可謂善研史者。

——載於《光明日報》二〇〇九年六月十九日）

序篇

近代中國社會，干戈擾攘，很多關鍵的轉折時期，成也幕僚，敗也幕僚。他們影響社會形態的生成至大至巨。

那時候的中國世道，洵為一種「強偶合」社會，軍頭之間，不知疲倦的你爭我奪，使槍弄炮才能滿足他們的脾胃。社會上只要有一點勢力的，都可無限制的切割拉鋸下去，坐享爭奪的成果。女詩人、思想家裏奇說過「一根頭髮的距離即是一切風暴的開始。試想，一根頭髮的距離都可切出一片風暴，那麼他們貼身的選擇性切割操作，也就成了追求短線利益的最佳便道。上焉者蠢動冒進，龍蛇起陸，下焉者滿是狂熱的激情。

張儀、蘇秦，都是戰國時代備受矚目的冒尖人物，鬼谷子縱橫捭闔之術市場廣大，一怒而天下懼，安居而天下熄，顛倒淋漓，折衝樽俎，搗鬼有術，權謀大興，人多豔羨。「張儀已而學遊說諸侯。」曾被人打，他妻子勸他別再讀書遊說。他說，你看我的舌頭還在嗎？他妻子笑說還在，張儀說，這就是足夠了。

三寸不爛之舌就是他無盡的本錢，憑所學的一套理論遊說人君，運氣壞，被辱被逐被看輕；但運氣好，則可謀得卿相的地位。

民國時期可謂戰國形勢的重演，文人在軍閥周圍異常活躍。

「儀與蘇秦皆以縱橫之術游諸侯，致位富貴，天下爭慕效之。又有魏人公孫衍者，號曰犀首，亦以談

說顯名。其餘蘇代、蘇厲、周最、樓緩之徒，紛紜遍於天下，務以辯詐相高，不可勝記，而儀、秦、衍最著。」（《資治通鑑》卷三）

一旦得逞，將是何等的聲華，難怪競起效尤；而至民國初年，根本就是戰國時代的重演，軍人、名流、專家與政客組成的混合體問鼎政壇，文化精英果然一改舊日的瘦骨嶙峋蓬頭垢面，有了些許主人翁的模樣。他們的臉色寫滿期待，他們的眼神卻相當閃爍。縱橫變詐之術風行於世，為帝王師，為諸侯謀，幕僚型人物一時多如過江之鯽。

英國《焦點》月刊二〇〇七年四月曾經刊出文章，認為植物原來也有智力，譬如金合歡樹會產生一種含丹寧酸的異味以阻止動物啃食自己，被啃食過的金合歡樹葉會釋放一種氣味，周圍其他金合歡樹會識別出這種氣體，從而在捕食者到來前釋放出丹寧酸。

植物細胞中也有著某種「思考」，只是人類尚無法體驗其過程。植物可以對環境做出評估，這意味著它們的行為比人所知道的更為複雜。植物竟如此，何況萬物之靈長乎？呂不韋，運用「奇貨可居」之謀奪得最高控制權，蘇秦的「合縱連橫」，范睢的「遠交近攻」，涉及社交、人際、霸業、外交、統御之術等等，其影響時代，往往難以物質的價值加以衡量。思奇謀、想良策而絞盡腦汁，就其性質心地而言，沒有他們想不到做不到的事情。運用陰謀詭計，真無所不用其極。

民國短短四十年不到，文化、學術迭現耀眼俊彥，不遜色於歷史上任何閃亮時期。幕僚、智囊、軍師、參謀界的情形亦然，說是猛將如雲，謀臣如雨，並不為過。設若民初第一共和憲政國家順利萌蘗，則攪動近現代史的日本之類外患將不成問題。

中國的文職幕僚有兩種，一種像饒漢祥、杜牧等等，以文職終其身。

一種像蔣百里、曾國藩、左宗棠、尤其像羅澤南、彭玉麟、辛棄疾、蔣緯國等，下馬草露布，那是行家裏手，本色當行，而其另一面，又可牽頭擬定策略，親率大軍指揮作戰，甚至衝鋒陷陣，做一傑出罕觀之戰術家。

外國的情形同樣明晰。

十九世紀初葉普魯士軍參謀長兵學大師克勞塞維茨、晚些時候的俄軍總參謀長約米尼、德意志帝國總參謀長老毛奇、二十世紀初葉的德軍總參謀長施利芬、一戰時期的德軍總參謀長興登堡、義大利米蘭師參謀長杜黑、以及二戰名將麥克亞瑟、東條英機、馬歇爾、梅津美治郎、史迪威、阿諾德、蒙哥馬利、艾森豪、古德里安、布萊德雷……諸位都是參謀、幕僚長出身，或由中下級軍官升為高級幕僚，或由高級幕僚兼大軍指揮，或由幕僚而統帥、而總統，或為終生幕僚，但都是專業軍事人才。古德里安跟隆美爾一樣，從來不在後方指揮，他總是乘坐裝甲指揮車與先頭部隊一同馳驅，靠無線電聯絡各師旅，有時甚至因前進速度過快，進入己方的炮擊區而險遭厄運。這和中國傳統的文職軍職轉換大有其區別。

北洋時期，那些信古不疑的迂闊之士，都只好說，道不行，乘桴浮於海！在此政體裏大行其道的只有兩種人，韓非子的傳人和鬼谷子的信徒。前者幫助君主守權，防止臣下行竊；後者指點臣子偷權，在瞞天過海中偷天換日。

然而，其計也有時而窮！他們在各自的綱領和雄辯中所披露的，更多地卻是政策性的措施，難以見到對原則和方向高屋建瓴的闡述，以及歷史的景深，更多的是眼前短淺的現實。

《孫子》分十三篇進行謀略研究，《百戰奇法》則按百種作戰類型研究謀略。

思想家方面，老子「無為而治」、「以柔克剛」的統御之術的倡導，孔子的「文治武功」、「剛柔並濟」的推行：「小不忍，則亂大謀」的主張：「三綱五常」的運用，曾給社會以巨大而深遠的影響。

但思想家的影響是潛在的，是後發的。

清末民初的文武之間，距離和分野的痕跡都不大明顯，有的武人文采甚佳；相當數量的文人，也時時葆有武裝行事的氣質。

那時候的人，在行為方式上，就很少有忍氣吞聲的。佯狂玩弄世中，他們甚至可以說攜帶相當分量的暴力傾向。

楊篤生北京騎毛驢看書罵人，連死都是由著性子來，《南社詩話》有謂：「湖南志士好自殺，而自殺尤好沉水。」譬如陳天華、姚宏業、楊篤生等，皆然。篤生遺書給吳稚暉：「有生無樂，得死為佳。」說得透闢、簡捷無以復加。一九一一年八月初，他在英國利物浦海口投大西洋死。陳天華則在孫中山和黃興面前，有時無端地就大哭起來，他在日本海濱投海。

章太炎本已自承為瘋病，但他更指康有為病狂之極。他給譚獻寫信，說康有為想當比皇帝還厲害的教皇，康有為的目光直而亮，狂悖滋甚，分明是精神病的症狀。

辜鴻銘回國後入張之洞幕，為西洋社會百科顧問。張之洞辦漢陽鐵廠，他也多所意見的貢獻。他本人則回頭苦修中國經典，後來將四書翻譯成英文。

袁世凱曾向德國公使吹噓，說張之洞講學問，他自己則不講學問的，而講辦事效率。袁世凱的幕僚將這件事得意地告訴辜鴻銘。辜鴻銘不假思索地回答：「老媽子倒馬桶，固用不著學問；除倒馬桶外，我不知天下有何事是無學問的人可以辦得好。」

抗戰大戰役參謀戰略擬定，他們有不俗的表現，更有軍隊轉型過程中，因人事、民族性、造成的種種阻礙。

近代已降，社會矛盾拉扯劇烈，社會轉型加劇，一時豪傑四起，社會場景變換多端。至於近代軍隊的發展，湘軍解散以後，則大體經歷李鴻章時代、淮軍的組建發展，袁世凱小站練兵時代、北洋時代、日本士官生時代、保定軍校時代、黃埔生時代。

這是一個替換較為迅速的時代。個人的識見、智慧、人格因素和作風態度輾轉影響歷史。幕僚（參謀、智囊、軍師、策士）在其中載沉載浮，其作用、其活動軌跡，甚為顯眼。

目次

第一章
大木百尋　滄海萬仞——時代巨人及其幕僚

中山先生早年的幕僚實踐和思想框架

中山先生的文章行文充溢懇摯醇美的氣息，他總是推心置腹的披瀝以道。只要他一下筆，就能提煉出高人一籌振聾發聵的思想見地。

他最早走向社會，欲以文章、策論影響當局大吏，從這個渠道來實現他改造中國的良願，就是以國族參謀、國事幕僚的心態出山的。

他二十八歲時寫的〈上李鴻章書〉（全集第一卷八頁起），結尾也還有援用當時體制內套語，對李大人加以恭維。如「我中堂佐治以來，無利不興，無弊不革……」云云。一八九四年夏，他和陸皓東前往天津，通過李鴻章的幕僚羅豐祿，向直隸總督李鴻章投書，李氏還不予接見。

此文底子本來就好，復經大文學家王韜修飾潤色，雖係經世文字，卻也彬彬可誦。他論證國家富強之道，明說關節不盡在堅船利炮，壁壘森嚴，而在於內在的四大端：即人能盡其材、地能盡其利，物能盡其用，貨能暢其流。這些是根本，其餘是標末。探尋歐美富強之本，即是人盡其才，地盡其利，物盡其用，貨暢其流，這些都是制度的根本所造成，他指出李鴻章輩只著眼於堅船利炮，是捨本逐末。

明朗通透的分襲擊中專制社會的命門

他並孜孜矻矻，希其驚醒，導其改變。但李鴻章輩的知識頭腦僅止於此。所以最終結果也是雞同鴨講，咽塞難通。道不行，乘桴浮於海；中山先生不是這樣，他是道不行，起而革命。此文既有總提，也有細講，包括急興農學，講究樹藝等等，但他強調政治制度乃為根本。其他要在這個根本上依託進行，方有成績。

中山先生論證在民治社會與專制社會不同政經體制之下，人，這個創造的主體，遭遇完全不同的境遇。西方制度下，人活在世上，不虛此生，良性制度使其才智蘊藏，開世人無限之靈機，闡天地無窮之奧理。而在專制之下，野有遺賢，朝多倖進，人的本性被戕害成為基因，遺患無窮……他二十五歲時寫的〈農功〉一文，也因闡明精彩闡述，被鄭觀應修改採用，植入其名著《盛世危言》中。此文也是有關中國改革的上上良策。中山先生的論述，像一架天然的高精度測量儀，道出迷亂陸離現實中清晰的出路。有些人，絕不是狹義的幕僚，甚至也不是廣泛意義上的幕僚，但我們仍可視之為一種參謀和智囊——他們可以說是對國家和民族的，時代意義上的幕僚。

中山先生寫於一八九七年的重頭文論〈中國的現在和未來〉，他這篇二十九歲時所寫的長文扣住了中國數千年以來的病灶，像全像攝影般寫出，觀之悚然不能自安。此文充溢鞭辟入裏的通透分析，無以倫比的敏銳觀察，流暢而不乏頓挫的敘述。他說，不完全推倒當時極其腐敗的統治，而建立一個賢良政府，則社會難以實現任何改進，更無法建立起純潔的政治。他認為中國的成文法還算好，但是絕大多數違法的事情都被曲解來附和僵死的字眼，因此就算是英國短時間到中國任職的官員也會隨行就市，變成官僚貪污階層的成員。先生認為中國長期遭受四種巨大的苦難：饑荒、瘟病，以及生命財產的毫無保障，他指出前面三種在很大程度上都是可以預防的，對於苦難來說，它們只是次要的原因，中國所有的一切災難只有一個根源，那就是普遍又有系統的貪污，造成了饑荒、水災、盜匪長年猖獗……中國的這些災難絕非一種自然的狀況或者氣候地域的產物，也不是群眾懶惰無知的後果，因為群眾的無知在很大程度上也是官僚貪污所造成。

黃河的管理人就是河道總督，他下面有一群屬員，他們曾經花了很大一筆錢來買他們的職位，因此他們必然要貪污。滲透在海關的賄賂能夠使一切貿易，包括外來的和本地的——完全癱瘓。跟水患和饑荒一樣，疫病也是人為造成的。中國氣候總的來說還不錯，清帝國的一些城市人煙稠密，污穢到了極點，飲用水骯髒到了難以形容，未來的資本家肯定不願意到這樣的國家來投資，因為財產和生命同樣為行政當局所漠不關心，遍佈全國每個角落的貪污使得生命財產毫無保障，它直接促使了盜匪的產生。根深蒂固的貪污遍及於全國，如果不在行政體系中造成根本的改變，那麼即使局部和逐步的改革都是無望的，誠實的官員無法生存，他也必須接受賄賂才能支付他的上級對他的索取。

中山先生論證這惡性循環的套中套，說明任何局部的改革都無濟於事，而必須自根本下手，他還證明了中國官場的所有提升的途徑都已全盤糜爛。譬如，科舉出身、行伍出身、捐班出身、保薦賢才出身，所有這些都要行賄，就算是最出色的應試生員亦然，如不行賄，那就連很卑賤的職位也輪不上，只好當一個白丁賦閒在家。

派到外省的官吏，一到省裏就必然向督撫及其隨員行賄，少數的官缺自然就給出價最高的行賄，另外升官會受到皇帝的召見，但他到北京需要先去登記，就算是李鴻章進京朝見時也不得不付出巨額的門包和賄賂，貪污惡習是如此冷酷的公開。

文章控制著一個論述的總的關節，適時舉出恰切而觸目驚心的例證，譬如軍官的升遷也充滿官職和肥缺的買賣關係。另外中國軍隊的將軍要提升大量的士兵，但是這些中國人的名字只存在於花名冊上，新來謀事的人願意照黑市價格付款，無數筆買賣就成功了。貪污、行賄任用私人以及寡廉鮮恥的對於權力和地位的買賣在中國是普遍的。政府意味著不可救藥的貪污。

另外中山先生論證了排外的是官吏而非群眾，是清政府而不是鄉下的中國人，但是他們會在一切變亂之後把責任歸咎於人民，民間的事業一旦露出有利可圖的苗頭，清政府就會派人來接管，外國輸入的工程，從外國買進的機器，完全處於無知官員的揮霍浪費之下。如果外國人希望將機器文明輸入中國，以為中國的新生就會開始，這真是和使吃人的野獸改用食具並將他們變成素食者是同樣的荒唐。中山先生的分析證明，對中國的專制者，無法保有絲毫良性的預期。他用妙喻說明問題的嚴重性，制度進不來，就是一般物質文明，也因此而大打折扣。他進而斷言，中國人民正渴求迎接一個全新的變革。大多數誠實的民眾，決心要進入公共民主的生活。對於外國政府，先生也諄諄告誡他們，民主中國才是一種正道的力量。如果列強保持善意的中立，而不是縱容惡人，就可使目前的制度讓位於清明的制度了。那些可怕的種種悲劇，也迎刃而解地消溶了。

中山先生實為偉大的觀察家、預言家。洞察當時事物本質並預見到數十年後事，具有細節和大局的精確判斷。文章滲透表述與批判的突破，診斷出一個時代的普遍體溫和集體病症，具有照徹周遍的宏闊視野，這樣的洞察力是罕見的。下筆千言，而筆力不稍衰；一是文章邏輯嚴密，綿密，長而不冗，長而飽滿，一是觀察高屋建瓴，常有出人意表之處，像多管火箭，或多鏃箭頭，打擊來如猛雨，雄強的拆臺效果。那時候他三十歲不到，批判的深度有力如是，文章肺活量充沛如是。

此篇長文對中國數千年來累積發酵的弊端做總的盤點，總的清算，他人批判因歷史背景和參照係數的老化，所帶來的膚淺及隔靴搔癢，在此一掃而空。中山先生的思想，深刻性與系統性互為依託。即以此一八九七年的〈中國的現在和將來〉而言，他在青年時代即對中國弊端有透澈認識，具有鞭辟入裏的深刻。只要是帝王專制，不論在何空間時間，也無論對誰，東方或西方，它都帶來黑暗，人性都會變壞。專制開掘人性的腐惡，造成大面積潰瘍。

該文中，中山先生指出的現象，那些短期到中國的英國人，對中國實情一無所知，地方小吏對之可以掩飾；至於在中國長期生活的英國人呢，竟與中國貪污官吏集團同流合污，久處鮑魚之肆，腐臭頓成妙味，其貪財好貨，甚至超過中國人。

中山先生指出，中國長久的苦難，饑荒，水患，疫病，生命和財產的毫無保障，前三種在很大程度上可以預防，對於國勢不振，它們是次要原因；中國的一切災難只有一個原因，那就是，普遍而又有系統的貪污。它也正是產生前三種災難的原因（參見全集，一卷，八七～八九頁）。

這些事情絕不是中國的自然狀況或氣候性質的原因，也不是群眾懶惰和無知的後果。懶惰和無知也是促成這些事情的原因之一。但懶惰和無知本身很大程度上也是官吏貪污所造成的結果。這些判斷比胡適之輩不知高明多少萬倍。

胡適挖掘中國落後卑屈的病因，謂之五鬼亂中華，即所謂貧窮、疾病、愚昧、貪污、擾亂，是中華民族真正的敵人，惟有發達教育，方能能將其消滅。當時改良主義的教育救國論者有一個前提性共識，即當時中國的弊端在民品劣、民智卑。五鬼是結果，還有更多不勝枚舉的結果，不是原因，原因就是中山先生恰切地指出只有一個，那就是專制政治，是一切災難的根源。所以，中國積弱不振，跟讀經啦，白話文啦、文言文啦沒有半點關係。

臺灣省媒體人陳文茜在某電視講壇節目中，認為康有為的改良重要性勝於孫中山的革命，她認為革命暴烈血腥云云。筆者以為陳文茜應該向在南中國殺人如麻的多爾袞，向焚書滅族的乾隆等人講述不要暴烈行為，她向孫中山講則找錯了對象。若知識份子不起來踐行，則歷史的變動往往在社會矛盾激化之際，為屠狗殺雞輩所乘。為流氓皇帝所綁架，然後知識份子又是抗議、被整、再抗議，再被殺，於是只有哀歎，不敢外漏的痛憤。如此循環不已。當晚清民初知識精英起而行之，建立亞洲第一共和，則彼輩腦殘的旁觀者又有許多說辭。

不流血的革命固然高妙，但對手必須是激烈手段不樂與聞的君子。若是兇殘暴虐的對手，按照陳文茜的安排，那就只有引頸受戮。陳文茜若是早生三百餘年，當滿人的屠刀殺向史可法的時候，殺向揚州、江陰……人民的時候，她應該前往現場，宣講她的不革命的妙法，她止得住嗎？

競爭與制衡的思想

民國初年，中山先生闡發多黨制思想，剴切論說兩黨競爭的作用。

他所起草國民黨宣言嘗謂：一國政黨之興，只宜兩大黨對峙，不宜小群分立。《國民月刊發刊詞》則謂：政黨之作用在提攜國民以求進步。

「甲黨執政則甲黨以所抱持之政策盡力施行之，而乙黨在野，則立於監督者之地位焉，有不善者則糾正之，其善者則更研究至善之政策，以圖進步焉……」

他要求本黨「即有他黨反對，亦宜以和平對付，絕不宜鷸蚌相爭。」他解釋說中國同盟會也是由統一共和黨、國民公黨、國民共進會、共和實進會等等合併而成的。他在多種場合闡釋，兩黨競爭互有進退，國民贊成的多數者為在位黨，掌握政治和行政的權力，國民贊成的少數者為在野黨，處於監督地位，研究對手的行政手段是否適當。

馬君武先生晚年有一篇重要的文章題為〈孫總理〉，對中山先生的偉岸精神價值作了扼要而精確的定位，而早在一九一一年的時候，他還寫有〈孫文之最近運動及其人之價值〉，文中說：「孫君具有一種魔力，能使歐美人士無論其居何等地位，一接談之後，即傾倒讚美之。故歐人前此唯知中國有李鴻章，李死唯知有袁世凱，今則唯知有孫先生，而袁世凱次之。」這篇文章又說，海外推崇孫先生為亞洲第一人傑。這是在說中山先生的綜合價值，包括他博學、至誠、謀略，以及他磊落的胸襟等等。

設若史家對歷史發展的軌道與脈絡有大致相同的把握，而難分高下，卻在評騭史事演變的契機與個中曲折方面有所分別，那麼，水準的高低，也即可在此際見出。如近現代交彙之間開啟民智、深切擘畫中國現代化道路的偉人孫中山先生，評定他的歷史作用和思想深度，雖不免千差萬別，但也有別具用心的噪音。除此以外，更有「板板六十四」、「二百五」、「矮人觀場何所見」，流於庸俗的價值觀不能自拔。曹聚仁就是這一類人的典型。他說：「孫中山把《三民主義》、《建國方略》說得天花亂墜，結果，國民政府的黑暗政治，比北洋軍閥時代還不如。而貪污程度，遠過於當年的交通系，對政治完全失望，也是民初人士所共同的。」（曹著《魯迅評傳》二三章）這樣的結論，也可謂驚世駭俗了！但它等於說，鍾馗打鬼，鬼的出現鬼的增加，全該鍾馗負責一樣，實在不可理喻了。觀此心態，不客氣的說，這就是曹先生鄉愿的一面了。

曹先生無疑是文史名家，但讀他的著作，尤其是六七十年代居香港時所寫，多處不免予人蘇東坡之歎：世間事忍笑容易，讀王祈詩不笑為難——因了曹先生的理想化、幼稚冬烘，因了他的「距離產生美」，因了他的一廂情願、他的烏托邦情結，我們也真個是「讀曹聚仁不笑為難」！他這一類時時跳出的論點，實在是解剖很不中腠理，雖飲水而冷暖卻不自知，只好叫人大搖其頭了。

唐德剛先生不同，他在《袁世凱、孫文與辛亥革命》一書中也曾對孫中山性格中倔強的因素可能帶來的負面效應詳加釐正；但在總體上，即於人物的關鍵之點的把握，卻有遠遠超出曹聚仁只會掉以輕心埋怨人的深湛眼光。他說：「孫中山先生是近代中國最高層領袖中，鳳毛麟角的MODERN MAN，是真能擺脫帝王官僚傳統而篤信民權的民主政治家。」唐先生認為，孫著《民權初步》的重要性還在《建國方略》、《三民主義》之上。他舉孫中山親自動手翻譯一本議事規程的小書為例說：「就憑這一點，讀史的人就可看出中山先生頭腦裏的現代化程度便遠非他人所能及。」（《胡適口述自傳》四章注第四條）

孫中山先生周圍的幕僚

中山先生雖以幕僚面目走向社會，卻終因社會情緒大為不堪，腐敗彌漫，荊榛滿目，至難進行，先生感慨風雲，悲憤時局，乃毅然變更途轍，挺天縱之大聖，而為有史以來中國民主革命之精神領袖，逐步地，在先生周圍，又聚集起無數志行堅毅學問湛博的一批青年幕僚，作為先生的助手，負劍海國，戎馬倉皇，孜孜矻矻，推動中國革命，向皇權專制發起了總攻。

日本志士對中山先生傾心拜服：「孫逸仙之為人，志趣清潔，心地光明，現今東西洋殆無其人」（參見《孫中山年譜長編》，三四一頁）。同樣，這批青年志士，仰慕先生人格高風，咳唾珠玉，以親接謦欬為榮幸，願以頭顱頸血，追隨先生革命。

他們從長久的歷史，如磐的現實，深知無法進行些微的改良，因所謂改良，無異與虎謀皮，只能說而永不能行，必以鮮血洗滌人心，予社會以當頭棒喝。他們在先生周圍，傾吐胸臆，指畫大計，扳談經句，日夜不厭。

在孫中山的旁邊助手很多，早期最重要的就是朱執信、胡漢民、汪精衛這三個人，他們是孫先生手下最得力的幹部。《馬君武集》說，他們三人中，先生最信任朱執信，執信長得身材矮小，從外表看去像一個弱不禁風的書生，但是他非常聰明，理想也很高，商量事情的時候總理對胡漢民他們還常有爭論，但是對朱執信則不然，不管什麼事，只要朱執信一講就行。他的膽子也非常大，自己率領數百兄弟攻打虎門炮臺，同時也在戰鬥中壯烈殉難。朱執信先生有言：「人類更高級之感情，果何所求乎？曰：自由光榮之生，心安理得之死。」以孫先生的坦蕩襟懷，是袁世凱都不得不承認的。孫先生的助手或幕僚中，他們是中西文化相摩相盪中造就的一代知識份子，絕非北洋政客可以望其項背。他們和北洋幕僚的重大區分乃是後者長於機變，頗識權謀，甚至務為欺凌，包藏禍心，當其以武力世紀控制行政系統之際，那就不惜為鬼為蜮，翻雲覆雨了。聲色貨利、政以賄成是其最後的依歸依托。而孫先生的助手們，受其影響，哪怕齧雪咽旃，總保持大節的偉岸。

二次革命後的軍政府時代，當孫先生、胡漢民移往上海後，馬君武等留廣東，以譯西書、飼家禽過日子。一九一九年九月馬君武致胡漢民函件：達爾文物種起源譯成已久，無資付印，在此兼養洋牛，費去三千元，無利可獲，養雞十餘隻，連日為碩鼠偷其四五，昨夕夜深聞雞呼救，點燈視之，又少一隻……

胡漢民覆馬君武函，則全用他並不擅長的白話文字，像書法中的童體，頗有稚趣：來信和大作收到，仲愷、執信都歡迎到了不得，現第三期業已交去，你的大作只好留在第四期……可憐現在社會，難道哪一個不怕米貴，但是民食問題都還沒有人想辦法解決……你又是一個喜歡研究進化論的人，我唯有禱祝你加工竣稿出版，大家就有好書看了……

馬君武，一九一六年七月三〇日代表孫中山會長在中華民國鐵道協會歡送國會議員大會上作演說，他分幾端闡述：

闡述了孫先生的鐵道思想。實行的主要障礙。出口、進口貿易的多寡受交通制約的關係，內地所受交通的制約。五年來鐵道建設所受北洋官僚的壓制，債務轉嫁人民頭上的禍端。孫先生寄望於國會種種……全文僅八九百字，頭頭是道，援筆成文，具立言不朽之意。

一九二五年三月十二日中山先生逝世，當時中國最大的報紙上海《申報》評論說：「中國數十年來為主義而奮鬥者，中山先生一人而已。中國政界中之人格，不屈不變，始終如一者，中山先生一人而已。」接近七五萬人前往當時的公祭地點北京中央公園追悼。但是昏頭昏腦的梁啟超卻對北京的《晨報》說，孫中山「為目的而不擇手段」，因而「無從判斷他的真正價值」。梁啟超此類人，氣質心胸，實難及中山之萬一。中山先生偉大，量如滄海，陳炯明等欲叛變，其跡甚明，多人告之，先生不以為然。認為陳氏必不至於此。至炮轟觀音山後，先生對其重新接納的條件，僅僅是一紙悔過書。而陳氏猶驕悍作態，最後成為孤家寡人。

辛亥革命後，先生自海外歸來，抵達香港，胡漢民、廖仲愷迎接、旋之滬、陳其美、黃興來迎，商建政府，舉先生為總統，章太炎放話說：若舉總統，以功則黃興，以才則宋教仁，以德則汪精衛。同志多指其妄言。章氏又撰口號：革命軍興，革命黨消。蓋章以革命名宿自居，恥不獲聞大計，其在東京破壞軍器密輸之舉，黨未深罪之，章氏仍不自安，陰懷異志。立憲派陽逢迎之，太炎暗喜，輒為他人操戈。

如太炎者，未老而已糊塗，老頑童頑劣之氣不改，甚而越聚越深。馬君武說：「總理的思想很高超，而這種思想的得來，完全由於他的努力讀書。他可以說是手不釋卷的人。醫學、政治、經濟、歷史、地理……尤其喜歡看戰史。中國戰史中，他很欽佩李秀成解南京之圍那一段。李秀成用兵打杭州，一路掃過去，勢如破竹，再由杭州打回南京，終於解了南京之圍（《馬君武文集》，四七四頁）。」他看過的名著，大都分送給身邊追隨的助手，馬君武就得到他很多的書籍，很珍貴的藏在上海吳淞家裏，一九三七年日本侵佔上海，連他學生時代積累到後來的藏書，通通挨燒了。

同盟會會章的起草人，是馬君武、陳天華、汪精衛三人。（同上書，四七二頁）

中山先生在南京就職期間，氣氛熱烈，他身邊投效革命的年輕人很多。像馬君武等，剛從歐洲回來，趕到武昌城下親冒矢石，又趕到上海歡迎孫先生，再轉南京出席會議。「正是三十年華，英氣蓬勃。連夜趕回南京，一路叫著中華民國萬歲，喊得聲音都破。但那時精神很好，一切應付裕如。」（同上書，四六九頁）

馬君武說：「民國成立的時候，總理要讓位給袁世凱，自己去辦鐵路，這件事，胡、汪都說不要緊，而我堅決反對，因為我看準了袁世凱是個壞人。但總理去意已決……跟總理出來，大家都是一肩行李，兩袖清風。到了上海，我又給總理派做秘書長。明國元年總理重到日本去，王亮疇、戴季陶和我一班人隨侍在側。那時候日本的歡迎者熱烈極了。來歡迎的人們和車子，直使路為之塞。據說為日本人歡迎外賓空前所未

見。」（參見《馬君武文集》，四七五頁）

中山先生的偉大，馬君武以為，在於勤於求知，他頻年奔走革命，稍有空閒，便又流覽各種書報，學問淵博精深。他的主義、政綱、政策等，目光何等遠大。他待人接物都是推心置腹，不記私仇。就是公開反對過他的人，表示服從之後，和先前一樣待遇。知人善任。對於用人，並無親疏貴賤之分。唯一的標準就是看你能做什麼事，所以當時的革命志士，望風景從。因此「孫君具有一種魅力，能使歐美之士無論其居何種地位，一接談之後，即傾倒讚美之。」（《馬君武文集・孫總理》）「革命事業三事，軍事、外交、財政。孫君雖非軍事專門家，然其最近十年所專研究者，為戰術學，屢起舉行革命，富於經驗。至於財政和外交問題，則我敢斷言，通計中國人才，非孫君莫能解決矣。孫君之真價值如此，日人宮崎至謂其為亞洲第一人傑。」（〈記孫文最近運動及其人之價值〉，二四七頁）

柏文蔚記孫中山先生過天津時遺言：北洋軍人全不可靠，我們應以廣東為革命根據地，組織軍隊，非根本解決不可。孫先生實在是不親干戈之人，如中國癥結可以政治解決的話。動刀動槍，實為迫不得已。胡漢民在臨時總統府時期，統籌秘書班子，文件大小他都要過目，四面八方全來求見孫中山先生的他都要先行見面接待，他就睡在孫先生寢室的外間，每天晚上疏理白天的重要事件報告孫先生。孫中山助手中，如陳其美、胡漢民等也算是某種意義上的幕僚。

他的秘書——整個大秘書班子有庶務長沈某自稱內務大臣，招搖於外，強徵民間的車馬，胡漢民就讓江蘇都督將他拘捕。沈某的繼任者就是應夔丞，他還兼任衛隊長，飛揚跋扈，胡漢民也將其抓捕，並欲殺之，被孫中山制止，只是解除其職務。當時的參議院中，同盟會議員籍占大半，執著於三權分立之說，好持異議。譬如有些人說，定都南京那麼遠怎麼控制東北呀，不等於放棄嗎？此類言論以章太炎、宋教仁為代表。

當時南京如開追悼陣亡烈士大會，章太炎居然撰寫對聯諷刺：群盜鼠竊狗偷，死者當不瞑目；此地龍蟠虎踞，古人畢竟虛言。胡漢民認為這公開的反革命言論。

有一天，安徽都督孫毓筠派專人來求濟於政府，孫中山先生批給二十萬元，胡漢民馬上到財政部撥款，可當時的金庫裏面只有十個大洋。當時戰火紛飛，臨時總統府的行政令不出都門半步，政府各部亦僅備員名義而矣。可見當時作為秘書的也真是困難重重。

另外一件事情，則特別顯露了秘書班子個人性格的制約，胡漢民說，提倡樸素、簡易的民風。當時要地北方將士出文告，由總統府秘書雷鐵厓撰稿。胡漢民認為他用詞艱深，就說，這個是要讓普通士兵都能看得懂的，就像棉被、稻穀一樣是非常普通的東西，而不能是罕見的山珍海味。就否定了他的文稿，讓另一個秘書任鴻雋重擬。雷鐵厓非常憤怒，拂袖而去。並有詩句說，十年革命黨，三日秘書官。胡漢民認為這是名士氣太重，很難做好行政工作。

關於這件事情雷鐵厓另有說法。雷先生也是老同盟會員，資格幾乎不在胡漢民之下。關於這段時間的秘書工作，胡漢民說，張謇推薦了十幾個人來總統府做秘書，胡漢民一個也沒錄用，於是張謇就在上海一帶揚言說，胡漢民善於攬權，好像一個第二總統。當時汪精衛說，他們罵你，等於是讚揚你非常負責呢。張發奎對胡漢民的看法深透入骨：「學問淵博，責任心強，人格完整，私生活也很簡樸，但他心胸狹窄沒有孫總理的器度」。至於汪精衛：「軟弱無能，作為行政院長，他本身沒有主意，不敢對蔣先生進言，卻又官氣十足，忘了他從前的理想」，到了抗戰民族危急之時，他還「把自已對蔣先生的仇恨，放到民族大義之上了」。「汪氏一去，國民黨的分裂遂無法避免，而分共清黨也就勢在必行。後來我見到蔣總司令，便問他說，汪先生為什麼一定要赴漢口。蔣說：我早已料到留他不住，留他不住。

蔣氏此話，頗能得到我們的同情。其實，汪氏堅持赴漢的是非問題，頗難定論。汪氏此去，顯然是有嫌於蔣氏而出此。他二人彼此瞭解甚深，絕非我輩外人所可臆測。……今幸北伐勝利，武漢中央請他回國復職，正是千載良機，他自當速去武漢。他和蔣氏鬥法很久，吃虧已多，現在在上海一無憑藉，自然不敢和蔣氏盤桓。俗語說：給蛇咬過的人，看到草繩也害怕，正是汪氏這時的心理。汪氏武漢之行，既有其個中玄妙，不足為外人道。所苦的是我們這批赤膽忠心，希望黨內團結，完成革命的同志。我們誠心誠意地希望汪氏出來領導，而他卻澆了我們一頭冷水，未免太失望了。」（《李宗仁回憶錄》，第三十二章）李宗仁此種看法，多少暴露汪精衛性格弱點，只適合在幕僚地位輔佐，不宜做主官以控制全局。問題是中山先生辭世後，汪氏心理卻已膨脹，個性、智力和時勢、他人形成劇烈拉扯，他的悲劇也就到來了。

偽政權時代，被周佛海等人先撥弄、後播弄，實在是有苦說不出。硬著頭皮去做，往往事與願違。一切都是那麼的勉強、支絀。所以他晚年要說心字將滅萬事休，天涯何處不怨尤。

若胡漢民、廖仲愷、汪兆銘、蔣介石……之屬，當中山先生去世後，他們誰也不服誰，各有所長，智慧無法像孫先生般予以超越，德量更無法像孫先生那樣涵容服人。幾個便打殺開來，而蔣先生以權謀手腕領先，其餘便各各分化，至汪投敵，意氣成分很多，唐德剛先生《書緣與人緣》對汪兆銘有一大處把握的總評：「汪精衛這個大漢奸，他在中國歷史上的罪惡是道德大於政治的。其實他的偽政權並未做太多的壞事，他抗拒日寇在中國大陸徵兵前衛南洋作戰，且不無可記者。汪氏之劣跡，是他破壞了民族道德——他不該以國民黨副總裁之尊，於抗戰最艱苦階段，謬聽老婆之言，反身投敵……他們一旦投敵，乃把我們這個黑白分明的民族道德弄得一片模糊，使當時拋頭顱灑熱血的愛國志士，在道德上莫知所適；而人類渣滓的漢奸，則個個手舞足蹈，理直氣壯起來。汪氏在歷史上的罪惡，莫有大於此者。」（廣西師大版《書緣與人緣》，一一八頁）作為幕僚助手胡漢民等人固為一代精英。但他們畢竟在孫先生身邊工作，較之孫先生的超常睿智，他們的事功就大為遜色。孫先生的謀略，是從大處著眼，以總的關節來帶動諸般細節，而不是在個人意氣上運用功夫，斯於大局無補。因為營救汪精衛一事，孫先生就批評了胡漢民等人。那時汪精衛因刺殺案被捕。同志悲梗，於是胡漢民、陳璧君、黎仲實等放棄個民軍事運作，派人進北京，或以金錢疏通，或謀劫獄，想將汪精衛從牢獄中予以搭救。孫先生就在檳榔嶼秘密會議前，批評了他們。先生說：「余對於革命職責，斷不容憂傷憔悴以死……我意再起革命軍，即所以救精衛也。夫謀殺太上皇可以免死，在中國歷史亦無前例，況於滿洲？其置精衛於不殺，蓋已為革命黨之氣所懾也。」（《孫中山集外集》，一四九頁）

事實上正如孫先生的判斷，一年後清廷不支，不僅釋放汪精衛，還要賠禮道歉呢。而胡漢民等人欲以傳統方式營救汪精衛，小處著眼，費力費事，反而於事無補。至於廖仲愷和胡漢民兩人之間，中山先生對之如何呢？他對他們是辯證的運用。雖然對廖特別推重，但他在前方督師的時候，後方留守的要職，委胡而不委廖。他北上的時候，代帥的交椅，授胡而不授廖。不知者以為廖不如胡，其實先生自己自有定奪。他說：「我如果把大權交給胡，廖可以服從；如果把大權交給了廖，則胡一定不服，廣州從此多事矣。因這兩句話，就可以使我們知道廖胡之為人了。但中山死了以後，廣州的大權，落入鮑羅廷手中，既不屬於胡，亦不屬於廖，不過在事實上，廖比較尚握有重權，胡則僅一空洞之外交部長及中央黨部之工人部長而已。他既非外交人才，更不善於作工人運動，這不過鮑羅廷和他開開玩笑而已。廖則以黨代表及財政部長之尊嚴，儼然為廣州新政府之中心矣。本來在官位上是廖不如胡，至此反胡不如廖矣。胡漢民非肯屈居人下者，此中山在日，早已洞若觀火，中山既死，漢民失勢，豈肯甘休？故廣州從此多事矣。中山遠見，誠可佩也！」（楊新華〈廖仲愷與胡漢民〉，《現代史料》第二集，上海，海天出版社一九三四年版）

戴季陶：報人生涯也是幕僚作業的一種

戴季陶主編民權報期間，因公開反對袁世凱而短暫入獄，報紙被迫改為《民權素》。入獄更知專制之苦。他的筆名天仇，因該報而大肆傳播。故當其返川之際，受到英雄般的歡迎。這和雷鐵厓到北京時一樣。民眾對輿論英雄的崇仰一直可下推到索爾仁尼琴回蘇聯之際，因文字的力量受到民眾的歡迎是一樣的。戴季陶少壯幕僚激烈心曲，一直保持到終生。民權報初期以反袁為職志，兼以抨擊唐紹儀、熊希齡、章太炎等。戴季陶被捕後，他的妻子鈕有恆安慰他：主筆不入獄，不是好主筆，我為君賀！這些爭民權、爭言論自由的先驅，是何等的胸懷與襟抱。

他的文章多鐵血、擊殺字樣，極具短兵相接的戰鬥力、爆破力。這來源於他性格中的堅韌與躁急。連蔣先生也說他「好惡偏宕，辭氣時涉矜厲。」蔣先生還抱怨和他共事之際「吃虧受氣」（《蔣介石年譜初編》，檔案出版社，一九九二年）。在南洋時，雷鐵厓受命教授孫先生的女兒讀書，戴季陶來後，鐵厓又讓他教。他一九一一年底才見到孫先生。一見即大受先生的賞識。次年即任秘書，實為幕僚。直到孫先生去世。他在同盟會中資歷較淺，孫先生的助手、秘書很多。各有專長。除了雷鐵厓因與胡漢民賭氣甩手而去，時間較短，其他還有：戴季陶，王亮疇、陳蘭蓀、宋慶齡、馬君武、徐季龍、宋家樹……或長於數理，或長於法學、或長於政治學……像戴季陶這樣的年輕人，中山先生對之亦慈亦溫亦嚴。甚至對其衣飾都有恰到好處的指導。孫先生對他們總是藹然長者，點到為止。是響鼓不用重錘的點撥，絕不是嚴詞苛責。

因宋教仁被刺，決定討袁時，黃興擬法律解決，戴季陶力持不可，曾代表孫先生與黃興辯論。

志行堅毅源於眼光高邁

秘書，或曰幕僚人物中，戴季陶和雷鐵厓等是鐵血派，以他們的傑出的頭腦根本看不起袁世凱，而是先驗般識破袁世凱的用心。他對舉袁世凱做總統，痛駁其非。這和胡漢民、汪精衛頗見出區分來。

戴季陶睿智，北上迎袁世凱當天，就看出袁的虛應故事，料其必有異圖。遂轉赴天津，果然北京曹錕實行袁氏之計，發動兵變。

孫、黃出於戰略或仁民愛物之考慮，對袁世凱多有褒揚和期待，而戴季陶單刀直入褫其畫皮，拒不為其所迷惑，很快，接踵而來的種種事實證明他的膽略、眼光確有超常之處。

胡漢民左右權衡，黃興又鼎力促之，遂加讓步：「和議若不成，唯有割腹以謝天下！」黃興覆汪精衛函：「中華民國大統領一位，斷舉項城無疑。」並勸中山先生「禪位於袁」（《黃興集》，九四頁）。

汪精衛更不可理喻，他直是逼宮，所說極不成話，謂中山先生「豈欲做洪秀全第二，據南京稱帝以自娛？」（《辛亥革命回憶錄八集》，四一九頁）。

章太炎也推波助瀾。所以，當時睿智、堅定，而承受巨大精神痛苦者，反而是一班年輕的報人，他們多是孫先生的幕僚和助手，當時在黨中地位不是很高。

戴季陶讚揚陳其美剛毅、堅韌，他更推崇朱執信的崇高、純潔。二次革命流寓日本期間，他和陳其美是中山先生最得力的助手。因為孫中山原來的高級助手黃興、胡漢民等等不是情緒低落就是意見有分歧，或者心灰意冷，甚至有見異思遷，倒向北洋軍閥的，這樣戴季陶的作用就顯得更大了。他在日本期間參預主辦《民國》雜誌以外，還幫助孫先生處理各種事務。有一次，幾個印度人到日本拜訪孫先生，戴在外屋告訴他們說孫先生不在，孫知道後非常生氣，派人請回印度客人，同時責怪他自作主張。他在日本期間，經濟上很不寬裕，一些同盟會的老人衣食都有困難，還有因為天冷無法取暖而生病的。他和陳其美曾經從日本到東北，聯絡江湖上的革命者，其中戴季陶在大連活動近二個月。

一九一七年八月，戴公又被任命為民國大元帥府秘書長，主要工作是協助孫中山護法，不久因為軍閥的排擠，只有流徙上海。在上海期間，他是大力支持五四運動，另外寫了不少文章，研究和指導工人運動，這期間寫的文章啟蒙色彩相當濃厚，批評北洋武人政府，抨擊封閉迷信式的國粹研究。他在一九一九年九月寫的文章，闡明革命的目的是人類普遍的平等和幸福，是要給每個人自由發展的機會。他認為那些從事政治和投身政法運動的人不要企圖以義和團式的政策來遏制世界的潮流，不要企圖以欺詐的手段、焚書坑儒的政策壓制人們的訴求。他也曾改變了改良主義的觀點，提出了中國需要革命的主張。較著名的表現在〈學潮與革命〉這篇文章中（見《戴季陶集》一一四一頁，華中師範大學出版社）。

在二十年代的中期，他也曾同情陳獨秀等人，甚至在《星期評論》雜誌遙相呼應。

一九二二年的六、七月份，四川軍閥劉成勳的代表到了上海，拜見孫先生，請他派戴季陶到四川幫助制定省憲法。秋天他離開上海回到四川，不知何故此後他的精神恍忽不安，當時四川軍閥混戰，戴季陶似乎覺得公私兩方面都前途茫茫。就在前往宜昌上的江輪上半夜三更投入江中自殺，後被農夫搭救。當天住在農家休養。農夫還把他帶到江湖上很有勢力的親戚家中熱情招待，也就在這個時候，官方搜巡的人把他找到了，大家非常驚奇。當時上海的各大報都刊登了他投江自殺的消息，有的人潸然淚下，有的寫下悼念他的詩篇，後來得知他獲救，又將悼念他的詩篇改成祝賀的詩篇。當他回到四川後，軍閥之間盲目開戰，季陶非常痛恨這些人的不知輕重，可笑的是每次作戰勝利的一方都將他尊為座上客，請他致辭。

幕僚總是想以自己的謀劃、點子、得到主官的認可，以便施行，惠及社會，影響時局。戴季陶投江，便是道不行，為時世所阻，而生發沮喪情緒之後果。

當中山先生去世以後，他很快寫成文章，標題為〈孝〉。他認為孫中山是孔子之後弘揚中國正統文化思想的第一人，三民主義是以復興中國文化為基礎的。不久，他完成了《孫文主義之哲學基礎》一書，不到兩月又寫成另一著作《國民革命與國民黨》。他認為民生學說的哲學基礎就是中國傳統的倫理道德思想。當時瞿秋白和惲代英對他很反感，就寫文章批駁他，而一九二五年一一月下旬的西山會議，國民黨的右翼也因為觀點分歧，被馮自由、馬君武等人派打手將他揍了一頓。季陶認為老右派們思想糊塗，觀念落後，並在一定範圍內散佈不要選舉他們的言論，所以這些人都懷恨在心，因而他也沒有參與西山會議。到了一九二七年四一二事變之後，他曾對鄒魯說，對盲動分子不用快刀斬痲手段對付，如和他糾纏，將來我們革命黨，終要遭他一次大大的挫敗（見《戴季陶文存續編》二七三頁）。他將盲動分子都稱為狂人，他說，狂人不能與之論理，唯有施之以拘禁懲罰。一九二七年春他往日本訪問時，發表過斥責瞿秋白的言論，他說，對這個肺病鬼的無端攻擊，他不想理他（見夏衍《懶尋舊夢錄》一一〇頁）。一九二六年夏天起，他任中山大學校長，即以三民主義為學校的最高準則。他說，不要學洋八股，要發展純正的科學實業教育，他推崇以中國舊道德為體，以西方科技為用。因為中國的科技落後於西方，但他認為古代的倫理哲學和政治哲學是文明史上很有價值的思想結晶。他認為在當時混亂的思想界，最大的弊端是拋棄了仁愛、忠恕的民族道德。一九二七年春北伐戰爭迅速推進，他被派到日本探尋口風，當時夏衍在日本，因人介紹與夏相熟，因夏有辦事能力，戴公將其當秘書使用，他每天的情況，被夏衍記錄在案並向上級彙報。戴公自認為心思縝密、精細，卻被人監視而不自知。他在一九二八年寫成《日本論》這部精煉的專著，對日本的民族性分析的相當透徹。一九二七年夏天，國民政府成立以後，他相繼擔任宣傳部長、中央執委常委、考試院院長等……

戴季陶認為蔣介石具備領袖的象徵意義，並在實行、宣傳方面周到妥帖，承先啟後：「為總理正統相傳」。士為知己者死，所以他的精神上偏向蔣，與蔣共進退。兩人合作的早中期，他最敢於向蔣先生進言，甚至大吵大鬧，臨了還能復歸於好。

一九二〇年間，孫中山先生催促蔣介石從浙江赴廣東輔佐，蔣先生因與陳炯明鬧意見，而拒不啟程，先生惱火，即由戴季陶親往奉化勸駕。他們早年為患難之交，起初，思想主張也相近似，是以故蔣先生對之甚為倚重。蔣得勢後，常以不菲錢財予以資助。蔣先生的地位徹底鞏固後，他們的友誼才有所分解，隔膜漸增。一九三三年，蔣先生因事致信戴公商議，戴覆信：「至於兄之苦心大事，則非弟之能為力者，搓手萬遍，終無以報。惟諒之。」（《戴季陶先生文存》，一五〇二頁）

後來，蔣先生因聽信戴公的建議，軟禁胡漢民，為世所不諒，蔣不能下臺，而遷怒於戴，以為這是一個不好收場的餿主意。軟禁胡漢民是在一九三一年二月。胡漢民欲造成一責任內閣的國家政府，蔣先生則欲統一號令，一個仗恃元老支持，一個以新起實力軍人自居，五月，蔣先生欲控制國民會議，邀集戴季陶、吳稚暉、陳果夫、陳立夫、邵元沖、葉楚傖商討對策，人皆無善策，而戴季陶欲對之不客氣。胡漢民拒不妥協，季陶遂明確主張強硬對待。

於是設鴻門宴將其扣押，而對外宣稱展堂近來精神失常。季陶往勸之，囑其勿與蔣先生作對，而宜多讀佛書，漢民大怒，謂我已成神，何須學佛？《左傳》曰，神者，聰明正直而一者。飽學之士吵架，三招兩式，精彩得令人眼花繚亂。

西安事變，戴先生又為主張武力討伐的一派，這一觀點的支持者群集何應欽公館，而蔣先生對當時所有主討伐者都無好感，蓋武力威懾則可，而大肆動武則可能玉石俱焚，此事兩人間更增隔膜。

一九三〇年起，他任考試院院長，確立中西融通的民國文官考試制度，他對考試利弊考慮周詳。他在報告書中說，那種揣摩窺測的八股文，弊端多多。君主以科舉牢籠人才，消磨志氣，以致種弱國衰。當專制集權時代，勢力為皇親豪族所有，但造惡者為君主，非考試制度本身。如無考試制度，政治講更加腐敗，人民受害更烈。在他任上，建立編譯局並形成妥善的銓敘制度。自此以後，至一九四〇年代中期，二十萬以上知識份子受益，即在抗戰中也不例外。

戴公是邊疆問題的權威，決策人之一。他主張民族平等，反對前清趙爾豐等的邊政惡政。他認為他們專尚霸道，心存偏袒，政策根本錯誤，以致將最馴良之川滇之間的康民，造成許多血腥殺伐的種子。

力敵萬鈞的政論大手筆

戴季陶文章元氣淋漓，真足睥睨一世。其人創力非凡，即三十以前各體論文，即達百萬字以上，其真率處如及時豪雨，其悲憤處似山洪爆發。其論民主政體建設之文，頭腦清晰，胸次浩然，變繁縟之理為樸茂條暢，為今之下筆喇喇不休之政治學博士所望塵莫及。

戴季陶葆有先天的文章自信。一九三八年國民黨在武昌召開全國臨時代表大會，大會宣言出自汪精衛手筆，陳布雷等參與討論。蔣介石認為主旨大體不錯，語意略顯輕重不當，唯戴先生破口大罵，加以痛斥，說是不特文意措置失當，就是行文也毫不足取，病在蕪雜而散漫。汪氏當年有文豪之譽，此時也頗有離心傾向，故影響到文字組織，是可能的，但也不至太過偏弊。但戴先生根本不能諒解，可見其取徑之高。

戴公的政治評論葆有力敵萬鈞之勢。〈立憲救國乎立憲亡國乎？〉長文中的一段，可見其強烈的邏輯衝力。他說：政府諸公之意，不過欲圖一時苟安之計耳。然豈知外患足以侵其手足四肢，內患足以耗其精血五臟也。其預備立憲也，非真知立憲之足以治國安民，亦唯以搪塞國民而已。其搪塞國民也，無非防國民之反抗而已，其防國民之反抗，無非欲保其身居高處，宴安逸樂之位置而已。而今之熱心功名者，不揣其心計其勢，竟欲以最無聊賴之請願手段，而欲得立憲政治之實際，嗚呼，政府諸公，豈真願立憲者乎？苟非有所恐懼，有所自危，則此九年立憲之空語，恐亦不能遂發。可以說對專制的目的，因果關係，揭示得淋漓盡致。古今一切專制儘管有種種表現形態，其形神則一，使用的欺騙、誘惑、高壓、恐嚇的手段則一。

他的文體具有鬼斧神工的變幻能力，忽而是一首騷體詩，忽而是簡捷俐落的一則短文，忽而又是洋洋灑灑數千字甚至上萬字長文。〈庫亂中之政治觀〉，直接說，庫亂之原因，由於清政府之不善為治，將其歸於政治問題，包括文中屢屢言之的國民性問題，也歸根結底由於政治之不上軌道。一個地方的內憂外患，也因政治之不修明，即非民主自由的政治觀念為構造的政治即為惡政治。所以彌縫一切禍患之根本，在於祛除專制政體。

戴公以為，文化是有生命力的，生命力則端賴傳統的賡續創新。而創新並不簡單等同於復興。「要把中國文化之世界的價值，強調起來，為世界大同的基礎」（〈孫文主義之哲學的基礎〉）。這和宋教仁的所說，中國文化有很多民主的因數，但缺乏整理歸納，道理是一樣，眼光也是一樣的闊大深遠。即對日本的認識，也在其政治維新改革的巨大成功基礎上著眼。

戴季陶說：「經書為我國一切文明之胚胎，其政治哲學較之現在一般新說均為充實」：「希望全國人士從速研究以發揚光大吾國之固有文化」。青年的民族觀念薄弱，殊不知世界革命的努力當以自己民族的存在和發展為基礎。

一九一二年五月二十日戴季陶身陷文字獄。這一天，《民權報》上發表他的短文，題曰〈殺〉。文中說：「熊希齡賣國，殺！唐紹儀愚民，殺！袁世凱專橫，殺！章炳麟阿權，殺！此四人者中華民國國民之公敵也。欲救中華民國之亡，非殺此四人不可。殺四人而救全國之人……」可窺其文風之一斑。

不過很妙的是，他雖殺字不絕於筆，殺聲不絕於口，大體上活得自在優遊，至少不受致命威迫。他和何海鳴等主編《民權報》時：「係自由黨全體同人組成」，矛頭指向袁世凱所作所為。五月二十日公共租界捕房控以「譭謗袁總統」罪名將戴拘捕。捕房以「鼓吹殺人」控告，迭經詢明，罰洋三十元。

黃興最初的主張是以暗殺報復暗殺。黃興在後來給中山先生的信中說：「宋案發生以來，弟即主以其制人之道，還制其人之身。先生由日歸來，極為反對」。現今學界有人以為這個對策不足取，認為黃興的動作系違法手段。這就可笑了，問題是什麼叫做違法手段？難道袁政府暗殺宋教仁乃是合法？合誰的法？

切齒腐心的殺聲之中，有的是表達一種態度。有的是真要動刀動槍動炸彈，像黃興他們的作為。而若戴季陶、雷鐵厓等的時評中，對於同盟會內部的喊殺聲中，一定是恨鐵不成鋼，有的是過分誇張的用語，像對章太炎，他們也喊殺，等老章有所感悟，他們又表歡迎了。

他對晚清專制病根的洞徹分析，針針插在專制的致命之處。同時向社會提出最嚴重的警告。專制的持續肆虐，不僅隨時摧毀社會的安全，最終也必將帶來國家和人民的滅頂之災。

他籲求制度性地、盡最大可能地保障個人自由，視人的自由為最高價值，這就絕非止痛片和原地踏步式的改變。他的言論不論多麼激烈，最終要表明，目的在達成自由和民主，創建人人享受富裕正常生活的大社會而已。要推翻專制，不能僅以軍力、實業來衡量，更要以文化的建設，對人類福祉的關懷來充實國力。在貧弱國家，人力這種特殊資源，他們中的大多數，都是訓練不足和欠缺文化的。作為一個民主政治家，他必須對整個社會的病情和挽救方法，作出富有遠見的判斷。這是知識份子的道義和良心責任。

戴先生晚年滿腔孤憤，哀痛莫名，所謂「平生所學供埋骨，晚歲為詩欠砍頭。」來自身心兩面的摧毀，擁衾枯坐，竟夜難眠，春寒暗侵，感觸萬端，杜甫詩：兩朝開濟老臣心。老臣如陳布雷、戴季陶之屬，因局勢日非而以身殉。

陳其美的經歷和心曲

孫中山逝世後移靈南下，有數十萬北京老百姓參加，側面表明民眾反對專制企求政改的迫切心情。同是清代的人，清初的黃宗羲、王夫之、顧炎武、陳子龍、張煌言不但在思想上反清，而且身體力行以求突破。到了清末的知識份子，劉師培、王國維等輩卻不是告密就是體貼皇上。

當時妓女都支持革命，如麗文之於方聲洞。在社會的中下層革命的意識也非常普及，唯獨一小部分知識份子從中搞怪。

清末民初是萬竅怒號、潮流翻滾的時代。陳其美把觸覺深深地扎在下層江湖中，他與發源於清初因抵抗清朝後轉入地下的幫會勢力相結納。譬如青紅幫的勢力成為他的敢死隊，還有一部分滬軍勢力後來成為他手下的主力。他不是一般的青幫頭子，他超越了的幫會，將那些已蒙上了灰塵的勢力洗刷一新，總的說來，就是提攜幫會，恢復正道和大道。他運作秘密會社，真可謂滴水不漏，他頭腦清晰，胸懷大略，他以恢弘的氣勢將長江三角連成一片，而他作為策劃者、指揮者，整體的戰略可謂周密、周全，首先是杭州的光復，然後是推進上海蘇州的光復，接著是常州、無錫先後光復，由此打開江南重鎮南京的通道。光復南京後，陳其美發佈了文告，說是清朝統治二百多年：「淫戮我子婦，搜刮我財貨，竊取我政權，我祖我宗，含痛忍恥……以咨丑類者，故斯冀胡賊能為我保護此土也……」

當辛亥革命爆發後，孫中山從海外歸來，陳其美、黃興等親往十六鋪碼頭迎接，他並在報上發表專論，說是先生歸來，國基可定，新上海光復後一月，當以此日為最榮。當宋教仁主張內閣制的時候，陳其美全盤偏向孫中山而支持總統制，這在客觀上維護了中山先生的領導地位，他對孫中山先生的支持態度鮮明，信心堅決。

民國建立後的首度北伐，陳其美與黃興是最重要的指揮者，他對於募款、武器彈藥糧食的安排也表現他對軍事的考量，孫中山先生說他「措置裕如，士無匱乏，此其於民國之功，故已偉矣。」

機會不能從期待中得來，應該從創造中得來；即使一時不能成功，亦須創造一種大勢，把中國引上進化之路，從陳其美所書寫的銘文：死不畏死，生不偷生，男兒大節，光與日爭。道之苟直，不憚鼎烹。渺然一身，萬里長城。可以看出這樣的志節。

孫中山先生的主要助手，同盟會時期是黃興，初期國民黨時期，是宋教仁；而在中華革命黨時期則是陳其美。中山先生評論陳其美「於滬上握東南鎖鑰，其功最大，為吾黨健者。志意極為堅銳，掌總務，實能代弟任勞任怨。」他以為，革命，盡天職之事。今破壞已終，建設方始，建設之道，不可無果。一九一二年九月，北經京、津時，袁世凱問他的最後打算。答曰：凡有傾覆共和者，我必然反對之；擁護共和者，我當擁護之。其言葆有鐵血味道。

應桂馨起先是陳其美的手下，陳公命其護送中山先生往南京。應桂馨曾任衛隊司令，又任司務長，而其賊性不改，買菜也要克扣幾元幾角。後被胡漢民解職。應桂馨回上海，加入共進會，成員多係青紅幫。其美也加入，目的：「余為之贊助，因青紅諸幫革命出力不少，以黑暗之境導入光明，取名共進，亦主此義。」（《宋教仁血案》，五七頁）

陳其美慘澹經營，千難萬折。冒萬死一生，斡旋中權，赤手反正，使長江上下游一氣相銜，最終轉移大局，民國之勢力乃成，其功至偉。他的手下，多以好男兒自居，身上散發願為民族犧牲的志氣，胸中廓然，只知有國、有民族，不問家業、子女、福祿。好談兵，好議論古今豪傑成敗，其精悍之色，不啻當年岐山方山子。

其美本質上仍為一書生、報人，進攻南京時率領上萬人部隊，分多路進攻。在當時，亦算大手筆。辛亥年間，攻取南京。軍火置於首要，他命令江南製造局、龍華火藥廠日夜開工，以應前線之需要，並督令製造局造炸彈，工匠赴前線即時修理可用槍炮。他一開始即重視工兵基地，他是文人的底子，軍人的成色，當得起「有萬夫不當之概，無一事自足於懷」，這是他頗愛書寫的一副對聯。鄭逸梅記錢化佛口述歷史，公推滬軍都督之際：「有人說陳英士不過一新聞記者，沒有軍事知識，不能擔此任，有人說民主國家……都督印遂歸英士。」（《辛亥革命》第七冊，八十頁）結果他在一周內將張勳打出南京，逃至徐州。

二次革命後，黨人陷入窘境，其美建議孫先生重視東北黨務，以作振起、穩定北京，孫先生然之。一九一四年初，其美至大連。聯絡東北力量。其目的，一是以身殉國的決心；二是到東北籌款。

中華革命黨一事，他與中山先生形如膠漆，他的觀念完全服從中山先生。一九一三年末，從大陸逃亡到日本有一千多名黨員，需要安置。孫先生此時創辦行然軍事學社，及東京政治學校，培養打擊專制的人才。其美與之，頻繁見面會商，目的在秘密組黨。

因按手印一事孫、黃不和，黃且謂有損人權，有失身份。其美到處奔走，說服使人贊成。他說：總理領導我們，我們都追隨不上，總理如在山頂，我們如在半山，我這兩年才算認識總理的偉大，卻是太遲了（《陳英士先生紀念全集》上冊卷三）。孫黃鬧僵後，黃興赴美。中山先生修書兩通致之，黃興回復其一。中山說，望兄能靜養二年，俾弟一試吾法（《孫中山全集》第三卷，九一頁）。出語坦誠、磊落。黃興赴美後演說，有謂：「目的不是籌款，本人直接奉孫先生之命向美國轉達他的意見。」可見其氣魄畢竟博大。一九一五年二月，陳其美致黃興信函，洋洋五千言，盼他服從中山先生，並析黨情：分子複雜，薰蕕同器，良莠不齊，齷齪敗類，覆雨翻雲……

關於誓約和手印事，陳其美也專門對黃興解釋：深有鑒於前此致敗之故，多由於少數無識黨人誤會平等自由之真意。中山先生說：黨魁猶如傀儡，黨員有似流沙。迨夫外侮之來，意見摧敗，患難之際疏同路人……若口是心非、貌合神離之輩，則寧從割愛。一般人對按手印、發毒誓甚反感。實則不然。按手印不一定解決真問題，但若真心幹事情，按個手印又何妨？若終極目標在彼，則手印、發誓俱為形式，又有什麼關係呢？它是起到約束、鑒別作用的一種不壞的方式。他分析黨人的渙散，思索有以凝聚的方法。黨派建設，是走向民主政治必需做的前期工作，無可非議。但是，在大敵當前的局勢下就建黨分派，那可是不合時宜了。過早的建立分支派別，不僅分散了鬥爭力量，而且黨派多了，便形成了「三個和尚沒水喝」的局面。各自心裏有個小算盤，完全丟失了顧全大局的觀念，工作上越來越變得消極。

秀才造反，重文棄武，難免秀才造反十年不成之譏。回觀歷史，那有純粹秀才造反成功的故事？靠寫幾篇文章，請幾個願就能把獨裁者趕跑，豈不成了怪事？萬事圖個陰陽平衡，鬧革命也不例外。文武兼備，剛柔相濟，才能發揮出最大的威力。

其後，黨人改變對袁世凱的糊塗認識，決議打擊。於是武裝鬥爭推到前臺。中山先生說：「國事未定，則吾人須有不可侮之實力，直言之，即是武力」（見〈致鄧澤如函〉）。一九一五年夏天，遂組中華革命軍，陳其美在上海又組東南軍。

陳其美的一生，不畏勢力單薄，奮力與舉世滔滔之蟒蛇蟲豸豺狼虎豹相周旋搏戰。知行結合天衣無縫。充溢大氣魄、詳策劃、細彌縫、力操作，其手腕可驚。忽南忽北，忽中忽外，參與機密，行俠仗義。奔波之煩，可想而知。精力，智略，皆有過人之處，而成時代耀目之符號，實為不知疲倦的職業革命家。

刺殺鄭汝成　陳其美表現卓越

清廷及袁世凱以下愚之智而司國家政治，一有異動，輒開殺戒，法律條款，徒具文爾。北洋軍閥的老粗們也多如此，邵飄萍、林白水、李大釗……俱以言論治罪而死。當一九一四年三月十四日國民黨議員林鍾英、徐鏡心、段世恒等五人密謀反袁被捕，林、徐二人旋遭殺害，兩天後，奉天國民黨人孫祥夫、劉藝舟、馬明遠在大連的秘密機關被偵破，馬明遠等旋遭殺害。殺伐可謂肆無忌憚。對孫中山先生則早有暗殺之心，早在一八九八年十月十三日，掌廣西道監察御史楊崇伊即奏請清政府暗殺先生。在奏摺中，他把康、梁也歸為孫中山羽翼，認為「孫文尚在，禍機未已。」「康梁避跡，必依孫文，此人不除，中華無安枕之日。」以康有為、梁啟超，而歸諸孫中山羽翼，實判斷大誤，但其心之惶悚可見一斑。該奏摺呈西太后密收，指出暗殺機會並殺手人員，自薦指揮一切，其秘密程度：「即軍機大臣亦勿宣示」（《孫中山年譜長編》，一六五頁）。一九一四年三月下旬，袁世凱又密令兩名刺客前往日本，企圖暗殺孫先生，亦未得逞。直至一九二四年，中山先生北上北京，經停上海時，還險遭敵人暗殺。當時有袁世凱的殘餘勢力，準備在碼頭行刺，情報被民智書局工作人員探悉，向先生衛隊長馬湘密報，馬湘即率衛士多人，在先生步出輪船時持槍左右前後護衛，登車後也同樣環繞警戒。同時淞滬護軍使盧永祥亦派有大隊軍警在碼頭一帶佈防拱衛，終令刺客陰謀破產。暗殺鄭汝成，乃是陳其美主持的一次周到的策劃，可見其智略、膽氣的超拔。

上海是中華革命黨重要活動基地。袁世凱的心腹上海鎮守使鄭汝成在此為其佈置一切，於革命大為不利。這時，陳其美留滬指揮一切，全國反袁呼聲日高，而袁氏爪牙鄭汝成擁精兵數萬，控制海軍，且為人心狠手辣，殺人計畫一出即行，為革命進行之巨大障礙。陳其美即以刺殺之道還擊之，劉成禺說，陳英士在家開會，現代巨人首參策劃，決定將其打掉，以創劈革命新局。現代巨人即指孫中山先生。在滬的黨人首腦密商對策，有陳英士、楊虎、孫祥夫等。孫祥夫指揮一個大型暗殺小組，在第四卡，即白渡橋附近。有壯士王曉峰、王銘三（又名王明山）、尹神武等多人，每人炸彈一隻，駁殼槍一把、子彈一百五十粒，這是一九一五年的十一月十日（參見劉成禺《洪憲紀事詩本事簿注》）。

一九一五年十一月十日上午，鄭汝成往日本駐滬總領事館，祝賀日皇登極。伏擊組埋伏的英租界外白渡橋旁，先過來一位大官，相貌和鄭汝成絕似。但孫祥夫極力阻止手下，他認為此公著高級大禮服，情形可疑，因鄭汝成參加日皇加冕大禮，決當穿著軍服配勳章，沒有穿文官燕尾服的道理。於是放過。果然過了二十分鐘，一架大汽車轟然而來，保鏢三個前坐，鄭汝成右坐，他旁邊是他的總務處長舒錦繡。鄭氏勳章綬帶耀眼。汽車在此將有一個大彎道，必須減速，剛轉彎上橋，暗殺組下令開火。王曉峰首先投彈，落於車後，將後輪炸毀，汽車乃戛然停住。王銘三此時開槍連擊，而鄭汝成打開右車門跌落出來。王曉峰急趨近捉其衣肘，近身連開九槍，將其心臟打爛，而鄭汝成衛士也在混亂中開槍還擊，卻被王銘三先行打傷打退。銘三且抓住車門，將舒錦繡也擊斃在車內。王曉峰擊斃鄭汝成後，本可避走，但卻站在橋頭演說一分鐘。其間，外籍探員執鐵棍來捕，被他打退。但當他換彈夾時，西探從他的側背偷襲，終於被捕。其餘小組成員均順利潛回機關部。

王曉峰臨刑前謂「吾志已成，雖死無憾」，孫中山先生對之極為稱賞：「此等氣魄，真足令人生敬。滬去此賊，事大可為。」（年譜長編，上冊，九六五頁）鄭汝成被刺後，在全國引起極大震動，海外也很快知情。那時鄭汝成的兒子在京讀書，與吳宓為同科同學，聞電馳歸上海。吳宓說：「上海鎮守使鄭汝成，昨被狙擊，身中十六彈殞命。國體變動以來，此為暴動之最烈者也。」楊度輓鄭汝成云：「男兒報國爭先死，聖主開基第一功。」（《吳宓日記》第一卷）楊度這種人，本事不大，權慾薰心，如輓鄭汝成聯，簡直不通之至，真事之最可噱者。

此次暗殺，相當於一次小型戰鬥。分卡佈置，策劃極為周密。最重要一卡人員尤為充足，彈藥充量配備。各執行員身手矯健，膽氣豪邁，均出於萬無一失之考量。

陳其美的生與死

陳其美幼年讀書得宜，初步瞭解中國文化的同時，兼得智勇崇正以嫉惡如仇的性格。像司馬光砸缸一樣，他曾經火中救孩，喜耍驚馬，兩次遇險，都能急中生智，救出和同齡的他小孩。他在一九〇六年冬入同盟會，一九〇七年又介紹蔣介石加入。職業革命家與新聞界的關係往往一體兩面。陳其美在上海創辦《中國公報》，另外參與創辦《民立報》，為外勤記者。他在此間工作的特徵，有所謂四捷：口齒捷、主意捷、手段捷、行動捷。

辛亥革命前兩年，他和王金發等創辦天寶客棧，為會黨聯絡機關，策劃全浙會黨代表大會。此會議為劉師培告密破壞，劉氏一九〇八年夏天為爭奪同盟會幹事職權未遂而變節，為端方親信，他以同盟會員身份掩護，充當端方臥底，刺探要情，告知端方，導致黨人張恭被捕。陳其美派遣王金發中斥劉師培，責令其離開上海。他也在青幫中積聚力量，他本人屬大字輩，輩分甚高。

一九〇九年，運動霍元甲，計畫以五十名青年從師霍氏，半年為期，學成後，四散開來每人又再教授五十名，由此擴展，十年可練成十萬以上精兵，該計畫後因霍元甲為日本人毒殺而擱淺。

一九一〇年與宋教仁組同盟會中部總會。陳其美為庶務部長，將渙散力量集中整合。長江為四戰之地，上海為咽喉，襟帶全國，控制中部……總部設在上海。為後來上海光復、支持武昌起義，光復浙江，起到重要作用。

一九一四年秋，由圖東北，改圖長江中下游地區，九月，攻上海製造局。陳其美出謀劃策，運籌帷幄，軍情聯絡，軍械物資。

袁世凱令上海鎮守使鄭汝成暗殺之，范光啟遂亡，一如宋教仁。范光啟策反的袁系軍隊，也被鄭汝成捕殺二百餘人。中華革命黨時期，陳其美為最高策劃者中堅，遂怒殺鄭汝成。

其人，多謀、有勇，敢打、善攻。幾個人、幾百人，敢打；幾千人上萬人的隊伍，也於不同時期指揮裕如，發起攻擊。在荊棘四合的年代，他不畏挫敗，廣為張羅，暗殺、起兵、籌款、策反、著文、辦報、聯絡、運作……所為皆大丈夫事，暗殺鄭汝成，設置五道防線，最後以卡兜住。使其插翅難逃。

一九一五年十月，陳其美招呼從日本回來的楊庶堪、蔣介石、丁仁傑，擬殺鄭汝成。鄭氏為人兇悍，擁精兵十萬，十一月十日，鄭汝成赴日本駐滬領事館，朝賀日皇登極。為擊殺鄭氏，策劃周密、佈置精當。

第一卡，在十六鋪，由吳忠信領之。

第二卡，布在跑馬廳。

第三卡，埋伏外灘。

第四卡，在海軍碼頭。

第五卡，外白渡橋，由孫祥夫、王曉峰、王照山執行。

對打擊對象、方向的確認、選擇，軍事、江湖、社會，種種關係，運用於實際，均有精密考量。小型定點打擊，就是暗殺；大型軍事攻擊，如集中蘇、浙、鎮江、淞滬大軍包圍攻擊南京。

其美可謂大幕僚，卻因疏於防範，而喪命於濫軍閥所遣殺手。或有防不勝防之處？蔣介石後來極重視個人安全防衛，乃因其師陳其美疏忽大意斃命一事創巨痛深。

袁世凱殺陳其美，係通過張宗昌、華閬荃、李海秋這一條線來執行。護法運動的展開令袁世凱極為惱怒，而其美披堅執銳，毫無退意。袁氏觳觫恐懼，乃決意除之。

當時不斷武裝攻擊，經費開銷甚大。叛徒李海秋遂以談軍火經費接洽名義接近陳其美，在一九一六年五月十八日這一天，五個中國人外加一日本人，以談生意為由，進入其寓所，近距離射擊，其美頭中三槍而亡。

吳稚暉：興會淋漓多酸楚

吳稚暉把生活變成玩兒，這玩鬧中有血、有淚，也有酸楚，以及關注蒼生的哀歎。他是孫中山先生的幕僚，也是蔣先生的幕僚，兩代幕僚，奠定他的眼光和胸襟。

一九〇一年六月至七月間，中山先生在日本接待來訪的留日學生，有吳祿貞、鈕永建（惕生）、程家檉、馬君武、張雷奮、王寵惠等數十人，他們中多數尚未見過中山先生，一些人更倨傲輕狂，以為中山不過是龍蛇起陸的草澤英雄罷了，甚至懶得往訪一晤。但很快，他們的看法轉變了。深深感慨到中山先生大木百尋，滄海萬仞的偉岸氣度，這轉變的過程，頗堪說明問題。據《吳稚暉文存》記述：「余三月至東京，五六月間，鈕惕生偕吳祿貞、程家檉去橫濱晤先生，我未以為甚合，及聞惕生言彼氣度如何之好，我始驚異。」又在其《總理行誼》中記述：

一天，有位學農科的安徽程家檉（一個最大膽粗莽的革命家，民國三年被袁世凱騙了，殺在北京彰儀門），又有一位湖北吳祿貞，來尋鈕先生，要邀我同到橫濱去看孫文，我雖不曾駭成一跳，暗地裏吃驚不小。我說：梁啟超我還不想去看他，何況孫文，充其量一個草莽英雄，有什麼講頭呢？他們三人微笑而去……傍晚他們回來了，我馬上就問孫文狀貌，是否像八蠟廟裏的大王爺爺？鈕先生說，一個溫文爾雅，氣象偉大的紳士。我說與梁啟超較如何？程搖頭道：「梁是書生，沒有特別之處。」其時鈕先生說道：「你沒有看見，看見了定出於你的意料之外。」其時鈕先生，以書院有名的學者，與後來《申報》的主筆陳冷血——梁鼎芬所稱為二雄，亦受到張之洞看重，我就問他：「難道孫文就有張之洞的氣概麼？」他說：「張之洞是大官而已，你不要問；孫文的氣概，我沒有見過第二個，你將來見了，就知道了。」

甚至僅見先生書法即已悅服者。章士釗記：「一日，吾在王侃叔處，見先生所作手札長至數百言，用日本美濃捲紙寫，字跡雄偉，吾甚駭異，由此不敢僅以草莽英雄視先生，而起心悅誠服之意。」（見《辛亥革命回憶錄》一集，二四三頁）中山先生不可思議之人格魅力，除有天賦奇智以外，更由其素養、學識、敏銳、識力、亢爽、深情、沈著、率真、勇毅綜合而成。那些後來成為大功臣、大革命家的留日學生，在當時與先生識，親炙教誨，也就從「山有小孔，彷彿若有光」的小隧道，一下子進入了土地平曠、阡陌縱橫的桃花源，頓有豁然眼明的開朗了。個人的行為絕非滄海一粟，當其湧上社會行為風浪的頂尖，即帶動生命力尋求更為良性的循環。值此萬木蕭疏的時代，回望那智竅大開的時分，令人何等眷念不置啊！稚暉後來更回憶斷言：「國父是一個很誠懇、平易近情的紳士。然而只覺是偉大，是不能形容的偉大，稱為自然偉大，最為適當。世俗所謂偉大，都是有條件襯托出來的，或者是有貴人氣，又或者有道學氣，又或者有英雄氣，或者擺出名士氣，而國父品格的偉大，純出於自然。」

二次革命流產後袁世凱籠絡吳稚暉，授予大勳位，稚暉卻之，嘗謂「切盼公等寶貴精神，專注於國難勿更以揶揄為消閒，侮辱書生。公民吳敬恒敬上。」

一九二二年，陳炯明叛變，中山先生避走上海，吳稚暉專程從法國回國奔走於京、滬，勸陳悔過，而陳氏執迷不悟。

筆者曾寫有《民國五瘋子傳》，其一便是吳稚暉先生。一九二七年北伐途中，寧漢分裂，各方多端調停。汪兆銘四月初來到上海，雙方國民黨元老開會斡旋辯論，會議開到高潮，吳稚暉十分激動，竟陡然離坐，到汪精衛面前跪下，求他改變態度，與蔣介石攜手共赴時艱。「會場空氣，至為激蕩。吳氏下跪，汪則躲避，退上樓梯，口中連說：稚老，您是老前輩，這樣來我受不了，我受不了。全場人都為之啼笑皆非。」（《李宗仁回憶錄》，第三十二章）可見其行事龍躍虎走、毫無拘礙的態度。吳稚暉一九四九年後遷居臺灣，時已八十歲，仍與早年一樣布袍土襖，大概很早他就抱定以清苦為樂的墨翟思想。他以辛亥元老的身份為蔣介石所用，可以直入蔣先生的官邸不待通報，但他與勞苦工農同在的思想卻頗徹底，坐火車總是四等，與販夫走卒為伍。有一次他在浦口坐渡輪，忘了帶錢，收票員看他一個十足土包子，竟打了他一耳光，待下船見軍政大員恭迎之，收票員竟下跪求饒，他則一笑了之。在重慶時，他住一間商店偏房，木板朽爛，漏風漏光，黑暗低小，曹聚仁先生說：「蔣介石到那去看他，有如亞歷山大大帝去看那位木桶裏的希臘哲人。」早年王照（王小航）罵他是王八蛋，吳稚暉嬉皮笑臉，回敬一句：「小弟不姓王。」可見其機警敏銳，頭腦的靈動。

早在民國初年，吳稚暉任國語統一會會長，六年後（一九一八年）編了一本《注音字典》，又寫過不少「提倡科學、工藝救國」的文章，北伐途中，他任國民革命軍（北伐軍）總司令部政治部主任，稍後馮玉祥曾致電罵他：「如有人罵先生：蒼髯老賊，皓首匹夫，不惜以黨國元老為獨夫做奴才，死後有何面目見先總理於地下，先生將何以自解？」馮玉祥也是詼諧百出的人物，罵人出以設問，真是入木三分直到骨，可這吳稚暉也是罵人專家，汪精衛、胡漢民常被他罵得狗血噴頭，其議論風發，評騭當世人士，故落下瘋狗的綽號。臺灣作家張文伯先生記吳稚暉談話，鋒芒百出，說是他的話匣子一打開，你就必須聽完，如果想中途溜走，他會狠狠盯你一眼，或者索性叫住你：「不要走！」他能把最粗俗的說成最美妙的東西。

當其在法國主持《新世紀報》之際，著有大量白話文鼓吹革命。用語村俗，滑稽突梯，詼諧百出。一九○八年的〈臭皮囊〉一文，有謂：「張之洞之徒，必悉置中國之前途於不問，而以一身繫愛新覺羅氏之安危，又取十二歲之小孩，坐於聚義廳之虎皮褥子上，為彼等磕扁老死人頭之主義。一毫無智識、本性溫良之載灃，又奉之為攝政王，使其執強盜之刀。彼老娼那拉氏死後兩日，其弟之女，新皇太后者，亦狡亦黠，第二之賤娼也。專為一食乳小兒，一詐黠小娼婦後日之衣食……」諸如精蟲、屁、豈有此理、精蟲卵蛋、烏龜王八……這些詞語，都為他所愛用，非如此不足以說明問題。

反理學的思路在他文中特別明晰。他愛用人體、生理等等辭彙，乃是世事、世道、人物淪於下三路，骯髒的東西占了主流，他就必須以最切近的方式來還擊，來消解胸中塊壘；非此無以表達他的憤怒，非此無以儘快傳播他的見解。當曹錕賄選時節，五千大洋買一票，完全將民意代表的作用扭曲，吳老當然看不過去，於是他罵道：人的精蟲若都能胎化為人，則曹錕和他太太房事一次，即可有四萬萬個子孫，然後一致投票選他老子做總統，根本就無須花錢收買議員。聞者自然忍俊不禁，噢，賄選總統原來如此。於是，精蟲總統與豬玀議員恰好配成一聯。

新文學家劉半農耗費多年精力搜尋《何典》一書，就是因了吳稚暉的推崇，他的用語、句式，乃至用意，都得此書的精髓，而更加的發揚光大。

半農表示：「吳老丈屢次三番的說，他做文章，乃是在小書攤上看見了一部小書得了個訣。它開場兩句便是『放屁放屁，真正豈有此理』。」此書便是《何典》。吳稚暉推崇清代落魄文人張南莊的那本詼諧小說《何典》，並誇大說，他的做文章，秘訣都自《何典》來，劉半農印這本書來賣，魯迅前後為它作過兩則序跋，承認它有相當的可取之處。吳稚暉向人推薦，極贊其開場詞中的兩句：「放屁放屁，真正豈有此理。」覺得如此作文，風光搖曳，由土俗而臻於妙趣，真與眾不同。吳先生的政論、雜文、包括他的談吐，得力於這種民間文學處甚多。他的種種表現，也沾了這種「民間文學」的氣質，天殼海蓋，架空樓閣，有一番觸景生情，神出鬼沒的效用，但他卻是現代中國提倡科學的先知先覺。中國人嘗譏笑法國航空機師在上海市郊的飛行表演，吳稚暉說：「大家不要笑，明天，滿天飛機猶如蜻蜓的日子就來了！」其言可謂敏銳有味。他提倡科學的方式，推進科學的努力，影響過整整一代知識份子。只因行為的放誕而雜以詭異，才引來瘋子的綽號。

他的名言如「官是一定不做的，國事是一定不可不問的」。他早年從孫中山先生，先生西去，又寄託全部希望於汪兆銘，後見此公無可作為，乃長喟，轉而跟定蔣公。一九二六年，國共合作北伐伊始，年過花甲的吳稚暉在北伐誓師大會上，將孫中山的遺橡和黨旗國旗授給北伐軍總司令蔣介石。

他與政敵筆戰，也可以用別人所不敢用的穢語相嘲罵。北伐以後，蔣氏對他推心置腹，而他對蔣氏也確是鞠躬盡瘁。李宗仁將吳稚暉稱為：始終幫蔣抬轎子的丑角吳稚暉。這個定位太過分了。李敖的《蔣介石評傳》說蔣介石性好黷武：「自應面對現實，認可中央與地方均權分治，在聯省自治的基礎上，更上層樓，以便避免戰禍。」這話是對歷史情狀視而不見，蓋當時蔣先生只是一後起之秀，歷史的機緣將他推上前臺。他不去打，別人也會打，而且是不知伊於胡底的混打。那是一個全盤開打的時代，蔣先生即使去出家，恐怕天下依然混亂，依然打得更凶。

吳稚暉的舉動總是突梯滑稽，其間寓意也深，用心也苦。他或許以東方朔、淳于髡自命。他一生不修邊幅，不拘小節。他看得起誰，或對誰給予莫大的希望，他就會說：你如能挺身以當大任，我第一個就願意向你磕頭。他曾自稱：一生只認得真理的是非，而不肯便調和。他和汪精衛淵源頗深，當年在法國流寓。朝夕過從。但當汪氏叛國，他立即以文字公開對罵。稱汪精衛為「汪精怪」、陳璧君為「陳屁裙」、褚民誼為「鼠狒黑」。倒是汪兆銘對吳稚暉的評價一語中的，說老頭子是為國家，其心可鑒。

抗戰軍興，國府退到重慶，汪氏舉宴。到者多中樞要人。談到情勢的危機，各有各的出發點，各有各的衝動。「突然，座中被人視為政壇上泰山北斗的黨國元老吳稚暉，趨向汪氏的座前跪下了，無限悲戚，無限激動地對汪氏說：『救救中國吧！懸崖勒馬，能救中國的也只有你了。怎樣去結束這不利的戰事，你有你對黨國的責任，不應為了一己求自全自保之私，再這樣袖手旁觀下去！』汪氏為吳氏這突如其來的舉動，弄得錯愕不知所措，於是也只好離座對跪，彼此握手欷歔。闔座看到這情形，沒有一個不為這悲涼的場面所感動，有人甚至於隨著泣下沾襟。當時唯一看到這戲劇化的場面而感到高興的，是汪氏尚在稚齡的幼女公子季筠，她不曾看到過她父親下跪，她還真以為是席中酒後的餘興呢！事後汪夫人陳璧君還責備汪氏說：『滿堂賓客，相對長跪，像是在做戲，還成個什麼體統！』汪氏長歎了一聲說：『這老頭子倒是為國家，他既然那樣的做，難道教我仍獨自高坐堂皇，生受他的一拜嗎？』」（金雄白《汪政權的開場與收場》第五冊）。

怨天尤人　鬱鬱而終

近代中國出現的派系，都存在著嚴重的個人與個人之間相互依賴的關係。

中山先生逝世後，國民黨派系之爭表面化，因權力繼替問題，政治勢力黨爭至於決裂。陳友仁不特在派系中裂變，而且他的私人友朋之間也發生裂變，那種選擇性精神失明，從此困擾他而不稍離。其個人政治生命的枯萎，和他個人的性格，和他的自我揠苗助長，自我的想當然，不能不說關係至巨。

一八七五年，廣東順德籍的陳友仁生於西印度群島，他先在北洋政府做了一段時間的事情，一九一三年任交通部法律顧問、英文《京報》總編輯。他接近孫中山，比戴季陶更晚，遲至一九一六年才認識，一九一八年始南下追隨。次年在上海創辦《上海時報》，常以英文撰述辛辣之時評，此時孫先生正在上海撰寫《建國方略》。他曾代表以孫中山為首的南方中國政府參加了巴黎和會，以後即任孫先生的外交顧問。孫中山的〈致蘇聯遺書〉也由他來代為起草。他的英文水平極佳，在孫中山先生晚年，他任其外事顧問、英文秘書，這是一九二二年的事。

中山先生去世後，此公雖然活躍，但似乎很難找准自己的定位。在寧漢分裂期間，他異常活躍，他在這期間的《申報》幾乎每天和讀者打照面，是故坊間亦稱武漢國民政府為「陳友仁時代」。一九三三年參予閩變，任福建人民政府外交部長，後流亡巴黎。一九三八年回香港參加抗日活動，香港淪陷時被日軍拘禁押解到上海，多次拒絕參加汪偽政府。一九四〇年代初在上海病逝。

中山先生去世後的歲月，此公思想較為偏頗，一九二七年後訪蘇，頭腦偏向一條道，所謂固執己見，達於極頂。一切的所謂鐵腕外交，不隨時變，這就不可避免走進死胡同。一會兒聯汪反蔣，一會兒蔣汪俱反，對宋慶齡也是忽近忽遠，屢生糾葛，怨天尤人，竟至於參加福建事變，可說中青年時代的一點聰明才智，揮霍得一乾二淨。

不過他在一九二七年前後，曾通過張靜江，向蔣介石引薦陳布雷。他認為陳布雷文章流暢犀利、筆調蒼勁古樸，傳統倫理觀念強烈，正是蔣所屬意的類型。蔣先生因北伐軍次南昌，一見之下，大為首肯，遂由陳果夫介紹陳布雷加入國民黨。自此，陳布雷追隨蔣介石長達二一年。此事，算是幕僚引薦幕僚，間接而言，可說是他政治生涯中最重要的幕僚作業。

同盟會的鐵血派

何晏，即何靜瀾。湖南道縣人，少不喜尋章摘句。自謂大丈夫當立奇勳，以救蒼生於水深火熱之中。入湖南陸軍小學。後與蔣方震、李書城在粵西開辦幹部學堂。從戎關東，運動軍隊。

辛亥革命後，北伐軍有解散之虞，何晏大痛，說是南方無人，受袁世凱愚弄，將噬臍莫及。回到湖南後，輒歎息不止，以為我輩以無數大好頭顱購來之共和，將為袁氏一人摧殘殆盡。此時當蒙古獨立，他出面組成蒙事調查團，深入漠北。宋案發生，返回京都，對友人說，一當預備戰事，一當效法張良以博浪之錐對付袁世凱。二次革命入軍隊督戰。失敗後，為暗殺袁世凱做切實準備。後用密電碼和東京同盟會舊友聯繫，被破獲。先是，有勸其入官者，則嗤之以鼻。及被捕，有謂其何不先事脫逃：「乃從容就義。翩翩少年，視死如歸，見者偉之。」（王建中《洪憲慘史》，四二頁）嚴復說在戊戌年康梁謀劃有問題，也即戰略出了錯誤。他不是不贊成他們的行動，他只是不贊成他們考慮欠周密的行動。康梁文人意氣，較缺乏技術性戰略，結果未能利用反為袁世凱所乘。康梁需要何晏這樣的鐵血戰士為其臂膀，扭住袁世凱，控制使其難以搖擺。其實這可算是嚴復的責怪的意思。

何晏所代表者，為同盟會主戰一方，如雷鐵厓、袁仲德等等皆是。他們不欲孫中山讓位袁世凱，大有民意基礎。乃因武昌起義，全國風從，志士暴骨，兆民塗腦，盡天下命，締造共和，袁氏篡奪，下無以對先烈，上無以對神明。南北一統，北伐軍有解散之虞，何晏撫膺歎息，說是南方無人，受大奸極惡袁世凱之愚弄，後將噬臍莫及。有勸他和袁世凱合作的，他嗤之以鼻，說是我輩以大好頭顱購來之共和，轉瞬將為袁氏摧殘殆盡，我輩鐵血男兒，當沉機觀變，尋求推翻袁世凱的各種機會。

二次革命前，他曾深入東北運作。那時候，天下著大雪，寒風怒號，積雪沒脛，到了內蒙的最北面。恰值宋教仁案發生，當即返回北京，召集同志，準備南下預備戰爭。並建議他的朋友熊悅凡刺殺袁世凱「借張良之錐於明日面袁氏時，敬謹贈之，為國民除此賊！」（〈何晏事略〉，見《洪憲慘史》）後來他返回湖南策反軍隊，佈置頗有頭緒，並以密電告東京同志，請為接濟。這時卻被破獲了。他就義的時候，才二十四歲，翩翩少年，視死如歸，見者偉之。

辛亥革命武昌首義，吳祿貞死難。段祺瑞接掌吳部。前同盟會湖南支部長仇亮猝然驚醒：「欲單騎突圍乞援東南。篝燈草家書，謂晉事急，不冒死求援，無以對祿貞及山西國民。」乃攜帶山西國民代表公文，躍馬入段祺瑞軍營。曉以民族大義，動以形勢利害，激昂慷慨，聲淚俱下。段祺瑞為之動容。當夜留他歇宿。半夜，他聽到角聲淒咽，戰馬悲嘶，愓然曰，國事急，豈能高臥此間。披衣馳騁而去。仇亮到了南京。孫先生任大總統，黃興主陸軍部，仇亮為軍衡司長。南北議和，孫先生以總統之位讓於袁世凱，仇亮力言不可。他以為，袁世凱老奸巨滑，包藏禍心，終將有害民國。國民黨成立後，他為本部會計部長，後於蘇州開辦墾殖學校，意在富裕民生以培國本。二次革命挫敗，袁政府大索黨人，偵騎四出，仇亮奔走北京，被逮下獄。自知不免，乃賦絕命詩六章，以文文山自況，情詞憤激，大義凜然。

孫中山讓位於袁世凱。一出於他的心胸；一出於當時的形勢。他顧念大局，以統一為要素，以道德為準繩，其心直可剖示天下。在他的心中，決無戀棧和弄權的半點私心。這與不學無術，自我膨脹，故弄玄虛的專制戀棧狂相比，是何等的高尚！

至於有人說，孫先生手中無軍隊，即無實力，不得不讓位於袁世凱，則大謬。其一，如革命家、文論鉅子雷昭性所說，倘若果有權利私心，難道不可以挾南方兵力相抗衡嗎？即使不能直搗黃龍，難道割據天塹劃江而治不可乎？然而這樣就不免人民流血，荼毒生靈。又其一，孫先生讓位以後，同盟會的年輕幹部，有捶胸頓足者，有呼天搶地者，至有失落發瘋者，即令在這樣的情勢下，他們對孫先生的舉措仍表示理解——是一種痛苦的理解。倘非如此，他們就會重拾利器，奮起狙擊袁世凱，只要孫先生點一點頭，稍做示意，這樣的志士會層出不窮，不惜流血五步，肝腦塗地，直至將其肉體消滅。因為孫先生為人以智慧和胸襟勝，從來不搞政治交易，具有強大的道德感召力。

可是袁世凱這樣低賤的心智，怎麼可能領會孫先生博大的胸懷度量，以及長遠崇高的考慮呢？所以緊接著，袁世凱利用和局的形勢，大肆徇私舞弊，專制誤國，至復辟帝制，全國奮起聲討，觳觫暴斃，亦咎由自取也。先生的高蹈遠引、遜位讓權，竟被視為軟弱，後世歷史家也有持此論者，這就讓人不可理喻了。

第二章　狐狸和獅子：北洋系的幕僚

民初陸大培養的帶兵官和幕僚多不可數。陸軍大學設於北京西直門外，為陸軍之最高學府，從第四期起，陸大自保定遷來北京，正名為陸大，所訂課程為高級陸軍軍事教育，與日本當時相仿。名種課程有：基本戰術、應用戰術、戰略、軍制、戰史、國際公法、外交史、作戰計畫、兵要地理、傳達輸送、戰鬥輸送、動員計畫、秋操演習、海空軍事等等。

學員多為帶職求學，官階有高至上校、中校者，畢業後並非可立即獲得適當位置，譬如賀國光於民國五年底畢業，六年初分發，返家鄉湖北，不見用，又返回北京，遇郭松齡，彼亦同樣不見用，在北京賦閒。因為當時軍中對陸大水平與學生程度，並不盡悉，將領並不特為陸大畢業生安插，凡軍校畢業者，皆一視同仁，上官雲相便是從弁目做起，唯後來晉升甚快而已。

賀國光在陸大同學百人，後在軍政界頗具影響者有徐永昌、林蔚、熊斌、姚琮、黃旭初、郭松齡等。軍頭多驕橫意氣用事，合縱連橫，亂來一氣，造成有利自己之局面。為人自作聰明，左右飛揚跋扈，擁眾要脅，這樣的主官用不上什麼好幕僚。

一九二五年，柏文蔚在開封見胡景翼，覺其貌似天真，胸有計謀，對人尊而不親。其左右親近，多拔劍擊柱，驕悍無識之徒。柏氏斷定其將無所作為。

北洋軍閥派系支離龐雜，各個大小軍閥部隊編練體制各自為政，相互隸屬關係游離多邊。主官似乎大有可為，料不到乖戾成性，又踢又咬，極不合群，平日頤指氣使，一意孤行，相處不洽，甚且反臉成仇，終於搞得凶終隙末。他們成天使槍弄炮，鎮日敏感到「你還沒動，我就要打」的悸動程度，對其自身的邪惡魯莽，卻一貫的奉行裝聾賣傻，不肯面對。一個人所受的教育及所成長的生活環境之不同，足可左右其人的為善為惡，成敗休咎，可為殷鑒。王克敏、湯爾和、梁鴻志……這些老官僚，乃是北洋以至前清的孑遺，到了日本大舉侵華時代，紛紛下水，原有的一點聲譽，全部葬送，這是糊塗一時呢？還是根本心術不正所造成呢？

有的幕僚像狐狸，智術運用極為迅速，可是結局多不美妙。狐狸為靈敏之狡獸，可是持續至今的英國上流社會獵狐活動，以獵狐最為可怖。狐狸極為靈巧矯健，嗅覺異常敏銳，可是獵人以狼狗多頭縱之追奔，長途不舍，野狐狂竄不支，心臟破裂，終為群狗撲噬，撕咬之下，頓成片塊。

不像軍人倒像學者，王士珍料事如神

晚清之際，袁世凱在小站練兵，段祺瑞受其指揮，累遷統制。民國肇興，袁氏屬下，撐臺面的干城之選，有王士珍、段祺瑞、馮國璋三人，世稱王龍、段虎、馮狗。王氏高踞榜首，乃因其運籌帷幄，袁氏輒以軍事諮詢之，不啻事實上之參謀總長；段祺瑞司理軍政，久任陸軍總長，稍後晉升國務總理；馮國璋善於機心變詐，且貪財好貨，袁氏對之不甚信任，乘其攻取漢陽、正在春風得意之際，袁乃將馮召回，以段代之……足見袁氏對段倚畀之殷。即便如此，王士珍的地位還在段祺瑞之上。

王士珍三十三歲的時候，即一八九四年赴朝與日軍作戰，嶄露頭角。小站練兵時代，他追隨袁世凱，為營務會辦兼講武堂總教習。當直隸總督榮祿來檢閱的時候，王士珍發明於冰上布橋可供行走如平地，其帆布橋稍加整理又變為小舟，事畢可折疊或拆卸。此公料事如神，故為北洋三傑龍虎豹之首，其智術精警絕倫。袁世凱鎮壓山東義和團時，以鐵血手段處置之，滿清貴族勒令其必須以安撫為上。王士珍提出一整套策略，先行勸解，次則武力威迫，最後果斷捕殺首要解散脅從，袁氏採納之，由其參謀山東全省軍務。在其策劃之下，各路民團死傷慘重。義和團首領且持親貴令箭見袁氏，袁世凱大感為難，王士珍卻滿不在乎，出為親審。其實他並不審問，即推出斬首，袁世凱詢問審問進度，答曰已經處決。袁氏大驚，王士珍若無其事，謂罪名為盜竊端王莊王令箭。袁世凱頓時醒悟，佩服其處事明決。創造型的幕僚遇事從容不迫，而富於巧不可階的創意，這是他為龍首的原因。

一九〇一年，世凱編練北洋常備軍。王士珍為第六鎮統制。

一九〇五年，兩萬多精銳北洋軍集結直隸河間府秋操演連，王世珍為總參議。聲勢浩大井然有序，中外參觀者贊其調度有方。

清帝退位時，他為陸軍大臣，黯然返回老家鄉居。袁世凱稱帝前，請其出山，王氏保守消極，袁克定出馬恭請，王又拒之。克定請其火車上相見談事，說話間車輪已動，形同綁架，到京後獲授陸軍上將。袁世凱稱帝期間，他稱病休假。張勳復辟時，他開門迎之，扶持十二歲之溥儀登位，這時他是參謀部尚書。段祺瑞馬廠誓師討逆，復辟分子四散。王士珍繼任陸軍總長。

他的古文很有底子，文化程度在北洋高階將領中，居上之上。其人也盲目盡忠清廷，畢生清朝藍袍坎肩著裝，腦後留蓄小辮子，和辜鴻銘、張勳竟是一夥，但他比他們懂得收斂，不像他們那樣張揚外露。他在任時，只穿長袍馬褂，從不著軍服，也不掛勳章。他的外表決不像職業軍人，也不像學者，倒彷彿一個土頭土腦的村學究。他一度任幕僚，時間較徐世昌為短，經濟上遠不如徐世昌長於自謀。他在北洋系中，算是窮的。他在北京堂子胡同的宅子，還是他的學生盧永祥等人買來送給他的。

到了一九二六年，張作霖在北京把持政府，還想請他出來組閣，士珍毫不猶豫回絕了。張氏親往勸之，士珍無奈，竟跪下叩頭說，我幹不成啦，我幹不成啦，你饒了我吧！張氏頹然而返，見人說道，聘老（士珍字聘卿）忽然糊塗啦！北洋諸大佬中，固有不少利令智昏死不悔悟者。也有不少保持可貴氣節，知道時代冷暖，王士珍、吳佩孚、徐世昌晚年的拒不出山，究屬大節可貴者。

縱橫家以縱橫殺身

徐樹錚算得是段琪瑞的首席智囊，有小扇子軍師之謂。早在清朝末年，段祺瑞任第三軍軍統，徐樹錚已做他的參謀長。嗣後徐乃一直做段的副手，他早年曾向袁世凱投刺，因偶然不獲知遇，悵悵不已。也是偶然，在客棧中閒居得遇訪友的段合肥，後者見其書法遒勁，頓生好感，從此倚為股肱。《徐樹錚秘史》中說：「合肥（段祺瑞）視為心腹者，唯徐樹錚。帝制將作，力助合肥拒袁陰謀者，徐樹錚也；黃陂（黎元洪）就任，造成府院之嫌隙者，徐樹錚也；河間（馮國璋）北上，唆奉軍截械秦皇島者，徐樹錚也；組織政黨，使安福系毒遍天下者，徐樹錚也；破壞禮儀，肆其離間政策，而窮兵黷武者，徐樹錚也；合肥下野，挑起皖直之惡者，徐樹錚也；東海登臺，把持政柄，而使內閣屢倒者，徐樹錚也。其人之聰明才智，均屬不可多得。」

徐樹錚一九〇五年留學日本士官學校，不到三十歲即任段祺瑞所部第六鎮軍事參議及第一軍總參謀。一九一六年袁世凱暴卒後，任國務院秘書長。他是秀才出身，但他最為迷信武力。他敬服孫中山先生，始終不渝。一九一九年徐樹錚任西北籌邊使兼西北邊防軍總司令，曾短暫收復外蒙。此事他不特向大總統彙報，也告知在上海的孫中山先生。他在外蒙古期間，倒做了許多有益於蒙古的事，種菜、辦報、修路、辦銀行辦學校等等。

薛觀瀾說：「徐氏對部屬甚表親善，向無疾言厲色。且能循遁善誘，使吾輩致力於國文，每日須寫筆記，還要上課兩小時。徐亦勤於治學。」徐樹錚和柯劭忞、林紓、姚永樸、馬其昶等人都曾是交遊甚密的文友，稱之儒將，恰如其分。他給朋友寫信談及讀書有云：「近十三經中，唯余公谷未畢，非不知貪多為害，特以不能詳博，何由返約？故也不憚其繁也……」他進一步認為，加上國語、國策、以及說文、廣雅、方言等書，由十三經擴展合為二十經：「中國經世大文，殆可包舉無遺。」他對段祺瑞的謀略貢獻，亦多以中國古人經訓為基座，衍變成現代政治的行事軌轍。其治學之志節，經國之意見，實有博大之眼光。

段祺瑞視之為智囊、文膽甚至靈魂。對其所策劃，鬼使神差般予以施行。不管他自己的氣度或智力是否足夠，徐樹錚的做派是到位的了，一種大才盤盤，天馬行空的味道烘托到極點。他是縱橫家，又是文學家，楊宇霆、王蔭泰等人甚至刻意模仿他的做派以為炫耀，張謇贊其有霸才。不過當時論師以為他的南方書生氣質過於濃厚，而北方氣概不足。這般縱橫家們總在相互侮弄對方的智力武力，最後他們也被那只看不見的手所辱弄。徐樹錚沒有做成直隸督軍，轉而就任西北邊防軍總司令，他常說：「優秀的將煩，非有文才不可，所以我練邊防軍，團長以上，都用文人居多。」又說：「文人操守較佳，緩急之時，亦比較可靠。」

薛福成之孫薛觀瀾曾任北洋政府駐津外交特派員，他以為徐樹錚雖係一介武夫，但對國學造詣頗深：「當其在英訪問時，英人曾請其發表演講，徐以中國之音樂為題，對國樂力加闡揚，深入淺出，議論精闢，聽者為之動容，初不意中國軍人，竟有如此高深之文化修養。當然，段之派徐出國訪問，是有其深遠的意義的；他要培養徐的國際聲望，以備大用。」

陸建章也是段祺瑞的安徽老鄉，陸建章授意其侄婿馮玉祥在武穴通電主和，活動被徐樹錚所偵悉，遂擅自決定幹掉陸建章。一九一八年夏天，徐樹錚，這個北洋系統中的晚輩，在天津奉軍司令部誘殺北洋元老、陸軍上將陸建章，在那交叉花園的小徑上，以做詩的名義，向他後腦開槍，使其死於非命。

辛亥年他替袁、段謀劃，逼使清廷退位。袁世凱方疑惑，樹錚提議由前線軍官聯名進諫朝廷，說是如此無論事成與否，可保進退無虞。軍人逼宮，來勢洶洶，清廷無從迴旋。袁世凱聞之，甚覺穩妥。其間用意不可謂不密實。另外此舉表現出巨大內力，南方革命黨難以問鼎，且有嚇阻之作用。段祺瑞任陸軍總長，徐樹錚便順理成章當上了陸軍部次長，軍部常務得以獨攬。徐樹錚工於心計，善陳形勢利害。但也有失算之時，吳佩孚一度打算投靠段祺瑞，因徐樹錚對他十分提防，設計離間，使段祺瑞對吳佩孚產生惡感，吳佩孚遂轉而投靠曹錕，後來成為結束皖系統治的人物。

但徐樹錚也不是楊度那樣一味揣摩攀附袁世凱心理，以圖幸進的人，譬如帝制擾攘期間，他竟堅決反對。段祺瑞對袁世凱稱帝的態度，事到臨頭稱病迴避，也多半出於徐樹錚的策劃。他主導的另一大事，即是一手慫恿張勳復辟，然後轉手又助段祺瑞討伐張勳，從而獲得「三造共和」的美名。其間的狠辣的手腳與精密的招式，不是張勳那樣的莽夫所能解會其萬一的。馮國璋對其甚為戒懼，曾密告袁世凱，要他防備段祺瑞的智囊徐樹錚。但袁世凱為了平衡弄權，又將此事出賣給段祺瑞，所以馮、段之間也是勢同水火。

一九二四年秋天徐樹錚因政爭難以立足而出國，次年底甫回國，即在廊房被刺身死。這是陸建章的小孩陸承武和馮玉祥策劃，叫鹿鍾麟和張之江執行的。一代北洋怪傑，就這樣死在虎狼兵的亂槍之下。他那霹靂般的手段，狐狸般的嗅覺，卻因疏忽大意而歸結為零。他死了，南通狀元張謇曾輓之以聯云：語讖無端，聽大江東去歌殘，忽然感流不盡英雄血；邊才正亟，歎蒲海西顧事大，從何處更得此龍虎人。康有為更稱道說「其雄略足以橫一世，其霸氣足以隘九州；其才兼乎文武，其識通於新舊……」，恭維推崇備至，捧場達於極點。

他的遇害，除了私仇積澱的原因在內，變幻多端的情形徐樹錚自己似也未料及。當時馮玉祥已經禁錮曹錕，瓦解直系。馮氏又將其所屬部隊改編為國民軍，而自任西北邊防督辦，和奉軍的分界就在廊坊，當時他即將和張作霖發生軍事衝突。雖然各路軍閥名義上還想擁戴段祺瑞，但段氏已經息影津門，無兵無權。馮氏又操縱著北京的治安大權，所以段祺瑞落得個左右為難。另外徐樹錚出使海外，對馮玉祥與俄國人的密切交際極為反感，那些人甘言蜜語想在他身上動腦筋，他曾予以斷然拒絕。這就涉及意識形態，當然更種下喪身的惡因。薛觀瀾先生記述徐樹錚與段祺瑞密室談話，充滿火藥味，徐樹錚鄭重警切告段氏說，他在莫斯科時節：「備悉馮煥章與某某勾結情事，此獠不去，則吾國軍隊，遲早要受他默化潛移，彼若得行其志，則中國全部赤化，洪水一至，不可收拾矣！我們與馮勢不兩立，乃必然之事，南方孫馨遠（孫傳芳）與北方楊鄰葛（楊宇霆），必為我們後盾，而南通張季直亦因煥章親共，義憤填膺，請公以非常人，做非常之事，明令討赤，以安人心，今日之事我為政，煥章現如強弩之末，其勢不能穿魯縞。」（薛觀瀾〈我印象中的徐樹錚〉）當時是一九二五年的深冬，在北京吉兆胡同執政府段祺瑞的辦公室內，談話者，僅段、徐、薛（觀瀾）三人。

恰恰是一種絕望的表現，是「急瘋了的兔子咬不著人」的真實寫照。對幕僚而言，欺詐、詐術、心機，固然可能愈用愈巧，但陷阱或失算，往往也就在運用自如的得意忘形的疏忽之中。袁世凱可說是死在籌安會之手，段祺瑞敗在安福系諸人之前。民初人親見之。

象有齒以焚其身，有才無德者，更百般吸附梟雄當作靠山，以求一逞。如徐樹錚者，他的遭際像韓信，而他的智略則較張良有所不如。所以，他也就「象有齒以焚其身了」。

第一謀臣勉為其難

袁世凱在小站練兵，重用王士珍、馮國璋、段祺瑞三人而以徐世昌為幕僚長。王、馮、段號稱北洋三傑，都是文人底子，並非老粗，三人都在武備學堂畢業，名列前茅。徐世昌，早年是袁世凱的盟兄弟，獲授翰林院編修。袁世凱小站練兵時代，他是袁氏的主要幕僚。

徐世昌生於一八五五年。一八七九年他到河南淮寧縣署文書兼袁世凱家庭教師，與袁世凱結為金蘭。一八九五年，袁世凱小站練兵，他即為軍務參議，可以說是北洋集團第一謀臣，頂級智囊。戊戌變法前，徐世昌即作為袁世凱的心腹智囊，為之穿針引線，前往北京活動，試圖探查危險分子的實力，以決定取捨。一九〇〇年後，因為迎駕有功，徐世昌得慈禧太后的賞識，三年時間，由內閣學士候補，遷練兵處提調、兵部左侍郎、軍機大臣、巡警部尚書、欽差大臣東三省總督，飛黃騰達。他為袁世凱再起，出過大力。一九〇九袁世凱被清廷罷免，而徐世昌在朝中得勢，出任軍咨大臣，加太保銜，正一品，辛亥革命後，他利用地位，保舉袁世凱東山再起。袁世凱退居期間，他的嫡系部隊駐紮保定、京郊一帶，由徐世昌暗中照料。一九一二年，清帝退位，他憂慮彷徨，避居青島寓所退思觀望。袁世凱為大總統，他出任國務卿。袁世凱策劃稱帝期間，全國鼎沸，處處聲討，徐世昌見之，立即辭職，悄然回到河南老家，袁世凱取消帝制，他又興沖沖回任國務卿。袁世凱一死，他又匆匆下臺，退回河南輝縣別墅，再度過他的退隱生活。徐的資望很深。袁世凱小站練兵時，他出為軍師，位在馮、段、曹之上。複任東三省總督，曹錕張作霖皆隸屬部下。一九二〇年，直皖戰爭爆發，徐世昌怕直系吃虧，邀誘張作霖出關助直，皖系大敗。徐為利用軍閥矛盾故，對段祺瑞優禮有加，任其安居北京，對皖系各省督軍，也不更動，以存其底盤。王士珍智術與徐世昌相埒，故不為其所用。

劉邦迷戀戚夫人，試圖廢棄呂雉的小孩，這還得了！呂后與大幕僚張良聯手，請來商山四皓，他們都老態龍鍾，鬢髮如霜。劉邦最吃他們這一套。太子劉盈保住地位，後來做了西漢的第二個皇帝，就是孝惠帝。

商山四皓，當秦末漢初逃避亂世虐政，隱居中原一帶的商山，他們是東園公、角里先生、綺里季、夏黃公。他們是一種特殊的策士幕僚。一九一四年夏，袁世凱據新的約法，改責任內閣制為總統制，徐世昌為國務卿，袁氏封徐世昌、趙爾巽、李經羲、張騫為「嵩山四友」。其後袁世凱全力推行帝制，徐世昌以其長期幕僚的經驗，深覺局勢難卜，飄然求去，退居河南輝縣水竹村。此時更具四皓、四友的意味。

黎元洪去職後，一九一八年十月，徐世昌經皖系操縱的安福國會選舉為總統，遂由幕僚走上前臺。他標榜偃武修文，下令對南方停戰，次年春於上海召開南北議和會議，武夫們哪裡聽得進半句，和議並無善果。據張達驤口述回憶，光緒三十一年即一九〇五年秋，徐世昌家誕一女，恰巧袁世凱次妻朝鮮人吳氏也在這時生下袁克堅。袁氏以為天作之合，請為親家。袁克堅長大後去美國哈佛大學讀書，某夜跳牆強姦校長女兒未遂，被開除學籍，此事徐世昌知之。一九二五年袁克堅回國，他媽媽托孫寶琦見徐世昌商定婚期，徐世昌哪裡容得下如此賴皮，即以自家女兒癡傻不能高攀為由，解除當年約定。

徐世昌當總統，係由段祺瑞的支持。方出任，即撥款一五〇萬元，作為零花。早在東三省任內，他的老友趙元禮很窮，一天兩人談話，徐世昌不知怎的，就說，一個人若是沒有幾百萬元，那還算個人嗎？趙元禮以為這是徐世昌在影射自己無能而受窮，故對人說，徐菊人一向三思而後言，不料這次露了馬腳。徐世昌當總統，並非他的運作有多出色，相反，機緣造就的成分很大。馮國璋和段祺瑞不相上下，雙方的黨羽四處活動，但他們的勢均力敵，使得徐世昌漁翁得利。趙爾巽在東三省任內，積蓄歲入兩千萬，到徐世昌上任，不期年而耗費殆盡。世昌老而無子，受制於悍婦，然黷貨不休。其人自號水竹村人，亦可笑矣。對金錢財貨，他的人性暗處告誡他死不鬆手，可他也到底讀書有獲，理想高標高蹈也不全是虛。這是什麼人呢，這是專制制度下的怪人。總統也不例外。攫取財貨也許覺得可以保證後半生的自由。他只是又給後人的研究提供更多一個標本而已。

一九二〇年後，徐世昌以直奉爭霸不已，張作霖尤梟雄難治，故力援吳佩孚以抗之。此為其幕僚、為其北洋師爺生涯的延伸。一九二一年，梁士詒繼靳雲鵬為總理，徐世昌以梁氏賣國為罪名乃命討伐。指使吳佩孚發六省聯名通電，電文多阿諛徐世昌，世人笑之。張作霖忿怒，大治甲兵，徐世昌遣人偵之，盡告吳佩孚。直奉初戰，徐氏使人賄賂炮手，一夕消耗炮彈數百發……張作霖敗績，吳景濂思規復舊國會，至天津，遊說曹錕、吳佩孚。言謂恢復國會以竟統一之功，戰乃師出有名，吳佩孚心動，遂合力逐世昌，通電號召恢復舊國會，並集新直系大員在保定開會，迫其下野。徐氏猶戀棧，而國會已在津通過決議，形成「禍國殃民，障礙統一，不忠共和，黷貨營私」十六字罪狀。徐世昌乃知開罪各方，而縱橫捭闔之術已窮，不得已黯然告退。徐世昌起初掂量再三，敵視張作霖，支持吳佩孚，不意為其所逐，人之亡於世昌者多矣，而終自亡，豈非天乎？

軍閥混戰，軍隊當然遠離國家化，而是地方化實力化，則文人總統視多方僅有名義，就算他為不世出之智多星，也有計窮之時，也有計絀之時，他時而希望他們大打，時而又盼他們息戈止爭；不打之際他自然心慌，打起來時不知不覺就打到他自己的頭上。

到了一九三八年，日本侵華軍板垣師團長和大特務土肥原求見，徐氏託病辭謝。日本人找到居間人金梁等往見，說來拜見老師：「日本請您出任華北領袖，待部署就緒，即請宣統到京正大位，老師不要失卻此千載難逢的機會。」此時，徐世昌中國讀書人的脾氣和性格出來了，他以年老多病精力已衰作為推託。金梁進一步相威脅：「我來不為別的，是為了您的萬年，請老師有以自見。」徐世昌一下火了，憤然說：「你太渾！」金梁反唇相譏：「老師才渾呢！」徐慨然落淚，說：「想不到我這把年紀，還碰到這一場！」說罷拂袖上樓。

徐世昌是一個善於規避的幕僚，或者換一種說法，他因幕僚生涯的歷練，而善於規避，退一步海闊天空，乃其心理背景。一九一八年，他在軍閥矛盾糾葛中，得任大總統。他以文治總統自命。他善於審時度勢，偃武修文。他熱衷復古，編寫《清儒學案》、《顏李師承記》等大量著作。他嗜好經史詩文，在總統任內，於中南海西花廳成立晚晴簃詩社，標榜往來無白丁。名流成員有林紓、樊樊山、易順鼎、嚴範孫、高閬仙……當時很年輕的徐樹錚也是。他後來編輯大型集子《清詩彙》。

他也有恂恂自守的儒生氣息。他家傳的硯臺，在他小時候，被打爛一角，很心疼，拿漆來粘合，又使用了數十年。他的硯臺上的自撰銘文：「老屋數間，古書萬卷，四世子孫，食此破硯」。又曰：銅雀之瓦，君子之磚，不如此石，硬而且堅。

像這些，甚可表明他對文字生涯的重視，也內在地注重並相信文字的力量，顯赫的磚瓦，在他那裏，還不如硯臺和他的生命意志聯繫那麼緊密。

晚年，他在住宅後院闢有菜畦，這正是他夢寐思之退耕林泉的象徵。他荷鋤耕耘，種瓜點豆，頗為自得。他的結局不錯，他真的退隱了，和他早年隱約感到的終局同出一轍。

徐世昌曾經談到，袁世凱從朝鮮回國以後，有一段時間很冷清，因為以前的關係，他就到李鴻章的幕僚班子裏面去聊天，常談東北的邊疆往事，那些人很喜歡聽他的言論，把他看作蓋世之雄，每當他到達的時候，有的幕僚就直接以曹孟德呼之，他也不經意地答應著。後來楊度等人組織國事匡濟會，楊氏力主張君主制，屬於袁世凱左右，策劃帝制最起勁的。在袁世凱左右還有另外一個幕班子，則是段芝貴、雷震春、張振芳等人。這班人則採用不經意地說上一兩句的方式，袁世凱也採納。袁世凱的為人是表面上大開大合，實際上則是先求穩穩當當，然後再另起爐灶。當他把國會取消以後，就踏上帝制預謀的階梯。到了八月份，籌安會發動以後，大幕就正式拉開。袁世凱一生穩當，唯獨帝制帷幕拉開，則是一著險棋。

犧牲者

王建中《洪憲慘史》，記述徐秀鈞早年和楊守仁等密集同志，歃血為盟，建立軍國民教育會，開我國學界秘密結社之先河。一九〇七年東北改設行省，徐秀鈞被任命為欽差大臣，徐世昌督奉天期間，此時他即在徐世昌幕中。徐世昌多所舉措，採取開商埠，借國債，連與國，修鐵路等一系列措施。因徐世昌大惜其才，委為幕僚，為時三年多，多所擘畫，並在東北推行新政，以此來抵制日俄對東北的控制。

後往吳祿禎軍中運動，欲促動其提大軍殺入北京。南北統一後短期為總統府秘書。次年選為眾議員。宋教仁案後，徐秀鈞心情忿怒，認為對方日事陰謀，議院無後盾，難行監督之實，故力主五省合縱之說。世凱陰謀稱帝，竟向五國銀行團巨額借款，徐秀鈞以其雄辯之才在議會上抗議，引起三百多議員否決並通電全國，從此結怨於袁世凱。二次革命起，湖口戰事失利，徐秀鈞被捕於京師，押往九江段芝貴處訊辦，被殺於九江。稍後袁政府又捕殺國民黨籍參議員多人。

幕僚豎子　不足與謀

孫中山先生發動二次革命，直接的原因就是宋案的刺激。

宋案的發生，有這樣的承遞轉折的關係：袁世凱→趙秉鈞→洪述祖→應桂馨→武士英。

居間的是洪述祖，這個人有點來頭，他的祖上是乾嘉年間的著名詩人洪北江洪亮吉。而洪亮吉是敢於犯顏直諫的人，於書無所不窺，學問真是一等一。因為叱罵大臣中的宵小，而被發配伊犁。他不特是大詩人、詩論家，且是人文經濟學家，於人口增長與生產增長之間的辯證關係，有精到論述。他說：「治平至百餘年，可謂久矣。然言其戶口，則視三十年前增五倍焉，視六十年前增十倍焉，視百年，百數十年以前，不啻增二十倍焉」（《意言》）。如果以「一人生三計之」那麼到了兒子這一代，則「不下十人矣」；至孫之世：「已不下二十餘人」，到了曾孫、重孫時，就會呈現「五六十倍」的增長。而田產、甚至房屋都是稀缺資源，人口與土地等的矛盾勢必激化，喪失生計者增多，則社會將極不安寧。他認為當盡速開荒移民、輕徭薄賦、臨災賑濟……

作為曾經翰林，他也是皇帝的幕僚，他的幕僚作業極為到位。

洪述祖之子，就是近現代戲劇家洪深。洪深先後執掌「復旦劇社」、「戲劇協社」，參加「南國社」，乃是中國現代話劇開創者之一。他也在復旦、暨大等校為英文教授，後進入電影界，編導中國第一部有聲電影《歌女紅牡丹》，貢獻極巨。抗戰軍興，洪深辭去教職，領導「上海救亡演劇二隊」，赴內地演出，後來又在武漢籌組抗敵演劇隊，積極推動抗日救亡運動。

洪述祖本人生於一八八五年，此公和他的先祖洪亮吉的為人恰為兩個極端。洪亮吉為友朋可說是兩肋插刀，正義感極顯明。作為幕僚，他的策劃與謀略關乎時代、大局，社會家國的未來，具大眼光大胸襟。而洪述祖卻生來是個敗類和丑類。他先後在左宗棠、兩江總督劉坤一的幕中參預戎機，後在臺灣巡撫劉銘傳的中軍當參謀，在和侵略軍談判時竟收受重賄，出賣國家利益，更且私造文書、走私軍火，膽大包天，無惡不作。後因事敗露早通緝，還是張之洞念他係名士後裔，手下留情，逐出湖北了事。民國肇建，他又投效到袁世凱門下做了幕僚，以南壓北和以北壓南的餿主意就出自其手。宋教仁意氣風發，袁世凱畏之，洪述祖獻毒計就是實施肉體消滅。洪氏並承擔策劃及實際指揮。

洪述祖當時做國務總理（內務總長）趙秉鈞的秘書，和上海幫會頭目應夔丞（應桂馨）結識。應氏犯案，他為之疏通。因嫉妒宋教仁的崛起，乃由應夔丞指使武士英在上海滬寧車站伏擊宋教仁。事後巡捕搜獲函件多封。一九一三年春的函件洪述祖致應夔丞，唆使其使用「激烈之舉」對付宋教仁。殺死宋後：「酬勳位」的辦法來做報答。應氏覆函，稱說動位不敢望，但當以釜底抽薪的辦法來幹掉宋教仁，對大局才有幫助。信中將宋字的寶蓋和木字故意寫得間距，以掩人耳目，並將同盟會系統稱為梁山匪魁。期間不斷函電催促。暗殺後上海應夔丞方面馬上電報「匪魁已滅」：「我無一傷亡」表示殺手平安。

宋案震驚全國，袁賊為殺人滅口，先將走狗武士英、應桂馨和趙秉鈞剪滅，應夔丞曾越獄，後在京奉火車內被人暗殺。其中武士英係在押病故，獨洪氏逃逸至青島逍遙。到一九一七年被宋教仁之子訪知，後由上海檢方引渡。後迫於全國輿論壓力，北洋政府最高法院判處洪犯絞刑，於一九一九年四月中旬，在東交民巷分監執行。他死得很掉價，因其身體肥碩，將絞機墜斷，身首異處。據王建中《洪憲慘史》之宋案附錄，一九一八年京師高等審判廳對宋案刑事重犯洪述祖判決，那時洪氏已經六十歲了。

刑事判決書六千字，控辯偵查縝密有序，函電、搜獲之武器等證據充足。前後因果關係交待得清清楚楚。可見袁世凱的這班幕僚參謀，一是成事不足敗事有餘，一是奴才比主子還著急，一是心理陰暗，頭腦淺薄，暴戾恣睢，小人得勢最終是要幫倒忙的。幫倒忙的幕僚，猜測主子意向，顛三倒四，匆促操作。事實證明，他們只是一班拆爛污的幕僚。洪述祖的這個小特務機構，是由趙秉鈞的國務院指揮的。應桂馨（即應夔丞）的頂頭上司便是洪述祖，在國務院每月領取秘密經費兩千元。他收買一本刊物，污蔑同盟會，捏造孫、黃、宋等個人劣跡，編寫成書，拿到日本印刷，再運回國內流傳。以作人身攻擊，中傷其人格。

趙秉鈞雖非居標準幕僚位置，實為不折不扣幕僚。早年他和袁世凱、段祺瑞三人在河南密謀約定，出山后，袁為第一任總統，段位第二任，趙繼之為第三任。他的出身，低微卑賤，連自己的籍貫是哪裡都不曉得，自幼漂泊無依。但袁世凱認定他是一宰相之才。他們當年約定，是在銘盤設誓，相當正規保密的。可是到了袁世凱稱帝的時候，段、趙看到約定將成泡影，躍起反對，態度絲毫不稍假借。

袁世凱實依趙氏為智囊。常說：「盤中有寶有智囊，何事不成？」以為他才略過人，足堪應變，趙秉鈞的智囊身份還先於徐世昌。南北議和、釋放汪精衛、啟用梁啟超、承認約法、刺殺吳祿貞、經營津京員警創辦……都經過他的策劃手訂。唐紹儀罷閣，趙秉鈞攝之，佯裝與宋教仁交往頻密，在煙床上和宋教仁暢談國是。宋先生年輕新進，成天腦瓜子裏面想的是組閣、議會、憲政，力求發揮政黨當政治的優勢，趙氏作洗耳恭聽狀，實則殺機已發。而當時南方來人如沈秉堃、林述慶都是被其用鴛鴦壺置毒酒殺害。

待其反對袁氏稱帝，楊度領袁克定之命，勸他如不支持，至少不要擋道。此話已含殺機，而秉鈞不聽，說是當年的誓約呢？怎樣向今天的老百姓交待呢？於是洪憲諸臣恨之入骨，秉鈞隨後即被下毒暴斃。其法，即以重金買通他裝煙袋的侍者，擇機將毒藥下於燕窩湯內，待溶化後供其進飲，旋即斃命。一般輿論以為，這是他的鴛鴦壺毒酒的變相！也即請君入甕的再次搬演。

袁世凱的性情左右幕僚行為

司馬錯是秦始皇的幕僚。秦以前，川陝之間尚無道路可通。司馬錯謀劃秦始皇攻蜀。叢山峻嶺，車馬生畏。司馬氏拋出一計：打鑿五條石牛，放在交界處，每條牛尾之下，拴上一、二節金塊。同時大放謠言，說是天下出了屙金子的牛只，就在什麼什麼地方。蜀王財迷心竅，就想據為己有。於是徵集大量壯丁，由劍閣向北，披荊斬棘，修鑿棧道，直逼秦邊。路道修成，人已疲乏不堪，秦兵以逸待勞，借其新道，直撲成都。秦詐蜀愚，這個謀士，可真夠損。然而損的真損，蠢的照蠢不誤。這條道後來被稱作金牛道。那就是陝西沔縣至四川劍門的古驛道。至今仍在。迷信，神道設教，其作用，籠絡百姓，補充教化、刑罰之不足。而人民也用迷信手段，抵抗朝廷、減弱朝廷的氣焰蠻勁。來來往往中，不自覺都會敷上這種色彩，由人及己信之不疑。

清末有所謂西山十戾的說法，為清朝開國以來的大人物畫像，涉及其外貌與性情。說多爾袞是熊變成的，洪承疇是老貛變的，和珅是狼變的，曾國藩是莽變的，年羹堯是豬變的，西太后是狐變的，袁世凱則是蛤蟆變的。其形容真是窮形盡相。關於袁世凱的皇帝夢，也是所來有自，既有人性的污糟，也有現世的比照。從劉邦觀秦始皇出巡感歎大丈夫當如是也，項羽見秦始皇陣勢起意說是彼可取而代之，到洪秀全的天王夢，天父天兄托夢，兌入迷戀的角色，信以為真，和楊秀清互打屁股，歷歷在目。陽享其名，陰受其利，哪個不想當皇帝？控制社會控制他人的心理，對彼而言，他們所寤寐求之作文題目，都不外是另類的「我有一個夢想」。

袁世凱豈能例外？

袁世凱說他不想當皇帝，舉出具體證據。

這些論據也句句是實，但那不是不想當皇帝，而是想到當上皇帝以後，對接踵而來的問題的憂慮。

關於帝制的失敗，跟王士珍、段祺瑞、馮國璋這北洋三傑，大有關涉。

袁世凱對此事實際上也是拿捏不穩的，他曾有一次對張國淦說，皇帝我是不做的，凡是做皇帝的人多半為子孫打算，我的兒子袁克定的本領，叫他管理北京的一個胡同還可以，叫他管理洹上村他就辦不了。中國這麼大，他哪能勝任，況且皇帝後代的結果，就歷史上的事實來看是何等的慘痛啊。張國淦向某大員說起，那人說，這都是老袁騙你的。

這話，當馮國璋去看袁世凱時，袁氏也對他的疑問作了類似的解答：我絕對沒有皇帝思想，我家沒有超過六十歲的人，我都五十八了，還做什麼皇帝？況且皇帝傳子，我的大兒子袁克定殘廢，二兒子袁克文假名士，三兒子袁克良是個土匪，哪一個像個樣子呢，你們儘管放心好了。

張國淦說，民國元年，袁世凱曾與他談到過對同盟會人的印象，說，孫中山坦白，黃興憨直。

袁世凱對於進步黨本來想加以利用，誰知梁啟超一派人學者氣太重，很少上佳表現，袁世凱認為這些書生不過紙上談兵而已。當帝制運動呼聲日高之際，在他身邊出謀劃策的人是楊士琦，對外則是袁克定在四面指使。關於楊度，他是最熱心奔走的人，後來有人在袁世凱面前進他的讒言，袁世凱就對他有些疏遠，但他全然不管不顧，在北京任參政，其實他最接近的人是袁克定。袁克定住在北京湯山，楊度到處鼓吹帝制，但楊度是個言論家，並無黨派作為後援。真正出大力的人是梁士詒這樣的人，背後有交通系等黨派作後盾。

純粹的幕僚方面而有北洋背景者，是于式枚、傅增湘、楊士琦等。楊士琦是自始至終參予策劃的人。于式枚長於辦公事，他先前就是李鴻章的幕僚，當光緒最後幾年，預備立憲期間，他認為認為中國固有的成法，有的跟立憲制度相符合，不宜一概否定，要算是有見解的。辛亥革命後，于式枚在清史館擔任纂修，因為袁世凱早年向他請教過學問，所以所謂幕僚，還是袁世凱主動，而他則較為消極。傅增湘是學者，帝制醞釀期間，他是約法會議議員，多辦文教之事，私底下與袁氏糾葛不深。楊士琦也從李鴻章幕中出來，他曾協助袁世凱迫清帝退位，帝制期間他多有貢獻，徐世昌出任國務卿後，楊士琦較梁士詒更為得勢。

至於他的秘書班子則由夏壽田管理，夏氏和袁克定親暱逾常，他善於揣摩楊士琦、段祺瑞等老派人物的心理。他和袁氏父子關係很深，帝制機密無所不知。夏壽田的父親以前當過江西巡撫，和袁世凱的關係很好。他到袁世凱身邊參與策劃就是他的老鄉楊度介紹的，張國淦把他看作晚輩，認為他是一個不可多得的好幕僚。

到了帝制揭曉之日，夏壽田參與機要，氣焰囂張。當時滇軍和川軍開戰，夏壽田即密切注視，指點規劃，袁世凱也將他的策劃意見交給參謀處，再電報發給前線，袁世凱認為夏氏頗有韜略，就是一些老軍事家也不及他，但是張國淦認為夏氏純粹一個軍事外行，作戰計畫有不少可笑的地方。不過，貫穿整個帝制運動，夏氏都承認自己最為賣力，跟那些今天趨附，後天推諉的人自有天壤之別。

袁世凱謀國成功，中國還有一個重建王朝的機會，楊度等人的心思在此。確有當朝太子，捨我其誰也的樣子。他們是一群早已喪失夢想能力的卑俗的實用主義者，他們的心只能聽懂現實厲害權衡的召喚，認定在權力鬥爭中，只有勝負，沒有公平。國家權力成贓物。小偷可能受到懲罰，因為他偷的東西不夠大；大偷必定得到獎賞，因為他偷到了懲罰別人的手段，即國家權力。可惜，這也成了南柯一夢。

一代梟雄之龍威與膽略，問題是恰遇辛亥志士那一撥學問操行冠絕一時的團體，楊度等人的心思就大顯蠅營狗苟了。說得通俗點，民主的「牌坊」不要了，甩開膀子當君主制「婊子」；民智已開，他們的策劃機關算盡，終於沒有指望。楊度是否感到有點生不逢時，辜負了他的平生所學。

李鴻章臨逝前力薦袁世凱，他在遺折中附片奏聞：「環顧宇內人材，無出袁世凱右者」。然而黃興論袁世凱卻全然大異，黃興說：「袁並不是一個強人，他僅是一個專制的，狂妄的、叛國的獨裁者。他為了一己及其親屬的權力，而無所不為」（《黃興年譜》一九一四・七・十五）。

袁世凱仇視異己，反對帝制持非議者，他都加以羅織打壓。他在小站練兵時，曾納杭辛齋為幕僚，一日閒聊天，辛齋說，慰亭，將來你必做皇帝。袁世凱笑道，我若作了皇帝，必先殺你。到了洪憲公佈，辛齋往南方走，被捕於三元店。因在獄中遇到研究易經的高人，此人知道他的受刑的日期，後果然。出獄後多方搜求易學著作，達三百餘種（《洪憲慘史》六四頁）。

幕僚須有識、有德、有學問眼光，還需有品。這也是一個做成事的要件之一。

汪榮寶的父親汪鳳瀛先生，當籌安會甚囂塵上之際，作有〈致籌安會與楊度論國體書〉，斥責他們以國家為兒戲，這是反對改變國體二大至文之一。他的文章即請張一麐轉交袁世凱。一麐閱後，著實捏一把汗。說：公不畏禍耶？汪先生答，我寫此文，即已預備到軍政執法處授首！一麐說，老輩正直敢言，我輩真要愧死。他之所以以一幕僚資格，反對袁世凱稱帝，也因此種精神的感染。所以到了洪憲末年，商議取消帝制時期，袁世凱悔恨交加，招張一麐深有感慨說道，我現在曉得閣下真是淡於功名、利祿、官爵，這些年沒有一個字言及官階奉給，可是那些首鼠兩端的人，前日推戴，今日反對，比比皆是。「我歷事時多，讀書時少，咎由自取，不必怨人，誤我事小，誤國事大，當國者不可不懼哉！」（《洪憲紀事詩本事簿注》第三十一首）可見對他身邊不同類型的幕僚，他的心中自有一把秤。

在古德諾號召下，一九一五年八月十四日，楊度串聯孫毓筠、李燮和、胡瑛、劉師培及嚴復，聯名發起成立籌安會。六君子中的楊度、嚴復算立憲黨人，孫毓筠、李燮和、胡瑛、劉師培則是同盟會的叛徒。楊、嚴二人中，嚴復被誘哄、欺騙，拖拽的特徵明顯。顯然，楊度是主角，古德諾則是師爺背後的師爺。他們是牆頭草，他們變色的速度可以證明，他們只是為他們自己，並非為袁世凱，袁世凱某種意義上還只是他們的旗子。當然，袁世凱的野心則是他們藉以發酵的土壤。他從北洋大臣到臨時總統、正式總統、終身總統，猶無厭足，他的預備作皇帝，與籌安會的野心互為推進。

梁士詒和袁世凱關係極深，他是袁當總統以後的總統府秘書長，多年辦理交通被推為交通界領袖，根基極其深厚，尤其如財政等方面的大事，袁世凱多依賴他辦理，甚至有綽號稱其為二總統。另外如何促使清廷退位、如何派代表南下議和、改革政體、籌集財用多由其一手掌控。他是廣東人，代表粵系，和袁世凱身邊另一幕僚代表皖系的楊士琦互為對立。楊派有周學熙、龔心湛、楊度等人，而梁派則有葉恭綽、周自齊、鄭洪年等人。楊派和袁克定的關係極為密切，故也被稱作太子派。徐世昌當了國務卿以後，兩派鬥爭更加激烈。當時北京的報紙也甚為開放，將他們的鬥爭寫成很多打油詩加以諷刺，其中有這樣幾句：「粵匪淮梟擺戰場，兩家齊鼓正相當」「便宜最是醒華報，銷路新添幾百張」，梁士詒對袁世凱稱帝很不贊成，因此受到籌安會等人的排擠。

袁世凱時代所封官職爵位名錄可見一些端倪，一九一四年五月袁世凱籌備帝制，設立參政院。一九一五年夏袁世凱指使楊度人鼓吹君主實較民主為優，公開策劃恢復帝制，十二月恢復帝制，改次年為洪憲元年，一九一六年三月二十二日宣佈取消帝制，改稱大總統。從籌備帝制起至袁世凱病逝，所封授的人員一六七人。從武義親王黎元洪起，建威上將軍段祺瑞、定武上將軍張勳以次，倪嗣沖封一等公爵、馮國璋封一等公爵、段芝貴宣武上將軍、湯薌銘封一等侯爵、陸建章封一等侯爵、蔡鍔昭威將軍、鄭汝成彰威將軍、徐世昌授上卿、趙爾巽授中卿、梁啟超授少卿、楊度授少卿、宋教仁一九一五年一月三十日追贈中卿、張作霖二等子爵、蔣作賓翊威將軍、劉存厚封二等男爵、蔣方震授陸軍少將……名目繁多，不一而足。淪落為只能靠赤裸裸的物欲來誘惑人心的江湖式的政治集團。

袁世凱的親戚也要殺之解恨

袁瑛，即袁仲德，又名家駒，號不同。河南正陽人，袁乃寬之子。光緒三十二年考入北洋第四鎮學習炮科。後在淮軍為督練官，即在軍中運作革命，投身政治。武昌起義後，與友人謀劃天津、保定獨立。他的爸爸袁乃寬，是袁世凱的十三太保之一。其為人也小有才，係老袁遠親。袁世凱在直隸時，他是他的幕僚。帝制大典籌備時，他和袁世凱的小老婆們商議籌錢供袁登基使用。可是他的兒子袁仲德痛恨帝制，至起殺心。看到他的爸爸和袁世凱攀上遠親，遂覺有機可乘。由他父親帶到宮內拜謁。袁世凱見他的氣質不凡，頗加激賞。仲德執禮甚恭，妻妾們也說這個小夥子不錯。

第一次暗殺袁世凱。南北和議後，老袁殘暴統治較前清更深。當時仲德維武衛右軍駐彰德總稽查，恨袁世凱入骨。為真正恢復共和，乃決計刺殺袁及其長子袁克定。製作炸彈數十枚，埋藏新華宮，欲將袁世凱一家人炸為灰燼。因對方防範嚴密，一時無法下手，乃將炸彈埋藏在洹河橋邊，準備待機觸發。此處為袁克定每天必經之地。不料因漁夫經過，誤撞炸彈斃命。暗殺計畫暴露，而暗殺者身份並未暴露。仲德遂轉往日本求學。宮中炸彈為衛士發現一枚，遂按路徑大肆搜索，竟起出七十餘枚。宮內躁動，人心惶惶。經偵查，斷定為仲德所謂，而此時仲德以先期遁逃。過了兩天，從天津寄了一信給袁世凱，有謂：

國賊聽著，吾袁氏清白家聲，安肯與操、莽為伍？……目的為何？即意將手刃汝，而為我共和民國一掃陰霾耳。因以炸彈餉汝，不料所謀未成，殆亦天助惡奴耶？

還叫他消除野心，解除帝制，自家懺悔，或可保全首領，云云。

袁世凱想治罪袁乃寬，但他的妻妾們都為他說情，倖免於死。假信任如前，叫他探聽仲德的蹤跡。到了全國群起反對，雲南起兵，諸事猥集，他也顧不上了。

第二次暗殺。二次革命後，同盟會系統敗北，青年志士被袁世凱殺戮者數以千計。二次革命後，袁世凱手下的陸建章、段芝貴殺害很多議員、同盟會員、青年志士。殺人後並不准收屍，家屬前來，以衛兵驅趕，並加以嘲笑（參見王建中《洪憲慘史》）。仲德毅然回國，面見袁世凱，陳說利害。他說，大丈夫處事，要能容人才能用人，假如僅想驅使別人，卻沒有容人之量，最後肯定眾叛親離一敗塗地。他說，國民黨不乏傑出人才，根據他們的特長據實錄用，因勢利導之，何愁天下不太平呢。這些話極為中肯，但袁世凱聽不進去。攀龍附鳳者發起籌安會，共和命脈命懸一線。一九一六年一月，袁世凱恬然稱帝，並與日本訂立二十一條，為承認帝制交換條件。事情被仲德察覺，冒死將密約盜出，印刷數千份散發中外，導致密約無形取消。仲德往上海，從黃興、耿毅那裏，帶回銅殼炸彈數十枚，運回北京。秘密放置在新華宮內。預備在袁世凱登基超和的時候以電氣引發爆炸，將其黨羽炸斃。不料事機敗露，三月份仲德被捕。因他父親的關係，關押在特別室內，本已獲死刑，仍大聲疾呼，詳數袁世凱罪狀。他對獄中貧困者多所贊助。不久袁世凱死了，黎元洪繼任，由是得以出獄。

吳佩孚的師爺

吳佩孚的第一知己要算郭梁丞（緒棟）。郭氏先做聶士成的幕僚，吳佩孚當勤務兵時，糾正過他的用典錯誤。郭氏見他做事勤勉，又知其為秀才，故對其長官段日升多所美言。吳佩孚此時地位低微，自然感銘於心。郭氏一度隱居，佩孚當兩湖巡閱使時，又起用了他。吳佩孚對幕僚要求極嚴，獨對郭氏網開一面，特許他抽吸鴉片。先欲委參謀長，郭氏拒，改委巡署秘書長。郭緒棟說，舞文弄墨尚可承乏，運籌帷幄則吾豈敢。郭梁丞在北洋團體中，學問平平而計謀甚富。佩孚幕中，還有參謀長李倬章，政務廳長白堅武，參謀處長張方嚴，副官處長孫芝田。吳佩孚迴光返照的湖北時代，總司令部人才極一時之盛，最著者為參謀長蔣方震、秘書長張其鍠、總參議章炳麟、軍務處長張福來、外交處長張志潭、交通處長高恩洪等。楊雲史屈居秘書幫辦，張方嚴降為高級參謀。郭梁丞、張其鍠都是吳佩孚的知己，至於蔣百里，待之以師禮。張其鍠自以為得曾國藩衣缽之真傳，人以辭章之士視之，他還頗表不滿。他奔波調停，從中享受難以言表的樂趣以及成就感。

當所謂「國師」，是很多文人夢寐以求的夙願，但國師只有一個；可是在軍閥時代，則又大異，國師因為軍閥的分蘖，可以多量的產出，相當於縮小號的國師。有一些人甚至不為名利，而是為了「影響力」：「國師」就很有成就感。

郭梁丞要天上月，吳佩孚恨不能上天為之摘下。他甚至通常在煙榻辦公，商榷機要。郭氏最後不欲以幕僚終其生，想得山東省長衣錦還鄉，未及委任而病死。

一九二一年四月，德國駐華使館的女郎露娜，久仰吳大帥英名，前往洛陽面送秋波，吳佩孚審美觀與常人異趣，言談中多應付，露娜失望悵然北返。她回京後還寫信來，吳氏見之都是冷處理。露娜其實和吳佩孚都是審美觀怪異的人，由他的相貌，也可以窺破幾分消息。因為這時的吳佩孚：「黃澄澄幾根鼠鬚，烏糟糟兩排黑齒，清癯的臉龐上配著一雙大而赤的眼睛」。露娜見久無回音，乾脆單刀直入，發來一通電報，收發交到譯員處，譯員翻成了中文是：吳大帥，我愛你，你愛我嗎？譯員見此甚錯愕，就去請教郭梁丞，郭氏教他坦然送上，據說吳佩孚批了四個字：老妻尚在。

得寵的軍師郭緒棟，成天腦瓜子所想都是如何替吳氏擴充地盤，縱橫捭闔，折衝樽俎。然而他命蹇運乖，未能和吳佩孚共始終而病亡。吳佩孚臨棺大慟。撰聯曰：「國而忘家，公而忘私，遽拋老母孤兒，有我完全擔責任；義則為師，情則為友，此後軍謀邦政，無君誰與共艱難。」吳佩孚的這幅輓聯文采平平，但其中頗有真話，他的義氣尊崇，上聯的許諾叫死者放心，下聯則可見參謀、幕僚不可須臾分離的重要性。吳氏雖然固執，但也需要幕僚為其決定打氣，增強他的信心。如果兩者謀略暗合如出一轍，所見略同，那就會增加其施行的信心。吳佩孚任十四省討賊聯軍總司令時，蔣百里勉為其難，正式成為他的參謀長。這時他的本錢已經輸光。漢口掛帥，部隊多拼湊，這些爛隊伍震於他昔日的威名，投到他的旗下，目的在於搭夥求財，打硬仗則看風使舵。所謂十四省還包括孫傳芳的五省，還把西南地區的雜牌部隊拿來充數，所以，吳氏此時大半是個空頭元帥。

吳氏依然夜郎自大，蔣百里告訴他不可四面樹敵，他當成耳旁風。談到討賊軍所認定的賊，忽而是這個，忽而是那個，最終落到馮玉祥頭上，百里不由得暗暗發起急來。最後拍發明碼電報辭職，吳氏認為是大不敬。軍閥之間一會兒大張撻伐，不歡而散，一會兒呼朋喚友，異常親熱，與市井小兒之乍啼乍笑竟無區別。吳氏一意孤行，這時，廣東、奉張、孫傳芳、馮玉祥都要打他或孤立他了。

蔣百里，當一九〇六年，他二十六歲時在趙爾巽處當督使公所總參議，不久往德國留學。一九一二年從德國回來後，又任浙江都督蔣尊簋的參謀長。他致力於國防現代化建設，蔡鍔死前在日本見其軍演為立體戰，海空軍交織，大受刺激，託付百里繼續他的事業，他是近現代罕見的參謀專才，但是在這樣的主官面前，他無法發揮，他也只能智術有時而窮。吳佩孚在近代史上雖然橫絕一時，但他畢竟是舊派人物，他的幕僚亦然。

曹聚仁《戰地八年》曾經談到一些軍政大佬，個性和脾氣影響幕僚作業，主官自以為是，固執己見，剛愎自用，觀念滯後，自作聰明等等脾性，往往影響大局而至不可收拾之境地。不過這是一些橫切面，曹先生所看到的，有的是縱深，有的卻只是人物一時需要而表現出來的做派。

曹先生談到吳佩孚，說是有一位章君，他是吳佩孚的義子，而章君的父親，卻又是提攜吳佩孚的人。章君對曹聚仁說，你們總把吳佩孚的「三不」推崇得不得了。說吳氏不娶妾，那是說錯的。至於不出洋，不入租界，眼光如豆，只知有個人的小圈子，不知道有世界，又有什麼好處？吳佩孚駐軍洛陽市區，威風得很，他說，要在西工（洛陽郊區）練兵，那是可以的；又說要在洛陽興辦空軍，也勉強說得通，他又放大話，要在洛陽興辦海軍，假如一個願意出洋看看的人，會說出如此可笑的話嗎？北洋軍人，沒有世界眼光、沒有時代觀念，所以永遠落後了。

曹先生說他後來讀了陶菊隱寫的《吳佩孚將軍傳》，並不覺得高明。

軍閥荒淫迷信　幕僚無為

一九二〇年的直皖戰爭，段芝貴所統率的軍隊，武器為全新配備，軍中顧問、軍需官多為日本人，處於優勢地位。但仗著日本後臺，反而不肯大打。

段芝貴在前線指揮，專車中帶著妓女，吃酒打牌，恣意行樂（見馮玉祥《我的生活》，三〇一頁）。直軍打到高碑店，他還摟著妓女恣意調笑。遂為直軍生擒，同時俘獲妓女達五十餘名之多。還有兩個整旅編隊的炮兵，亦悉數被擒。如此兒戲，就是諸葛亮再世當他的幕僚，也只能徒喚奈何。

一九二一年馮玉祥因事拜訪國務總理靳雲鵬，他家正在宴客。潘復也在，他那時還沒有當財長。客人有二十多位，就叫了二十多名妓女。她們粘糊糊的擁到潘復跟前，有的揪他的耳朵，有的接連輕打他耳光，潘復嬉笑忘形，左擁右抱，有的妓女躺在他懷裏，揪他的鬍鬚，那些妓女「叫他喊媽，他就喊媽，叫他喊娘，他即喊娘，我看了，這是甚麼王八蛋玩意兒？招呼也不打，就往外走。」（馮玉祥《我的生活》，三

〇六頁）

一九二二年吳佩孚到了漢口，想利用駐陝郭堅的部隊攻打四川。郭堅本人住在省城，在張某家的樓上，成天宣淫不止，大家脫的精光，他自己在旁邊觀看並作指揮，喊口令，放排槍，齊放！如此取鬧，禽獸不如。此人後來被馮玉祥逮捕。

亂箭無目，流彈無情，生活在戎馬倥傯的人，不免怕神怕鬼，名利場也是戰場，只是不見硝煙不見血的殺戮。軍政界討生活而正統教育程度不高者，格外容易迷信。

廣東軍閥陳濟棠，相信傳統數術，彼時留洋者，浸淫數十年，還有對風水、陰陽，五行，八卦深信不疑者。他的哥哥陳濟湘是他的參謀，深信自家命相不凡。在兩廣事變前夕，他倆趁謁見蔣介石之便，察看風色，然後又潛赴浙江奉化雪竇寺，考察蔣家祖墳風水。這樣的深度迷信，還沒有參透術士的「機不可失」四字。結果他的老牌的空軍早已經接受南京的收買，北飛投誠去了。

袁世凱當國期間，北京小販在夜裏叫賣「滾熱的元宵」。很快被禁，諧音袁消。遂不准吆喝，但生意要做啊，只好改為「滾熱的湯圓」。

曹錕時代，則禁《擊鼓罵曹》、《戰宛城》，和許多涉及曹操的京戲，顯然此公以曹孟德自居。張作霖時代則尤荒唐，《鳳還巢》都禁，戲的內容並不傷及他。只因鳳還巢的鳳字，和他的奉天、奉系的奉字諧音，好像就觸及他的禁臠。

舊式軍人總把各自的軍隊，當作個人做高官占地盤的本錢，末日來臨，事令智昏，方寸大亂，著著都是敗筆，軍閥迷信，害及民眾；較有頭腦的幕僚，當其作業策劃實施之際，遇到主官迷信瘋發，一切努力都會付諸東流。

兒戲般的戰事

直皖戰爭，曹錕、吳佩孚會同奉軍打段祺瑞、徐樹錚，兩軍接觸僅四天戰事便告結束，與兒戲頗為相似。但在這之前，電報戰、神經戰卻有一年之久的預備期，這個時間，卻是文人、師爺打紙媒仗的極佳沙盤。

戰爭的最後一大衝突，是吳佩孚打段芝貴，他把山炮密佈於戰陣第一線，所有幕僚都表示懷疑，因其不合兵略違反常識，如一戰而敗，將無後續火力，而山炮將為敵所盡得。請吳氏再細考慮。吳氏卻以他對敵方心理的判斷，自覺勝券在握。他背水一戰，果然速戰速決，皖系定國軍一潰不可收拾。

大作家如饒漢祥曾有用典之荒謬牽強，而窮秀才如吳佩孚初為勤務兵時卻糾正了聶士成的師爺郭緒棟的用典錯誤，焦菊隱的《吳佩孚傳》說，郭緒棟很驚訝，問他念過書沒有。吳氏說念過，又問可考過秀才，答曰中過。郭氏叫聲慚愧，人說秀才遇到兵，我今天是在兵裏頭遇到秀才了。

抓鬮決定戰鬥秩序

朱元璋、陳友諒大戰後期，在鄱陽湖周邊擺開水陸戰陣，一日數十接。太祖坐胡床督戰，劉基在旁邊參與機務。一天他忽然跳起來說，趕緊搬起走，趕緊換戰船。朱元璋若有所悟，馬上起身移到別的戰艦指揮，剛剛坐下，喘息未定，就見先前指揮艦被對方炮火打中，頃刻之間炸得粉碎。此乃危機中，計謀來自靈感，而靈感又來自於平時的積累、觀察，胡床似乎為一種信號，先前劉基也坐過這胡床，其中必有某種神秘感，喚起了他的遙感似的記憶。如果說古人靠「靈感」打仗，北洋幕僚則有靠遊戲打仗的。

一九二四年九月，直系的江蘇督軍齊燮元攻擊浙江盧永祥（皖系），引起江浙戰爭。此前，第一次直奉戰後，直系擁黎元洪復總統職，可是過了一年，直系津保派逼走黎元洪，曹錕以賄當選總統，反直份子一致聲討，廣東、浙江、東三省結成三角同盟。因為江浙戰爭，引起第二次直奉戰役。九月初張老將通電助盧永祥，直奉雙方均進行軍事準備，九月中旬戰事便爆發了。

這時戢翼翹是奉方第一軍參謀長，第三軍參謀長本是魏益三，魏係陸大學生，戢翼翹曾任陸大隊官及教官。一、三聯軍合力攻擊山海關，魏益三說：「我是戢老師的學生，我怎麼可以和老師並列為參謀長？」於是戢翼翹就擔任一、三聯軍的參謀長。起初兩軍對分佈防地即有爭執，郭松齡要攻擊關的正面，韓麟春覺得關的正面若由三軍攻擊，一軍就得攻擊九門口以北的山地，十分不易，因此難於解決。戢翼翹就說：「有一個辦法解決，就是拈鬮。」後來戢翼翹對韓麟春說：「攻平地遭受的困難說不定比攻山地更大，攻山地較有把握。」韓麟春就答應讓郭松齡攻關的正面，兩軍以九門口為界，九門口以南到海岸由第三軍攻防，九門口以北由第一軍攻防……戰事激烈時，郭松齡每天發動好幾次攻擊，但是都沒有得手，傷亡很大。九門口一帶山地懸崖絕壁，城牆高達二、三丈，寬六、七尺，十分堅固，易守難攻，除陳琛指揮炮兵轟擊外，幾乎不能有所作為，於是戰局呈膠著狀態。可是天下事皆有定數，一個偷襲和一個錯誤的命令居然使局面大變。

馮玉祥的高參

馮玉祥當中下級軍官時，修築工事，他的衣服放在一旁。衣袋裏露出一冊綱鑒易知錄，統領見之，高興極了，連聲誇獎。並說與官兵聽：我們營裏的官兵居然有看綱鑒的，真是了不得。（《我的生活》，七二頁）

吳樾彈炸五大臣，馮玉祥聞之，大受震動，開始思考吳樾何以出此？立憲的可能與否。又想到戊戌變法，聯軍攻陷北京，同胞所受專制的荼毒。吳樾雖未將五大臣炸斃，卻將馮玉祥們炸醒了。

一九〇八年，馮玉祥在部隊中看曾文正公家書，一位姓孫的工兵排長來看他，一見他讀這書，就很不高興，說你還想當忠臣孝子麼？當孝子可以，當忠臣我可不贊成（指對清廷效忠）。然後轉身出去，拿了兩本書來，那是《嘉定屠城紀》《揚州十日記》……馮玉祥看完這兩本書，嚇出一身冷汗。看見專制者殘酷猙獰的面目，彷彿聽到千百萬雞犬不如的老百姓聲聲慘號。（九十頁）

北洋軍中的維新人物藍天蔚、張紹增、吳祿貞等，影響了馮玉祥的思想，他當時是下層軍官，對北洋軍中的惡習，諸如敷衍塞責，專講派頭，單兵訓練搞花騷拳法等等，深惡痛絕。

一九一〇年的時候，馮玉祥的高參是劉郁芬、任佑民。

一九二〇年代初，馮玉祥在陝督任內，秘書長是陳經綬，參謀長劉驥，軍務科長石敬亭。

這些人都是他的幕僚。而石敬亭為較著者。

一九二二年，打奉軍時，石敬亭由馮派往前線，輔佐李鳴鍾指揮第一旅攻擊，所指揮者有孫良成、孫連仲的步兵和炮兵團、馮治安、張自忠的學兵連等等。

劉驥在前線指揮甚為沈著，頗具勇毅精神。他在一線炮火中，見有人不斷倒下，馮玉祥叫他快走，他說，前頭後頭橫豎都是一樣，都有倒下的，不必著忙。他做高參，他的訓練要點是：一是精神訓練，二是日常戰術訓練，三是身體體能，四是部隊實力。他強調，虛虛實實只是技術。

一九二六年九月，馮玉祥在五原誓師，其總司令部，鹿鍾麟為參謀長，徐廷瑤為軍務處長，石敬亭為政治部長。

馮玉祥的主要謀士則是石敬亭，當西北軍鼎盛時期，他同時兼任著四項重要職務，即國民革命軍第二集團軍的總參謀長、訓練總監、第六方面軍總指揮、陝西省政府主席。

石敬亭兼任西北陸軍幹部學校校長期間，致力於軍事教育，每天都親自到操場和講堂檢查，夜晚還要到各隊點名，並和學生談話。早操時集合學生，親自點評訓練情況，甚至親做示範。此公經驗豐富，講解生動，所以深受學生歡迎。他有些言論，寓意深刻，如他講到忍耐的重要性，說：「軍人須有忍人之所不能忍，耐人之所不能耐的精神。在大風大雨大雪中能站穩的人，才是真能救國的人。在被人打掉了牙時，要連血吞下去。」他舉例說，當初他辭掉在綏遠的上校職務，來第十六混成旅投效，馮玉祥只給他一個額外差遣的名義，每月發給生活費十五元，如果他不能忍耐，哪裡會有今天。又一次他講到「好整以暇」，他發揮說，作為一個軍官，應在「好整以暇」上下功夫，所謂好整以暇，就是人亂我整，才能人忙我暇。平時用功，到有事時就顯得很閒暇，可以不慌不忙。

北伐戰爭之後，馮玉祥到南京任職，離豫前，把石敬亭調回第二集團軍總司令部，讓他以總參謀長身分主持第二集團軍的日常工作，以秦德純副之。過了不久，南京政府召開編遣會議，將第二集團軍列為第二編遣區，石敬亭主持編遣工作。該集團軍當時有四十萬人左右，需要遣散一半以上，相當棘手。尤其是高階將領，留誰去誰，煞費斟酌。進行編遣時，韓復榘部改編為第二十師，馮便想以這一師為突破口，遂把韓升為河南省政府主席，第二十師師長一職由保定軍校出身的李興中接任。這一措施，不僅韓復榘個人不滿，認為是削去他的兵權；其他行伍出身的將領，也都對石敬亭表示不滿，認為是他在馮玉祥面前獻計進言，企圖奪取軍隊的控制權。因此，後來韓復榘、石友三等叛馮投蔣時，都把反對石敬亭作為一個藉口。平心而論，石敬亭的主張，不失為改造馮玉祥部隊的一種方法，可惜為時太晚了。韓、石叛變之後，馮玉祥軍中有些人也認為石敬亭對馮部的團結起了破壞作用，石敬亭有口難辯，以後他辭去了總參謀長職務，不再多提意見了。

一九三〇年，閻、馮聯合反蔣，發生了中原大戰，石敬亭曾任隴海鐵路督辦。結果蔣介石勝利，閻、馮失敗。晉軍失敗後，大部分撤回山西，仍然保有一定的實力，而且內部相當團結，為閻錫山再起奠定了基礎。而馮玉祥所部失敗後，繳械的繳械，投降的投降，竟然土崩瓦解，一敗塗地，其失敗之慘，大大出人意料之外。最主要的原因，筆者以為還是高級將領的素質問題。晉軍的高級將領多是軍事學校畢業的，而馮部的高級將領多是行伍出身的，由於知識高低、素質優劣的差別，其結果竟大大不同，這對馮玉祥的教訓實在太大了。記得一九二八年我在陸軍大學第九期學習時，何基灃也在陸軍大學特別班第一期學習。有一次我們閒談，何基灃很有感慨地說：「馮先生淨用兔子來駕轅，早晚非倒楣不可。」北方農民有句諺語說：「兔子若能駕轅，誰還花幾百塊錢買騾子！」何基灃這個預言，竟不幸而中了。

一九四五年上半年，胡宗南向蔣介石推薦石敬亭為第一戰區副司令長官，這是因為石在馮玉祥舊部中有一定的威望，胡宗南想透過他把這些部隊吸引到自己麾下，以壯大實力。實際上石敬亭僅居於一種名義上的高參了。

內戰末期，石敬亭退居臺灣，掛一些空頭職銜，無聊時就和原來馮部的老朋友孫連仲、馮治安、劉汝明等走動往還一下。一九六九年病逝時，他已是八十四歲高齡。

據《石敬亭將軍口述年譜》，他將馮玉祥部基本派系概括為：

第十六混成旅為馮玉祥肇興之基礎；該旅此期人事關係後之馮記西北軍影響甚大，欲論馮玉祥部則不可不知此期馮部之人事淵源。

甲、娘家派，清末民初與馮同在二十鎮之同志，其中不少參加武學研究會者。有吳靜齋、張之江、張樹聲、張振揚、鹿鍾麟、李鳴鍾、石敬亭等。

乙、三家店派，或名班底派。有孫良誠、韓占元、劉玉山、劉汝明、李長清、張奎文等。

丙、皖系（陸建章之人員）。有鄒心鏡（陸之外甥）、宋哲元（陸之文案）、董世修（陸之部下）等。

丁、正牌。系馮玉祥在陝西時所組一模範連，訓練的優秀士兵，有過之綱、吉鴻昌、韓德元、石友三、馮治安等。

戊、雜牌（各師撥至該混成旅者），有孫連仲、韓多峰、趙多興、李多富、張自忠、劉大坎等。

己、學派。有蔣鴻遇、劉郁芬、張起士、吳靜南、劉驥、門致中等。

每逢陰曆除夕，馮必召集娘家派眾將領共吃餃子。娘家派人多位尊，而少掌實權。統軍將領多為三家店派（班底）及正牌，蓋此輩均煥章所一手訓練成功者也。皖系最弱。雜牌尚稱不錯，學派則互有消長。

石敬亭之外，段雨村（其澍）也是標準的高級幕僚，不過他只管出主意，從未真正帶兵。他和馮玉祥發生關係亦極早，曾任其總參議有年，亦算西北軍元老。

據馮玉祥的總醫官謙廬先生回憶，馮玉祥對段雨村頗示敬重，禮遇遠在待劉郁芬、李鳴鍾、張之江、鹿鍾麟等人之上；馮玉祥對西北軍中人，向有一不成文之慣例，即禮遇文人，而嚴待軍人；但又重用軍人，而閒置文人。段氏雖系軍人出身，而馮玉祥獨以待文人之禮待之，絕不對其喝斥瞪眼。馮氏對宋哲元、韓復榘、吉鴻昌、孫連仲等，呼來揮去，猶馬弁之不如（參見謙廬《西北軍聞人志略》）。

相傳段雨村曾力諫馮玉祥發動中原大戰，馮氏雖大不悅，亦未怒形於色，僅當著雨村的面，怒以細故，罰打一隨從副官軍棍四十。雨村聞弦歌而知雅意，遂絕口不諫矣！馮軍中原大戰敗北，段雨村即寄居燕京，不再返其安徽原籍；僅以西北軍耆老之資格，由宋哲元月致炭敬若干而已。

舊時軍閥部隊，幕僚如得寵信，而又確有真本事者，尚有一定機會發揮，上焉者幕僚可以不拘出身，不限資格，不受禮儀規矩束縛，甫入場就能介入機要，受到幕主信賴和重用，否則地位尷尬，難有任何建樹，蓋以軍閥系列，人事關係變幻游離，每以偶然細故，而動輒得咎，寵信者閒置，疏遠者就更加縮手縮腳，其終極原因，乃因軍閥部隊，不是現代意義上的職業軍人，因主官的歸屬關係，性格癖好，捭闔縱橫的結果，參謀之類人員，很容易受到衝擊，而且首當其衝。

謙廬還回憶說，張之江視為右臂者，為張樹聲將軍，其人在幫會中輩份甚高，而矯揉造作令人難耐，他滿口耶穌如何如何，毫無江湖豪俠氣慨。無分晝夜，此公喜禦墨鏡，頗增神秘之感。談話時又極慢，且哼且講，極類京劇中之道白，曾到謙廬那裏診斷哮喘症，又銜馮命，邀醫官至京郊餐敘：「大夫——咱們的——馮先生——又想請您老——去吃一頓白菜豆腐——就大饅頭啦！……」言時態度嚴肅，而語氣輕薄；頗似真言，又頗似揶揄，其難測也如此。有人以為此乃張氏在西北軍中自保之道，非如是，不能在馮玉祥之榻前，勉為幫會中之老頭子。不過為媚馮計，此公每收徒弟時，必令其同時接受洗禮。故馮、李對之，始終寵信不衰；後來他的恩寵還遠勝張之江之輩。

妖氣與鬼氣：舊軍隊幕僚的底色

民初舊軍隊中的參謀情形有些怪異。他們的文人氣、師爺氣味很重，不少抽大煙、吃花酒，搖鵝毛扇，派頭十足。但他們厄於主官的羈絆，往往終其一生都並不轉變為帶兵官，好像主菜的配料，或者軍閥的側室偏房一樣，永無扶正的機會。他們中的相當一些人，也甘於此種偏房地位，在配角的地位上扮演角色。正值干戈擾攘的時分，他們也和戰國時期的處士一般，東奔西走，受雇於各路軍閥，充任這種意識形態色彩微弱的角色，為主人設計各種戰鬥，因為人事的交往淵源，很短的時間內，他們可以站在不同的對立面，今天還是結盟的朋友，明天又不共戴天了，後天卻又把臂入林……轉眼就可以同盟變成敵人，轉眼就可以調轉槍口。這些人中，有的徒有其表，又的頗工於心計，如馮玉祥部隊參謀長的劉驥、曹浩森等，張宗昌部隊參謀長的金壽良、李藻麟等。

這種情形在此前的湘軍系列的建制恰恰相反，和北伐以後的國民革命軍的情形也呈背離之勢。湘軍眾多指揮官都是從幕僚角色羽變而來，書生將軍，秀才元戎，放手一博，彷彿傲然的驍騎，踽踽獨行在殺機四伏的驛路之上。北伐以後，黃埔系崛起，參謀和指揮官的角色經常轉換，簡直是家常便飯。新式軍校培育出來的學生將領、書生帶兵官，和民初他們的前身大異其趣。何以民初的情形有如夾縫中一樣的怪異呢？這和近代軍閥的生成有關。湘軍的成功，歷史家都承認的了。蕭一山先生以為其要點在有組織有訓練有主義，骨子中保存著我國鄉民固有的誠實和勇敢。對兵員，嚴格按規則保障後勤物質供養，而對帶兵的營官，總須其為孔孟的信徒，也即還是讀書人。曾國藩說「近世之兵，孱怯極矣，懦於禦賊，而勇於擾民。」湘軍之建立，無論戰鬥力還是精神面貌，都和當時的綠營官軍、土匪、遊民暴民儼然區別開來，而成異軍突起的勁旅。

蕭一山先生並比較湘軍、淮軍的根本不同。著眼在三端，一為大將的學術氣質，一為將領之出身，一為對事功的理解及其期望。湘軍多大儒，公忠體國。淮軍將領多出身微賤，氣概遠遜。湘軍的彭玉麟更是傑出純粹的學者；淮軍如劉銘傳等則為鹽梟……「無怪乎袁世凱以一文武都不成材的人可以傳淮軍之緒，這不能不說是國家的不幸」。後又從「軍民財」三權分立與否來談兩軍的性質差異。國藩在世時，是使三方互相牽制，防範擁兵自重。但他身後，總歸無可奈何花落去，難以羈控的局面則出現了。淮軍本是湘軍的支派……何以後來國藩尚不能指揮如意而不得不請鴻章兄弟出來幫忙？……看見李鴻章開始就把淮勇造成他的勢力，與湘軍擴然大公的精神已迥然不同。所以湘軍雖是私有軍隊的起源，而淮軍才構成私有軍隊的形態。後來袁世凱以淮軍子弟，傳其衣缽，就變成清末民初時代的北洋軍閥，割據國家，阻礙統一，貽禍不淺。（《曾國藩傳》第十章）

這個判斷釐清近現代軍閥禍害之起源，緣於專制。處處漏洞，百端補綴，錯舛百出。近時學者洋洋自以為得計的論調，說什麼要告別革命，指軍閥混戰之源頭在孫中山，觀蕭先生的梳理，其說可不攻自破，同時也照出今之學者寡情不學的紊亂。而民國初年的情形，似可說到蔣百里為止，在他之後這種情形就結束了。而其本人，先後飄蕩於護國軍、護法軍，以及吳佩孚的十四省討賊聯軍、孫傳芳的五省聯軍等旗號大異相互對立的軍隊，充任軍事幕僚或參謀長等類似職務，他本人可以說是轉型期的一個標杆人物。

這些人的身份對於軍閥是一種修飾，至於他們的學問，則介於新舊之間，新的知識他們摸到一點邊角，傳統的學術，則又偏向江湖氣的一面。他們看似嫻熟的參謀業務，不免帶著一點妖氣和鬼氣。

第三章　機會主義者的機會

夫英雄者，胸懷大志，腹有良謀，有包藏宇宙之機，吞吐天地之志者……

這樣的形容，從字面上而言美到極至，文采斐然，氣象闊大，境界高邁，字字珠璣。但真要做到，那真是戛戛乎其難哉，尤其對幕僚中的自許英雄者而言，有的人終其一生，只是在這字面期許的境界中翻滾，以為彼乃不世出的真英雄，實則為歷史潮流所挾裹，載沉載浮，身不由己，事到臨頭，幻夢醒來，場景淒涼。民初世道變遷的場景，加深了強梁爭強好勝天性的發揮。《史記・律書》謂「自含血戴角之獸，見犯則校，怒則毒螫加，情性之理也。」實能道出權力爭奪與執著的緣由。物質上的佔有慾，精神上的強制慾，演變達於極點。操縱權柄之大霸王，事事皆欲以己意處置之；智囊軍師，參謀幕僚，駕馭主宰事物的本能彷彿奪路而出，亦欲藉強梁之手，遂一己之慾望，使世事輾轉一如意中所欲出。光復會的大詩家來裕恂先生有詩敘寫當時情狀：「縱橫掞策太紛紛，北走南馳幾度聞。才本雕龍兼炙輠，手能覆雨復翻雲。漢輿鼎欲成三足，楚間金常費萬斤。顛倒是非淆黑白，要從口舌立功勳」（《匏園詩集》卷三十〈政客〉）。即活畫出當時社會上各級門客的姿態，其洶洶奔走、無所不用其極的嘴臉如在目前。指望別人火拼，而不是自己出手。自己珍惜每一根羽毛，等待下一次投機的機會，於是總體上就給人這個形象：他們大都是偽君子。從總統的幕僚淪為小軍閥的幕僚，還不是為了那一點虛無縹緲的機會。一九二五年，奉系大將郭松齡倒戈，在郭的幕中，有兩個書生，一新一舊，即擅長駢四儷六的饒漢祥，他是舊書生，渾身長滿蝨子而不以為意。一是留學歸來洋氣習習的林長民。他們兩個，耍筆桿各有專長，到了戰火紛飛的險惡前線，那就不免魂不附體了。結果林長民死於非命。至於那些夢寐都想做幕僚的知識界政客，也頗引起一般知識份子良知的反感。「後來許多年，見民盟中個別政客型的人物為蝸角蠅頭那點兒權利而明爭暗鬥的現象，看了厭惡。」（張林嵐《臘春前後》二七四頁）

錢江，在《洪秀全演義》中，是很受抬舉的近代臥龍先生。他作為頭號軍師，彷彿諸葛亮再世，但史料中很少提到。傳說他是林則徐的幕僚，則徐被充軍，他懷才不遇，憤而投洪，洪秀全為他的一篇策文，放棄關中，直取金陵，其重要可知。他們大半是揭竿而起之徒，冒牌的新舊約，抵不過曾國藩的真本四書五經。後來他們也搞開科取士，但那距離和隔閡太大，只能找些蝦兵蟹將，並無一個文曲星下凡。所以像錢江這樣的，便也溜之乎也。錢江離開洪秀全而去，是因豎子不足與謀，才下決心逸脫，後人服其智。其頭腦的傑出就在及早看出洪楊昏庸專橫，到武漢時已露端倪。天父天兄，非驢非馬，根本不成玩意兒。金兀術敗於岳飛，正欲向北逃竄，一個書生攔馬說到，王其勿行，世未有權臣在內，而大將立功於外者。此書生的腦力甚是精明銳利。他這一判斷，主動的參謀，甚至改變了歷史的流向。他和錢江是一樣的人，投效的主子不同罷了。

楊度，籌安會的要角，對其進展萬分投入，對時代的趨勢卻不管不顧，真用得上孟子說的：明足以察秋毫之末，而不見輿薪。孔子是聖之時者，一切講究「時」，時然後言，時然後笑。楊度乃不知時、昧於時者，他比起錢江來，就差得多了。

人不夠，鬼來湊，這是舊小說中構思寫作的一格套路，對於幕僚來說，有的人就智慧不夠，迷信來湊，或者自我的一廂情願來湊了。

楊度：烹製惡湯的參謀

如謂主官是米飯饅頭，則幕僚相當於副食品。龐大的副食品家族，有的是茶，有的是酒，有的則是醬油醋，有的卻是蓋著油花的變質雞湯，肉眼難辨，飲之竟有送命之虞。替人策劃打天下，幫人上位做皇帝，像劉基這些人，謀劃周全，乃全職參謀，史上代不乏人。自己在幕僚位置心急如火全神貫注捶胸頓足嗟歎哀惋，而將共和總統拽回皇帝位上，楊度還是第一人。

據說在中國，魚翅是所謂象徵身份和地位的食品（參考消息二〇〇七・四・二四）。為了吃魚翅，食客抵死撈過界，每年至少有三千萬片鯊魚翅經由香港進口。魚翅被人類大量撈取，破壞海洋生態，但它是所謂中國上流社會最愛的一道菜。那些醜陋的饕餮們顯示身份或拉攏生意夥伴，都以點此菜肴為榮。荒謬之處在於，營養學界認定魚翅完全沒有味道。它風乾後被切碎，加雞湯鴨湯香料在七小時內以複雜程式烹製，然後魚翅膨脹、像明膠狀，粘稠不堪，然後加胡椒或醋等等，食客將之喝下，這些醜陋的中國食客，飲用時還大聲咂嘴。

楊度，這個烹製惡湯的參謀，他就力圖做一碗政治惡湯，並期待大聲咂嘴的那一刻。他的廚藝和出品，既淡乎寡味，又破壞政治生態。楊度一八七四年生，比陳獨秀大幾歲，差不多是同時代人。一九〇二年赴日留學，與黃克強同窗。轉年保薦入京參加新開的經濟特科進士考試，為清廷迷信所忌。於是又回日本法政大學速成科，集中研究各國憲政，與汪精衛同學。科考落第後，從王闓運學帝王之術，常自詡「余誠不足為帝王師，然有王者起，必來取法，道或然與？」其幕僚心態，昭然若揭。曾經被吳樾炸彈襲擊的五大臣，一九〇六年出洋考察憲政，楊度和梁啟超捉刀起草報告，楊度撰寫〈中國憲政大綱應吸收東西各國之所長〉和〈實行憲政程式〉，由是博得大名。

辛亥革命前夕，清廷皇族內閣成立，楊度出任統計局局長。武昌起義後，他前往河南，投到袁世凱幕下。曾作為袁的代表之一，負責南北調停。黃興邀他加入國民黨，他居然提出除非國民黨放棄政黨內閣的主張，作為前提。顯然，他的押寶，不在這裏。夏壽田、八指頭陀、楊銳、劉光第、劉揆一、齊白石、陳獨秀、孫中山、黃興、汪精衛……都是他的熟人或曰社會關係，他有的是做幕僚的躊躇滿志的本錢。楊度之幕僚作業，至帝制籌畫期間，達於極點。

〈籌安盜名記〉，載於《洪憲舊聞》，是為最早的第一手翔實記述，嚴復本人看過並深表許可。作者侯毅，是嚴復的學生。籌安會動起來，洋人古德諾的〈中國宜復君主之論〉，又打入一劑強心針。楊度在其文發表後第三天，親訪嚴復。先講了一大段他打麻將的心經，七翻八碰，二五開槓，天緣湊巧，大獲利潤。說是從可以判斷他的運氣來了。運氣乃人生大運，不特將有多金之收穫，且有人生鴻運駕到，說得津津有味。嚴復不知道他的葫蘆裏面是何底子。

次日他又做不速之客，以請嚴復重新翻譯古德諾文章為引子。嚴復婉謝。然後，楊度說是擬組織籌安會，研究君主、共和政體的優劣，而故意將火星拋至嚴復身上，因為勢在必得，即有意引其駁斥，果然，嚴復憮然作色：「今日人君威嚴既成覆水，貿然復舊，徒益亂耳……」，嚴復也有極妙的比喻，拿來說明問題：「凡猝然盡覆已然之局者，皆為僕所不取，國家大事，寧如弈棋，一誤能容再誤乎？」楊度心理儲備當不在話下，他也不生氣，引述外人、時人的看法，闡述他的「中國非君主不治」，嚴復回答相當直截，那麼，想當君主便去實施即是，古來瞄準大位的人，都仗恃其勢力，哪裡還有待於同別人商量呢！嚴復的意見，乃是，必欲使其入會，研究發表意見可以，但不能強迫主張相同。實為處無奈情形下試圖有以轉圜之。又過了一天，楊度又來邀宴，出席者為後來列名籌安會的人員。嚴復辭謝。晚上，楊度又來，嚴復閉門不見，楊氏怏怏離去。過些天，楊氏派人送信來，說是承極峰（袁世凱）旨意，嚴復必須列名發起人，辭謝恐有所不便！而其發起啟事已經送交報館。顯然，他已很不耐煩了。可笑可驚的是，信尾特別囑咐：「閱後付火」，原信嚴復藏之，給侯毅看過。可見楊度等人的心曲，其所作為乃自認不可告人之陰謀。

侯毅見此，乃為老師設定一個原則，那就是，盜名不妨聽之，因為你無法破局；但不實際參與，是非終將大白於後世。嚴復許之。不久，啟事在報紙赫然登出。見報當天，兩名彪悍的武裝分子站在嚴復家門左右，托言匪黨騷擾，特來保護。籌安會開會議事，嚴復總予拒絕，直到解散，從未參加一次會議。其間，楊度等也將主意打到嚴復的學生侯毅身上，推他為參議，任務是遊說推動他的老師。顯然楊度已很著急，試圖從嚴復學生身上突破。他沒少動腦筋。侯毅見事急迫，乃托言與西域商人商量購馬上貢，悄然赴滬，得以暫避。不久，梁啟超撰文痛斥袁世凱稱帝，流布海內。袁世凱說必須嚴復出面予以反駁，才能旗鼓相當，聳動視聽，遂派人送四萬元支票，嚴復拒收，而對使者說，請留出考慮時間，來做轉圜。

其間，嚴復收到包括匿名信在內的函札不下二十通。有的推崇，有的吹捧，有的威脅，有的利誘，甚至揚言刺殺者。幾天後，嚴復對使者說，文章可以寫，梁啟超可以反駁，但要對事情有所幫助，縱然極盡舌粲蓮花之能事，若對事情反有損害，那就不好辦了。這樣把此事拖過去了。此間說話，嚴復確有考慮微妙、周密之處。

列名籌安會者，其餘都有勸進、吹捧之文章刊佈，唯嚴復未有片言隻字稱揚帝制。侯毅在上海，吳稚暉等人來晤面，問及籌安情形，對嚴復處境多能體諒。一個朋友說，假如袁世凱真有頭腦，就不應該把嚴復先生這樣的國族精英拖入渾水。所幸，他還有所顧忌，尚未對嚴復一不做二不休，取其性命。其間還有一重要關鍵，未為人所道及，他之所以不敢對嚴復下手，蓋以當時同盟會精英多在，暗殺人員咄咄逼人，想收拾他的人不少，故袁世凱有所顧忌。後來黎元洪上臺，一度傳嚴復將不為黎氏所諒解，林紓聞之，至以哭泣迫嚴復宵遁。後至天津暫避。

楊度之外，袁克定更是積極分子。帝制前期，袁世凱所閱報紙都是府中人修改重印後進呈，多系歌功頌德之文。一天王士珍晉謁，袁世凱給他報紙看，頗有得色。士珍默然，他說：外間殊不爾！——完全不是這樣一回事嘛，乃檢外報呈閱，袁世凱觀之，嗒然若喪。已知為左右各位幕僚積極分子所害，但為時已晚。

物必自腐而後蟲生。其主家老袁大胖子，竊國謀私，始終以智術誑人。可以說是主子和幕僚相率以謀亂政，以權謀鬥爭為核心價值，然而，並不高明。袁世凱憂懼而死，死前熱葷抽搐，尚不忘大呼「楊度誤我」。實在的，楊參謀給他的打擊大，印象也委實太深了！此前，袁世凱解散國會後，楊度僅任參政院參政，看來已對其參謀能力已有所懷疑。袁世凱死了，楊度在輓聯中吐露真言：共和誤民國，民國抑誤共和，百世而後再評此獄；君憲負明公，明公實負君憲，九泉之下三復斯言。這算怎麼回事呢？實在太不成話了。難怪他先前的好友梁啟超說他是「下賤無恥、蠕蠕而動的斃人」，這可真要把他罵痛了。

楊度之流，受自己薰心利慾的誤導，以相對容易地掩人耳目的一貫思想——實用掛帥。他高估了他們自身的影響力，也低估了民眾團體的覺悟。民眾都不是「省油的燈」，不僅識破了他的陰謀，而且抗議文電雪片飛來。在其放手一搏，甚至都不留一手的策劃之下，這一切大大出乎他的意料，他既惱羞成怒，又憂心如焚。權衡比較，楊度的策劃，有利於他獨攬大權，剛愎自用的袁世凱十分受用。職業政客，他不僅有鐵石般的心腸，也有狐狸般的嗅覺，但他不可能走得太遠，他缺乏一個政治家應有的大局觀和政治遠見。當然，楊度等人的謀略也是由袁世凱直接催生的。利令智昏，以為所有的莽撞都能換算成可用之良機。他們鋌而走險謀略的實施建立在這樣的基礎之上：泱泱大國的前景、民眾的命運，沒有這一小撮人的私利重要。據《參考消息》（二〇〇七年四月八日）引英國經濟學家雜誌文章，說是今之中國的仿照製造業，被仿造的不止是光碟、手錶、手袋、衣服……甚至還有汽車等大型對象，那些專事仿製的人說，除非是您的親娘，否則他們什麼都能仿造。謀略也有仿造，但無論怎樣的善於模仿，也終缺乏原創性，終為小智小慧。蟪蛄不知春秋，夏蟲不可語冰。楊度的智略，歸根結底，一個字：小。格局小，氣魄小，心地本不光明，事蹟拿不上臺面，地獄之設，端為此輩。

楊度本質上屬於奸佞巧偽人，夢想躍為國師。籌安會運作所暴露的真相，試圖以權謀附著與袁大頭，與之實施政治捆綁，但其對大戰略完全束手無策。到了一定的臨界點，智略逸去，霸王硬上弓，沒有條件創造條件也要上，既乏道德高度，又無認知高度。雖不乏鴻鵠之志，卻只有燕雀之智。楊度在政治上頗像一個餓到慌張戰慄的衰漢，饑不擇食，乃自薦為廚師，當主家告知可以分一杯羹時，他打下保票，將烹製史上未有的美食佳餚。結果呢，他沒有所需的各種原料，他本人也不是那塊料，他手忙腳亂，煮出滿滿一鍋濫菜，裏面沒有他描述和想像的珍饈美味，只有敗鼓之皮、牛溲馬勃，食之，無法下嚥；棄之，萬分棘手。這個廚師現形了。他的病態饑餓又促使他卷起鋪蓋，尋求下一個主家去了。

唐德剛先生論楊度，可謂鞭辟入裏，他說，汪精衛之失足，實由於身邊那個才勝於德、做宰相大夢，而生就漢奸胚子的周佛海，聯合汪氏潑辣褊狹的老婆陳璧君，而拖其下水，有以致之。袁世凱之失足，則由於他身邊那個才德不稱，對現代政治知識實無所知而恃才傲物的楊度，聯合袁世凱的那個混球太子欺父誤國的袁克定，把老頭子拖下糞坑，其失足情況，與汪氏如出一轍。「袁家騮教授向我歎息說，實在是怪的大伯父（袁克定）。項城一代梟雄，而敗在這麼個敗類的兒子之手，也真是窩囊之極。楊度此人則自高自大，始共和，中帝制，晚年竟然加入共產國際。亦見其為人與思想之反覆無常，而心比天高，口若懸河，己且不知，何能教人？」（《袁氏當國》二二八頁）

到了一九二九年，杜月笙以張堯卿之介，邀楊度為週邊幕僚。並撥給洋房一幢，另支月俸五百大洋。楊氏此時的「思想意識」，居然又是第三國際的教條形態了。杜月笙禮遇之，全從大面上的人際考慮，或可謂一種押寶與投資，並非以為楊氏真會有什麼錦囊妙計。

小動作往往缺乏「大實力」。正因為他手裏沒有「大實力」，所以才需要向社會轉達無力的辯解。缺乏「大實力」的「小動作」起不了什麼作用。既然沒有「大實力」，那就學習文明政爭吧。

……

楊度他們傾力操作袁世凱上位之事，四處奔走，大幹快上。而另一批人則怒其專制陰損，欲對其作最後之解決，較典型者乃是前述一九一六年一月袁瑛暗殺袁世凱未遂。

籌安會不能不說他們聰明。但這聰明，他們的觀察，事起之際，多靠嗅覺；進行期間，更只有利害商數，沒有是非。

章太炎入幕若即若離

當一九二六年春，國民革命軍經汀泗橋血戰，致直系部隊土崩瓦解。在湖北的吳佩孚，於敗落大勢中尚有一段迴光返照的日子。其時軍中幕僚人才濟濟，極一時之盛。組織討賊聯軍總司令部，張其鍠（子武）為秘書長，蔣百里為參謀長，總參議是章太炎，軍務處長是張福來、秘書幫辦楊雲史，高級參謀張方嚴，聲勢顯赫。

章太炎多次試圖與軍閥推行古禮：「將來沒有端緒，著為典章，務使一般社會覽而易知，知而易行，使人民知我國尚有此禮制，為四通八達之大路……」（《章太炎學術年譜》，三八四頁）因此一九二七年四月以後，上海一些民間團體以紀念五四為契機，通過決議，呈請國民政府通緝學閥，即有章太炎、張君勱、黃炎培等十餘人，稍後更列章太炎為第一學閥。皆因其出於利祿而與軍閥不清不楚的曖昧瓜葛。

一九〇六年，章太炎生發表〈東京留學生歡迎會演說錄〉，說到為人在世，總不願以瘋癲視之，然而他說「獨有兄弟承認我是瘋癲，我是有神經病，而且聽見說我瘋癲，相反格外高興。為什麼緣故呢？大凡非常可怪的議論，不是神經病人，斷不能想，就能想也不敢說，兄弟看來，不但有精神病，只怕富貴利祿當前的時候，那神經病立刻好了，這才是要不得呢！」（《章太炎文選》，一四一頁）他早年創革命排滿之說，其師俞曲園老人大不以為然，和他斷絕師生關係，逐出門牆。稍後為《楚學報》主筆，著《排滿論》六萬言，梁鼎芬急請總督衙門逮捕，師友乃出一計，謂他是個瘋子，逐之可也，由是事乃得解。

民國肇建，袁世凱以祿位誘之，先授熱河都統，旋返，袁氏陽為厚遇，實則以軟禁羈縻之。章老曾跳腳大罵，部院秘書競觀稀奇。帝制告成，太炎知禍將來，佯狂避之。嘗於冬日赴宴，賓主未入席，先生已據案大嚼，俟客入座，他已食畢揚長而去，世間又紛傳他為瘋子。太炎為晚清學術鉅子，樸學第一，文章古茂第一，同時亦為同盟會政論第一。其行事風格，動輒走極端，愛則加諸膝，惡則墜諸淵，嘗與孫中山數離數合，其間蔡元培憤之，以為當譴責，中山思再三，以為「尊隆之道，在所必講」。

章公桀驁不馴，同時在看人說話一方面，卻又心細若髮。一九二六年，章太炎反對北伐，也對張作霖、吳佩孚、馮玉祥深表不滿。

他唯對孫傳芳尚加青眼。八月九日，他答應孫傳芳的邀請，擔任南京修訂禮制會會長。孫傳芳力促復古，舉行投壺古禮，由太炎主持，儀式當日未出席，可知兩者之間尚有一定距離。太炎依託實力人物，來推行他的思想主張，無可厚非，復古代之禮，在技術上也是可用的，其中包含古時合理的社會生活習俗，屬民俗文化範疇，並非純粹帝王專制那一套。問題是他的匡時之志，所託非人。這位第一流的大學者，情緒騷動，不甘寂寞，但卻缺乏相應的政治智慧。

馮玉祥認為北洋中後期，實屬黑暗中的極其的黑暗，一切關係極為混亂。張勳復辟時帶著康有為，作為週邊幕僚和鎮山之寶。成則為殿堂金鑾國師，敗則為村校國文老師，成為中國文人滿腔苦澀的千古情愁。

一九二一年間，直系吳佩孚籠絡于右任，擬給予總統府每月千元的高等顧問銜頭、及一等文虎章以為籠絡。于右任說，錢我見過，什麼文虎章，你妻侄小舅子都給，狗也給，貓也給，我看得不值半文錢（事見馮玉祥《我的生活》，三一一頁），拒不受。章太炎為這事專門修書一封諷罵于右任，于氏深覺不爽。章太炎曾作〈謝本師〉一文，對於俞曲園先生表示脫離；當章太炎在孫傳芳那裏主持投壺典禮之際，他的弟子周作人就在《語絲》雜誌刊發謝本師的文章，也把太炎給「謝」了，以為他的政治活動不高明。他由「謝」師的主角變成被謝的對象，他的感慨可想而知。周作人說：「《民報》時代的先生的文章我都讀過無遺，先生講書時像彌勒佛似的趺坐的姿勢，微笑的臉，常帶詼諧的口調，我至今也還都記得。先生現在似乎已將四十餘年來所主張的光復大義拋諸腦後了。我相信我的師不當這樣，這樣也就不是我的師。此後先生有何言論，本已與我無復相關，惟本臨別贈言之義，敢進忠告，以盡寸心：先生老矣，來日無多，願善自愛惜令名。」

章太炎謝（拒絕、脫離）俞樾（俞曲園），周作人謝章太炎，更搞笑的是俞平伯後來又把周作人也給謝了。平伯是曲園的曾孫，這真像一個圓周樣的循環軌道呢。

聖人欲作超級幕僚

一九二三年，吳佩孚五十歲，在直奉戰爭中擊敗張作霖的奉系軍隊，被委任為直魯豫三省巡閱副使，駐在洛陽。康有為賀吳佩孚壽聯云：

> 牧野鷹揚，百世功名才半紀；洛陽虎視，八方風雨會中州。

那個氣勢是飽滿拔節地烘托起來了，滄海橫流，豪傑出世，雄才大略，鷹揚虎視，極言宇內大才，超塵拔俗的宏大氣魄。正因為聯語極佳，被人窺破其中阿諛奉承的機關，坊間譏刺為「傍友」，猶今之傍大款的傍，吊膀子式的傍，其惶惶奔走，尋求依傍的心理昭然若揭。他看中了吳佩孚的赫赫武功，看中了他也是秀才出身，看中了他也有復古思想。他自居文聖，想把武聖的尊號獻給吳佩孚。但吳氏對之尊而不親，使其失望而去。

當時有實力的是曹錕，曹氏的左右，沒有一個人喜歡吳佩孚，他在洛陽的計畫，外邊的傳說與他實際的作為並不盡同。對所謂「武力統一全國」，隱然知其不可，當時醉心武力統一的並非吳佩孚本人，反而是反對他或擁護他的人，前者藉此對他攻訐加罪，後者藉此謀利取勢。除了康有為，另有汪兆銘、張謇、章炳麟、徐紹楨、張繼等形形色色的知名之士，或者親到洛陽，或者函電飛馳，目的非常明確，而收穫甚少。其間如康有為、章炳麟表現異乎尋常的熱誠，康有為講四維八德，發揚傳統文化，以為和吳佩孚主張所吻合，期得採用。吳佩孚大概感到，橫柴入灶，團結無望；勉力從之，則可能產生技術性阻絕，導致未戰先輸。所以他對他們表面上很尊敬，實際輕視，只是虛與委蛇而已。

康有為行為顢頇。一九二四年，在西北，逗留西安其間，督軍劉鎮華待為上賓。贈送上等皮袍，他又說冷，要買狐皮袍子，劉也應之。他給劉鎮華贈送一聯，捧場之病依舊。聯曰：華為五嶽首，海納百川流。依然老臉老皮，不顧社會反應，先把實力人物捧到極頂再說。以一並不高明的幕僚之才，而欲棲身教主地位，時勢不作美，前途每況愈下的局面之下，其猴急抓狂的心理真是不堪得很。

陝省收藏家，慕名請其鑒定文物，康氏來者不拒，多據為己有。又有請看古錢的，他便向袖子裏面一藏，據為己有，那人再三說是傳家之物，情願送他一枚，請把其餘退還，康氏顧左右而言他，裝作沒有聽見走了。他又順手牽羊拿走臥龍寺所藏經卷，被紳士李漢青等告上法庭，將經卷截回，康氏惱羞成怒，向劉鎮華要求賠償一百萬元，並以家藏圖書要求西北大學購買，索錢；甚至要求劉鎮華私人投資作其辦《不忍》雜誌的股本，聘請其門人張某為西北大學教授做交換……（參見高拜石《古春風樓瑣記》二卷，八六頁）窮途末路時分，他的本色，現出原形，簡直是不管不顧的撒賴耍賴。

戊戌變法的失敗，與改良派失策有關，康梁作為光緒皇帝事實上的幕僚，想當教主，而性格一根筋，操作更是笨伯，一意孤行，那就有好看的了。他們的失敗，既非因為慈禧的觀念守舊，也和所謂國民素質低下無涉。近代以前，日本社會也和中國大同小異，人治社會，談不上什麼憲政素養，但是東瀛的明治維新就順利達成了。變法期間被光緒帝倚為股肱之臣和智囊核心的康有為，成為變法運動實際上的最高領導人。作為戊戌變法的靈魂人物和不可替代者，康有為的一言一行，對戊戌變法都有關乎成敗的影響。當時的慈禧太后，乃是清廷的最高權力的擁有者，權慾極強，說一不二；臥榻之側其容他人染指，康有為要搞君主立憲，首當其衝的乃是與慈禧關係的調理，要麼不顧一切以非常手段置之死地，要麼變更路徑低首下心曲線抵達，但康氏不此之圖，反自肇端就觸犯實權派的大忌，等於將改良派急需之最高權力，猛然推到了改良運動的對立面，膠柱鼓瑟若是，戊戌變法焉有不敗之理？

他早先反對、或者瞧不起辛亥志士的鐵血手段，所以在變法危機關頭，首先想到的是袁世凱：「乃屬譚復生入袁世凱所寓，說袁勤王，率死士數百挾上登午門而殺榮祿，除舊黨」。（《康南海自編年譜》）殊不知袁世凱是個勢利小人，比他更鬼，光緒皇帝在得到康有為的暗示之後，囑託袁世凱：朝廷一旦有「意外之變」，他就即刻帶兵進京。

唐德剛說：其實戊戌變法的中心人物還是光緒皇帝。康有為只是他看中的一個變法顧問而已。但是康派之畢其功於一役的過激作風，卻頗能說服那急於求治的年輕皇帝。皇帝既有過激傾向，乃激起保守派和投機派的聯合陣線的反擊。而康派的教條主義和過激作風，也拒斥了開明而強大的中間派。開明派和中間派靠邊站，剩下的過激派和頑固派兩極分化，勢均力敵，就短兵相接了。在這兩派較勁之時，過激派也就是所謂帝黨吧！原是個紙老虎、空架子。一旦臨陣交鋒，其結果如何？就不言可知了。戊戌變法後，中山先生對康梁一是設法營救，二是在日本為其生存發展創造條件，將所辦學校依其意願改為大同學校，以梁啟超為校長，聽其辦理，然而康梁的手下還不大領情呢。此後，中山先生命日本志士宮崎寅藏帶三萬元到新加坡，勸康有為合作，反被康有為向新加坡英政府指為刺客，將宮崎逮捕。嚴復對維新運動寄予深切的同情，但也對其魯莽醞釀有所批評：「平心而論，中國時局果使不可挽回，未必非對山等之罪過也。輕舉妄動，慮事不周，上負其君，下累其友，康梁輩雖喙三尺，未由解此十六字考注語。」（〈與張元濟書〉，《嚴復集》三卷，五三三頁）康有為等人不能辭其咎。辛亥之際，他給黃興寫信，建議採取虛君共和制，以孔子的後裔假以皇冠，為一種榮譽及象徵，實際政柄則操之責任內閣。

康有為當戊戌變法時期，為事實上的總策劃，清廷坍塌，猶不死心，和張勳共謀復辟，當了十二天的弼德院副院長。雖說他畢生抱有教皇心態，但在時運不濟的情況下，充當實力人物的頭號幕僚，也是他至死不移的嗜好。這種嗜好上癮之深，簡直身不由己，並且不懼所託非人。張勳復辟，他出力最多。張勳早年任江南提督，武昌起義後，率部企圖頑抗，敗後退駐徐州一帶。其人及所部均留髮辮，人稱「辮帥」，所部稱「辮子軍」。一九一七年六月，他以調解府院之爭為名，率兵入京，解散國會，趕走黎元洪，七月一日與康有為擁溥儀復辟。至十二日為段祺瑞擊敗，逃入荷蘭使館，被通緝。張勳復辟，也促使康、梁徹底分家。

張勳復辟將尊孔和獨裁專制進一步聯絡加強之，其中康有為跳得最歡，他們不長進的行為，導致儒家學說不幸成為民主的對立面。在激進的知識階層眼裏，儒學日益與專制愚昧相重疊，成為中國進步的主要障礙物。蕭公權說康有為「在十九世紀走在知識界之前，而在二〇世紀時遠落後於當時的知識界」：「康氏自已或許在不知不覺中，不斷地造成儒學的式微。在戊戌前夕，他勇敢地將儒學與專制分離；然而在政變之後，他以保皇會首領自居，自戊戌至辛亥，反對共和而主君主立憲；復於民國六年（一九一七年）以及十二年（一九二三年）兩度參與復辟，使他的形象與帝制認同，因而被許多人視為民國之敵。」實在是見道之論。張勳死了，康有為沒事兒。到了一九二五年，他又主張擁立溥儀皇帝，依然時刻夢想依託實力人物幹一番事業，博取功名富貴，亟思有所表現。《清史稿》將他與張大辮子合為一傳，放在殿尾的一卷，也算大有深意的。

康有為倒是不願放棄他的獨立性，那個混沌的社會，倒也很好的保持了他的「獨立性」，沒有人做他的思想工作，或者改造他的思想，倒是他當仁不讓，力圖給國人或強梁灌輸他的思想，他的意願。這較之後世那些被迫一步步放棄獨立性，一步步走向污穢泥潭的知識份子，佛也救不得，他康聖人，倒不失為命好！

當幕僚的出主意，力求實施，荒不擇路，饑不擇食，所憑者，三寸不爛之蓮花舌，一大肚皮之餿主意。他在技術上甚至沒有徐樹錚、楊永泰那些人的頭腦，也沒有王士珍、饒漢祥的胸懷，而欲成事，直是拿他人做犧牲，根源就是他的當教主的思路根深蒂固。這樣的人，搞儒教，儒教很難看；搞民主，民主走樣子；搞立憲，立憲變成交換。

對自身提出的主義，孫中山是功不必自我成；康有為是非由我成不可。即使是他人的思想，康氏也很願意插上一腳。他的實踐，因霸王硬上弓而瘸腿，但他卻樂此不疲。較之孫中山、譚嗣同、甚至梁啟超等人，他，康有為既不是頸血濺諸侯的英雄，也不是上下其手嫻熟裕如的政客，他就是一個活脫脫的大俗人，就是一個名利薰心的好貨之人。作為一個大學者，他又獨有一份盲動的愚昧，這愚昧常常是深不見底。過度的雄心會忽略物質的攫取。唐德剛先生論袁世凱，說他既無玩物喪志的惡習，也不收藏什麼古董字畫，品簫吹笛，風流自賞；平生所好，唯抓權秉政，縱橫捭闔，是一個不折不扣的政治動物。這並非什麼品質，而是用志過分轉凝，其他相對忽略，顧不上也。大凡一個目標固守，心有所寄的野心家，往往對物質利益視而不見，但康有為是一個例外，與其說他對哲學感興趣，不如說他對物質情有獨鍾；與其說他對權力感興趣，不如說他對精神操控念茲在茲。多貨傷德，趨利之人，常為朋比，同其私也。東食西宿，一樣不拉。他的信徒唐才常、秦力山發動起義之際，他的手裏捏著大把的資金，他緊緊的捏著，拒不交付使用，使人寒心。

與康有為同時，章太炎脾氣巨大，表現為暴躁；劉師培的脾氣很拽，如不合其意，則表現為叛變；康有為脾氣也甚滂湃，表現為偏執尖銳。章太炎不合他意，就罵人家「滿朝都是魏忠賢」，意為天下只有他一個好人。康有為道不行，就更加好貨，這是不是一種補償心理呢？包括戊戌變法在內的許多社會變革，康氏的性格因素使其希望變得更加渺茫。這是性格的細枝末節影響大事的例證。他夢寐都想棲身聖賢之列。他的《大同書》「大地萬國之人類皆吾同胞」，懸鵠不可謂不高。中年時期，一八九五年秋，他到南京找張之洞，要求贊助強學會的南方分會，張氏待之為上賓，但康氏拒絕任何一點張氏提出的修改意見，他絕不做學術人格上的半點讓步。結果張氏竟收回原先贊助他的打算。

辜鴻銘算一保守人士，但辜氏對康有為也頗有看法。辜氏在張之洞的幕中為英文秘書，他評價康有為說：「自私自利而具野心，但又缺乏經驗、判斷力和方向。」（蕭公權《近代中國與新世界》二十頁）自視甚高，愈加專斷，不能容忍旁人意見，且將他人思想認為太尋常，太無價值。錢穆也說康有為是一「領袖慾至高之人」（《中國近三百年學術史》）。以學術、學問、想法影響社會，中國士子歷來有之，至康梁更甚。學問影響社會，必有一定途徑，通常是通過影響社會實力人物，最高當然是影響皇帝，在清末皇權崩潰，大大小小的軍閥強人，就是微縮了的大小皇帝。但在康有為，只要是他想出來的念頭，任何人不能動搖，自信到自誇，到幻想，到以幻為真。他的自編年譜，說他少年時就「慷慨有遠志」，他的慷慨，削弱於他的好貨嗜利，他的遠志，則受阻於他的貪鄙固執。

名利烤灼 謀士流竄

那時候的智識者，充當大小霸王的幕僚，實為時髦行業。社會流竄著謀士，名利烤灼他們的屁股，不特猴急，也很受用。乘著兵荒馬亂，四處起哄。他們韜晦，背叛，謀劃，欺詐，表現，表演，修書，借兵，不甘寂寞，以期在政壇樹立他的行為藝術。端方的週邊幕僚劉師培，就是這種典型。

劉師培熱衷功名利祿，他和他太太何震，到上海，張惶國學，譏刺時政。《民報》發刊後，他擔任撰述，宣揚革命。期間參與萬福華行刺殺王之春的行動，乃以激進面目示人。一九〇七年春，劉師培夫婦東渡日本，結識孫中山、黃興、陶成章等人，在章太炎主持的光復會時代，他是一隻健筆，他改名劉光漢，意謂光復漢族漢物漢文化。在日本時，他老婆喜歡拋頭露面，交際肇事。他和章太炎等鬧掰，一九〇七年底由何震出面，被端方收買，遂投向端方，辛亥革命前三四年，他入了端方的幕，作他的〈上端方書〉，獻「弭亂之策十條」，當幕僚當道骨子裏頭去，實為暗探。劉師培乾脆甩開膀子當偵探，監察學界動向。他老婆於此道也積極從事。因黨人被捕事，王金發曾持槍找他拼命。

其後公開入端方幕府，為端方考訂金石，兼任兩江師範學堂教習。端方調任直隸總督，劉師培隨任直隸督轅文案、學部諮議官等職。一九一一年隨端方南下四川，鎮壓保路運動，端方出鎮四川，正值革命方殷，被殺頭謝天下。劉師培危在旦夕，在資州被革命軍拘捕。辛亥革命勝利後，由孫中山、章太炎電謝无量諸人諒解保釋。後任成都國學院副院長，兼四川國學學校課。此後他在北大教書，但也不安於位，靜極思動，到了一九一五年，楊度等人將其抬舉出來，袁世凱加委其為公府諮議，他上了一道駢體文謝恩。

楊度發表〈君憲論〉，他就作〈國情論〉與之配合，並撰文告訴他的同盟會的熟人，叫他們不要再鬧了，排滿已經成功，可以君憲復古了。袁世凱先後給他參政、參議、上大夫等崇隆職位，他是很受用的。但在籌安會的運作空間裏面，楊度才是唱大戲的主角，他還只是敲邊鼓的棋子。袁世凱那短命的皇帝夢破滅後，他也受到通緝，逃往天津，窮愁潦倒。不久他死了，他的太太也瘋了。

關於劉師培，《馬君武集》說，劉氏讀書特別聰明，他看書不是我們一行一行地看下去，而是一頁一頁地翻看過去，真所謂一目十行。可惜他的老婆不好，貪財好貨，到後來就倒向袁世凱，成為籌安會六君子之一，到袁倒臺後兩年，他也死了（參見《馬君武文集》七四七頁）。黃節致函蔡元培說：「申叔為人，反覆無恥，其文章學問縱有足觀……不當引為師儒，貽學校羞。」

劉師培乃是十足的政治化妝師，為主官政績塗脂抹粉。除了對巧取豪奪的奸商外，對誰也沒有好處，民間苦難泥濘，社會公義窒礙難伸，它的其中一個禍根，可能就是來自巧奪天工的「政治化妝術」。近年西方政客很講究「政治化妝術」，有時候愈是多政治化妝（不管是否謊言），群眾就愈討厭。聰明反被聰明誤，也許就是這個意思。

大勢不好了

袁世凱幕僚中，反對稱帝最力者為張一麐、嚴修。張一麐所知機密甚多，而主張帝制者皆畏之。洪憲元年在便殿行朝拜禮，諸臣久跪拜，獨張一麐行九鞠躬禮。有魯莽者躍起挾之使強行跪拜。張一麐作有《袁幕雜談》，籌安會借古德諾立言，而古德諾向張一麐大呼冤枉。古氏寫信說，他是被利用的，恐怕回美國時，將受刑事上之制裁。一般以為，古德諾的計謀，乃由周自齊百般挑撥而來。袁世凱稱帝前，日本公使館寄來一張剪報，大意是說，中國國民黨，其實很想慫恿袁世凱稱帝，一旦達成，將以此為藉口，實施傾覆的打擊。可見日本用計的陰沈，其用計方式，彎來拐去，輒用反筆文章，以圖攪水摸魚。蓋日本也怕袁氏坐大，羽翼豐滿難以控制，故而多端放風，使對方視線模糊。宋教仁一案的發生，洪述祖自告奮勇，謂能毀之，袁世凱以為僅毀其名而已。洪述祖唆使應某索取巨額活動資金，於是釀成大禍。袁世凱無以自白。小人作幕僚，其不可與謀如是。不過趙秉鈞知道，袁世凱才是隱藏最深的唆使者。

稱帝前，事情反覆。楊度去看望張一麐，想瞭解袁世凱的真性情（究竟總統性情如何），袁世凱突然又說不合時宜，把楊度嚇著了。張一麐說：可是你本人在搞些什麼呀？楊度說，他準備回湖南了，袁世凱身邊的人又對他說，總統有大事，必須您楊先生出頭，楊度說，他因此也是被動的。張一麐說，你看以前清廷搞預備立憲，事前百端推拒，事後幡然變計。你想想吧，以後誅晁錯以謝天下，你的腦袋難保。楊度嚇得說不出話來（參見劉成禺《洪憲紀事詩本事簿注》六四頁）。稱帝前，張一麐上書請取消帝制，有漂亮而說明問題的句子：「稱帝王者萬世之業，而秦不再傳；頌功德者四十萬人，而漢能復活。」徐世昌、孫毓筠、段芝貴同往，勸袁世凱取消帝制，以應危機。袁世凱說，取消誰負此重任？段芝貴說，有副總統在。袁世凱憤然道，他能擔得了嗎！

袁世凱政治顧問的班子有一個洋人，他就是古德諾博士，他可謂幕僚背後的幕僚。他的論點是，中國人知識淺薄，頭腦愚昧，只能實行君主立憲法制。籌安會的成立跟他的言論大有關係。籌安會的六君子中，最積極的是楊度，他是真正的主角。嚴復則是被哄騙、拖拽，另外四個人是同盟會的變節者，典型的牆頭草，他們變臉很快，袁世凱某種意義上還是他們的棋子，古德諾站在他們六個人的後面，可以說是師爺背後的師爺、幕僚背後的幕僚。

古德諾是個洋參謀，不料卻被他的中國同行，既無品又無德的土參謀玩弄於股掌之上，怪不得劉成禺要說美國人幼稚，古德諾這篇文章叫做共和與君主論，文長達五千餘言，洋洋灑灑，可能他自知「輸出革命」，不能見容於他本國民眾，所以事後他非常的後悔害怕，曾向袁世凱身邊的幕僚談到，害怕將來回國後，受到法庭的審訊。古德諾這篇文章主要是找民主政體的缺點，論證中國民眾久處獨裁政治之下，大多數人民知識程度不甚高尚，因此沒有研究政治的能力云云，橫說豎說，雞蛋裏面挑骨頭。伍光建先生說，西洋人有馬可波羅幫助元朝建立了中書省和大中央集權制度，另一個就是美國人古德諾來幫助袁世凱走向帝制。為什麼要說美國人幼稚呢，他不但受土參謀的撥弄，還受當時在中國的英國記者莫理遜撥弄，以及英國公使朱而典的操縱。中西參謀處心積慮，認為日本人氣小意盈容易打發，而美國為共和強國不可漠視，顯然，他們認為日本不足為憑，一定要有美國人來做理論支撐。包括袁世凱解散國會的時候，就以聘請法國博士韋布林、日本法學博士有賀長雄，還有就是這個美國博士古德諾共同組成了他的最高法律顧問團。

黑幕僚策劃的傑作還是報喪的使者

籌安會和袁克定、段芝貴的幕僚作業概括起來有如下多端：

一是公民請願團，向總統府請願，要求老袁俯順民意，早就大位。

二是請嚴復出山。

三是八大胡同妓女請願團，袁世凱也派人接見。這班謀士的滿腹經綸，也真運用到極致了。

四是印製假報紙，順天時報。

五是籌安會之功，在老袁優柔寡斷之際出手，推、牽、攔、裹。袁世凱若真有一點聰明，也終不致受其擺弄。

六是古德諾發文，說中國不適宜共和政體，中國社會情狀，須有大皇帝嚴加管束，否則將有禍亂。此舉頗能蠱惑。他大概是美國自由空氣吸厭煩了，要到中國換個口味。甜食吃多了，搞點極辣的海椒。

七是籌安會費盡心機，慫恿袁世凱上位，他們也得各個晉爵。彷彿一隻蛇窩，他們的智囊裏只藏毒液，一旦有機可乘立即獻上毒計。

八是段芝貴此時也向北洋軍發放冊子，馮玉祥所部就接到大量《孫文小史》《黃興小史》，書中極盡潑污之能事，詆毀中山、克強。每天均向官兵大劑量灌輸。

九是段芝貴等人利慾薰心，老奸巨滑，以國事為兒戲，他不但玩弄將領，某種意義上袁世凱也被他玩弄，他聯合十四省將軍像八大胡同的妓女一樣，呈表袁世凱，請其速正大位，他擁護帝制，得封一等公。所以認定這一高風險的行業，言在此而意在彼也。

政學系：機會主義的機會

黃郛、張群與蔣先生的接近，更多的是時勢使然的私人關係，黃郛是從北洋政府摸爬滾打出來，張群則是同學。在南昌行營時代，地位升到極頂。張群在這時被任命為南昌總司令部的總參議。陳布雷亦於此時入幕。這是一個檔次很高的幕僚班底。

黃郛、張群二人，都是政學系重要人物，黃郛二次革命倒袁之役，進攻上海，任陳其美的參謀長。李宗仁第一次和他見面：「但見其風度翩翩，能說會道，一望而知為十分幹練的官僚。」

當時武漢的報紙對他攻擊不遺餘力，罵他是政學系北洋舊官僚，軍閥的走狗，他早年和蔣介石換貼是拜把子兄弟。蔣總司令在紀念周上大發雷霆，說黃郛是他私人的好朋友，難道我們革命，連朋友都不要了嗎？（參見《李宗仁回憶錄》，三十二章）張發奎對於張群出任行憲後第一任行政院長的看法：「政學系是一群渴望做官的人，那是一群沒有政策的官僚」，譬如熊式輝愛擺官僚架子。政學系影響近現代中國政局不可謂不大。北洋系垮臺後，梁啟超的研究系，梁士詒的交通系，王揖唐的安福系等等，皆偃旗息鼓，退出政壇，惟有政學系則門庭刷新，人才於行政方面頗為出色。

中山先生在二次革命失敗後，鑒於過去組織鬆懈，紀律廢弛之失，在東京改組國民黨為中華革命黨。黃興因意見保留而赴美，居費城，仍從事反袁運動。先後追隨之者，如鈕永建、李烈鈞、李書城、陳炯明、柏文蔚、方聲濤等隱然唯克強先生的馬首是瞻。這部分在美的同志，乃創設歐事研究會，作為交換意見的中心機構，民國四年即一九一五年又改名政學會。次年，袁世凱暴卒，旅居美國的黨人相繼歸國，黃氏本人不久亦回到了上海，政學會即無形解散了。

黎元洪繼任總統後，原在美國參加過政學會的議員，即提出政學會這塊舊招牌，來和其他政團抗衡，其中骨幹如廣東楊永泰、湖南鍾才宏、直隸谷鍾秀、江西湯漪、雲南張耀曾、四川李為綸、湖北韓玉宸等，頗為活躍，但與黃克強先生已毫無關係。

一九三一年胡漢民通電指摘南京當局電文中特別提起政學系云「政學會員昔雖曾隸黨籍，自袁氏竊國，即已叛離。楊永泰、章士釗、湯漪之流，或依附軍閥，或假借文字，以反對吾黨及詆毀總理者，無所不用其極。民國七年總理南下護法，楊永泰勾結桂系，竊取政權，排斥總理以去；十年粵軍援桂，楊永泰受北洋軍閥偽命，親赴雷州就安撫使偽職，抗拒義師，為桂逆張目……」這樣的斥罵並不影響他們的縱橫捭闔，自一九二九年楊永泰得到黃郛、張群的引掖，受任為國民革命軍總司令部參議。楊氏餘次拼命表現，對政治軍事問題，頗多建議，每被嘉納，加以李根源、章士釗住居蘇州上海兩地，常為楊氏制策，相得益彰。政學系落寞不久，又趨於捲土重來的境況了。

雷嘯岑先生說，政學系既沒有組織的形式，完全是以人事關係為生存發展的基礎，他們殆如蜘蛛結網，隨處蔓延，不露痕跡。端賴領導得人，肆應有方，無形之中構成一種潛力，稱雄政壇，以爭取個人的功名富貴而已。從民國六年以至大陸淪陷的數十年間，政學系在北洋軍閥政府與國民革命政府之下，皆能夠在政治上發揮作用。時勢造英雄與英雄造時勢，兼而有之，主要是人才關係。因為他們注意吸收一般沒有既成的政治派系背景的人物，而這類人在政治社會占著多數，即不乏才智之士，盡入彀中，此政學系之所以成為不倒翁也。（雷嘯岑〈政學系與現代中國政局〉）

CC派人物對政學系的反擊。元老人物如鄒魯、張繼、謝持等人出面或講話，宣傳當年政學系反對孫中山的罪行，要求將政學系人物從國民黨中趕走，從蔣介石身邊趕走。奔走於國民黨元老之間，請他們出面，向蔣求情，將國民黨湖北、江西等四黨部交回中央黨部即二陳手中。其後蔣先生對楊永泰有些疏遠。二陳又把矛頭指向政學系中另一巨頭人物張群。

他們所展現的團結，決非道德意義的團結，而是一切以利祿為考量的實用主義的團結。他們出於避害趨利的本能，在知道大勢已去之後，選擇了一種最能夠保護自己既得利益的方式，採取了延長自己政治生命的措施。也正因此，他們在所謂團結的幌子下，不僅會從此掩蓋己方同僚一切的瑕疵，還會全力以赴地為他披掛上陣。顯然，精於政治算計的政學系要員，要比其他派別更重技術，更懂得「一人得道，雞犬升天」的道理。

在選票不成其為資源的舊政治時代，叱吒風雲，縱橫捭闔，翻雲覆雨，就是他們的拿手好戲。即使到了民治時代，其行政方法在選舉技術上仍不會失傳。只不過，到那時，寡頭政客的作用就有了莫大的局限性，挾天子以令諸侯那一套完全不再適用。

相對軍人嵌入地方政治，張發奎的一段議論振聾發聵。政學系的大員們看了，會不會羞愧難當？也許他們無動於衷。政學系幹員多兼有軍、政兩方面的身份，宛如蝙蝠，難以分辨。《傳記文學》整理出部分《張發奎口述自傳》，其中談到，當軍隊佔領一個地方之後：「復興重建工作應該交給政治家去做，但是有些軍人自私自利野心勃勃，他們兼任省主席，那就是軍人怎樣會變得有錢有勢。雖然我是粗魯的軍人，我知道在如此環境下潛藏的危機，我強烈反對任命軍人任省主席的傾向。試問哪一個省是由軍人治理好的？政治智慧絕非輕易得到的。我想不出有任何一位軍人任省主席政績良好。有人說福建省主席陳儀，然而我不同意這一說法——許多善事是我在福建做的。我感覺軍人十之八九是獨裁者，倘若我當了省主席，也許我也會變成獨裁者。但我從來不想被任命為省主席，我始終認為軍人從政是錯誤的。統率一萬多人的一個軍已經夠困難了。一個最小的縣也居住至少八千人，而大的縣份往往超過一百萬人。如果管理一個軍夠傷腦筋了，一名軍人怎能去管理一個縣！命令發佈下去，絕不能保證它得到執行，很難指望老百姓會執行某人的命令，因為他們絕不是像士兵那樣組織嚴密。」

行政專才張群

政學系一些幕僚急於表現，因而歪曲現實、曲解情報，以一己之念遮蔽真實情狀，甚至不惜「請鬼抓藥方」，展開有利於自己的攻擊。

張群尚無此種荒唐的作為。他是穩重的，體諒的，老於行政經驗的。他的謀略之啟發，也較多得力於他對人情世故的觀察研磨。同為政學系，如說楊永泰是老狐狸，工具、手段或策略皆不問好歹，而張群就較為委婉，穩當的處理之中又不乏遊刃有餘的轉圜。出謀劃策，均針對蔣介石的願望和需要。抗戰軍興，劉湘出川，張群則代之為省主席。

一九四一年，他曾在省政府的一次行政會議上，見華陽縣徵收局長郭某以巨長煙桿吸食葉子煙，即在臺上嚴厲呵斥。郭某尚不知說他，也東張西望尋找被責者。張群見之更為惱怒，嚴為叱責。其實呢，直到今天，川滇一帶鄉鎮會議，仍有如是吸食葉子煙者，在雲南鄉鎮，此物更是人們的基本生活用具。張群長期在外地和外國生活，他的要求自有他的道理。但對方生活習慣就是如此，如在會議規則難以暢行的時空，似也無苛責之必要。但在這裏我們看見一種生活心理投射。這一細節，可見他在大處頗受掣肘，儘量小心翼翼，而在另外的時空區間，就會在小處不經意發洩表露之。

張群，他早期就和陳英士、黃郛、蔣介石發生交誼，爾後又隸屬於政學系系列。他於一九〇八年入日本，為士官候補生，同期還有蔣介石、楊杰、王柏齡等等。辛亥革命的時候，他和老蔣等人，向各省的同盟會東京支部領取旅費，回國參與革命。陳英士為滬軍都督，黃郛為其參謀長，張群則為都督府參謀。隨後，張群在黃郛任師長的第二十三師任團參謀，團長即為蔣介石。這年底，黃郛、蔣介石、張群，效桃園三結義，結為金蘭之好。陳英士（其美）為孫先生的得力助手，乃是光復上海的靈魂人物。黃郛稍早三年入日本也是士官生，在日曾經和李烈鈞等人成立丈夫團。孫先生成立中華革命黨，黃郛悲觀而不願反袁，遂離開日本往新加坡。一九一九年回國，這就和北洋政府拉上關係，先是在張紹增內閣為外交總長，後在高凌尉內閣為教育總長。所以黃郛的經歷也是相當一批人在那個時代的經歷。先是到日本求學，然後在那裏加入同盟會，然後從事各種輿論、行動上的革命，然後又跌入人生低潮、發生轉向，北伐後又回到國民革命的陣營。

北伐底定時，黃郛就做了上海特別市市長、旋接任國民政府外交部長。二次革命討袁之役，李烈鈞首先在江西湖口宣佈獨立。然後是上海陳英士成立上海討袁軍，自任總司令，通電討袁。蔣介石和張群，這時就參與陳英士戎幕，擬定戰略。這是蔣介石的最早的實戰的參謀作業，張群亦然。蔣介石擬定戰策，進攻上海製造局，控制其槍彈的總後勤補給，為陳英士採納。而張群則認為當首先疏通水路，由水路向陸上進攻。正當其進攻之際，海軍早為袁世凱收買，乃向討袁軍作密集炮擊。討袁軍的失敗，與此戰略未周有關。其後，亡命日本。袁世凱稱帝時，張群回到浙江，為呂公望的都督府參謀。以上可說是張群的幕僚生涯第一波。

其幕僚生涯的第二波，一九一七年後，他和蔣介石都到廣州，為中華民國軍政府參軍。隨後被派往四川，他的老家，聯繫護法力量。在重慶，他和楊森、夏之時等成立川事維持會。廣州軍政府方面，南方軍閥排斥中山先生，先生往上海。廣州軍政府則以岑春煊為總裁。岑春煊為政學系宿將，李烈鈞邀張群參與軍政府事，遂與岑春煊結識，此際，軍政府為政學系把持，政學系骨幹章士釗為軍政府秘書長，楊永泰為廣東省長。

這是張群與政學系的淵源，後來張群被視為新政學系的領袖，即源出於此。

一九二四年，馮玉祥在黃郛的策動幫助下，發動北京政變，黃郛出面組攝政內閣，為總理。張群則出任河南省警務處長。吳佩孚一九二六年反撲，張群返回上海。

蔣介石在一九二三年，當陳炯明叛變時，應中山先生之命，從浙江老家趕回廣州，任東路討賊軍參謀長，隨後又任大本營參謀長。一九二五年，東征奏捷。一九二六年，他任國民黨中央常務委員會主席，軍事委員會主席，國民革命軍總司令，決定率師北伐。北方軍閥加起來有七八十萬人，北伐軍只有幾萬人，差不多為十分之一比例。所以，必須戰鬥與瓦解其內部同時運用。張群擔任分化孫傳芳的工作。

張群受蔣之邀，從上海返回，從此被蔣先生倚為股肱智囊。

叔孫通式的人物

劉文島可算一個善於拍馬，官運亨通的幕僚，也是典型的叔孫通式的人物，曾為唐生智的政治部主任，後來更任唐生智駐廣東代表；他和唐生智係保定軍校同期同學，後來留學法國，派頭洋氣。北伐前期，他已活躍於湘鄂之間。

唐生智派他到廣東，對李濟深和李宗仁竭盡奉承之能事。對他的隨員，則常常因小事予以呵斥。「一次紀念周演說，要求唐生智的部下孝順唐總指揮，像兒子孝順父親一樣。台下文武官員二千餘人哄堂大笑，唐生智本人在臺上全副戎裝，怡然自得。會議後何鍵、李品仙等說：你要做兒子儘管去做，我們可沒有資格領受這個榮銜。」（李宗仁回憶錄第二十章）

在唐生智第八軍期間，他常介紹他自己說是保定軍校出身，又留學法國，實在文武兼資，做黨代表一職似最為合適。

武漢南京對立時期，他反蔣比誰都激烈，其言辭諸如斥責「滿街都是革命黨，滿屋都是貪官污吏」，他提倡「整頓紀綱，中興道德」，聳動視聽。寧漢對立解除，蔣先生占了先機，他馬上又輸誠於蔣，當上立法委員，隨後就被派為駐外大使。

劉氏所著《黨政生活論》頗得梁啟超讚賞。一九一八年十二月，他隨梁啟超所率的歐洲考察團赴巴黎，並得其資助入巴黎大學政治系深造，獲博士學位。一九二五年回國，受聘於武昌私立中華大學，不久應陳銘樞之邀赴粵，結識蔣介石，並加入國民黨。是年冬赴湘，策動唐生智參加國民革命。一九二六年七月任唐第八軍黨代表兼政治部主任，授中將軍銜，隨即參加北伐。

一九三七年十一月回國後，歷任國防最高委員會委員、全國慰勞總會第三慰勞團團長等職。抗日戰爭勝利後，任華中宣慰使，一九四八年五月當選立法委員。新中國建立前去臺灣，曾創辦《健康長壽月刊》。著有《政黨政治論》、《行業組合論》、《行業組合與近代思想》、《義大利史地》，與其妻廖某合譯有《新軍論》、《民約論》等。

作家胡秋原年輕時曾得到他的關照。他一九三一年為駐德公使，一九三三年調駐義大利全權公使。胡秋原幾個年輕人到了羅馬，來到中國公使館，見到了劉文島公使。將陳銘樞的介紹信取出，遞給劉文島。「這樣吧，今天晚上就請各位到使館來，替各位洗塵，大家痛痛快快地喝一杯，如何？好哇。羅學濂頭一個笑著回答，我們就叨擾公使一頓，晚上大家歡聚一下。來不及發請柬了，那就一言為定，晚上七點，請各位駕臨使館，劉公使很親切地說。」（張漱菡《胡秋原傳》湖北人民出版社）

劉文島也有牢騷，他以為公務員素質導致許多事情無從理董。他曾在一次會議上說：「關於許多重大的事總想先和黨部去商量，可是本席請求他們開談話會，報告一切情事，他們卻回復「無開談話會之必要」。既然不要開談話會，也可無事了，豈知過後卻又施攻擊。本席可以說照現在這種情況，行政官吏所有的精神用之於做事只十之二三，其餘十之七八都是對付黨部的，這樣又哪裡可望事業的發展，市政的進步呢？」

極端惡劣環境幕僚無法生長

因為土壤極其貧瘠惡劣，也無法運作，強而為之，則導致動輒得咎，甚至莫名其妙災禍不請自來，進而身首異處，灰飛湮滅，而這樣的主官也因幾乎是毫無目的的殘忍最終毀於一旦。盛世才就是這樣的典型。

其人早年在日本甫回國期間，就貪污郭松齡家的喪款。他從日本士官學校畢業後，在南京國民政府參謀本部任作戰科科長。其人野心強烈，不安於位，恰值金樹仁的代表在南京延攬軍事人才，他即攜眷假道西伯利亞來到新疆。在當地的亂局中嶄露頭角。他任張培元的參謀長，打仗甚為狡猾，特點是，勝不窮追，敗不驟退。他收買和瓦解敵方骨幹，也頗為見效。這和書法中的險筆拗救相似，孫過庭論書云，違而不犯，正所謂跡違而理不違也。他會因時乘便，坐享政變成果，也會利用千鈞一髮的時機，擊敗當地軍事實力派。

他對南京政權多次翻覆，忽而輸誠，忽而抗命，他利用召集軍事會議的幌子，將在疆的東北軍將領一網打盡，悉數予以絞殺。他統治新疆十一年，血腥氣息充塞天地之間。其部下稍有不聽話者，即捏造罪名，誣其圖謀不軌。像陶明樾、李笑天、陳中原等，有的是他的曾經的幕僚，有的是朋友，而陳中原更是他的督辦公署的參謀處長。南京巡查大員來時，這些人稍有接觸，即予逮捕，處以極刑。

他將保安局更名為新疆全省公安處，那是他的小克格勃。處長及副處長為中將銜，底下有名目繁多的科室。該處對任何人有權偵查、追究、逮捕、審訊。盛世才認定的嫌疑人物，則由該處派遣專人跟蹤，就是對他的岳父也不例外。像廳長、警備司令這一級高官，也要對該處的人客氣三分。

他任用那些頭腦簡單、缺乏常識而又生性殘忍者來充實公安處，各種陰謀暴動案往往羅織成功。初次以外，還有他直接指揮的直線特務。像他的衛士、甚至藥房經理……都被他偵緝跟蹤，他還利用政府官員各級幹部互相監督，這些人中也頗有利令智昏者，竟有這樣的事情，兩人自居親信互相告密，後來在獄中碰到一起，彼此啼笑皆非，最後同歸於盡……僅杜重遠一案就牽連逮捕數千人，酷刑之下，求死不得；搞笑的是，直接製造杜案的特務也被逮捕。

到了一九四二年他又炮製第三次陰謀暴動案，進行社會政治大清洗，將他的弟弟盛世騏予以刺殺，同時逮捕弟媳、以及他的岳父的小妾，將這兩個女人誣為通姦者，由此突破，大肆抓人……

他歷年來逮捕十三萬多人，只有兩萬人倖存，屠殺達十一萬人。他在重慶的壓力下，走脫無門，離開新疆赴重慶時，押運了七十五輛大卡車，裝滿他歷年搜刮的財寶金銀……

他在新疆形同割據。一九四四年被監察委員彈劾，指其殘暴貪贓之事，擢發難數，監獄遍於全疆。什麼官員、處長廳長今天還是他的座上客，明天就成了他的階下囚。他先後用過的十個副官長，有的是他的幕僚，官階都是少將，其中有九個先後進了監獄，而罰罪證據就是酷刑下的口供。極端的個人獨裁，出爾反爾，喜怒無常。他的治下，往往是黑雲壓城，山雨欲來，冤魂遍野。

幕僚要想有所建樹，一個相對寬鬆的小環境，可供智力的最大限度的發揮，至為重要。如果遇人不淑，百般掣肘，處處鉗制，左右不是人，那麼其功業的葬送，就是必然、早晚之事。

楊永泰狡智貽害

晚清王韜上書太平天國李秀成，細陳攻取上海之策，規劃詳善，後為清軍截獲，閱之無不髮指，無不失色，蓋其為釜底抽薪之計，極具顛覆之力。清大吏知之，疏聞於朝，江南江北大為警備。策略智術助於實際運用者，大矣哉。

為人可鄙，投靠北洋軍閥，接近孫中山，假借西南軍閥，勾結老桂系陸榮延，為蔣介石出削藩之計；及北伐後軍隊編遣，軟禁李濟深，解決馮、閻，皆有楊永泰謀劃籌策的影子在晃動。楊永泰，智術家之老狐狸也。

中國工農紅軍迫撤出江西老區，走上二萬五千里長征的艱難困苦之路，實在就跟楊永泰有極大關涉。起初，蔣介石發動的三次圍剿均告失利，萬分苦惱中，楊永泰乃上萬言書，這可以說是中國歷代謀士上書中的一篇奇文。楊永泰雖非了不起的大知識份子，但其文開頭，卻也很像六朝以前的時髦文體演連珠「吾聞滴水之恩，必當湧泉相報。先生對我知遇之恩，我當為先生革命肝腦塗地，在所不辭」。文中分析出紅軍與民眾結為一體的嚴重性，而出以辣計：「意即剿共實行三分軍事，七分政治。所謂七分政治，在吾，則加強對匪區民眾管理，加強對匪區民眾宣傳，澄清吏治，務使土豪惡霸橫行鄉里者滅絕，對貧窮困苦無辜者，給予救濟，對匪區民眾日常生活給予指導和幫助，漸使匪區民眾脫離共產黨，不為共黨所左右，達此目的，即剿共不愁也。所謂三分軍事，在下大力於上述諸務中，然後派重兵嚴厲圍剿，務使除惡務盡，不留後患，投誠者，則予寬大，實行剿撫兼施」。第五次對蘇區的圍剿中，政治空氣劇增，終於，迫使紅軍黯然西去。

太平軍起義後不久，據永安約八個月之後，廣西官軍在清廷嚴責之下，以數倍之敵，將洪楊包圍。太平軍無奈，乃往湘、鄂攻竄。在一種逃命兼拼命的思想支配下，一路上鑽隙突穴，飄忽若疾風暴雨，行動如流矢奔駒，其鋒銳不可擋。

史學家唐德剛先生分析說：「正面官軍如躲避不了，也只死守城池和險要，或旁敲側擊，絕不正面堵截。在這一公式之下，則流寇一起，便滾起雪球，如入無人之境，尾隨官軍也養寇自重……提督向榮的不斷升遷就是個好例子。」（〈太平洋天國故事再檢討〉）

紅軍長征，一路向西，實行戰略大轉移，經過許多省份，與粵、贛、湘、黔、滇、川、陝、甘各省軍閥相衝突。紅軍是革命播種機，當然比太平軍影響更大。而各省軍閥在本省所採取之戰略戰術，也是只守不堵；各省軍閥之間，卻是以鄰為壑，又是只追不堵，出省便算交代。

紅軍轉移後，蔣介石嚴令各省軍閥剿擊，紅軍到達四川會理時，蔣介石更是親自飛臨會理上空，給川軍劉元塘空投委任狀、嘉獎令，加委他為中將，使其更加賣力。各省軍閥也自作聰明，結果搞出一套「大歷史」的聰明誤。

一九三三年春，蔣介石委任川軍二十九軍軍長田頌堯為川陝邊區剿匪督辦，主剿紅四方面軍，在巴山南麓布開陣勢。此地本屬楊虎城陝軍防區，蔣以為紅軍會進甘肅天水，乃將楊部主力三十八軍調往天水，而將陝南防區交給胡宗南的第一軍，本來，夾擊巴山紅軍應由胡宗南承擔，但小腦發達的蔣氏卻捨近求遠，將三十八軍與第一軍調防，意在借刀殺人。楊虎城遂進退維谷，第三十八軍少校參謀武志平向楊虎城的高級謀士杜斌丞獻計：「向楊總指揮進諫，與紅軍秘密聯絡，互不進犯。」（參見《解放軍報》一九九九年十月二十三日披露的細節及楊虎城手諭）其後武志平即作為楊部三十八軍軍長孫蔚如的特使，與徐向前、陳昌浩、傅鍾直接聯繫，訂立巴山協定，更將藥品、槍械、紙張、無線電器材運往蘇區，解放後，武志平任國防院參事，卒於一九九九年。

蔣先生在老牌幕僚如楊永泰等人的參謀籌畫之下，使權謀，用詐術，滲透離間，威脅利誘已成習慣，其人過分自信，以為每策必售，焉知聰明過頭，視紅軍為流寇，殊不知紅軍葆有共產國際背景，為歷史之羽變。而世事循環無端，聰明循環至一定方位，恰與愚蠢等同。結果，蔣先生為楊永泰所誤，軍閥以短視為聰明，不管實情是否牛皮燈籠，照著外面漆黑，導致自家處處丟分。這和經濟專家處理財政類似，若以籌碼不夠，亂髮鈔票，惹得惡性通貨膨脹，一樣是不治之症。

楊永泰先後畢業於廣東高等學堂與北京法政專門學校。辛亥革命後得任臨時眾議院議員，他是後來的政學系的要角，但在政學系初起時，即張耀曾、谷鍾秀、李根源等從同盟會拐出時，他還是小角色。那是一九一四年中山先生組中華革命黨之際，同盟會這一撥人則以研究歐事為名另組歐事研究會，同中山先生分道揚鑣，就是後來的政學會。北洋軍閥時代，他輾轉滇桂軍閥間求生活，北伐後通過國民政府交通部王伯群的關係，向蔣先生靠攏，由張群、熊式輝引見，蔣先生大異之，視為臥龍先生。

種種跡象表明，此公作為還是在北洋政府之下那一套，換上某種新包裝，口頭上侈談條陳時事的價值準則，行動上保持軍閥時代的暗盤與底賬，從大三角裏面火中取栗。彷彿是他自家修煉出來的一套金不換，自期計謀產出絕活，用之上癮，實屬走火入魔。

一九三二年冬，胡漢民曾對劉不同這樣講：「楊永泰是政學系的首腦，和國民黨勢不兩立。總理在世時受他們的氣很大。今天蔣介石把他引為親信，簡直是認賊作父。對付共產主義，他們還不如我們呢！尋求外國援助，他們也不如我們有門路。可是蔣介石就喜歡這些讒佞之徒。」

楊永泰是中國近現代最為典型的馬基雅弗利式的人物，他真正起家，在於對蘇區的最後兩次圍剿。除政治角度的鬮割外，軍事上的穩紮穩打，步步為營，也是他的創造；其慮甚周，其計亦辣。前此，他已在北洋以來的政壇各派系中翻滾掙扎，始終不像人樣。終以掉弄智術，驟顯身名。其人輒以磐磐大才自居，以不世出的智者自許，然究其實質，仍為村學究中一特殊分子。雖於歷史旋渦中丕顯身手，係一超級智囊，卻非現代意義上的大知識份子，亦非一現代軍事專才。其人其術，形與質兩方面均極似馬基雅弗利——那就是，不信世上有正義，不信良心之力量，對社會秩序甚至也無烏托邦前景的觀照，其本心深處，乃在取得權力，以此填補其慾望、愛憎——英國近代學者威爾斯論馬基雅弗利嘗謂「竭力使自己成為君主權術的專家，他給索代里尼幫了倒忙……但這個道德上的盲人是生活在一個道德上盲人的小世界裏」（參見《世界史綱》）。

他們致命之處都在於：很少，或者幾乎沒有比他們滋滋玩弄手腕更大的關於人類命運規劃的遠見。

楊永泰屬中智偏上人，亦縱橫家之流亞，奔走乞憐於各家門下；戰術上，固屢出奇招，戰略眼光則無足稱之。他在湖北省主席兼保安司令任上仍不甘寂寞，欲問鼎行政院長，並以新政學系頭目身份參與派系糾葛，掉弄智術，深陷其中，不能自拔以致如飲狂藥，終因權爭失算，為CC系特務暗殺於漢口碼頭，像通俗歌曲所唱「算來算去算自己」，他一生不甘寂寞的幕僚生涯，於此畫上一個不圓滿、悲劇性的句號。

楊氏雖有弄蛇之技，而玩蛇於股掌之上，其終必被噬，也不意外。惟其僅為聰明人也，則「處之以詐，其品類終善於鱔，而不類於淞鱸河鯉矣。」（張恨水論吳用語）

志大才疏　險詐涼薄

熊式輝生於一八九三年，十歲前讀千字文，以及四書、唐詩、易經、左傳等，十五歲考入江西陸軍小學；十八歲畢業於南京陸軍第四中學，並參加同盟會，一九二四年畢業於日本陸軍大學。他在討伐袁世凱的二次革命中嶄露頭角，北伐時期得以起家，任獨立第一師賴世璜部黨代表，該師旋擴編為第十四軍，仍任軍黨代表，並兼第一師師長。一九二八年，調任第五師師長，旋任淞滬警備司令。一九三〇年，任江浙皖三省「剿匪」總指揮。次年，出任南昌行營參謀長，同年十二月，出任江西省政府主席。他的夫人顧竹筠，交際到了宋美齡的母親，被認乾女兒，與宋美齡情同姐妹。其後主持贛政十年，外派訪美軍事代表團團長，出任東北九省行轅主任，一九四七年晉升陸軍二級上將，位高職顯，權傾一時。

陳誠與兼任行營參謀長的熊式輝勢同水火。熊氏乃政學系的一員，連帶楊永泰也給陳誠下絆腳。

陳誠一直是政學系的敵人。蔣介石親臨撫州陳誠指揮部的時候，熊式輝陪同前往。蔣先生下車時，熊式輝立即上前攙扶，一面挑撥說，辭修兄真不爭氣，叫年老的委員長東奔西跑，替他操勞。蔣先生頓時變色，怒斥說，不關你的事！你何必來，你回南昌去吧。熊式輝碰了硬釘子，回到南昌家裏，把一桌飯菜碗筷盡行踢翻打碎（參見樊崧甫《龍頭將軍沉浮錄》，第三章）。

熊式輝主政江西十年，政令就無法到達贛南。從專員到縣長，要不是當地的強梁劉甲第點了頭，休想待下去。但是熊式輝打出蔣經國那一張牌，一石三鳥，總算劉甲第倒楣了。

劉甲第，他也是地方江湖的有力人士，但他和杜月笙是不同的。他在北大預科讀了一年，就回江西。他四十來歲，會些古文，寫得一手好字，有些上流社會的氣味。他也有一串姨太太。曹聚仁說，他的風度溫文爾雅，像極杜月笙，但比杜氏多一份古老的學問。他也很有四大皆空的虛無思想，他無端地就對曹聚仁說，曹先生，您不知道，一個人活過了四十二歲，骨頭都空了！

真是悲從中來，一切都付諸東流的味道。

熊式輝在日本陸大求學時，有福建籍留學生顧女士，風姿綽約，惹得不少留學生紛紛向她求愛，熊式輝亦係追求隊中的一員，他容貌俊朗，又係官費生，一切條件皆視其餘的文科學生優厚，乃獲得顧女士青睞。畢業歸國後，先在西北馮玉祥帳下任參謀，旋受命為察哈爾都統張之江的參謀長。一九二七年春間，熊氏致書李烈鈞，表示請纓無路的抑鬱心情。李即密電蔣總司令，為熊說項。這年十月間熊式輝兼淞滬警備司令，他在警備部辦公桌的玻璃板下，親筆書寫蔣公的革命語錄若干條，蔣公每至滬時，先迎至警備部憩息，均睹及熊所寫語錄。

馬五先生（雷嘯岑）〈政學系與現代中國政局〉以為，熊式輝素與楊永泰友善，乃是其起家的關鍵原因。從一九三四年楊氏任南昌行營擔任秘書長，熊氏兼任行營辦公廳主任後，兩人形同膠漆。「熊式輝本是個不學無術的軍人，但自命不凡好發怪論，他對政治上的人事問題，倡導用人必疑、疑人乃用主義，把一般從政人員皆視為不足信任的問題人物，荒誕不經，駭人聽聞。因而他在江西作了八年主席，毫無建樹可觀。熊式輝交卸駐美軍事代表團長任務回來，中央特設置『行政設計委員會』，以熊為主委，網羅若干專家學者，研討設計全國的行政制度改革方案，經過了幾年，只搞出分裂東三省地區為九省的一套計畫，其他一無所有。抗戰結束伊始，熊得任東北行營主任，國府文官長吳鼎昌以政學系同道的關係，一夜之間擬訂東北行營組織規程而公佈之，職權恢宏，有若國民政府然，但熊一籌莫展，終於鎩羽下臺了。」

英國有一句格言是：檢討過去，研究現在，策定將來。熊式輝竭力走向這個境界，然而，智略稍遜。石覺曾經談到，日本宣佈投降後，東北偽滿政府曾發給公務人員三個月糧餉，等待國民政府派員接收。可惜的是政府在未展開接收前，先行重劃省區，弄亂秩序。日人過去以航空照相丈量土地，繪出很確實的精密地圖，另有大批省縣資料表冊藏於各省縣政府，但大批遺失，接受人員到後只得重起爐灶，困難重重。（石覺〈戰塞外，痛平津〉）

原來，東北行營主任一職，蔣先生最初的意思，是屬意張治中的。後來也不知為了什麼原因，才改派熊式輝，或許是政學系於黃埔系鬥法的結果；更有人說是吳鼎昌和張岳軍在背後支持的力量。此外，也有人說熊先生為了爭取東北行營主任位置，經常的在夾袋中帶著幾種計畫，等到同蔣先生談到東北問題時，他每次都能立時拿出來一份合乎當時談話情形的計畫來被蔣先生稱讚為「有心人」，視為幕僚之極可用者。所以，當後來考慮東北行營主任人選的時候，自然會想到他的身上。這是一九四五年深秋的事情。

原來，東北問題經過一個多月的折衝樽俎，局勢時而明顯，時而黯晦，問題總在若即若離之間。直到重慶方面的經濟談判失敗了，東北的情勢，也就隨而急轉直下。是年十一月十二日，熊式輝奉召飛渝述職，十六日行營曾一度陷於解放軍包圍之中，擔任行營警衛的保安中隊，又被繳械。代替它的，是一批來歷不十分清楚的雜牌軍隊。

十六日中午，自來水也斷了，電燈線和電話線也都發生了故障……種種惡化的情況，逼得人一刻也停留不下去。恰在這個時候：「熊式輝由重慶拍來一個電報，告訴我們說奉政府命令，著我們除了留下一個軍事代表團，與解放軍繼續保持接觸以外，其餘人員均撤住北平待命。」（參見《政海人物面面觀》）

熊式輝晚年輾轉居臺灣，沒有任何官職，隱居山中，其落拓境況，有如《聊齋志異．葉生》所說「平居康了之中，則鬚髮之條條可數；名落孫山之外，則文章之處處皆疵」。他的同時代僚屬且有認為這是他一生涼薄無情的因果報應所使然的，凡以險詐涼薄起家者，亦必敗於險詐涼薄，這也是他為人處事的一個顯著特徵。

雷嘯岑先生以為，熊式輝在東北幹了一年多的行營主任，舉凡內政外交，一籌莫展，對軍事更是外行。熊氏的才學固譾陋，決非胡林翼、左宗棠之流，作個省主席亦是不夠料的。但他在東北之一事無成，說句公道話，卻不是他的責任，史事紛繁，不勝縷述。

耍弄心思權術以作籠絡，前人多有之。左宗棠《左文襄書牘》談胡林翼，喜任術，善牢籠。胡林翼本人說，英君賢相之方略實不外此。幕僚出身的曾國藩集團成員，多喜用人術，頗類馬基雅弗利。或在一定程度上相似，或在一定程度上取用。

胡林翼任湖北巡撫時，彭玉麟和楊載福不合，全靠胡林翼煞費苦心，設酒和解之。「設酒三斗，自捧一斗跪地，陳厲害，責大義」（見《凌霄一士隨筆》）。他對李續賓更是費盡心機的示好，使其效死力。直到迎養其父母，甚至比自己的親生父母還好，結果過分到對方引起懷疑，認為這是耍弄手腕的變種方式。示好居然過度，這也可算一個笑話。政學系得此種技術之真傳，至於前人的氣度，他們又學不到。

機會主義幕僚，利字當頭，心向威權，對民主發展過程無知。他們以機會主義為百試不爽的立身準則，但是他們的機會也有限。因為過度的為自己尋找機會，等於堵塞他人的機會。而且，不斷的顛倒機會，最後勢必失卻機會。

心理暴落戶是會做出渾帳的事的，所以後來有的強勢國度，就看定一個原則，第一線武器絕不賣給機會成性的國度，它自己沒個定型，它這樣一塊料，賣給它等於送給後面窺視等待的魔鬼。

馬基雅弗利最新認識　從馬氏到李宗吾

那種投機的幕僚，相信陰謀萬能，幻想自己無所不能，看不到人的有限性，盲目誇大自己的力量，因而不擇手段無所不用其極。劉向以為「夫權謀有正有邪；君子之權謀正，小人之權謀邪」，投機者才不管這一套。

古代的三十六計，作為用於應付敵國紛爭的軍事計謀，尚有可說，但其竟然蔓延浸蝕到人際關係市場，靠瞞和騙行銷於世，這就是悲劇。三十六計是：

瞞天過海，圍魏救趙，借刀殺人，以逸待勞，趁火打劫，聲東擊西，無中生有，暗渡陳倉，隔岸觀火，笑裏藏刀，李代桃僵，順手牽羊，打草驚蛇，借屍還魂，調虎離山，欲擒故縱，拋磚引玉，擒賊擒王，釜底抽薪，混水摸魚，金蟬脫殼，關門捉賊，遠交近攻，假途伐虢，偷樑換柱，指桑罵槐，假癡不顛，上屋抽梯，樹上開花，反客為主，美人計，空城計，反間計，苦肉計，連環計，走為上。

希臘哲學不理會智謀，羅馬史家李維稱計謀是「非羅馬精神」。費厄潑賴，屬西方的產物。克勞塞維茨認為施用計謀是智窮才竭的表現，洛克把陰謀家看作「狡猾的猴子」。玩弄陰謀和權術的，往往被稱為馬基雅弗利主義者。

馬基雅弗利《君主論》以為，人類是如此忘恩負義，善變和虛偽，友情毫無益處。溫情和誠實的背面，往往是熟練運用欺騙手段，防不勝防……等等。大量此類冷血的言論造就了他無情的功利主義大師的惡名。然而，吊詭的是，馬氏本人不一定就是馬基雅弗利主義者！據《參考消息》（二〇〇七‧十‧十七）轉美國時代週刊文章，引述最新出版的關於馬氏的傳記，透露他是當年佛羅倫斯受誤解最深的人。這樣看來，他簡直有點像中國民國年間的厚黑教主李宗吾。

他並不是直接教人作惡，他的語言也有憤世嫉俗的框架在支撐，好比是一種雜文式的言語。馬氏本人並不靠奸詐混飯吃。他的書教別人虛偽，他自己卻做不到。他拒絕奉承宮廷弄臣，經常頂撞地位比他高的人。他深切理解他人的痛苦，他曾勸他兒子給一頭騾子解開韁繩，好讓牲畜恢復它的自由。他在周圍人群激起的印象中是喜愛，而非厭惡。他的作品反射的更多的是時代特徵，而非他個人的性情心曲。他所處時代，血腥的悲劇主宰義大利半島，他作為十六世紀的佛羅倫斯外交特使，見慣了勾心鬥角危機四伏的雷區。

他後來隱居鄉間，捕食禽鳥，和屠夫走卒玩色子遊戲，在無聊中打發時光。他比任何人都懂得攫取權力之道，但卻遭美第奇家族剝奪權力。他在政治上始終鬱鬱不得志。《君主論》是他在失意的鄉居生涯中動筆撰寫的。據說，在他生前，只有三十多人讀過這本書。

至於李宗吾先生被人視為瘋狂，則自其書出，此論既隨之。李先生著厚黑學，多用反語，冷語。他的結論，以其鞭辟入裏，竟被人視作當然，而以厚黑教主目之。其分析結果又多一針見血，凡所論斷，如冷水澆臂，觸處皆係思想利刃。張默生先生當面對李先生說：「重慶北溫泉乳花洞門前，有一棵黃桷樹根，虬結盤屈，蜿蜒如龍，很像你思想的恢詭譎怪。」一般讀者，固覺震竦，而真正厚黑人物，一種深藏內斂，收束窺伺於旁，一種沸反盈天，喊打喊殺，必欲除之而後快。從前人類爭鬥，以拳腳勝，其後以刀劍勝，再後以槍炮勝，而今俱不能取勝於高科技電子戰之下。這個過程中，思想的武器卻一直獨立各種拳腳武器之外，移步換形，其威力且不獨取勝於疆場。

較之一般思想史，李宗吾思想多以逆推法出之，他以三國時期為中軸，向上推及三代，更往下推至曾國藩、胡林翼，整個二十四史重要人物，或長於厚，或長於黑，或二者兼之，有多大厚黑便成多大人物，幾乎無一不合。他這一番解析，既從容褪去大人先生頭上不可一世的光暈，又把種種慘烈手段的底蘊黑幕提出公式來播之於眾，他因此而成一時思想的重鎮。雖然這是他匡濟之志的變相表達，而給他惹惱的人，自然要把瘋子的名義加諸他的頭上，恰好他在實際生活中又有一些不合常規的地方，別人做官都想越做越大，他卻願意越做越小。他拿力學規律來討論性善性惡問題，他主張兜底改革現行教育制度，他甚至認為，妨礙當時文化發展的就是教科書有版權一事。他喜歡獨處，信步閒行於公園蔽日濃蔭底下，遠遠看見熟人走來：「則好像不經意的掩藏起來，真是遊魂般的生活。」（《厚黑教主傳》，一一五頁）一般恨他的官僚，就來個反話正看，把天下的罪惡，都歸到他的厚黑上去，當時他收到很多無禮辱罵的信件，有稱「吾兒見字」的，有斥其「王八蛋」的，有定罪名謂之「應槍斃應活埋」的，當然也有對他五體投地深表欽佩的。

到了二十世紀八、九十年代，他的著作由死寂而驟熱，印量迅速增至數百萬冊以上，多數讀者，漸漸曉得了他的狷介和操守，大抵理解他那深藏在嬉笑怒罵中的一番苦心。他的學說，總算給今世文化人帶來應有的啟發了。張默生先生認為，李宗吾名為「厚黑教主」，實則是大觀園外的「乾淨石獅子」呢！

李宗吾先生幼年身體孱弱，平時離不開藥罐。哮喘加上手腳不靈活，穿衣服都須人幫忙，疾病的制約使他帶有畸人的性質。李宗吾先生著厚黑學，以厚黑二字，罵盡古今奸佞丑類。因他正話反說，熱話冷說，淺薄者以厚黑導師觀之矣。其書始出，道貌岸然者義憤填膺，必欲殺之以謝天下而後快。這在他們是做得說不得的。當時更有某貪官著《薄白學》面世，不數日以貪污姦淫橫暴擾民多罪並罰，砍頭懸之城門；這類人才真正對厚黑學有一套獨得之秘呢！而宗吾平生怍薄門衰，菜根一甌，僅可果腹，而寒氈終老，身後更加蕭條。其人一生為在野文人，近花甲之年偶為川省政府編譯室成員，旋即遭人排擠，掛冠而去，可謂潦倒終身。以他的遭際來看，正是一個膽薄心白、於所謂厚黑完全不能實行的人。

馬基雅弗利本人或許不是馬基雅弗利主義者，但世上不少他的傳人。他們製造民眾的矛盾，施展毒辣的計謀，做夢都想利用矛盾，分化矛盾，各個擊破，一旦不遂備感失落，或竟無所不用其極，加以搗亂和表演，目的還是欺騙和分化。

第四章 思想家是時代意義上的幕僚

思想家是時代的幕僚。他們貢獻於整個國家、民族的當下與未來。歷史上巨變的時代，因外來文化的碰撞，與固有民族精神相摩相蕩，作微妙的結合，產出異樣的光彩。

天才的睿智與洞見——鄭觀應及其《盛世危言》

晚清時節，外患內憂加劇，國勢險惡，幾陷萬劫不復之境地。但那也是志士崛起、豪俊輩出的時代。王韜文筆的簡古暢達和投身自由媒介的深廣、孫中山先生的深謀遠慮和愈挫愈奮、郭嵩燾智者的痛苦……皆具各方面的代表性。鄭觀應與容閎、康有為、梁啟超、孫中山等同時，其思想巨著今日讀來猶心如捲瀾，汗涔涔下。鄭公廣東香山人，生於一八四二，卒於一九二二。少年時期即遠遊上海，棄學從商，後長期於洋行任職。與洋務大員交誼日深，先後任織布局總辦、上海電報局總辦，後又擢為輪船招商局總辦，其間思索結晶也日益宏富。鄭先生在早期開埠的大上海入洋行，學外語，識外人。他的商業實體做得很大，而他的頭腦則一刻也不停地思考中國癥結。其後又應粵東防務大臣彭玉麟之招，潛往西貢、金邊偵察法人軍情，為國效力。其為人或經商均方正而有轉圜餘地，責己嚴而待人寬。終因人事挫敗受誣於人，乃退往澳門，傾力撰述《盛世危言》。其《救時揭要》一八七三年刻印，《盛世危言》一八九四年刊行。其於政體則倡「立議院、達民情」，於洋務派之心結則指出其「捨本圖末」，經濟方面則主張民辦企業，與列強之商戰抗衡，文化建設則辦學藏書；軍事上「人」、「器」並重。觀其〈條陳中日戰事〉之分析及行止，可謂軍事情報之天才及商戰之第一流高手。《盛世危言》在政治方面超越同儕之處在於，強調立憲為首要的議會政治；以此為背景，傳媒、商業、文化……方有真正依託，故張之洞讀畢《盛世危言》由衷歎曰：「論時務之書雖多，究不及此書之統籌全局擇精語詳」。他可以說是民主政體的血親，心地的純摯、頭腦的深邃、眼光的明銳，運筆的條暢，結體的厚重，合一爐而冶之。

書中縱論學校、考試、藏書、公舉、郵政、農功、鐵路、保險、邊防、練兵……卓見迭出，系統有致，洵為同盟會大舉、黨人報刊大量出現之前，最為恢弘峭拔、言之有味言之有物的著作。他在舉行自由公正選舉、扶助自由負責的媒體、創建獨立的司法體制和通過國民教育確立公民意識等方面作出令今人驚訝不已的卓越論述。

知屋漏者在宇下，知政失者在草野。鄭先生的高明在於，強調政體的優先、政體的決定性、根本性，乃是社會正常和諧發展的根本。他的價值觀念扎實超越了器物的現代化，而進入制度層次的近代化，或曰思想行為層次的近代化。它指出這樣的路徑：倘若根本性的要件棄置不顧，則它方面無論有多少的法律、條規、經略、謀劃……都是治標不治本，進展緩慢，或不進反退，甚至走向文明進步的反面。而一切形式的專制者對此總是深懼而陽奉陰違的。

對民主政體深入骨髓的認識，乃因其杜絕舞弊之科學、之嚴格、之有效。他論述議員、選舉之關係：「為國人所舉。舉自一人，賢否或有阿私；舉自眾人，賢否自有公論。」定位之精確無以復加，如此實行，可令天下英奇才智之士得以施展。當時，國人也有疑問，以為中國唐宋以來之台諫、御史，不就和西方的議員一樣的質地作用嗎？鄭觀應直截指出其本質的不同。蓋中國之傳統專制下，諫官必顧私恩，講門第，同時於民情也相當隔膜，其間還有智愚賢不肖的區分；沽名釣譽者還有那個制度保其行徑，致生很多麻煩。議員則不一樣，他們的來源，普遍選自民間社會，草茅疾苦可得切近瞭解，更關鍵之處是他們的進退出入升降沉浮也決定於民眾。

他對歐陸行政嬗變、體制、構架，了然於心，和中國的行政體系作切近、踏實的比勘校驗。如謂吏治，倘有任何瀆職現象，議院、總統就會理董之，官吏則不能一日居其位，此即制衡之奇效也。對積弊之痛憤：「中國自秦漢以來，科條非不密也，其奉行而持守之者，非不嚴且明也，及其既也，適也束縛天下之君子，而便利天下之小人。」欲掃卻這樣的不堪之狀況，他明言非開設議院不可。循名責實，至大至公：「何懼乎英、俄，何憂乎船炮？」制度路徑乃是解決最棘手社會問題的根由。

議院之形成，運作，規則、人員，議院立法之方式、形式，皆以英、德為例。其作用：「而昏暴之君無所施其虐，跋扈之臣無所擅其權，大小官司無所卸其責，草野小民無所積其忿，故斷不至數代而亡，一朝而滅。」

言論自由，權利保障，經濟騰飛，國際地位，事無巨細，都要靠三權分立的政體來保障。專制、專權，黑箱操作，一人說了算……這樣的政體，社會個體都會為了生存不守規則，互相欺騙的惡果是加劇不安全感，墜入惡性循環的險惡之道。

孟德斯鳩《論法的精神》嘗謂「一切有權力的人都會濫用權力，這是萬古不易的經驗。要防止濫用權力，就必須以權力約束權力。」鄭公發議，蓋基於此。

專制之下，遇到明主、賢臣，老百姓或可喘口氣。而多數時候則血淚相和流：「更能消幾番風雨匆匆春又歸去」風雨如磐，雞鳴不已。

開發選舉，整合這樣、地方功能，整合社會經濟資源，實際上是一種良性利益誘導方式。除國會立法外，日常制度形成往往由誘導因素變遷而成，對利益主體的各方面，均達成良性循環。

當鄭觀應方痛切思索之際，在他稍前或同時，也有類似的嚶鳴之聲。林則徐亦譯亦撰的《四洲志》，介紹三十多國家的人文、地理、歷史，細部旁及行政、司法、資源、風俗、技藝……種種，其中介紹美國十分詳盡。於政事一端，他介紹說：「以窪申頓為首區，因無國王，遂設勃列西領一人，綜理全國兵刑、賦稅、官吏黜陟。然軍國重事關係外邦和戰者，必與西業會議而後行，設所見不同，則三占從二……勃列西領四年一任，期滿更代，如綜理允協，通國舉服，亦有再留一任者，總無世襲終身之事……」又詳敘其大學、法政的教育：「邇來又增學習智識考察地理之館，重刊歐羅巴書籍，人才輩出，往往奇異」。關於賦稅，因其一開始為小政府大社會，所以：「當開國之初，輕稅薄斂，原可足用」。遇到戰爭，因「兵少餉厚，故訓練精強」，徵收錢糧稅餉都是良性循環。於美國民主制度隱約透露欣羨之情。

因其書最早打開眼界，故尚有幼稚或令人啞然失笑之敘述，但當政經關鍵，卻往往一語道著，就其深度、專注、身份、重要性而言，林則徐可謂睜眼看世界的第一個中國人。

廣東名儒梁章冉的《海國四說》：「未有統領，先有國法；法也者，人心之公也，統領限年而易……終未嘗以人變法。既不能據而不退，又不能舉以自代。其舉其退，一公之民。」國家法政的總決定權在人民，三權分立的制度設計，又使總統屆期必退，即無論何等樣的戀棧者俱不可行。對最高統治者本人來說──「為統領者，既知黨非我樹，私非我濟，則亦惟有力守其法，於瞬息四年中，殫精竭神，求足以生去後之恩……又安有貪侈兇暴以必不可固之位，必不可再之時，而徒貽其民以口實者哉？」談政體的文字在這書中不太多，然一旦涉及，其認識往往深入骨髓，精到的眼光與把握令後世相當多的長文專論所望塵莫及。

其後魏源編撰鉅著《海國圖志》。「嗚呼，彌利堅國，非有雄才梟傑之王也，渙散二十七部落，渙散數十萬黔首，憤於無道之虎狼英吉利，同仇一倡，不約成城，堅壁清野，絕其餉道，遂走強敵，盡複故疆，可不謂武乎！……二十七部酋，分東西二路，而公舉一大酋總攝之，非惟不世及，且不四載即受代，一變古今官家之局，而人心翕然，可不謂公乎！議事聽訟，選官舉賢，皆自下始。眾可哥之，眾否否之，眾好好之，眾惡惡之，三占從二，舍獨洵同，即在下預議之人，亦先由公舉，可不謂公乎！」已相當明確的肯定制度的約束力量，以及那種「最不壞」的巧妙設計，對議會架構的介紹與美譽對維新運動大有啟發。《後敘》說美國憲法「可垂弈世而無弊」。

同時期的郭嵩燾，他是洋務運動的倡導者，而胸懷卻遠遠超越洋務意識的奇人。曾襄助曾國藩出辦團練，建湘軍。中年時期至上海，接觸西人西學。晚年力陳西方立國之本在政教，若僅於技術方面師其長技，乃捨本逐末。出使英國，為中國遣使駐歐之始。兩年多使外期間，有六十萬言記述，得出「西洋國政一公之臣民，其君不以為私」：「中國秦漢以來二千餘年，適得其反」的結論（《使西紀程》）。保守派據為把柄，予以攻擊。汪榮祖先生《走向世界的挫折》一四五頁寫道：「郭氏以禮為治事之必須。儒家的禮就是儒家的制度。……他認為禮須不違於時，則以禮為本的政教，豈能不應時而變革？」郭氏言「時者，一代之典章，互有因革，不相襲也。」

他們都是在那人心窳敗、凋敝的社會風氣中，真正的有心人。因其天才的洞見和深刻的睿智，成為二十世紀的思想巨人，而以鄭觀應所述最為系統條暢。其思想的生成、結撰，不特超越前人，傲視同儕，且也以其絕不縮水的思想重量，照出後人的庸常和反常。

曹聚仁先生《中國學術思想史隨筆》（一五八頁）曾很確鑿地斷言：

儒家談政治，不主張理財，這便是行不通的。一則藏富於民，就會害民，因為讓人民自由競爭，自由貿易，就會造成歐美資本主義的畸形經濟，弄得政府沒有錢，錢都流到少數人手裏去了。二則政府一切設施，一切建設事業，都非錢不行，不善理財的話，任何政治理想都不能實行，現代政治家都知道政治越進步，賦稅便越重，薄賦稅的話，只是迎合社會群眾的心理，發些不負責的空話。

這是他讚譽王安石的經濟思想，為王氏辯護的一番話。他推崇王安石的整理兵制、重要企業由國家經營，由政府統制一切企業經濟機構……所以曹先生崇法家而厭惡儒家。

政治民主化、經濟市場化、文藝自由化，等等，乃是政治現代化的圭臬。曹公智不解此，至發荒誕之言，竟至走向推崇殘民以逞的行政政策而不自知，反而沾沾自喜。

社會平衡，人心順遂，起點平等，自由競爭，最大限度發揮個體的人本的價值，其結果就是藏富於民。曹公竟說這就會害民。真是哪壺不開提哪壺了。而在不知不覺間，他對民間的漠視，對民瘼的輕蔑，以及他那貨與帝王家的幫閒念頭就露了馬腳。

什麼建設呀設施呀，都非錢不行，更是不著邊際。蓋在他心頭，錢就是紙幣，而不是經濟基礎和實力，錢從哪裡來，從根本上說，不是印鈔廠開動機器，而是市場自由競爭的結果。理財也不是他心目中那種概念，賦稅越重錢就來了嗎？就算是，也是殺雞取卵一時而已，對社會的抽筋拔皮，更是政治的自掘墳墓。再者，歐美社會，對暴利行業才是課以重稅，重、薄各有針對，哪裡像曹公所說是什麼畸形經濟？

王安石那一套政治、經濟運作模式，在經濟學上，相當於類凱恩斯療法，實施那一政策的政府是在完全缺乏「凱恩斯契約」的約束下實施這些政策的。事實證明在經濟自由化和政治控制之間並未取得平衡，反而左支右絀、導致全面棘手的問題和始料不及的巨大麻煩。曹先生盲目大讚王安石，他不知道，要達成其理想，政府必須在不違反自由市場原則的情況下來採取干預行動，而這種契約在那時的專制體系中根本就不存在。於是，國家辦社會，專制者乃不惜一切代價保住他們的政治權力和經濟特權，指令經濟帶來僵化後果。

藏富於民和國家建設完全是不矛盾的一物的兩面。倘若民間只有微不足道的權利和財富，則出現嚴重經濟危機的概率將高頻出現。正常的民意表達手段與管道極度缺乏，加上集體行動受壓制，問題反而被忽略，終至爆發。如果不是藏富於民，政府要大大地有錢，則他們必利用一切可以動員的資源，以一種近乎掠奪的方式來極力支撐其表面的繁榮。無論朝野之事，百姓均無發言或與聞之權。

所以曹先生那一套非驢非馬的政經「思想」，經他一番認真冥頑的表達，讀來真有啼笑皆非的感覺。由一種大一統的心態所支配，他在作判斷時傾向於反應過敏、衝動和輕率。較之早他百年的鄭觀應，曹公的見識，就可以說是不成樣子了。鄭先生的書中，民主相當於「第五個現代化」，乃是最重要的現代化，這一點是確鑿不疑的。因為在立憲政府和自由言論的條件下，公眾有其他的資訊來源，不會為強權謊言所欺瞞制約。

在曹先生潛意識中，人與螻蟻蛆蟲了無分別；那種民可使由之，不可使知之、有之、富之的帝王心態。也許他的出發點也願出良好，可是他的見識實在短淺荒謬，可見古人在硬體方面雖不如今人見多識廣，而其智慧卻有超越不可代替不可逾越的地方。他的發議為二十世紀六零年代，不過差不多百年時光，人的見識退步如此不可以道裏計，開脫無鹽居然不惜唐突西施，究竟令人詫異。

二十世紀二、三十年代的高明如丁文江先生等，一九三三年夏天他訪問蘇聯和美國，他為蘇俄的計劃經濟及控制力而讚歎，隨後他到了美國，他驚歎於美國的令人眼花繚亂的物質文明，科學技術對社會社會生活的強大滲透，他在摩天樓下由衷驚羨：「然而，他並未將美國的繁榮現象歸功於美國的經濟或政治體制出類拔萃」（參見美國費俠莉《丁文江》新星版，一八一頁）。在丁先生的心目中，彷彿美國的強大與生俱來，天生如此，而非制度的優越。他對蘇俄的訪問，也沒有象羅曼羅蘭那樣表現拷問的責任、或發現漏洞的坦率。他認為中國政治的混亂：「不是因為國民程度幼稚，不是因為政客官僚腐敗，的是因為武人軍閥專橫，而是因為少數人沒有責任心，而且沒有負責任的能力」（丁文江〈少數人的責任〉），他說「民主，僅是一種進行統治的實驗形式」，丁先生推崇西方技術、現代行政組織方法、敬業精神、廉潔奉公等等信條，這都是智者的仁心仁術，但他顯然忽略了最重要的一點，即體制的決定作用，他過多地看中實用主義的權宜之計，而忽略了民主作為一種生活方式的根本意義，普選、分權、司法獨立、個人權利對社會生活、國民經濟的根本支撐和保障，即措置利病得失的明效大驗。

至於再往後幾十年的顧准先生，他反覆地強調，兩黨制不如一黨制，民主也只是粉飾門面，換湯不換藥，他夢想一種虛幻超驗的「科學精神」來改善人類的處境，而不是作為一種生活方式的民主制度（參見《顧准文集》三四三～三四六頁），那樣的見識，幾乎就是一個殘酷的笑話了。

以上諸位，他們有好心眼，卻無鑒賞力。或不知深淺，或不識大局，若此探悉利弊，自然不得要領。他們缺乏的則是鄭先生那樣的眼力和魄力，故其對大局認識尚未登堂入室、捨筏上岸。比他們早幾十年甚至上百年的鄭觀應，所反覆推揚的，卻是「君主權偏於上，民主權偏於下，凡事上下院議定，君謂如實內即簽名准行，君謂否，則發下再議，其立法之善，思慮之密，無逾於此……」，他最看重的是「此制既立，實合億萬人為一心矣」。包括當時日本羽翼漸豐，國力漸強，鄭先生即直截點明其「步趨西國」的制度的決定性，及憲政文化的普適性。

鄭觀應等一批人，啟動了當時社會的第一波的啟蒙運動。啟動的儲備期，尚在日本明治維新之前。他們以精準的觀察，猛烈如颶風的文字提出時代的警告。由於他們的警覺，才迫使清政府著手觸及一些改革措施。辦洋務，將現代工業帶進改革。

辦洋務的角色，很多是舊時的官僚或幕僚，最著名的是李鴻章一系。也孕育了學術與教育方面的人才。嚴復翻譯了多種西洋學說與理論。趙元任對修建王國維紀念亭，不出一錢，或以為怪事，實則，趙元任飽受西方思想薰陶，對王國維愚忠，不以為然，認為沒有值得紀念之處。亦別有懷抱，並非一毛不拔。王國維學術可敬，其行則甚為可悲。

差不多同時期，李鴻章的身邊，聚集了一批完全不亞於日本的西學人才。可是可是他的這批幕僚，在一九世紀末決無可能涉足政治，決無可能影響決策，決無可能像伊藤博文和陸奧宗光那樣，去研究制度，設計制度，改革制度。而恰恰是那個難以改變的制度，決定了中國的命運。

一元化專制強權抹煞人的政治自由，個人的自主、自動自發的能力，遂令各種弊端漸次顯現，人人自危、草菅人命、道德淪喪、吏治腐敗、因循苟且、豪傑灰心、惡徒燥競、信息黑箱、剜肉補瘡……一時俱來。積弊發展到極端，終於引發社會的大動盪，底層民眾承其巨大代價轉徙溝壑……所以鄭觀應先生對此「弊之太甚」的狀態，極為痛心，怎麼辦呢：「去之之道奈何？一言以蔽之曰：是非設議院不為功！」

（〈議院上〉）。事實上美國國會之兩院，一為貼近且跟隨民意公論，一為防止集體情緒狂亂，憲法規定法律之通過須經兩院允許。而兩院之間互有羈控，譬如參院有權對眾院之法案之修訂或駁回，其分權與制衡相當有效。他所有的思想佈局及深遠的考慮，和後世的美利堅總統小布希之高明用心同出一轍——人類千萬年的歷史，最為珍貴的不是令人炫目的科技，不是浩瀚的大師們的經典著作，不是政客們天花亂墜的演講，而是實現了對統治者的馴服，實現了把他們關在籠子裏的夢想。因為只有馴服了他們，把他們關起來，才不會害人。我現在就是站在籠子裏向你們講話……

針針扎在專制的痛處

嚴復思想的傑出高拔，在於針針扎在專制的痛處。他是福建閩侯人，那裏溪山寒碧，樹石幽森。少時家貧，後以第一名資格考入福州馬尾船廠船政學堂，修習數理、化學、光學、地質學……讀了五年，成績為最優等。

中國最早留學的是容閎，那是一八四七年，讀的耶魯大學，回國後在曾國藩幕中參謀籌策。他建議曾國藩派留學生出國，曾、李聯奏，清廷獲准。嚴復是這一代留學生中的第二批。一八七七年，他入皇家海軍學院，既學機械原理之技術，也對西洋學術大加研磨。郭嵩燾對他稱賞不已，以為他已得西洋學術之精髓，當時嚴復的英語水平也勝於使館譯員。

一八七九年，嚴復回國，期間四次參加科舉考試均落第，從此在北洋水師學堂任服務近二十年，任總教習等，不獲重用。他的〈論世變之亟〉，道出中西方的根本差異，在於對自由的認識，朝廷當政並不推求嚴復變革的辦法，主推三民說：鼓民力，開民智，新民德。嚴復所面對的官僚體系，生為能語之牛馬，死作後人之絆石。他罵康有為：「今日更有可怪者，是一種自鳴孔教之人，其持孔教也，大抵於耶穌、謨罕爭衡，以逞一時之意氣門戶而已。」他不太同意孟德斯鳩的對中國的分類法：德性、恐怖、榮寵。他直接分為二種，君主之國權，由一而散於萬；民主之國權，由萬而彙於一。直截簡明地說明政體的性質。

郭嵩燾早年即發現了嚴復的特質，以嚴復的頭腦，他應為開放的時代和機制效力，那就如虎添翼、大放異彩了，但他厄於專制的流弊晚年被動惹一身騷，弄得灰頭土臉。

有人對比同時期日本的伊藤博文，說是嚴復的選擇不及其人，這是短淺之見。因為時代給嚴復的不是助力，而是大鳥奮翮沖天之際，脛上的鐵砣。一九一一年十二月二日，他記述：往謁袁內閣。得晤。隨後又到漢口見了黎元洪，大抵屬禮節性拜訪。但他與袁世凱的關係，實因在清廷治下幾十年，長期投置閒散，而有逆動之心，本已老邁頹唐，又期一振，這種潛意識也是有的。他認為袁世凱「太乏科哲學識，太無世界眼光」。「不過舊日帝制時，一才督撫耳。」（〈與熊純如書〉，全集三，六二四頁）對袁世凱的曖昧態度，在籌安會列名卻拒絕參加活動，拒絕發表擁袁言論。

二次革命後他說：「往者不佞以革命為深憂，身未嘗一日與朝列為常參官，夫非有愛於覺羅氏，亦明矣。所以呶呶者，以億兆程度必不可以強為。」（《嚴幾道年譜》），此則和他先前「民心大抵歸革軍」的判斷有矛盾之處。這是因為他對社會動盪揪心，而與自己先前的判斷有所矛盾，但這和王國維的憂心忡忡愛護清廷性質全然迥異。

嚴復關於自由的論述，真是極精密到位。「自由則物各自致，而天擇之用，存其最宜。太平之盛，可不期而自至。」（《侯官嚴氏評點》）自由因於自立，而自立又取決於人的自治（制）能力。他譯孟德斯鳩名著《法意》（即《論法的精神》）有謂「人得自由，而必以他人之自由為界。」即自由是做法律所許可做的一切事情的權利。

他服膺西方的思想文化與政治制度，他說：「西治」「苟扼要而談，不外於學術則黜偽而存真，於刑政則屈私以為公而已。」

嚴復借友人之話，慨然曰：「華風之弊，八字盡之：始於作偽，終於無恥。」（《嚴復集》，第一冊，五三頁）他發揮議論道：不徒嬴政、李斯千秋禍首……六經五子亦皆責有難辭。嬴、李以小人而陵轢蒼生，六經五子以君子而束縛天下，後世其用意雖有公私之分，而崇尚我法，劫持天下，使天下必從己而無或敢為異同者則均也。因其劫持，遂生作偽；以其作偽，而是非淆、廉恥喪，天下之敝乃至不可復振也。此其受病至深，決非一二補偏救弊之為，如講武、理財所能有濟。

專制與民權的問題，他說：「吾未見其民之不自由者，其國可以自由也；其民之無權者，其國之可以有權也……民權者，不可毀也。必欲毀之，其權將橫用而為禍甚烈也。毀民權者，天下之至愚也。」這是他翻譯《原富》所作的一段按語。

潘恩的《常識》以為，君主專制意味著人民的墮落和失勢：「他們被當作權利來爭奪的世襲，則是對所有人的子孫的欺騙和侮辱。君主享有世襲權是荒謬的。」

潘恩舉例說，英國威廉一世，生於諾曼第，在十一世紀，他侵入大不列顛疆界：「一個法國的野雜種帶了一隊武裝的土匪登陸，違反當地人民的意志自立為國王。」（《常識》商務版譯本一五頁）這和嚴復的思想，正有吻合之處，誠所謂英雄所見略同。

嚴復的睿智，在於把握政治倫理的根源盛大之處，疏通古人智慧對今人的融彙啟迪，而非對立，他論莊子：「莊生在古，則言仁義，使至今日，則當言平等、自由、博愛、民權諸學說。」（《嚴復集》六四八頁），這是何等通透的卓識銳眼。國運的興衰和國民的素質密切相關，他論述開發民智的作用，在於思想上的打通，使後生英俊洞悉中西情形者日多一日，則中國的復蘇也就多一份希望。

一九〇五年，孫中山先生和嚴復相會於倫敦。嚴復說，中國民智卑陋，所以應從教育上著手，逐漸更新。中山先生說，俟河之清，人壽幾何？君為思想家，鄙人乃實行家也。中山先生深切注意到時間，這個可怕的事實。人在世間，高遠地觀察，人的生命非常短暫。逐漸改良，其意不可謂不佳。但事實是專制者也往往一代勝於一代的暴虐，如此一來，改良沒有實行的空間，而生命一代代被毀棄摧折，逝者如斯，情何以堪。所以，嚴復思想固然有遊移、逡巡，但在根本上，他是同情革命派的。所以他還是認為，要圖存，就非變法不可，儘管民智愚陋，經過二三十年的努力，中國將可起步，追蹤西方。如果因循守舊，到二三十年後再談立憲，那將白白浪費幾十年的光陰（參見《嚴復傳》一五五頁所引嚴復佚文）。

嚴復高出儕輩一籌之處，是進一步指出了這些制度的建立，離不開人的自由。西方社會生機強盛的真諦在「自由」。他所說的自由是一個全面的概念，是在倫理、經濟、政治、思想和學術等領域要求破除對人的束縛，全面實現現代公民的基本權利。

嚴復晚年思想確有反覆，但歸根結蒂，他早年的留學及其底子，在根本上，憲政與帝制孰優孰劣，毋庸詞費。他連梁啟超、袁世凱都瞧不上，更不用說楊度之流了。嚴復多封致熊純如信中，談起梁啟超，說梁氏喜發偏宕之言，驚奇可喜之論，他認為梁氏出風頭之意味多，他引雨果的話說，當革命風潮起來時，人人愛走直線，意即取巧。他思想的矛盾，主要是仁人君子對社會動盪，民生疾苦所起的感慨。

將嚴復植入籌安會，乃是楊度幕僚生涯的一次重要作業。故其全力以赴。不管不顧，謊言、詐欺、誘哄，無所不用其極，卻因大勢所趨，弄得一塌糊塗，拖泥帶水，社會各方及其輿論都極不爽。他談到對袁世凱的看法，南北和議成，袁氏胸中，早有成案，孫中山辭職，袁氏繼之，就是靠慣性，其勢非帝制自為不可（《嚴復集》，六四五頁）。

對於帝制，他不贊一詞，他年老體衰，僅虛與委蛇，不料還是惹得一身腥臊。「僕之不滿意於洹上，而料其終凶，非一朝之事。」「長沙楊晳子以籌安名義，強拉發起。」（全集六三七頁）他的話還未說完，楊即表示不願聽，起身拂袖而去。

第二天報紙就已列出他的名字，為既成之事實。楊度說，袁世凱見到有嚴復名字，欣然色喜。諸般事務都是楊度在擺弄，可能有一個跟袁世凱一樣高興，或者比袁還要暗喜的人，就是楊度自己了。

袁世凱稱帝，是以漢人接掌近三百年的滿清。所以，嚴復心態複雜。他以為，清朝最初進攻中原、江南，極端暴虐無道，但以後的政治，他認為尚可，較元、明要好些。到了晚清，奸臣欺負寡幼，人民認為他們是咎由自取。

第五章　智識者的末路

新學生當舊幕僚，北大的江崇屏入吳佩孚幕較成功。丁文江做孫傳芳的幕僚，則不倫不類。北大的康白情回他的老家一段時間，給川軍軍頭做幕僚，全然與軍事隔膜。他的詩歌《草兒》，富於童趣、理趣、天真和平，和地方軍頭萬難整合。饒漢祥，他則是名士加畸人，他的文字貫通技術性操作，要他寫什麼樣的文字他都能折騰出來，可為無米之炊。

舊軍閥用新學生，有一種硬性和時代接軌的複雜心態。在中國仍是個新鮮事物。

杜甫也有過短時間的做幕的一段生涯，他的朋友嚴武，當時他在四川，過著清貧的生活，恰好嚴武派到四川當成都的節度使，因此他推薦杜甫作節度使的參謀，這對他的生活來說是一個轉機。這個時候嚴武主要是在訓練部隊，想要跟西部大山中的吐番作戰，在某一年的七月份，率兵西征，他曾寫詩記錄這件事情，杜甫也有絕句跟他唱合，兩個月後就將吐番人擊敗，收復了一些城市，就是現在的四川理縣一帶。嚴武又指揮他手下的刺史繼續追擊吐番人，將地盤向西擴展了好幾百里，杜甫這時寫了〈八哀詩〉，其中說「公來雪山重，公去雪山輕」，真是推崇備至了。嚴武這個人文武皆備，很有氣魄，對地方及邊疆建設卓有成效，杜甫在他的幕府中頗受關照，在這期間寫下很多詩，還寫有文章〈東西兩川說〉，此文議論邊疆問題。當時幕府管理非常嚴格，一早上班，天黑才下班，因杜甫家在城外，在幕府上班生活相當呆板，其他有些幕僚為了維持自己的生計，往往都是勾心鬥角，杜甫這時已經五十多歲了，和這些人在一起，暗箭難防，心中憂鬱不可言宣，而這些人出於自私的本性，有的將矛頭對準杜甫，說他這樣那樣，他受到這種打擊，壓抑憋屈，滋生多種身心疾病，加之辦公室久坐，導致四肢麻痹。當時他做了一首很傷懷的〈宿府〉，記錄幕僚生涯的：「清秋幕府井梧寒，獨宿江城蠟炬殘」，又說「風塵荏苒音書絕，關塞蕭條行路難。已忍伶俜十年事，強移棲息一枝安。」飽經喪亂，流離失所，其痛楚可知。所以他在第二年的初春，很堅決地向嚴武辭去幕僚的職務，回到他的杜甫草堂，重返他的耕讀生活。他的幕僚生涯不及一年，回到草堂後，生活也大致過得去，又過了一年不到的時間，嚴武去世了，杜甫也就失去了依憑，過了一個月，就徹底離開了四川。

饒漢祥大筆如椽

張愛玲以為，生活是一襲華麗的袍，上面佈滿了蝨子。蝨子這個小蟲，與那些文人幕客，淵源甚深，給他們的華袍，增添了幾許悠長的說道。有時候，竟要有獅子的偉力，才能運動蝨子的意象呢。

王猛，當年本來可以成為桓溫的得力幕僚，可是他們談不攏來。所謂深沉剛毅，氣度弘遠，天下人沒有幾個是他放在眼裏的。就在和桓溫見面扳談的當兒，他一面捫捉蝨子，一面與桓溫縱論天下大事，旁若無人。桓溫對其行為藝術也稱奇不已，承認他是江東才幹第一。

大文豪蘇東坡也長過蝨子。某次也曾他從身上捉得蝨子一匹，當下他就判斷說：此垢膩所變也。旁邊的秦少游不同意，說，不然，棉絮所成也。

又據明代江盈科《雪濤諧史》，說是王安石上朝時，一隻蝨子從他衣領爬到鬍鬚叢中，為神宗皇帝所見，後來他要弄死這隻蝨子，他的同僚還為之求情，說是皇上看見過的蝨子，那也該是神物了。可是這頭蝨子得有多大呢？皇上的眼力有特異功能嗎？

這些蝨子都有特異的故事和來由。而饒漢祥這個民國大幕僚，他身上一度孳生蝨子，而他似不以為意。這又如何說呢？實在也就是他個人不講衛生生活邋遢而已。當然，他的心力、思維全盤聚焦文章作法，聚焦文章的運籌帷幄，其他也真就無暇顧及了。

饒漢祥也曾窮處下僚，如非遭遇黎元洪恰到好處，兩人一拍即合、一觸即燃，可能就只有長期默存底層了。就像那個早些時候的駢體文大家許葭村一樣，依人籬下，索貸求告，一生牽蘿補屋，許氏的文字處理功夫不在饒氏之下，然而到處碰壁的結果，令其性格越發走偏，越發的滑向郊寒島瘦那一路。這時就算有大人物拔其為幕僚，他也可能很難再有建樹，為什麼呢？彈簧久壓，無力回彈，超過了彈性限度嘛。而饒漢祥，遇人恰逢其時，多能發揮其所長，甚至挖掘出他平常之所不能。到了替郭松齡策劃時節，餘勇都還能化為信心。此固自視甚高，以為可以拳打天下，腳踢英雄，實則眼前一片墨黑，旬日之間，差點丟了老命。但是活動環境、往還人物、所經事件，造成了胸襟、眼界的區分，所以像饒漢祥，相當一段時間內，自覺雖然手無縛雞之力，卻不乏胸有雄兵百萬，大智大勇，神出鬼沒……神仙撒豆成兵，而他不妨布字成陣。至於許葭村等，則滯留寒蛩不住鳴的境地，無法擺脫，封閉在自怨自艾的蛛網之中。說來可歎！

近現代文學史，無慮數百十部，似乎沒有一部提到饒、許二人的，這是學者因觀念的偏頗而失職，實則像他們手下所汩汩流出者，正是如假包換的純文學啊！

饒漢祥一九一一年末入湖北軍政府，此前多不得志。自入都督府秘書室任職，為黎元洪賞識，很快晉升為秘書長。從此在北洋紛紜世象中，沉浮與共，堪稱刎頸之交。

辛亥革命爆發，黎元洪被時勢推向風口浪尖，勢成騎虎。此時漢祥即獻一策，以其起死人肉白骨的文字向全國通電，雖說清廷大限已到，但自黎元洪七上八下的心裏，有此鼓動文字，藉電波頻傳，各省相繼獨立，使其居弄潮的主動地位而避免孤立危險，給他一顆定心丸，實在是功莫大焉。

當時他將袁世凱比作曹孟德，將武昌民軍及同盟會勢力比作東吳孫家，將黎元洪比作劉玄德，為事實上的鼎足而三，連類比附也較為貼切。由此再來定位其戰略，如何折衝樽俎，還是起到相當的作用。

袁世凱為籠絡黎元洪，對饒漢祥也施以恩惠。到了張振武為袁世凱、黎元洪合謀殺害，全國輿論譁然，饒漢祥即奮筆起草「辯誣」之長篇通電，將其幕僚作業全部植入其中。

他的駢體電文，在民初公牘中風行一時。

民國時期，割據勢力的通電尚多採用駢儷文體，一則易使文章在有限的篇幅裏跌宕起伏，使之更為老健而有搖曳之態，從而讀者樂於觀誦；一則尺幅興波，俾文勢連綿，含義深廣，攻擊對方的力量也得以加強。民初通電，本來也是打擊對方的一種手段，但為著增強力量起見，總在調動當時文士的基礎上，使之更為完善。從文體上說，它具有漢大賦及六朝抒情小賦的雙重合理內核。在形式及寫法上，所沾溉的是六朝駢文的輕捷敏妙；而在效果上，它又力求獲得漢大賦的鋪陳巨麗，因此在辭藻句式方面有所節制地對大賦加以採用。

也許通電文本的講究與事件的始作俑者最有關涉。民國初期革命黨的通電往往經過孫中山、黃興、章太炎手訂，而他們都是現代文化史上第一流的智識者。即如軍閥吳佩孚尚是前清秀才。民國中後期一線的戰將，若劉文輝，深於舊學，新中國建立後任林業部長，不識新式標點；若廖耀湘，國學底子在北伐以後的高級將領中，要算翹楚；若劉峙，徐蚌兵敗，退至南洋，隱名埋姓，教授國文，尤擅舊尺牘，博稽通考，更兼深入淺出，學生深表歡迎。興趣愛好所在，生理興焉。而其幕中參謀僚屬，也頗得用武之地。當然通電駢文做得最好的，就是饒漢祥，他的駢文，已臻出神入化之境。

駢文發展到八股文，爛熟已極，也腐朽已極。這於時代氣氛有關，並非文體本身之錯。禽獸只知饑啼痛吼，如此皆出於本能的號呼，而語言自來是人的專長，雖說文采與思想密不可分，形式依存於內容，但文章修煉到極境，對思想表達的準確性有益無害。當時一般作家不乏發言的機會，但譏諷過度，也容易招禍引災，所以婉曲迂迴往往在其考慮之內。唯此通電一體，雙方後面真正要發言的是槍炮刀劍，言論的限度簡直就不成約束，且惟恐嘲諷揮斥不夠。故其行文推進往往大刀闊斧，或者冷峭犀利，彷彿放足婦人，大步踏去，十分痛快。寫到動情的時候，不免山崩峽流，文氣貫注。通電看似公文，實則與真正毫不足取的文牘相比，它反而因了大動干戈造成一種別樣的文章，至於通電雙方因調停息爭止怒，那就皆大歡喜，獨留電文於世間成為單獨的欣賞品了。

就饒漢祥跟隨兩度任總統的黎元洪而言，故說他是天字第一號的幕僚也不為過。他是把他的幕僚作業寫在他的作文裏。除了幕僚的專業而外，他的文字承載了更多的藝術的功能。他是另外一種為藝術而藝術的人物。別人的作業已隨歷史煙消雲散，變成漫漶的荊棘銅駝；他的作業卻在他的文字裏面積澱，並且放大。饒氏以其天才的文字質感，對典籍的淵然洞悉，對駢文高明的把握駕馭，不特舉重若輕完成其幕僚作業，同時更造設出一種戴著腳鐐跳舞的欣快。以其磐磐大才，將藝術的束縛和規則變為一種優勢，跳得更加的淋漓盡致。在幕僚作業之外，更增一種表演的功夫，滴水不漏，起落裕如。似乎在無意識和下意識之間就完成了他的作業，隨時隨地在和特殊的文體徹夜偷歡，魅力密佈字裏行間。

饒漢祥是湖北廣濟人，同盟會成立那年（一九〇五），他也到了日本，入政法大學，兩年後回國，曾在福建任視學。武昌首義後即返鄂，為黎元洪高參。撰文理事，頗得黎氏賞識。後隨黎元洪入京。一九一四年五月黎氏任參政院院長，他就為參政。籌安會活躍其間，他曾因黎元洪的關係而受軟禁，袁世凱死後黎元洪出，饒即為總統府副秘書長。其後府院之爭，黎下野，饒漢祥也隨黎氏寓居天津。到了一九二二年夏，黎元洪時來運轉複任總統，饒氏出任總統府秘書長。一九二三年春，為黎元洪草擬〈致京外勸廢督通電〉、〈致京外勸息兵通電〉，頗獲社會諒解。黎元洪再次下臺，饒氏又隨之寓天津，可謂須臾不離的核心幕僚。一九二五年秋，奉系郭松齡在河北倒戈，饒氏出山為代擬討伐張作霖的通電，且親往郭部贊襄文告。郭氏兵敗，饒氏間道逃逸。

他的駢文，綜合了六朝漢大賦、演連珠、唐四六文的長處，高蹈雄視，而又貫注體貼。近年的文評家，或多以為他所做通電宣言屬於駢文濫調，這並非成見或從眾心理使然，實情乃是彼輩眼大無神，無力欣賞的緣故。饒氏文章，乃綜合文言作品尤其是歷代駢文的成就，沉潛深鬱，而又脫穎而出，運用出神入化，實為國粹爛熟時期的結晶。白話文學家采蔑視之態度，殊不知他的作品多為傳頌一時的名篇佳作，非大手筆不能為。

他替黎元洪復任總統後所擬的電文，捨我其誰的心態中有透著一種優遊不迫，於是先把當年辭職的情況宛轉表述一通，情詞複遝，不厭其煩。「人非木石，能無動懷？第念元洪對於國會，負疚已深，當時恐京畿喋血，曲徇眾請，國會改選，以救地方，所以紓一時之難，總統辭職，以謝國會，所以嚴萬世之防，亦既引咎避位，昭告國人……」「十年以還，兵禍不絕，積骸齊阜，流血成川，斷手削足之慘狀，孤兒寡婦之哭聲，扶吊未終，死傷又至。必謂恢復法統，便可立消兵氣，永杜爭端，雖三尺童子，未敢妄信，毋亦為醫者入手之方，而癥結固別有在乎？癥結惟何？督軍制之召亂而已……」

這個就透著批判了。全文凡三千餘言，對各省督軍，先打後拉，把財政的用度、擁兵自雄的禍端、民間智識的遲滯、爭端的底蘊，縫紉包連縷述之。其間，像什麼軍國主義、共和精神、省憲制定、聯省自治、國家、法律、民意、機關等等新名詞新現象羅列而推究之，至於政客與軍人的窺測與倒戈，瞬間命運的顛倒，也毫不客氣的批駁陳述，然後藉各種軍閥之口，設出種種反問，每一反問，又都順勢予以解答，達成合於他意思的命令或意見，文氣宛轉堅毅，口氣則透著勸誘與威脅。

代撰文體貼主人身份，言事則周密詳盡，說理則深宛透徹，發語精警，細入毫芒，而所結論，卻又浩茫闊大，駢體文在饒漢祥手上，真可謂閎於中而肆於外了。

至於他贈杜月笙的生日聯，那就更是大匠小品，稍加點染，著手成春。聯曰：春申門下三千客，小杜城南五尺天。

將楚國的春申君拿來比附，那聲名顯耀的四公子之一；復將其家族比作漢中世族杜家，所謂「城南韋、杜，去天尺五」。此聯蘊藉含蓄，而氣勢包裹頗有發散的強勢語義和寓意，把杜氏的聲威，概括到極點。

抗戰勝利後章士釗也為杜月笙壽辰獻禮，那是一則短小的四六文，篇幅則如一幅長聯了。而其意義，較之饒漢祥的寥寥十餘字，差距不可以道裏計。章氏同樣是個策士，他的高頭講章《柳文指要》作出扛鼎手的樣子。但他此文捧杜月笙到了一國重臣或者領袖的地位，恐怕杜氏本人看了，也會汗涔涔而下吧！「……吾重思之，其此人不必在朝，亦不必在軍，一出一處，隱隱然天下重焉……戰事初起，身處上海，而上海重；戰爭中期，身處香港，則香港重；戰爭末期，身處重慶，而重慶重。捨吾友杜月笙先生，將不知何為名以尋……」杜氏還是有自知之明的，他將其收訖而已。杜氏的門聯，也是饒漢祥的手筆，聯曰：友天下士，讀古人書。

他代黎元洪寫給袁世凱的公文，更似一篇特殊的陳情表，舉重若輕，黎氏沒想到的，他也給挖掘殆盡，全文剴切詳明，意盡辭沛，而於古今政治得失之故，多作穿插，自然深切，掃蕩八代，獨有千古，委實可謂一種紙上的戰役。袁世凱的幕僚撰寫的回函有云：「褒、鄂英姿，獲瞻便坐。遜、琨同志，永矢畢生。每念在莒之艱，輒有微管之歎，楚國寶善，遂見斯人。」篇幅形制精妙飄逸，更像六朝抒情小賦。

弄筆使氣，免不了百密一疏。黎元洪任副總統期間，他的職務要出現在饒漢祥的駢體文中，這種新科頭銜，不見於傳統典籍，饒氏搜索枯腸，竟以太子的典故附麗之，謂之「元洪備位儲貳」，一時成為笑柄。

武昌首義元勳張振武被害案，黎元洪貓哭老鼠，有長電致袁世凱。饒漢祥運筆，代黎元洪數落張振武十五大罪狀，洋洋灑灑，文章做得峰迴路轉，全用四六文結撰，也真難為他。各罪狀之間須分立而又聯繫，僅就字面而言彌漫一番搖曳波蕩，但文字畢竟不能包辦一切。裏面要為黎元洪的陰謀洗刷、解套，那就不免氣短、不免敗露。黃興對其質問，僅三百餘字，其中如：「南中聞張振武槍斃，頗深駭怪！今得電傳，步軍統領衙門宣告之罪狀，係揭載黎副總統原電。所稱怙權結黨，飛揚跋扈等，似皆為言行不謹之罪，與破壞共和、圖謀不軌之說，詞意不能針對。」就可將其問得啞口無言。

黎元洪並不聰明，但卻屢想搞事兒，結果中了袁世凱的連環套，還把他的電文抄成大字報用以示眾——張振武遇害次日，袁世凱就讓人在金台旅館門旁出示佈告，將饒漢祥所撰這篇副總統原電抄錄。如此一來，饒氏的文本，也就直挺挺的變成觀者破譯的對象，不論其詞翰如何的美妙，言多必失，狐狸的尾巴還是露了出來。文尾寫到「世有鬼神，或容依庇，百世之下，庶知此心。至張振武罪名雖得，勞勳未彰，除優加撫恤，贍其母使終年，養其子使成立外，特派專員，迎柩歸籍，乞飭沿途善為照料，俟靈柩到鄂，元洪當躬自奠祭……」則已心虛汗出，強詞奪理，故作鎮靜了。

黎元洪辭職電，將責任歸於他自身，求治太急，用人過寬，這真是既自責，又自誇，在技術上的自我洗刷辨誣達於極點。當各種矛盾彙聚之時，他黎元洪「膠柱調音，既無疏浚之方，竟激橫流之禍，一也。格蘆縮水，莫遂微忱，寡草隨風，卒隳持操，二也」，接下去數落張勳，大盜移國，都市震驚，而他在此亂局中，不忍目睹萬姓流離，傷於兵燹，方有辭職之舉。左說右說，圓熟周至，既表白，也痛陳糾葛，至於典故的恰切運營，時事的新警比附，猶其餘事耳。其名句如「惟有杜門思過，掃地焚香，磨濯餘生，懺除夙孽，寧有辭條之葉，仍返林柯，墮溷之花，再登茵席？」「若必使負疚之身，仍屍高位，騰嘲裨海，播笑編氓，將何以整飭紀綱，折衝樽俎？稀瓜不堪四摘，僵柳不可三眠，亡國敗軍，又焉用此？」此等句式，均深堪玩味。

一九二五年十一月，郭松齡的倒戈，先是和馮玉祥結盟，然後是軍隊改編，並擬回師打瀋陽，討伐張作霖。郭松齡則以張學良名義控制他們，他謊稱要清君側，推出張漢卿，然後從山海關直入錦州，到了新民屯，對面就是張漢卿帶著軍隊來抗拒他們，這些官兵陡然懵了，想到張氏父子待其不薄，為要拿槍打他們？可見郭氏倒戈之初就已埋下敗因。他與馮玉祥聯手，但馮氏卻又在關鍵時候不配合他的計畫，使郭氏身死家滅。郭氏當然不忘記最重要的電報戰。因此請來饒漢祥。此時饒公正和黎元洪閒居天津，百無聊賴，於是慨然入幕。不過這是他幕僚生涯中最危險的一次。首先連發三通電報，一是宣佈楊宇霆的罪狀，要求立即罷免，一是請「老帥」下野：「少帥」接位。郭軍潰敗，饒脫逃。這時候的饒漢祥，真個是「姥姥不疼舅舅不愛」，落魄得緊。

一九二五年十一月二十二日，饒漢祥代郭松齡討伐張作霖，其作可稱大開大闔，混茫而來，全文近兩千字，文章前半篇幅採破局之體，摒四六交替之原則，純用四言撐起，諸如：「名為增餉，實同罰俸。年豐母餒，歲暖兒寒，戰骨已枯，恤金尚格。膺宗殄絕，嫠婦流離……死無義名，生有顯戮……強募人夫，兼括驢馬，僵屍盈道，槁草載途。桀以逋逃，騷擾剽掠，宵憂盜難，晝懼官刑，哀我窮閻，寧有噍類……」遣詞造句先是如高山墜石，猛不可擋，復如長繩繫日，膂力無窮。先是數落老帥的不是，形勢的不得不變，以下則是威嚇、勸慰、矇騙、求告、呵斥等等，奇奇怪怪的彙於一爐。

數落張氏罪狀，擾民、竊財、縱兵，等等。其中頗有朗朗成誦的名句，譬如「建國以來，雄才何限，一敗不振，屢試皆然。」「人方改弦，我猶蹈轍。微論人才既寡，地勢復偏，強控長鞭，終成末弩。且天方厭禍，民久苦兵」。

然後才說出郭松齡的無奈之舉，此時再次穿插民間的危困，以及張作霖的種種不是。繼而順勢抬出張學良來，說他英年踔厲，識量宏深云云，言下之意，張作霖要是識相，就應當迅速下野，灌園抱甕，從此優遊歲月，遠離軍政。最後是代郭松齡表決心：

先軫直言，早抱歸元之志；鬻拳兵諫，詎辭刖足之刑。鈞座幸勿輕信讒言，重誣義士也。

說得是那麼的懇切、深邃、正大，彷彿義氣充滿，實則就郭氏言行和舉兵結局來看，形同兒戲，和寫在紙上的雄文加美文，相去何啻天淵。

馮玉祥也在郭松齡通電後發出回應，歷數張作霖罪惡，促其下野。但他的通電詞氣較為塌懦：「祥承閣下不棄，迭次欲與合作，用敢本君子愛人以德之意，凡人之所不敢言不忍言者，為閣下一言，作為最後之忠告，請即平心靜氣一詳察之。語云：得人者昌，失人者亡。況共和國家，民為主體。不顧民生，焉能立國。乃自奉軍入關，四出騷擾。因所部有公取公用之實，致民間來要吃要穿之謠。試思軍興以來，閣下兵威所及之區，橫徵暴斂，到處皆是，苛捐勒索，有家難歸……」較之饒漢祥手筆，詞文語氣臥倒拖遝，文句疲弱不振，文采文氣的懸殊淵然可見。

饒漢祥如椽之筆的扛鼎才力，殆為天授，實非人力可致。這一點，像極李白。而其為人，兩人也極近似。大文人如李白，他和「致君舜堯上，再使風俗淳」的杜甫是不一樣的。他所崇仰的人物，多為縱橫家、能幹的幕僚、遊俠，像范蠡、魯仲連、張良、謝安等等。除了功名利祿的考慮，更有一種本性驅動的不安分，取快一時的搞事兒的衝動。

軍閥因種種蠅營狗苟，勾心鬥角，常常兵戎相見，禍害地方，他們之間的戰鬥，就戰略戰術而言，大多鄙陋愚魯，不上路、下三濫，倒是像饒漢祥這樣的高級幕僚，似乎較軍閥更不懂軍事，但其寫在紙上的戰鬥文字，卻異常的投入、專業、確鑿、起伏跌宕，彷彿是紙上另一場立體的戰爭，廝殺之處，聲光奪人，有時不足半個時辰的戰鬥，此前的函電之戰，倒有數十通，這是民國文壇的一大奇觀，是的，是文壇，且不論其游離的性質，就是後世作為史料，也多勉強，它們的意義，更近於文學。

饒漢祥調遣文字，可謂遣字成軍，吐囑成陣。他以文字播撒成一片碩大的戰場，他於紙上運籌帷幄，進退裕如，他在稿本金戈鐵馬，彌漫硝煙。饒漢祥，他直是文字用兵的大師，文字野戰的梟雄；直是文壇中的凱撒大帝、稿紙上的麥克亞瑟。他佈設文字爐火純青的手腕，指揮參謀兼於一體的戰略奇術，他所服務的同時代的政軍人物，曹吳孫張，馮段徐王……也沒有哪一個真在戰場上可與他的文字作戰作同樣的比擬，成同樣的比例，換言之，都沒有那樣高邁雄奇的氣魄、所向披靡的力道。

周作人的散文〈初戀〉嘗謂「她在我的性的生活裏總是第一個人，使我於自己以外感到對於別人的愛著，引起我沒有明瞭的性的概念的對於異性的戀慕的第一個人了。」如此囉嗦、夾纏的不知所云，真可以把人考住了！

胡適所倡導的白話寫作，以拖遝繁瑣、歐化囉嗦為得計，胖滑有加，嘮叨如故，錢玄同更叫囂「漢字不滅，中國必亡」。

如此浮泛、粗鄙的敗筆，猶被稱為文章大師、文學鉅子，則饒漢祥以其粲然文采、如椽大筆，以及他純粹典雅、勁挺峻茂的漢語語感，更當坐文章大師之正牌。文學所應承擔、並持續放射者，在他那裏正是飽滿持久地供應之，不絕如縷。

饒漢祥後期搭檔

郭松齡倒戈，與饒漢祥同時出山以為幕僚的，還有林長民。他倆是一對新舊書生，當形勢危急，出路渺茫，饒漢祥就懶得理人，人有問之，他總答以「遺精病重」，不勝依依的樣子；林長民則愁眉苦臉，但還竭力做出矜持的神情。

林長民也是傾心蘇、張之術的才智不凡之士，他自負才華，亟求有以表現，袁世凱稱帝時，他的地位不低。

張勳復辟之後，馮國璋繼任總統，段祺瑞為國務總理，他即入其閣，當了幾個月時間的司法總長。其時梁啟超長財政，他長司法。

到了一九二〇年代中期，他在政壇已很落魄。忽一日，他赴日本公使的宴會，座中有金拱北，也有幾個上下其手的政客。林長民到時，有位來客暗地裏對金拱北說：「像宗孟（即林長民）這樣一把瘦骨，滿臉死灰色，真活該幹掉了事。」林氏知道後，驚嚇不小。

隨後入郭松齡之幕，也是不甘寂寞，還想尋求實力來做依傍，作一番事業。而郭氏看重他政治修養和對日外交的才略，立馬倒倒屣相迎，事成以後的腹稿也予交待：郭主軍，林主政。林氏由是心動。

郭軍先是一路順風，勢如破竹，後來日本勢力介入，形勢逆轉。在戰雲詭異流變的前線，林氏的前景已很不妙。全線潰退的次日，郭松齡夫婦已先行逃逸，林長民一干人也坐了板車上路。「車過山坳，前面槍聲四起，四人倉皇下車。宗孟披著狐皮大氅，僕人挾著他走入溝壑裏，覺得不安全，主仆二人蜷伏蛇行，想爬到低處避匿，為了狐氅累贅，想把它脫去，頭微仰，恰好彈如雨至，不幸頭顱中彈，只剩了半截，那僕人往前一拉，也追隨主人於地下了。」（高拜石《新編古春風樓瑣記》第三卷）。死事是那樣的慘切。

林長民的長女林徽音和徐志摩交善。據說徐氏對林先生之死頗為慨歎，以為他那樣的聲望才學，就是寫書賣字也不虛此生，偏偏鬼抓一般，跟郭松齡攪在一起，還帶太太陪了同車，一直開到前方去送命，前後半個月，活生生的一個人剩了一堆白骨，死得沒啥意義，真是胡為乎來哉！

詩人幕僚命途蹭蹬

有些人的人生說複雜也複雜，說簡單也真是簡單。不過像康白情那樣似乎已是振臂一呼應者雲集的領袖，爾後卻處處碰壁，所遇多舛的，其原因是什麼呢？還真不好說，只能套句老話：一生都是命，半點不由人。

相較新潮社諸君，如傅斯年、羅家倫、毛子水之屬，或為文化重頭官僚、或為史學家、名學者，則他的遭際最為酸楚。

康白情是四川安岳人，這裏是有名的檸檬之鄉、民間藝術之鄉。五四運動時期，他是五大學生領袖之一。社會活動有他的身影，詩歌、政論彰顯他的才華。後半生像走了背字一樣，人生命運急劇下滑。他在美國期間，用他那撰寫童稚詩作的心態，和三藩市洪門幫會聯手，欲問鼎政治，終成虛幻的無根漂萍。

他也曾短期成為四川地方軍頭的幕僚。

康白情五四前就身影躍動，五四期間更是大出風頭，乃是名噪一時的學生領袖。一九一七年北大首創學生主持教授會，康白情和其他學生頭目傅斯年、羅家倫、張國燾分別擔任四個學院的主任。五四的前夜，北大校長找他們幾位談話，關懷指點。至全國回應，康白情率領北京學生代表團赴滬，當選為全國學生聯合會主席。

一九二三年七月，康白情在美發起組織新中國黨，這年他二十八歲，自任黨魁，以西方各地的唐人街為重點著手發展組織，並在上海、北京等地設立黨部，四處拉攏各國留學生入黨，包括剛到法國的他的老鄉李劼人，一時風頭甚健。康白情自以為本錢豐厚，拋卻加州大學的學業，於一九二六年以領袖身份傲然回國指導工作。但其回國後好像回不過神來一樣，他的思維還停留在五十六年前，物是人非，他只好投靠教育總長章士釗，作了一段時間的法制委員。

康白情政途運作已成虛化，同時學業荒廢無成、組織消弭無形，師友為之側目。走投無路之下，他曾致書北洋政府首腦，陳述對國事的主張，但是入幕之想又事與願違，遂選擇往山東大學任文學教授，以後又輾轉廣州、廈門，在中山大學、廈門大學任教職。

當一九二〇年代後期，康白情回到闊別多年的四川老家討生活，當時成都新聞界報以熱情期待，報紙通訊、消息極盡恭維，諸如：歡迎中國思想界的鉅子、五四運動的健將、新潮詩人康白情回鄉……等等，不一而足。

當時四川的大人物劉湘對之禮遇備至。請見，委以軍職，以高級幕僚兼某旅旅長，頗為其他軍官側目。但在這樣的位置上，他對軍事並無興趣和專長，卻著迷於抽鴉片、吃花酒的惡習，短期內身心大損、意志消沉，無法勝任旅長職務，便專任幕僚。這樣渾渾噩噩、寄人籬下又過了兩年。

抗戰前的幾年間，他先後在上海經商賣高級土產，當中學教員，嘗試辦報。一九三五年由同學介紹到中山大學任教，未幾，又因早年的政治作為而解聘。其後多年，康白情輾轉於教育與工商界，灰頭土臉，毫無所成。相識舊雨，了無聯繫，有人還以為他早已不在人間。

一九四〇年代末，他又到廣州任教，一九五八年成為右派份子，退職返鄉。船次途中，病死於三峽門外之巴東。左右不討好，竟至於此，也實在罕見。好像他對事物都是輕飄的抓不住重心，難以落地生根，而各派竟也當他充滿的氣球，誰都好奇接過來把玩一下，然後縱手一彈，再不理會了。

按說他的社會關係不少，老師輩的蔡元培以及蔣夢麟、胡適、陶孟和，同輩的汪敬熙、段錫朋、羅家倫、周炳琳、田漢、張聞天、曾琦、許德珩、何魯之、余景陶、俞平伯、顧頡剛、孫伏園等，這時候都若即若離，隔膜甚深了。

他和軍事也不是完全沒有淵源，他的家鄉四川安岳就是袍哥的源頭之一，據說，他在一一歲就曾參加進去。不過，這些都難以改變他的性格。軟弱，唯美，多愁善感，時而激進時而頹廢，時而熱血沸騰時而萬念俱焚。實際上，他的性格是屬於漂門——難以在他事實上不感興趣的行業沉潛涵泳、植根壯大。

據說他上馬敘倫哲學課時，因遲到跟馬先生頂嘴，態度倨傲，講歪理，把馬老氣得發抖。某次上課他故意遲到，馬敘倫問之，他答住得遠，馬先生知其住處就在近旁，斥其所說無理。康白情腆顏答道，你不是在講莊子麼？莊子說，彼亦一是非，此亦一是非，先生不以為遠，而我以為遠。令馬氏七竅生煙。

康白情既未當好川軍的參謀，也沒有當好他自己人生的參謀。至於他潦倒而亡，那也不完全是他個人的責任，實在的，時代的詭異，是誰也參謀不來，誰也規划不來的。

觀其詩作，充溢一種童稚的趣味：

柳也綠了
麥子也綠了
細草也綠了
水也綠了
鴨尾巴也綠了
茅屋蓋上也綠了……

則其介入政治抑或軍事，不管被動的還是主動的，幾乎都是一個笑話了。

康白情的論文《論中國之民族氣質》，很像《隋書．地理志》對南北西東各地民性的分析，地理、人性、好尚、氣質，彙為一爐，但又加入了一定的現代觀念，以及他自身所處時代的時事對民眾的影響，以及人們的反應，將此也作為新的性格特徵。有如此的分析的功夫，他實在大可就此在劉湘部隊中作一個有為的幕僚，可是他竟一路衰退下去，彷彿他的老鄉蘇東坡的詩所說「駿馬下注千丈坡」。

他說，尋常東南之人，性浮而易激，故易為暴動……實多樂天而鮮厭世也。其文學美術之盛，為各屬之巨擘……又分析西南之人：「唯山境閉塞而民識固蔽也，故無野心，乏遠慮，重習慣，偏保守，而以營目前之自存為止……則詐虞佻達逸樂浮動之風，實未讓東南之人獨步，特不若其甚耳。其人喧於暖風，頗耽情於閨房……民多重目前之享受，而不重視儲蓄」。

這是不錯的。可是他又說東南之人摩拳擦掌，做欲鬥之狀：「然而指及人面而不敢竟抵人面者，恐真鬥之不利於己也，又不聞革命之役乎?革命功成而享大名，據顯位者，多東南之人：其冒鋒鏑，棄沙場，擲頭顱，親奔走者，鮮東南之人也……」這就是想當然了。就在他寫文章所去未遠的辛亥革命時代，東南沿海，真可謂志士如林，俊傑輩出，流血五步，與專制者作殊死決鬥。

就他這類文章看，可見其分析能力尚佳，即使轉型做一軍事幕僚其底蘊足矣當之。陳布雷從民性上點評四川人，郁達夫也從民性角度指斥浙江人，康白情談論民族氣質，以小觀大，即為幕僚基本功。清代萬維翰撰寫的《幕學舉要》，乃是標準幕僚的日常事務作為，強調對民性、地域特徵的透析：「北省民情樸魯，即有狡詐，亦易窺破。南省刁黠，最多無情之辭，每出意想之外。據事陳告者，不過十之二三。必須虛囊批斷，俟質訊以定案。小司寇以五聲聽獄訟，求民情，可見紙上千言，不如公庭一鞠。未可執內幕之臆見為定評也。」然而康先生興趣實在不在這裏，惋惜也，浩歎也，佛也救不得。

說來說去，康白情以一學生身份而為軍人幕僚，實在尚未走出他的學生心態，屬於別一種長不大的人物性格，這導致他後半生的做事往往心不在焉。若說他的人生是一個夢，則絕非淡然消逝者，反而是輾轉複遝，錯舛糾結，荊棘滿途，這樣一種不舒適、觸霉頭的夢，無疑，這是一個噩夢。所以，康白情的短暫幕僚生涯，本來可以成為他人生的一個轉捩點，但他因為性格和心境的原因，不得不放棄了。蓋棺論定，卑之無甚高論，也就心不在焉四個字，足以概括他的一生。

黃遵憲決非一個甘心做詩人了事的人。清末最後幾年也是他的晚年，他還烈士暮年，壯心未已，急思有所作為。無奈局勢一天天惡化，使他無從措手。同樣，康白情也是不甘心以一詩人終其身的人，但他熱衷於無根飄篷般的組黨，較之黃遵憲等人，氣象上、技術上又差著很多。

試將饒漢祥和康白情做一比較，饒漢祥似乎不大喜歡直接契入政治，但他和政壇的要角始終從職業角度配合默契，彷彿是另一種政治鴛鴦，缺一不可。作為標準的老牌幕僚，他所參與的事情，手到擒來，渾然天成，彷彿都不費吹灰之力。

康白情的作品氣質，則根本近於一種童話詩人，但他似乎偏偏不甘於寂寞，搞運動、發宣言，活躍於三K黨，投效於家鄉的軍閥，也真是怪事，諸事都不大投契，臨了直接走下坡路，弄到好像歧路亡羊，在哪裡他都是多餘的人。到處碰壁，灰頭土臉，最終他是以何種心情走向人生末路，不好揣測，但一種風吹雨打雪滿頭的滋味，想必繚繞不去。

二 劉的專業幕僚

較之康白情，無論是劉湘，還是劉文輝的參謀都比他專業得多。劉文輝的參謀巴人說，至於談到西康呢？一般人都看不起劉文輝，責怪政府縱容封建勢力，沒有及時把他剷除。他認為，劉文輝絕不是沒有頭腦的粗人。劉文輝為了增強陣容，而以他的愛女劉元凱，下嫁在陸軍大學素質最高的特別班第二期，受過三年嚴格軍事深造教育的伍培英將軍。更任用伍培英為其參謀長，以延攬有真才實學的軍官，充任其幹部。據悉，國府本來還有意與他合作，利用西康作為敵後游擊基地之一呢（巴人〈我隨劉文輝在四川打內戰記往〉，一九六八年《春秋雜誌》總第二五三期）。

一九三二年二劉作戰，即劉湘與劉文輝叔侄之間的戰爭。在四川的榮縣和威遠縣一帶打得非常激烈，不料劉湘所擁有的幾架教練飛機，突然加入作戰，飛到前線，所投下來的，無非是手榴彈和小型炸彈，殺傷力有限，但是教練飛機一經出動，劉文輝的軍隊就嚇得抱頭鼠竄，不敢仰視！劉文輝眼看情勢不佳，特別派巴人冒險趕赴最前線，向官兵解釋開導，叫他們躲在戰壕裏，用不著慌亂，才把軍心慢慢鎮定下來。事後戰局朝向不利於劉文輝的方向逆轉，當其部隊退到雅安時，劉文輝還掉下淚來，說是悔不該當初不聽幕僚的意見。

但劉湘任用康白情為參謀，也屬一種禮遇，並非軍事的依靠。劉湘真正依為柱石的參謀，乃是沈默士。長時間為劉湘幕僚，而貢獻甚大者，是沈默士。他認為劉湘這個人，從未離開過四川，所以他的思想保守，禮教觀念極濃，所用秘書及政教方面人才，亦喜科舉功名之士。他個人生活簡樸，無聲色娛樂之好，勤勞軍事，寬容接物，人多樂為之用。他對升沉否泰，頗信命運，但並不迷信，外間因其崇拜劉神仙事，甚多誤解與笑話；惟實際真相，並不簡單。

一九二〇年代末期，沈默士即參與劉湘戎幕，當時四川內情，不僅省外不易瞭解，連省外之川人，亦覺川局荊棘處處，蜀道艱難，視四川為末路，甚至服務中央之川籍委員，亦改籍江浙，羞與川人為伍。

自滇黔之役後，川中各軍擴充，軍閥遂起。有國民軍：熊錦帆、石青陽、呂超屬之，北伐前，曾率師離川。有保定系：鄧錫侯、田頌堯、劉文輝屬之。有速成系：劉湘、楊森屬之。又有將官班：為李其相、羅澤洲一派。其餘各地尚有土霸團附、大股土匪，而又與招安軍，互通在來。以致互爭地盤，年年內戰；苛捐雜稅，明征暗搶，民不聊生。直至國民革命軍北伐時期，四川正入於最黑暗之高潮！（〈如煙往事說四川——我與劉湘當年的一段深厚淵源〉）。沈默士在交通、教育、文化、財政方面，對劉湘也多所貢獻。

一九二九年四月，由沈默士草擬一新兵工計畫，涉及多項內容。包括成立兵工包案制度，武器性能精良，為基本要求，關於製造方法、程式，及內部人事管理，軍方概不過問。雙方對財務，各有預算，亦無臨時浮報之弊；而管理直捷，靈活機動，尤為重要。以下還有八項，均為各式新武器、彈藥的定制，射程等等的計算。該計畫報呈後，劉湘十分滿意。

劉湘本人對新武器漸感興趣，全心注意軍備，為保密起見，調其內弟周曉嵐任軍實科長，兵工區域內，增加警衛兩百人，非得許可，不讓任何人參觀，始終連其最親信之潘（文華）、唐（式遵）、王（陵基）三位師長，亦從未讓其知悉內容。

戰前劉湘曾想在四川自造飛機，沈默士也從發動機、機身、經費等等方面為劉湘釋疑。沈默士不愧為專業幕僚，他向劉湘講述的一席話，既考慮到主官的迫切心理，也為製造業特徵打下伏筆。因為裝備製造業大異於做衣服搞玩具，這是連貫的行業，也是個需要長期琢磨和探索的產業，更是一個來不得半點浮躁的產業，一句話概括：你得把它當「持久戰」來玩，也許一輩子都難登堂奧，但是在當時的形勢下，地方勢力之間能到此地步也就不錯了。因為形勢的扭轉常常出乎傑出幕僚的預料。

一九三三年，沈默士赴歐遍歷法、比、瑞士、意、德、奧、捷克等工業國，每日考察參觀，九個月後，始得劉湘電召回國。返渝時，劉湘尚在疲病休養中，他即繕呈報告及計畫，草擬內容如次：

現代步兵，仍為軍事之主，編制與裝備，注重火力彈性與運動速度，歐洲各國努力原則，與本軍目標相同，不過更具體完備而已。

其一，連的戰鬥配備，以每班有輕機槍一挺，配六公分小迫擊炮一門，每排尚有手提機槍一、二支，本軍現只每排有湯姆生式手提機槍及四公分七小迫炮一門，現我廠中研造捷克式輕機槍，大批製造工具及檢驗樣品均已完成，並於此次參觀捷克廠，見有新式裝彈機，亦能仿造，應展開製造計畫，以每月能生產兩百挺為宜。

其二，連的火網，限於一千公尺，營的火網在五千公尺以內；團屬火網，最大五千公尺，師屬火網，掩護八九千公尺。至於運動性能，多趨向機動化。

其三，製造炮廠之設備費，並不如普通想像之天文數字，國內各地之大兵工廠，皆因設廠時，從無製造目的……名義規模雖大，而技術反平平無奇；今後本軍從事建立之炮廠，應首先決定炮樣種類，然後設備專門機器製造之，則技術新、用費輕，並可大量生產。

其四，膛線火炮制式，以法國式為最合理，故如今美國、日本、蘇聯、捷克、波蘭等國均採用法國制式。

其五，川省環境，以每月能出四門野炮為目標……一切技術從新，利用所長，不必限定應在某國某廠採購，綜計全部設備費，連廠房、靶場、彈道研究等，不會超出四百萬元。

……

沈默士從國外考察歸來，恰遇西安事變，劉湘始自督署返家，進門就說：「今天張學良在西安出一大亂子，真是糊塗，把蔣委員長扣留了，尚不知局勢如何發展！」然後又問他：你們在外國的看法，日本究竟侵略中國否？

沈默士答道：「日本軍閥專橫，可能趁歐洲不景氣中，侵襲我國，蓄勢待發，國防應積極準備，以應事變；炮廠佈置，已大致就緒，如無阻延，可辦到一年半內即能出品。」

次日他們約在城郊金花橋一處幽靜農舍吃豆花飯，劉湘先論及此次西安意外變亂，他認為：無論如何結果，必掀起全國大波動。

劉湘和高級幕僚的親切關係，在日常生活上和吳佩孚相似，吳佩孚的幕僚汪崇屏說，吳氏每日三餐，都跟幕僚在一起吃。除了生病，絕不回家吃飯。這些都表示他的克己復禮，與部屬共甘苦的精神。

抗戰爆發前一年，謠言有傳中央將用兵解決川局，但劉湘始終保持鎮靜，不為所動。抗戰軍興，南京召開高級國防會議，劉湘親自與會，並調五師人馬出川，參加保衛京畿之戰，其師長饒國華即在廣德前線激戰陣亡。聞劉氏離川時，有西南某顯要，曾私加勸阻：不必親身出席、靜觀變化之說。劉湘為表示全川誓作後盾，慷慨前往，此絕非多疑善變、狡詐心虛之軍人所敢為者。

關於劉湘在漢口猝然亡故，社會傳言騰於眾口。沈默士作為資深幕僚，證明此前在成都曾得法國名醫診斷，劉氏吐血症為胃潰瘍病，已成深篤之狀，若不出洋休養至六個月，恐突發不可救治。

學生出身的幕僚汪崇屏

河北省易縣人汪崇屏也是北京大學畢業生，在校期間，為北大學生會幹事部主席，一九二二年，任北京大學校長室秘書，深得校長蔡元培器重，參加機要事務，負責吳佩孚之專線聯絡。一九二四年後，追隨吳佩孚左右，任吳部參謀，及吳部駐北平代表等職。他也是學生參謀，和康白情好有一比。

一九二四年九月，二次直奉戰爭初起，直軍在山海關九門口前線一帶布有大量部隊，其後被奉軍攻下。吳佩孚派援軍總司令張福來率重兵增援。

此次吳佩孚的失敗，固然由於馮玉祥的倒戈，然吳氏遲至十月十一日始由天津親赴山海關前線督戰，汪崇屏分析說：

> 準備用海軍截擊奉軍的交通線與後動補給，故乘渤海艦隊司令官溫樹德所率領的旗艦，遊弋海上，並指揮海軍炮轟葫蘆島，終因風浪太大，不能上岸，也是主要原因。此時馮在熱河前線與段祺瑞有電報通消息，但對奉方則無。可知馮玉祥與奉方並無默契。

吳的參謀長張方嚴在吳軍中原來是一句話也不說的，但在此緊要關頭卻用吳的署名發了一個電報，催促後方的隊伍赴援。馮玉祥得電後，知前方軍情吃緊，不必再有所顧忌，便於十月十九日自灤平回師，星夜疾馳，二十三日晨，即抵北京。等吳派在馮玉祥處的人回來，報告馮倒戈經過，吳問張方岩何以發電要後方增援？張一見吳的面就跪下說：「我錯了。」吳說：「起來，我不殺你。」第二天（十月二十五日），吳率領參謀長幕僚等仍赴前線視察……張福來原為河南督理，等吳走後，其幕僚就將他擁著上船溜了。因此二十萬大軍無人節制，加之奉軍猛攻，隊伍潰亂，因而敗北。如將隊伍交給彭壽莘還可以支援，並且齊燮元、蕭耀南亦可派兵增援，起碼能將隊伍撤走，不致於一敗塗地。等到張福來一溜，二十萬大軍就都垮了。

此次戰爭，奉軍能夠得勝，據聞有日本的援助，然張作霖馭下治軍，都有他的一套，對文人很謙遜，對武人就用他那套「鬍子」辦法。就是連張學良都很行，在二次直奉戰中，他所指揮的將領都是父輩的朋友，他對這些將領都以「大爺」稱之，遇到什麼事，總說：「大爺，你看怎樣辦？」那些老將領礙於情面，只好俯首聽命；所以什麼事都能順利指揮（參見汪崇屏《吳子玉先生幕中見聞》）。

汪崇屏任參政，白堅武仍為政務處長，張其鍠為秘書長，蔣方震、章炳麟曾一度分任參謀長及總參贊。白堅武是吳氏的舊人，二次直奉戰敗後，大家都說他的不好，但吳佩孚一生向不說誰不好，或張三怎樣，李四怎樣，所以始終未對白表示不滿。後來，他跟吳說，孫傳芳處很重要，他要去負責聯絡，吳氏就派他去孫傳芳那裏作自己的代表，結果一去不返。白堅武走後，政務處一切事情都歸汪崇屏代理，但白堅武始終沒有辭職，汪崇屏也沒有正式接任。

汪崇屏分析吳佩孚不能成功的原因，不是吳佩孚沒有能力，他應付一切都很好，並且在當師長時即享大名。汪崇屏以為，吳氏用人，尤其是使用高級幕僚出了紕漏，不甚得當。

譬如白堅武對人常有芥蒂，官腔多，真話少；蔣百里（蔣方震）在他那裏時間很短，張其鍠時間較長。吳佩孚的幕僚長張其鍠早年在廣西習武，遍訪名師，以為武林秘笈盡在掌握之中，又多覽經史，覺得學問足夠縱橫捭闔，他因譚延闓的介紹得入吳佩孚幕。其人抱負大得很，經常掛在口邊的是「我將來必當省長，牛刀小試豈是大丈夫所為？」，他和吳氏甫見面，即以其術數、易經、命理、星相的學養來為吳佩孚算命，說得吳氏感歎不已，大呼英雄所見略同。

後進的，以汪崇屏最年輕，汪氏跟白堅武等人不同，他為人平易，也不會打官腔。張其鍠跟汪崇屏最要好，人稱張其鍠是小帥，說：小帥哪樣都好，就是有點瘋。蔣雁行是傻子，因此他倆被稱為「一瘋一傻」。

其鍠有時聰明，有時糊塗，但雁行確實有點傻，例如攻南口時，汪和張其鍠在北京，傻子在長辛店。此時使靳老二掌握兵權，就是傻子所幹的，因此，後來卻吃了大虧。武漢戰事緊張，傻子將靳老二的高汝桐師調往，高部剛剛在河南陽奉陰違，徘徊不前，並且堵著鐵路不讓援軍過去，因此武昌終於不守。

汪崇屏以為，吳佩孚的不能成功，除了用人不當外，另外的原因也許是目標太小，圈子太狹。一個窩裏抓螃蟹，不能容納大量的人才。查家墩總部成立時，蔣方震帶了好幾個人去，都被任為高級參謀，但沒有幾天就都走光了。

名作家入幕

日本人安岡秀夫著《從小說看支那民族性》發表於本世紀二十年代中期，詆毀中國人甚烈。這個安岡氏以為中國人尋求食物原料之際總好和性慾發生聯想，中國的功能表，大部分是和壯陽劑的性有所關聯。嗜是如是，嗜筍則「因為那挺然的姿勢，引起想像來的罷。」

魯迅先生《馬上支日記》中，徵引該書多處論斷，加以反駁。魯迅認為，筍的可貴，是在可以做箭，用於戰鬥等等：「並非因為它挺然翹然像男根」（魯迅全集三／三三一）。而且筍在南方，就跟大白菜在北京一樣，至為普遍。因為它常見於面邊的竹林中的食桌上，故「雖挺然翹然，和色慾的大小大概是沒有什麼關係的。」

安崗氏又著重提到中國小說《留東外史》，認為該書惡意描寫日本人在性方面的不道德，但亦將中國留學生的無品行，不自覺地招供出來了。為此，魯迅認為：「這是真的。要證明中國人的不正經，倒在自以為正經地禁止男女同學，禁止模特兒這些事件上。」

魯迅先生窮根究柢，指出安崗氏分析中國飲食與性之謬妄荒誕。卻也從另一方面指摘道學家的首鼠兩端，毫無特操之可惡。魯迅慧眼如熾，辯證通透，孰是孰非，可以不言而喻。

但魯迅後面一段感慨已避開《留東外史》而生發開去。此處可稍作認識。《留東外史》，平江不肖生著，以百餘萬字鉅作正側多面極寫民國初年留學界、軍政界情形，尤著力刻畫民初在日本的中國人群像。其中又以兩種人為主。一種是拿著國家公費，沉湎女色和銅錢的浪子闊少，另一種是二次革命失敗，亡命逃日的革命志士。因此，書中既有志士亡命，落拓風塵、挑燈看劍的事蹟，也暴露道學的偽善、荒淫，闊少詐騙嫖賭，政客的爭風吃醋。即從回目上也約略可見。如第六十一回回目「作兒女語一對可憐蟲，論國民性許多無恥物」即是。因為整個場景在日本，故亦染翰側寫日本人的種種陋習。故日人安崗氏要加以辯白。

就《留東外史》文本而言，雖古今小說汗牛充棟，此書置身其間，實堪稱鉅作，其文藻采紛披，筆酣墨飽，雖百萬餘言而煉詞煉意，無不雅健雄雋，表情達意至事件的歧出分合，又無不一一如臂使指，整個結構巨集闊穩妥，生氣流動，如一台蓊郁葳蕤，野芳勃發的碩大花架。其書不避酣暢之議論，而見識超卓，又決無半分堆砌鬱塞之病，為全文增色不少。晚清民初，報刊層出，舉凡政經文史，大率皆在論說之列，《留東外史》妙筆生花，放論高談，大抵也以時代風氣使然。作者乃倜儻不群之人物，亦可想見。

《留東外史》的作者向愷然，筆名平江不肖生，一九三〇年代即給何鍵做幕僚。

他十四歲考入長沙高等實業學堂，不到一年，即因紀念蹈海的陳天華，被開除學籍。旋即東渡留學。後返國，曾任倒袁運動的北伐軍第一軍軍法官，討袁失利，再次赴日。此期間著有《拳術》、《拳術見聞錄》，連載報端，頗聳動視聽。

一九三〇年代初期，他應湖南省政府主席何鍵之聘，回鄉興辦國術，任湖南國術俱樂部、湖南國術訓練所秘書。

抗戰軍興，向愷然辭去秘書一職，隨桂系廖磊去安徽，任第二十一集團軍（總司令廖磊）辦公廳主任，並兼安徽省政府顧問、安徽大學文科教授、省政府參議等職。一九四七年冬，解放軍二野南下，進攻安徽立煌縣，向愷然被俘，審查經歷清白而釋放，他擇道蚌埠、南京返回湖南。當時，正值程潛主持湖南政界，向愷然遂隨程潛一道起義，其後被安置在省文史館及政協任職。

以一純粹文人，而為幕僚，其所作為，顯然較康白情敬業也專業得多。

丁文江與孫傳芳

丁文江是以客卿和幕僚的身份參預孫傳芳的行政系統，當時孫已經是五省聯軍總司令，丁先生之長才不在軍事戰略上，是以不可能有什麼建樹。但是在社會行政方面，則確為一時之選。

孫傳芳最得勢之際，曾放豪言：秋高馬肥，正好作戰消遣！好像運籌帷幄，天下獨大的樣子，可是在當他被趕出南京又想反撲的時候，卻又通電發佈文告說：「敵至贛邊，猶遲緩進，兵臨城下，尚爾言和」，又顯出他骨子裏的猶豫和徘徊。

孫傳芳在駐節南京，以聯帥自封，貴極一時，他的機構很多，除了三個廳、十大處以外，還有各類高參：軍事、文學、政治、經濟等等，其中像蔣百里、章太炎都被聘請，月薪高至二三千元。當時的總參謀長是劉宗紀，精通軍事，熟悉多國語言，足智多謀。另外是秘書長陳季侃，他是前清的舉人，文章寫得很好，他對孫傳芳獻計獻策很多。當時的東南五省是全國的財富彙聚之地，孫傳芳依託於此，大肆攏絡人才。他對蔣百里和章太炎特別尊崇，企圖以他們的戰略頭腦、文章學術為己所用。

丁文江正式的名義，是淞滬商埠總辦。孫傳芳希望留名青史流芳百世，他說：「吳佩孚喜歡講《易經》，我喜歡講兵法，亦喜考古」。他在南京舉辦了兩次投壺尊孔雅集。一是聯絡感情，二是以禮賢下士的招牌發現幕僚和參謀人才，其中確有不少人上書獻計獻策的，懷揣所謂錦囊妙計，遠道而來者也所在多有。

一般來說，各地的軍閥都各有野心，擁兵自大，各據一方，他們之間時而變敵為友，時而棄好成仇，大抵上並不存在根本意識形態方面的對立。

但孫傳芳的剛愎自用也影響到他對形勢的判斷。一九二七年春，北伐軍佔領南京，將其趕至江北，當時有幕僚建言，如果他在長江北岸伺機觀變，可能北伐軍內部會起變化，因為也不穩定，所以他的高參們都不同意立即反攻南京，可是他一意孤行，結果遭到了北伐軍海陸兩路的包抄夾擊。李宗仁、白崇禧和何應欽進攻迅猛，而長江上的海軍軍艦不斷開炮攻擊，這是八月下旬的酷暑天氣，孫部陣亡官兵棄失稻田中，屍體腐爛腥臭，令人窒息。他的部屬蘇桂榮、李耀先等後來回憶說「在龍潭車站附近，屍橫遍野，田水為赤，被機關槍掃斷的柳樹枝條，滿堤皆是。

安徽陳調元駐南京的代表孟星魁曾在辦公之外與孫傳芳閒談，曾經問他說「中國軍閥割據對國計民生均有不利，不知有誰能夠統一全國軍政，這是一個首先要研究的問題」，孫傳芳就說：「我們這一代人中，我自問無能，我只做一個吳越的錢王，就心滿意足了」，這倒是他的心裏話。

孫氏與蔣百里是日本士官學校先後同學，曾經有人利用同學關係從中斡旋，許以優厚條件，蔣介石派張群向孫氏建議，蔣先生為國民革命軍總司令兼華南聯軍總司令，孫為國民革命軍副總司令兼華北聯軍總司令。可是孫氏畢竟滯後於時代，竟然不為所動，最後退居天津，依然心有不甘。後來被弱女子施劍翹報父仇擊斃於禪林佛寺中。

關於一九二六年孫傳芳在江西的慘敗，也跟他不聽幕僚建議、一意孤行有關。當時在他部下當營長的汪飛熊後來回憶說，當先遣部隊到達九江後，孫命令停止前進，召集營以上軍官講話，他說「你們好好待兵，我拿著望遠鏡——他兩手握拳作圈放到眼上作窺測狀——我望到哪裡有空隙，我就打他一拳頭——他右手向前作擊打狀」。

這些話大可玩味，不過，也充分暴露出他作戰投機的心理。

甘介侯：惶惶如漏網之魚

據說郭德潔對李宗仁的部屬，文的欣賞甘介侯，武的看重劉為章（劉斐）。

大陸易手後，李宗仁流徙美國。這時李宗仁最重要的幕僚甘介侯不特是他的耳目，還充當他的強心針。他所急需的美國人的意圖，美國政策的一舉一動，都靠甘介侯索取傳遞。一九四九年十二月，甘氏獲得美國新的對台政策：美國並不採取足以涉及中國內戰的途徑。同樣地，美國政府也不供給軍授或軍事顧問於臺灣的中國軍隊……等於放棄，於是李宗仁向臺灣叫板，心中就有底了。蔣介石復職視事，希望李宗仁不表反對，但李氏置之不理。這種態度全靠甘介侯的動向分析作為他的風向標。

所以當時就已經去了臺灣的白崇禧就對甘介侯大為不滿，認為他是一個壞幕僚，盡出餿主意，使李宗仁陷於難以自拔的僵局，白氏還擬聯絡袍澤聲討甘介侯。

甘介侯正是精明過人的人，精明世事，精通時事，從少年到中年，一路走來，一路順風。他大約和張恨水、徐志摩他們屬於同齡人，但他的人生路顯然不同於他們。先是庚子賠款公費選送去美國哈佛大學留學，獲政治經濟系博士學位，歸國後在上海幾所大學任教。北伐時期，經程潛介紹，任外交部漢口特派員，外交部次長和兩廣外交特派員。抗戰期間在重慶為國民參政會參事，此間和蔣介石結下過節。不過汪精衛下水後約他，倒被他拒絕了。後來他一度在昆明西山任花紗布公司主任。

李宗仁風雲際會，抗戰後由戰區長官升任行轅主任，似乎還想更上一層樓，進一步與蔣介石爭天下，不過限於客觀條件，一時難以做到。一九四八年初他就作競選副總統的準備，這時候甘介侯等人運用他們的政治手腕，積極為李宗仁競選跑前跑後，到處交際，和代表們握手言歡，拋頭露面，極一時之盛。

一九四九年二月七日，新華社從陝北發出電稿，就和談代表定性稱：「至於甘介侯這類從事『和平攻勢』的政治掮客，他只有資格在南京、上海一帶出賣其『和平攻勢』牌的美國製造的廉價商品，人民的北平不歡迎這類貨色。對不起，請止步。如果甘介侯竟敢混入北平，販賣私貨，則北平人民很可能把他驅逐出境。」這時他是李宗仁的私人幕僚，和他名字並列的顏惠慶、章士釗則比較受歡迎。

他的轉機是民國末年轉型期李宗仁出任代總統，甘介侯作為總統私人代表赴美，分訪杜魯門總統、艾奇遜國務卿、國防部長詹森，並接洽李宗仁和杜魯門晤面，其後就留在美國任新澤西州大學教授。作為李宗仁的發言人，甘介侯代表李宗仁聲明譴責蔣介石復職視事，稱之為違憲行動，理由是蔣介石將總統職務移交李宗仁之後，他已經成為一個平民。甘介侯向記者們問道：「一個平民怎能自稱為中國總統？」據《李宗仁回憶錄》記述，杜氏（杜魯門）致歡迎詞後，按外交禮節，應請顧大使翻譯，然杜氏一反常例，卻請甘介侯翻譯，終席未與顧維鈞交一言。據曹聚仁《戰地八年》說，當時，甘介侯這位政治顧問的小聰明在國內、國外都碰了壁，李宗仁派到石家莊的和談代表本來有他在內，卻被解放軍公開拒絕了，甘介侯說，對方對待李宗仁的幕僚和參謀有如兒戲，就因為李宗仁沒完全按他們的意思來做，他說對方提出廣西部隊中立，讓道使解放軍順利進入廣州，則解放軍保證不向廣西部隊進攻，這就是他的如意算盤，要不曹聚仁怎麼說他是小聰明呢。

甘介侯後期主要為李宗仁處理涉美事務。譬如由大使館通知國務院否認李宗仁所聲稱的地位，並由國院通知法庭等等，藉以發揮其留美知識份子的長才。此則偏重於是事務性，而非建設性。諸多策略，也是李宗仁先有腹案，再由他來推進。不過在推進過程中，也能發揮他的才思。甘介侯雖然從政慾望極強，當一號幕僚的心思時露於外，可是李宗仁自己基礎鬆弱，政治資源菲薄，本身尚且趔趄搖擺，他的努力也無非落花流水罷了。

蔣先生晚年的秘書周宏濤回憶錄《見證中華民國關鍵變局》中說：「下午開庭時，甘介侯坐在我的前面，我實在很想狠狠揍他一頓。不過我沒有真的這麼做，只是在李海痛斥李宗仁絕非代總統時，堆起笑容拍拍甘介侯的背說：這個律師說得很對！甘唯誰諾諾，馬上換了座位。四點四十分，法官宣佈，對於管轄權方面，將於十日提出書面裁定；至於法院監管，則仍維持現狀。這是我方的勝利。」當國民政府在大陸上潰退時期，蔣、李兩派人物在美國各自押寶。蔣派專交共和黨；李派則專交民主黨。甘介侯那時身任李宗仁駐美特派員，幾乎是李宗仁唯一可以倚重的外交幕僚。但兩邊討好的事情究竟不易，後來他在美國上下其手，開罪蔣先生和美國共和黨，因此心中七上八下忐忑不安。

一九六〇年代中期，李宗仁秘密策劃歸國，這時給他寫回憶錄與其過從甚密的唐德剛，都絲毫不知風聲，因為美國聯邦調查局要追查李氏與北京之間的搭線人，麥卡錫參議員所搞的白色恐怖，在知識份子之間，餘悸猶存，而甘介侯與當年執政的共和黨又有前隙，因此惶恐尤甚。

若非身處專制社會，他的競爭應屬正常，他瞄準點是國務總理，在戰時和大量的風流人物相較，他雖知難度，尚心存一絲希望。甘介侯依託縹緲的美援向蔣先生叫板，基礎就是虛無縹緲，他的悲劇，根本上就已註定。

高宗武的低姿態

高宗武，他以青年智囊團台柱自居。力倡和平，彷彿遂了他的心願，從了他的作為，就是和平的正路，其實目光如豆，不知日本發動戰爭，蓄謀已久，並不聽他的意志指揮。故傅斯年痛罵之。

他是書生從政，兼有學者、公務員身份，故將胡適視為精神領袖。他的作為，頗有自出機杼，自作主張，而期歷史在其手上為之旋轉的夢想。因此他可算得是一種外交方面專業的國事幕僚。

一九三七年七月三十日，胡適日記：到高宗武家吃午飯，蕭同茲、程滄波、裴復恒，此皆南京之青年團矣。談國事，決定：一，外交路線不能斷，應由高宗武積極負責打通。二，時機迫切，須政治家擔此大任。次日又記，汪精衛找高宗武長談。此間，明確了青年智囊團之稱呼。高氏以日本專家自居自負，然其心理也甚搞怪，先埋下了投降的意識，投降要先搶一步，而不願華北偽政權等搶他的頭功。

後來，高宗武在美國對其學生說，我雖姓高，但我的意思卻很低，遂得低調俱樂部之名。高氏甚至認為一九三七年的上海八一三抗戰破壞了他的和談，氣急敗壞。一個人不審至此，荒謬至此，實屬罕見。

高宗武後來赴美，胡適對他頗為關照。傅斯年在重慶聞之，大怒。致信痛斥：「近日高賊宗武常住大使館，先生本有教無類之心，以為此人有改過之跡，或因是耶？然此賊實為窮兇極惡，以前即知其妄——大有代辦外交之勢……而汪逆之至於此，皆高逆之拉攏也。至於半路出來，非由天良，乃由不得志，且是政府已大批款買來的。國家此時不將其寸磔，自有不得已之苦衷，先生豈可復以為人類耶？」

傅先生查資料做學問是「上窮碧落下黃泉」，大開大闔，斥罵丑類也是不留餘地，堪稱痛快，大學者究非尋常。

第六章 過渡時期的幕僚

樊崧甫計謀

第四次圍剿江西蘇區期間，樊崧甫向蔣介石面呈碉堡戰略，這時恰逢廬山軍官訓練團結業。見蔣先生之前，趙觀濤問他，戰術進展怎樣，樊崧甫答，以碉堡戰術最為成功。

他和部下將碉堡照片裝訂成冊，到南昌分送軍界首腦。他在進策之前，做了遊說工作，根據他的經驗，嫡系部隊的軍頭主觀性很強，不大聽得進意見，加之他又是雜牌軍的師長，說話的餘地就更少。那些軍師長們，只有先賢的名言，或者美英德日的顧問意見才容易接受。

樊崧甫見到蔣先生後，由另一師長率先陳述意見，他說，紅軍赤化民眾太多，猶如水中魚，大水中摸魚，魚摸不到，摸魚人反而會被浪濤捲去淹死。蔣先生就問，樊師長，你有沒有辦法？樊氏答，我們應該改變戰略，奪回民眾杜絕僥倖。應展開大軍建築碉堡線，逐步躍進，隨軍構築公路，接濟糧彈，山頂上則建雕樓，如敵方有大隊行動，則可瞭若指掌。

他的這個碉堡戰略，憑心而論，是很高明的。增援、固守都較有餘地，碉堡線是硬據點，如形成包圍，則可逐步緊縮。對紅軍來說，這是一很難對付的損招。

熊式輝任江西省主席兼行營參謀長，善於揣摩蔣介石的意旨，以素不打仗的將領資格累遷高位。樊崧甫又將他的碉堡戰略拿去遊說熊式輝。熊式輝說，我們這邊做碉堡（指江西），陳濟棠不做（指廣東）怎麼辦？樊崧甫答，這很簡單，我們將紅軍壓倒他那邊去，怕他不修？等他自動來修，那不知等到何年。

樊崧甫這一招，很切合政學系善於揣摩的特徵。

軍閥之間互相以鄰為壑，不知大禍將至，他們之間根本是一本爛帳。

對蘇區的第四次圍剿前，是一九三二年秋，陳誠邀請樊崧甫到他的十八軍總指揮部擔任參謀長，後來很有名的郭懺為參謀處長，當時在樊崧甫指導之下執行參謀業務，在江西省東部的南豐一帶作戰。

樊崧甫一生多為參謀官。一九三三年一月初，樊崧甫調度部隊，有周至柔師、吳奇偉旅、周士達旅等，其中周旅堅持工事堅固，要死守，傍晚樊崧甫電話叫他臨機立斷，迅速撤出，他不聽，半夜紅軍開始進攻，周士達果然告急。這時的情形卻難以撤退，所以，軍參謀長樊崧甫的意見就與行營參謀長賀國光相反，反而要其堅守。結果打得狼狽，只有少部分士兵突圍，周士達本人被俘。他臨死前說：悔不聽樊參謀長的話，貽誤大局。

這是樊崧甫的事前預料。他的參謀心得則跟他曾經任一線指揮官的實戰經驗有關。

在南豐附近的戰鬥之前，他們也獲得了紅軍的宣傳品。其中一張揭露國民黨軍以三個縱隊向蘇區進攻，點了各縱隊指揮羅卓英、吳奇偉、趙觀濤等人及部隊番號的名，樊氏看到後很驚訝，就問陳誠，是否作了第四次圍剿計畫？陳誠說確有其事。樊崧甫又問，那麼是否某某指揮某部……等一系列部隊番號，陳說，對的呀。樊崧甫說，我都不知道，怎麼紅軍卻知道了？陳誠愕然無從回答，於是樊氏出示宣傳品，陳誠尷尬不能答。老樊感慨說，這種機密洩露，使他驚心動魄。（參見樊崧甫《龍頭將軍沉浮錄》，第三章）

此間可以看出預感之於參謀素質的重要關係，譬如蔣百里對日本進攻時間的判斷，邱清泉對國防部劉斐等臥底的揣度，均與預感有關。稱職而優秀的參謀必須有先驗般的警惕——即一種不請自來的預感。預感乃是其必備的素質，預感可使其根據事機作出判斷。

隨後，一九三三年春節的撫州戰鬥，陳誠就吸取了教訓，決不過早下令。撫州附近滸灣的紅軍就被羅卓英指揮的三個師突然襲擊，而吃了大虧，那次是在除夕的子夜開始出擊，拂曉即結束戰鬥。

一個人的長處也即是短處。關於陳誠本人，樊崧甫也有第一手的記述。陳誠在第四次圍剿期間，不管上面發多少經費，他都按實際數目下發部隊，所以下面對他的感情還不差。他做人趾高氣揚，領袖欲強烈，但也確實也敢作敢為，但這樣的行事風格也招來同輩的妒忌，有人盼他失敗。何應欽、熊式輝恨他入骨，他們試圖說動蔣介石，以蔣的名義迫他執行，使他開始踏入危機。

陳誠獨自擔任第四次圍剿的責任。樊崧甫為他草擬初期的進攻計畫，這是他的一次重要參謀作業。一是敵情判斷，包括對方的週邊部隊；一是偵察紅軍主力；一是做出應對計畫即主力和增援部隊的配置；一是編制戰鬥序列。

不久又堅執要樊崧甫兼任師長到一線。陳誠轉達蔣介石的話，強調這是一個雜牌師，讓樊崧甫去整理，整理得好固然屬幸事，整不好也就算了。這是借重他的參謀經驗所作安排。

這時，樊崧甫又提出整訓部隊的建議。他說，譬如作生意的人，行情不利，虧了本錢，應暫時收盤，保持一些本錢，等行情好時再做。如果一意濫做下去，本錢輸光，等好時機來了，只好在旁邊望洋興嘆。中央嫡系部隊有限，雜牌卻是力服心不服，不肯賣力，兵多也枉然。基於這樣的認識，他建議開辦短期培訓班，施以精神教育，把雜牌軍將校都變成師生關係，再投入戰鬥，比較有利。

老樊的建議不錯，說起來甚動聽，但實行起來效果難測。

轉型期的經驗措置

對蘇區第四次圍剿期間，伍文淵突然來訪，把樊崧甫嚇了一跳。那時正值福建事變期間，伍文淵系李濟深的說客。他只得叫上師部的副手、參謀、黨部書記長、政訓處長等等遠道公開迎接，盛宴招待，為的是蔣先生的耳目多，乾脆公開，以免閒言。並宣稱：他聘請了兩個顧問，一是老師長伍文淵，幫助草擬作戰計畫；一是老師長伍崇仁，幫助訓練部隊。

晚上他才去伍文淵處。他對伍先生說，福建事變走了下策，必然失敗無疑。伍文淵也感歎，說十九路軍的團營長私下議論，我們這些長官不曉得為的啥，翻來覆去，大家顧慮前途，無心作戰，我看大事休矣。而且李濟深處各方代表雲集，表示回應，難道也是假的麼？樊崧甫說，這些來找李濟深的軍人政客，買空賣空，最誤人事。你有成功希望時，他們就來，分座位時有他一份，你失敗時，他們投井下石，還到老蔣那裏爭功。可惜十九路軍平時為了捨不得犧牲，而將要犧牲了。你這次來很危險，要想辦法救你。於是聘伍老先生為顧問，每月車馬費五百元。

趁何應欽在北京的機會，樊文淵請伍文淵帶碉堡照片去見何氏。這樣以後如有人問，就說福建事變時，他伍文淵在樊崧甫那裏。伍文淵的家鄉在富源縣，就在雲南東部，勝境關邊上，與貴州西部的何應欽算是大同鄉，見面後，何應欽甚喜，並寫回信讓伍文淵帶回。當時伍文淵家屬在杭州，到後保安處長俞濟時派兵逮捕他，他立即出示何應欽書，乃得免。

像伍氏等等北洋末期的軍官，如果未能轉型到國民革命軍實力部隊帶兵官，則不少人的出路就是轉型後部隊的參謀長，高參之類角色。他們的朋友、同學、以前的同僚，還有不少在部隊任實職，所以他們的經驗頗為這些人所借重。而他們的學生輩的新軍人，這時候也漸漸拔起，所以他們到新的部隊任高參、幕僚，就順理成章了，有些人在部隊還頗受照顧。即以伍文淵而言，曾在盧永祥部隊任旅長，和孫傳芳大戰。

伍文淵，字仲源，一八八一年出生於富源縣黃泥河鎮，一九〇九年畢業於保定軍校，一九一三年畢業於陸軍大學；歷任陸軍連長、團長、旅長、師長，獲授中將軍銜。他的家鄉富源縣現在隸屬曲靖市管轄，位於雲南省東大門，名人有王家本、伍文淵、伍純武等。

一九一九年八月，爭奪淞滬護軍使地盤，孫傳芳向浙江進軍時，浙軍浙滬聯軍總司令盧永祥第一師師長潘國綱兵敗退寧波，保舉部下旅長伍文淵來代理自己統率所部，不料被浙籍軍人反水逮捕。但伍文淵部下軍官又與伍部遣散兵士聯合起來，與周鳳岐部隊聯繫，預備來對付郝國璽。於是伍文淵等人得以逃走。

一九二四年蔣尊簋、呂公望、屈映光、褚輔成等在寧波組織浙江自治委員會，宣佈獨立，翌日因浙江第一師旅長伍文淵反對，而告失敗。

他所起家的第二十六軍，該軍前身為浙軍第三師。一九二六年十二月二十日改編為國民革命軍第二六軍，軍長周鳳歧，伍文淵為參謀長。下轄伍崇仁第一師、斯烈第二師。一九二七年二月該軍一師師長由伍文淵接任，何葆森接任參謀長。五月該軍隸屬北伐軍一路軍參加北伐。一九二七年九月後隸屬第一路軍，十月，原第十八軍第十七師轉隸第二十六軍，編為第三師，幾天後，周鳳岐辭軍長職，陳焯代理軍長。

伍文淵撰有杭州西湖岳廟岳墳對聯——

湖上仰新宮，靈旗如見精忠字；

河堧覓遺陣，頑鐵安知妙用心。

他在一九四〇年出任廣西行營辦公廳高級參謀，參與西南地區抗擊日軍的軍事策劃，一九四二年參與了遠征軍參謀團，一九四四年突發中風，病逝於黃泥河。

陳儀與沈仲九

陳儀可說是一個典型的紹興人，哪裡的師爺自來有名，他也正是幕僚長的人才，他是日本陸軍大學畢業的，成績非常之好，氣度深沉剛毅，做事有魄力、有擔當，他是在舊軍人中最有時代感，最有世界眼光的人。

陳儀是個大幕僚，可是幕僚背後還有幕僚，這就是沈仲九先生，他幫助陳儀建立政治理論計畫以及實踐的方案，曹聚仁稱讚他運籌帷幄，是真正的現代臥龍，他和陳儀關係很深。而陳儀又是蔣介石早期最信任的人，但沈仲九很怪，他只在幕後策劃，從不願意站到前臺，甚至不願意和蔣介石見面，他也不願意讓福建的老百姓知道，陳儀的背後還有他沈仲九這個人，他躲避公共集會和官場上一切應酬，生活簡單樸素，甚至有一次綁架他的土匪也相信他是一個可憐的小學教員，看不出他是大權在握的高級幕僚。

當然，他的資格也老，是留學日本的光復會會員。他和浙籍的陳望道、施存統、俞秀松、劉大白、沈雁冰、沈澤民、戴季陶等參加了《新青年》雜誌社召開的社會主義和中國改造問題座談會。一九四六年初，他主持為陳儀制訂了建設臺灣為「模範省」的大政方針。沈仲九的幕僚作業大概而言是建立了一套較完備的人事制度，開辦了省政講習所，培養了一批行政幹部，省以下的一切事務官都由省當局直接指揮。曹聚仁認為這和法國的文官制度很相似，這一制度的建立使福建省政逐漸上了軌道，當時日本攻佔福州以後，國民政府還有五分之四的地盤，算是一個較完備的省，本來曹聚仁準備寫關於他的報導，黎烈文先生受了沈仲九的暗示叫他不要寫。

兵學泰斗徒有虛名

楊杰出道早。北伐以及中原大戰，多次為蔣介石出謀劃策，扭轉危局，嘗有「戰略專家」：「兵學泰斗」之譽。

他和蔣百里是同一時代的人，生於雲南省大理，保定北洋陸軍速成學堂出身。一九二一年，復返日本陸軍大學深造。後來肅清孫傳芳殘部，即南京郊外龍潭車站的大規模會戰，楊杰擘畫甚多。中原大戰爆發，他任南路軍總參謀長，具體策劃對馮玉祥作戰。當臨汝澄被圍之際，楊杰果斷以一部扼鎖正面咽喉，一部繞道側擊，遂解臨汝之圍。

稍後蔣、馮、閻膠著於鄭州、蘭考一帶時，楊杰以開動火車頭亂跑的奇詭之計，將對方大軍拖住，又將機場飛機掛彈取下爆破嚇阻對方，迷惑對方，創造以少少許勝多多許的戰例，中原大戰後期，蔣先生任命楊杰為總司令部參謀長，楊杰出計，拖馮打閻、聯張緩圖桂系，將其分化打擊，即對敵方或予拖住，或正面打擊，或切斷聯繫，或包抄擊破等法，順利結束中原大戰。

抗戰軍興，楊杰被派為赴蘇軍事考察團團長，爭取軍援，次年正式出任住蘇大使。一九四一年免職回國，他主張外聯蘇聯，內聯各黨派一道抗日。但是聯合蘇聯抗日，此路不通，就看蘇聯是原子彈炸響後才出兵可知大概。可見在這時，楊杰的智略此時已經用完。這個時節的楊杰，似乎可以說觀人料事，全憑臆斷了。因為衡以常識，訴之良知，究亦未能肯定其竟有如此荒謬、毫不思索之舉。

李宗仁對楊杰甚為鄙視，除了在中原大戰中吃過他的苦頭，對其戰略的意圖，也多所指摘。他認為楊杰之被稱為第一流的戰略家，實在是徒有虛名。一九四四年李氏在漢中行營任職期間，往重慶開會，當時盟軍已有在西歐開闢第二戰場的趨勢，楊杰這時便在《大公報》上發表專題論文，略謂在現代化的戰爭中，敵前登陸實不可能。楊氏分析，同盟國很難在西歐開闢第二戰場，最大的可能還是將美英聯軍由北穿過蘇聯腹地，與蘇軍並肩作戰云云。李宗仁的朋友們就楊杰的戰略觀來詢問李宗仁的看法。

李宗仁說他讀了楊氏之文，便大不以為然，初不料號稱戰略家的楊杰竟亦膚淺至此。李宗仁以為，在現代化戰爭中，敵前登陸固難，而防止敵人登陸亦同樣不易。即就純軍事立場來看，論大軍團的指揮、運輸和補給，同盟國在英法海峽登陸實是最方便而有效的行動，這樣才能使德國兩面受敵。另外即就政治立場來說，蘇聯亦斷不許英美聯軍在蘇境作戰。第一次大戰後，西方列強圍困蘇聯的餘創猶存，史達林何能坐視英美軍隊駐在其國境之內？此事簡直出乎一般人政治常識之外，所謂戰略家的楊杰，居然能想得出，亦虧他會動這般腦筋。

李宗仁雖然料定盟國必自西歐登陸，但是他私下卻希望第二戰場開闢得愈遲愈好。他在重慶時，曾兩度與英國大使和邱吉爾駐華軍事代表魏亞特將軍詳論此事。為什麼呢？李宗仁說：「希特勒已陷於東西兩面作戰的苦境，同盟國勝利只是時間問題。現在既已距勝利不遠，同盟國當局便應想到戰後的複雜問題。你們西方國家與蘇聯，由於政治制度的不同，在戰前已成水火，戰時因為對同一敵人作戰才暫時攜手。一旦大敵消滅，西方國家必定又與蘇聯針鋒相對。為減少戰後的困難，務須稍為忍耐戰爭的痛苦，第二戰場千萬不宜過早開闢。然而，你們應當儘量以各種物資援助蘇聯，讓德蘇兩國拼死糾纏。等到兩雄聲嘶力竭，然後選擇地點登陸，德國自將俯首成擒，而蘇聯元氣亦用盡，則第二次大戰後的世界便要單純多了。」

第七章 老派幕僚的最後餘光

有一類幕僚，自命不凡，目空餘子。另一類，人以國士待我，而我以國士報之。才識副其懷抱，平生只知效死力相報。

知識份子常常是文弱書生，在抗戰期間的重壓之下，情形就更其不堪。像陳布雷：「他的身體很壞，用腦過度，面孔上常擺著苦惱的形象。」（《張治中回憶錄》）到他的身體已是風中殘燭的時候，他走幾步路都虛汗頻出，可是他的心裏，仍擔心「心無空閒，夜無安睡，而公家大事之貽誤，又何堪設想？」張治中在成都帶他逛街，買小吃慰勞，他竟高興得像小孩。

舊時代，報紙上那種淺易文言隨處可見，而真正堪稱純正、名下無虛的，是著名記者陳布雷那支虎虎有生氣的妙筆。他於一九二六年三月十二日上海《商報》撰寫〈中山逝世之周年祭〉，嘗謂「歲月遷流，忽忽一星終矣。國辱民擾，世衰道歇，山河崩決，莫喻其危……雖然，吾人之紀念逝者，其所奉獻之禮物，豈僅鮮花酒醴、文字涕淚而已乎」，即可見一斑。陳先生天縱奇才，又加以文言功底深鬱，真積力久，根深葉茂，發而為文，必有可觀之處。大學者王力（了一）先生對他也甚為嘆服，以為「他的文言文是最好的。」（見《龍蟲並雕齋瑣語》）

一九三七年七月十七日蔣介石在廬山發佈全民抗戰的聲明：「我們既是一個弱國，如果臨到最後關頭，便只有拼全民族的生命，以求國家生存；那時節再不容許我們中途妥協，須知中途妥協的條件，便是整個投降，整個滅亡的條件。全國國民最要認清，所謂最後關頭的意義，最後關頭一到，我們只有犧牲到底，抗戰到底，唯有犧牲到底的決心，才能搏得最後的勝利。若是彷徨不定，妄想苟安，便會陷民族於萬劫不復之地！」即為陳先生手筆。他這樣一個極為自信的學者，後來竟墮入極度的失望之中，竟然服用過量安眠藥而自盡，結束了雄奇而又委屈的一生。

陳布雷的幕僚歷程——舊道德的楷模

政論文字的天才

陳布雷一九二六至一九四八年，長達二十餘年，為蔣先生之心腹助手。他長期擔任侍從室二處主任兼五組組長，他的心理背景乃是：「願為公之私人秘書，位不必高，祿不必厚，但求能有涓滴為公之助」。他最重要的幕僚作業，是為蔣先生撰寫重要文章、文告、〈對張、楊的訓話〉、〈西安半月記〉均出其手。他的回憶錄寫至一九三八年，實際是他的自訂年譜。他的文章邏輯嚴密，思慮深遠，而他的修養，遂於經史，學問淹雅。其幕僚作業，思慮綿密而治事周至。

他在浙江高等學校讀書時，大量涉獵中英文名著，歷史由沈尹默教授，稱作掌故史，偏重文化史內容，另致力於十九世紀晚期憲法史，比較憲法等課程。那時他已剪去辯子這「可恥之物」。一九一一年，他二十二歲，革命思想業已初步養成，畢業的時候，他的老師對學生說「望汝等不以此為止境，須知中國方在開始一前所未有之改革期也」。

一九一一年，戴季陶到他宿舍，力勸他到東北，做藍天蔚的幕僚，他不願離開《天鐸報》，婉辭之，季陶還埋怨他胸無大志。

中山先生為臨時大總統，撰發〈對外宣言〉，初稿為英文，王亮疇交到上海《天鐸報》，報社總經理陳芷蘭說是陳布雷即能翻譯，亮疇不信，馬上現場試譯一段，都覺得不失厚意，遂由他全篇譯之。亮疇又將文字潤色一遍，天鐸報刊之，次日，民立報的徐血兒對于右任說，此文被《天鐸》譯之先登，可惜、可惜。

到了一九三八年夏，三青團籌建，劉健群執筆草擬〈宣言〉及〈告青年書〉，蔣公指定此二稿必須交由陳布雷修改，當時正撤退，輾轉重慶、武漢之間，五易其稿，仍覺原稿難以改好，最後不得已放棄之，由潘公展重新擬稿，布雷加文學潤色，才通過。

舊時幕僚，替人捉刀代筆，就其撰述公文而言，不須文采，只要沒漏洞即可稱佳。《幕學舉要・總論》談到這一點，嘗謂「文移稿案，原屬平淺。留心細看，習練久則自知之。」只要不出常識笑話就很不錯了。

但是陳布雷的文章相反，他寫得專業、實用而文章氣勢逼人，而又妥貼安穩，將難以照顧周到的文章難點處理得恰到好處，可稱調和鼎鼐之手。也正因為太過用力費心，慘澹經營，他的身體透支迅速，到自戕前，尚屬人生壯年，卻已無法支撐。

主佐文幕的經緯

布雷先生作蔣介石身邊做幕僚，貢獻極大、時間極長，而且用志不分，品格意志最為專一，同樣重要的幕僚還有陶希聖，但陶氏中途變節，復又反水，顛來倒去，真不好說。蔣緯國在他的口述自傳中說：「最早替父親擬稿的有陳布雷、陶希聖兩位先生，陶先生最傑出的兩本書是《中國之命運》、《蘇俄在中國》，可惜《中國之命運》的原稿被燒掉了。秦孝儀、陶聖芬、楚崧秋、蕭志成也曾先後執筆；有些人則是從記錄開始做起，後來都是做事務性的工作，如孫玉宣、周宏濤。」

一九二六年春天，邵力子向陳布雷轉述蔣介石的慕重關心。其時布雷任職於商報。該年年底，他和潘公展赴南昌，除夕晚上拜謁張靜江先生，翌日見到蔣先生。他來的時候，就拎著一個小包，帶著他自用的文房四寶到來了。

一九二七年二月，蔣先生發表〈告黃埔同學書〉，就是蔣氏口授，布雷根據其意思而起草的。這可以說是他正式的首次幕僚作業。本來蔣氏要他擔任中央日報總主筆，因彭學沛在任上，他辭謝了。一九二八年，北平克復，乃隨蔣先生赴北平，途中起草總司令呈文。接著又起草〈祭告總理文〉。這期間他兼任《時事新報》主筆、浙江教育廳長等職。

一九三四年在委員長南昌行營，蔣先生告訴他，幕僚方面，政務有楊永泰，軍事有熊式輝，文字方面，極需像他這樣的人在左右。其後不久他就正式往南昌，擔任行營設計委員會主任。熊、楊為常委，開始網路青年留學生來此作研究、調查、設計等工作。

委員有二十多人，但陳布雷說：「真有學問見解又能明識分際者，寥寥四、五人而已。」

一九三五年初撰寫〈敵乎友乎？〉，痛斥日本野心軍閥之無知，發表後多方轉載，引起轟動。接著趕到南昌過陰曆年。行營設計委員會撤銷。改組設立於一九三三年的侍從室，設立一處二處，分工是一組總務、二組參謀、三組警衛，屬第一處，主任晏道剛；四組秘書、五組研究，屬第二處，主任陳布雷。此後，他的行蹤，大處而言，就是武漢、重慶、南京，一直到自裁身亡。

他平時主佐文字文案，偏重思想、文化等，而非軍事——蕭贊育〈在侍從室共事的一些印象〉談到，陳布雷先生作為幕僚的作業性質，重心是文字工作而非其他。那是蕭贊育和布雷先生首次見面於牯嶺，聊天閒話，首先他略述身世，身體及其興趣，並說：此次委員長要我跟隨在他左右，是要我幫忙他文字方面的工作，而不是要我幫他處理政務或預備要我做其他的事情。

他隨蔣先生出行，每到一處，一有空閒，就是買書，像《陳后山詩注》就在南昌買得，所購圖書多為四部要籍以及英美近代史等文史類圖書。

一九三五年是他幕僚作業極為繁劇的一年。大致行程是，漢口、重慶、貴陽、昆明、個舊、開遠、重慶、成都、峨眉山、上海、浙江慈溪……

四月份他從漢口飛往重慶，住在上清寺農村。這期間他和四川軍政文化界接觸很多，他對四川人的感覺：「覺川人之穎慧活潑實勝於他省，而沈著質樸之士殊不多覯。模仿性甚強，亦頗思向上，然多疑善變，凡事不能從根本上致力。文勝於質，志大而氣狹。」

這種看法和意見，他也作為心得貢獻於蔣介石之前。因而蔣介石初到四川，即以質樸誠信來勖勉川人，目的是勸勉川人服從軍政系統。

有趣的是差不多在相同時間，郁達夫發表文章，對浙江人脾性力斥不留情面。「浙江自古是文化燦爛之邦，不過近幾十年來，弄得萎靡不振，鬼怪橫行。市民只知道喝喝茶、買買菜，無反抗心，無男子氣。一個軍閥來，就開一次歡迎會，一件事情已過去了，也打一個電報湊湊趣，閒下來就問問流年，看看八字，封建時代的生活樣式，還流行著也支配著……」（〈告浙江教育當局〉，郁達夫文集，第八卷，二三頁）

重慶尚未很熟悉，馬上就起程了，因為蔣先生到貴陽督促與紅軍決戰。五月初他和陳誠、吳稚暉同機飛築（貴陽），在此撰寫《國民經濟建設運動綱要》。他在貴陽很忙碌，至於重慶大本營的參謀事務，乃由楊永泰代理。他還和吳稚暉到了修文縣，瞻仰王文成公（王陽明）祠。龍風山上一輪月，仰見良知千古光，這裏珍貴文物極多，祠堂四面遊廊相連，左右牆壁嵌有陽明書法石刻及陽明燕服線畫小像，以及錢大昕、袁枚、翁方綱、成親王、阮元、何紹基、鄭珍、莫友芝等清代學者多人的考證、題詠和遊覽祠堂的詩文石刻共數十方，俱為不可多得的碑刻菁華。

貴陽居停半月，馬上轉赴昆明，住在翠湖邊上。他很喜歡這裏的氣候，彷彿高原江南，覺得大勝貴陽。曾到昆華圖書館看書、到安寧溫泉沐浴，並隨蔣先生遊覽滇池。這期間，他見到了雲南人袁嘉谷——就是超越張一麐被點經濟特科狀元的那位。他曾任浙江提學使，與陳布雷有師生之誼。相見甚歡，袁先生給他介紹了很多滇中名宿，他的感覺是，這些人的言論：「皆通達時務，洞明學術，雖規模稍狹，然較之在黔之荒寂，自不同矣。」

這期間，蔣介石帶著龍雲，坐飛機飛至川康一帶的會理、西昌，向四川地方軍人空投命令及委任狀等。龍雲回來向陳布雷說，他是第一次坐飛機，在機中與蔣談話，益覺西南國防之重要。

然後，他和吳稚暉轉往個舊、開遠遊覽。這兩個城市，今均屬於紅河自治州轄區。那是六月份，因海拔低，已經很炎熱了。

回到重慶，馬上又轉赴成都。那時候，行政機構和人事糾紛中，矛盾多多，陳布雷所作的，就是勸大家互相體諒、信任：「始有忍辱負重準備禦侮之可能。」

七月份，隨蔣到峨眉山開辦訓練團。他住在山上，主要研究有關國防之財政經濟之方案。

八月，經由上海，回浙江慈溪探家。其間為憲法起草事，訪問黃郛於莫干山中。

該年年底，蔣介石在國代會所作有名的報告，就由布雷先生起草，傳承至今的名句有：「和平未至絕望時期，絕不放棄和平；犧牲未至最後關頭，絕不輕言犧牲」。張恨水先生在重慶新民報持續七年的抗戰隨筆時評專欄「最後關頭」，即典出於此。大會宣言也是由戴季陶寫提綱，布雷連綴成文，修改三次，費時二十餘個小時。

一九三六年侍從室在南京中央軍校內撥得固定辦公地址。他仍為二處主任，每天都要固定辦公六七個小時，這時他對第五組的秘書頗有意見，乃因各個秘書不明職務性質，常思越位言事，或請調查某些機關狀況、或據坊間傳聞攻訐主管人員，或亂上條陳，陳布雷公開給他們說過多次，仍然積習難改。此事使他煩悶不安。

西安事變前他從洛陽回南京，未跟蔣先生到西安。原因是蔣介石對他說：西北天寒，有病之軀不宜同行……如有必要，當電召西來，否則在京相候可也。

不久西安事變發生，南京一時間風傳甚多。各要員乃群集何應欽家中商議。從此半個月中，陳布雷處於彷徨焦慮、繁忙痛苦的難言狀態，精神上可說是六神無主。同去的幕僚人員情形危殆，蕭贊育作為幕僚隨之前往，他說那次一同去的秘書人員，還有毛慶祥、汪日章、葛武棨等，蕭乃華則死在事變之中。事後據當時目擊者蕭自誠說，叛軍叩門，持槍突入，氣勢洶洶，蕭乃華匆忙中拿槍在手，準備對抗，卒被射殺。

他在這焦慮的狀態中，仍然肩起核心幕僚的重任，和他人聯名勸誡張學良；代黃埔軍人草擬警告電，協助宣傳部策動全國輿論圍攻張學良；安慰宋美齡等等。蔣介石獲釋後，他到機場迎接，蔣先生給他一個草稿，他僅用二個多小時即撰成，即有名的〈對張、楊之訓詞〉。這段時間他在侍從室辦公時間，則從清晨延長至深夜。

抗戰軍興，一九三八年底，蔣先生到廣西設置桂林行營，布雷隨之。閒暇時蔣先生找他談論。其中，蔣介石對日本的大東亞共同體及連環互助論尤其深惡痛絕，說是此種桎梏，將斷送民族命運於永久，比軍事佔領還要可怕，萬不可中其奸計，因此也要做精神鬥爭。向陳布雷口授四五次，命其記錄要點，準備撰一長文。十二月二六日，他以一天的時間，為蔣介石撰成〈駁斥近衛東亞新秩序〉之講演辭。張季鸞說此文為抗戰期中第一篇有力之文字，兩天後正式播發。一九三九年春，他常住重慶，還是為蔣撰寫文字。他平生為蔣先生作文，以這個時段最多最為集中。〈行的道理〉、〈政治的道理〉、〈三民主義之體系與實施程式〉等文，都在此時寫成。他自謂精神尚佳，動筆很覺順暢。

幕僚作業的辯證

據楊樹標〈名豈文章著〉統計，抗戰期間，以蔣先生名義發表的文章共有六五七篇，包括演講四〇三篇，書告八十二篇，文錄九篇，別錄一一五篇，談活四十六篇。其中大半都是陳布雷親筆撰述，文章主題均包含抗日鋒芒，大致涉及的方面有：全國軍民犧牲奮鬥，已使民族地位日益提高，最後勝利日益接近；我國抗戰，目的一天不達，抗戰一天不停；全國軍民對於抗戰皆有應盡之責，必須緊守崗位，貢獻力量；全國軍民要有楚雖三戶、亡秦必楚的氣慨，以血肉的代價，來換取永久真正的和平。

在他精神佳好的狀態下，一般文章，真可說是下筆千言，倚馬可待。這樣的時候，所作文章，文氣充沛，通體不懈，彷彿象徵抗戰之光明前途。一旦精神壓力增大，或失眠、或頭疼，則往往文氣不接，這樣修改的時間就大為增加。譬如有名的〈告空軍將士書〉，因腦力不濟，前後費時十六小時乃得完成。這是在一九三七年八月上旬，在上旬同一時段要完成的作品達六、七件。

布雷先生做人低調超乎尋常，而其內心，對於文章之道，則頗為自負。《《大公報》》在張季鸞去世後，由王芸生主筆政，王氏為人為文俱躁進張狂，言論偏頗一泄如注，布雷先生見此大為歎息，一次忍不住對報界的同仁胡健中說：「我如果年輕十歲，我就再下海做新聞記者，和他們周旋；也不應該讓他們這般人如此猖獗！他講了一句歷史上的話，好像是晉朝王敦說的：世無英雄，遂令孺子成名！」（胡健中〈我與布雷先生的交往〉）

他對自己的文章極為自負，當時蔣先生的文告十九皆出其手，蔣先生有時把他的文章改動幾處、他覺得改得很好，但有一次中樞的一位侍從秘書竟擅自改動了他的文章，他一連失眠了好幾夜，很不平的對胡健中說：「你看，某人現在都可以替我改文章了！」

陳布雷是文化、新聞總指導，宣傳方面負全責。報界、中央社也得受他的指導。

曹聚仁說，吳稚暉、汪精衛、胡漢民、戴季陶、葉楚傖、邵力子、陳布雷、潘公展、程滄波等人，都是以新聞事業為敲門磚，進入政治圈中去的，到了官場，就阿附權勢以取容了。

這個判斷，似是而非。其實這些人大半主業為革命，新聞事業反而是工具和手段，或曰得心應手的利器。

北伐期間，風頭最健的媒體，是他從業的《商報》。從此受知於蔣，邀到南昌參與戎幕。一如汪康年為張之洞幕僚，主要是文幕。近日坊間青年，或者無根游談，將其定位於軍機大臣，乃是見風是雨的誇張猜度。

他的幕僚作業更多的成分，是文學侍從之臣。他負責起草文稿和文告，當中就會有次一級的政策擬定。內容雖授意於蔣，但也滲入個人意見，雖不全是言聽計從，但也多有採納。

〈西安半月記〉乃是陳布雷代蔣先生就西安事變所作的總結。期間也有對南昌行營已來的局勢、他的作為所做梳理、辨析。他在另一篇宣言中說：「幸賴主義之照臨、同志之用命，曾不數月，湘、鄂、贛、閩全告複，此非中正所敢貪天之功，實中央執委會付託之專，用能集中號令，團結內部，不虞牽制，以克奏斯績也。何圖……奉鮑羅廷之發縱指示，造作種種蜚語，提出軍閥、獨裁等口號，冀直接打倒中正，間接打倒國民革命。而本黨本軍之一部分同志，不悟其奸，竟被所惑，遂以為中正有企圖軍閥及個人獨裁之傾向。」大概算得是一種背景的說明。

王芸生〈一個可悲的新聞記者〉嘗以為，陳布雷早年曾任上海《商報》的主筆，寫得一手漂亮文章，他覺得陳布雷是一個典型的文人，但又是一個可悲的新聞記者：「蔣的頭巾氣，不能不說是出於陳布雷之力。四大家族的生活意識中何嘗有什麼禮義廉恥？標榜四維八德的所謂新生活運動，宋元學案的擺設，都是受了陳布雷的影響」（北京市政協《文史資料選編》第二三期）。

王氏此說不當，蓋本末倒置。蔣先生在賞識陳布雷之前，已經具備相當的傳統文化修養，正因如此，他才因欣賞而看中陳布雷。一九二七年九月中旬在杭州，陳布雷和他的大哥陳屺懷拜會蔣先生於煙霞洞，蔣先生當張靜江面稱其文婉曲顯豁，善於達意。

他不希望政府官僚化，而期盼清明健全的組織。他看到那些所謂要人之顢頇誤國，悲憤無已，對於局勢的變異，他看清是非，但沒有勇氣力爭力諫，這是他矛盾痛苦的根源。

他的自殺，乃是幕僚作業最沉重傷懷的一筆。

悲涼結局和晚年心境

張治中也曾在侍從室工作，他將陳布雷視為最好的文學老師。基於同事之誼，他在生活上也很愛護陳先生，陳先生用腦過度，面孔上常擺著苦惱的形相，是典型的苦行僧，至於日常生活，更不乏天真的認識。所以，張治中常常跟在他的後頭，逗他的興趣，以此法減輕他的苦腦，使之笑靨常開。張治中說：記得有一次在成都，與他同住一個地方，有一天上午，沒有什麼事，張氏笑著對他說：帶你去調整調整！布雷說：大哥（他老是這樣稱呼我，實則我們是同年，我不過比他大幾個月），我們到哪裡去？我說：你跟我走好了。這一天，我帶他吃成都有名的小館子，逛少城公國，喝了茶，又看了電影，混了大半天，他感覺愉快得很，笑容可掬。我問他：好吧？他稅：好！以後他常希望我帶他調整調整。（參見《張治中回憶錄・一個文人》）

布雷先生自來體弱多病，常常要借助安眠藥才得以休息。結下終身文字之緣，生活清苦自勵。他晚年答記者：我這個身體，好比一部機器，實在用到不能再用，從前偶然修理修理，也還照常可以開動，現在確已到了無可再修的地步。

一九四〇年間，日本戰機大肆轟炸陪都重慶，採用輪番式的疲勞轟炸，試圖從靈肉兩面摧毀中國人的意志。布雷先生撰述文稿，每每在防空洞內完成，體力漸感不支。初夏時節抵老鷹岩村舍休養，山居期間仍修改講詞，稍暇則讀陸放翁之《入蜀記》、《老學庵筆記》及陳后山詩等。六月間撰寫回憶錄，七月二十四日敵機猛炸重慶，敵人廣播，造謠說陳布雷被炸斃。是年十月，自稱：「余近來之身體精神大半視睡眠充足與否為轉移，然長服安眠藥則影響腸胃，不服則睡眠不佳，誠無可如何之矛盾現象也。」

他最後的幕僚作業，竟是屍諫！

徐蚌敗局已定之際，他到上海召集報界巨頭會議，他向友人說起蔣介石怪他精神頹唐。而在他的心裏，也在思考，心中陰影厚積：此時的蔣先生和北伐期間的奮進有為判若二人。

他多年的貼身副官陶永標回憶說：「有一次，陳布雷同蔣介石密談至深夜，事後蔣送他步出總統府大門，我從侍衛室出來跟隨在後，聽見蔣介石對陳布雷講的幾句話，內容大意為：『目前戰局確是不利，國民黨可能被打敗，但不會被消滅，布公不必如此悲觀。』『自古未有分天下而能久者。談判也保不住國民黨的半壁江山。事到如今，我們只有背水一戰，成敗在天了！』其後陶永標發現陳布雷的臉色很難看，回到寓所還自言自語歎道：『成敗在天，成敗在天！』一連數天抑鬱不歡。」

蔣先生對文官、武官態度淵然有別，對大文人、名教授往往禮遇有加，對學界人士之尊重又在一般的文官之上，《大公報》張季鸞起先的地位並不很高，得蔣先生提攜，遂居重要影響之地位，而《大公報》的業務開展也盛極一時。對張季鸞是這樣，對程滄波、胡健中、潘公展、黃少谷諸位，他也很周到。對於陳布雷，蔣氏始終尊稱布雷先生。

他幾乎沒有什麼應酬。他謹慎、甚至拘謹的作風更增加了他文字的周密。如有重大文字任務，有時他會好幾天不下樓。陶希聖認為「在委員長的跟前，許多高人才士一接近就變質了。布雷先生則不然，他是一位報人，報人有廣闊的視線，客觀的思考，精確的批判，適於幕府的要求。布雷先生替委員長裏理機要，卻始終保留一個報人的本色，居政治的中樞而對政治保持批判的精神，所以委員長尊重他。」他的自裁，必定飽含了非同尋常的劇痛的心靈矛盾，他的文人學者對本色，已經一壓再壓，臨了批判的精神在尋找最後的出口。精神的打擊，加重弱軀病體的負荷；羸弱的肉體，更無法承受自尊心的頻受撞擊。於是形成惡性循環。遺書重點，一是毫無價值的一生，二是書生無用，回首履歷，深覺有違初衷。其間「目睹耳聞，飽受刺激」乃是聚焦之點，讀之悚然，如冷水澆背，當頭棒喝。

布雷先生自裁前，已無計可施。計早出盡，有的不聽；有的未及行，有的行而無效。至此則身頹而心如死灰，故無計可施。他本是一個謹小慎微的人，在大庭廣眾中，總是走在旁邊輕輕側身而過，息事寧人，唯恐有所開罪。他在中壯年時期，還在做返回新聞界重操舊業的夢寐。他說他對政治不感興趣，但其所撰述，則又言不由衷，其議論國計民生在文字理論上頭頭是道。到了形勢河決魚爛之際，所有的矛盾糾結纏繞，一時俱來，這並非針對他一個人的業障，但對他的打擊較常人更甚千倍萬倍。

雲天在望，遙念廣寒深處，不知今夕是何年？眼看他起高樓，眼看他宴賓客，眼看他樓塌了。幾十年中布雷先生看過多少更替興亡，不少他更參與其中。其中必有一個理由，他想解開這個謎，但他實在太累了，他等不到答案，他絕望到也不想再等這個不祥的答案了。

做記者，寫政論，他胸懷千載，志吞八荒。掉鞅文壇，所向披靡。其間自有一種氣象和堅銳。而其做幕僚，而且始終是一位高級幕僚，卻從戰戰兢兢臨深履薄處做將出來，他的苦心和見解，從國家大政方針至於人事的協調融和，其跡雖不易見，而其功則不可沒。他敢於無名無權的位置，表面上看不出什麼赫赫之功，而實際上貢獻不少重要的決策。以一最高級幕僚的身份，他的私生活卻到了克勤克儉的地步。程滄波說他像戒律森嚴的公門中修士：「他在重慶美專校街時，每當傍晚我每從上清寺到他的寓處，晚飯時到，他常留我吃飯，叫傭人加菜。每次是兩個鹽蛋，這就是當時憲幕的生活，也就是大英雄的本色」（〈大記者與大英雄〉）。

他的正義感，他的一介不取的超然立場，極細微處在在表現出傳統美德的附著。

唐縱〈從兩件往事看布雷先生〉裏面提到，戰時重慶物質供應緊張，人家送他幾筒三五牌香煙，唐縱知道布雷先生吸煙上癮，就拿去轉送給他，但他一再不肯接受。唐縱只得向他說明：這是朋友送的，而且並非有所干求，幾筒煙並不會有玷您的情操，您受了也是取不傷廉。這樣他才勉強收下。

另外就是一九四五年六全大會，中委提名，各方面向蔣先生推薦的候選人名單，很多既非對社會有何貢獻，也非為行政延納人才，而只是出於人事關係，你爭我奪，以致蔣先生很難定奪。布雷先生目擊這樣的情況，心情沉痛到極點。後來，中樞和他談到希望推擢一些不偏不倚的人才，問他有沒有適當的人，他為了不忍再增加蔣先生的困擾，乾脆一個人也沒有提。

唐縱感慨道：這樣大公無私的品格，說起來是理所當然，誰也應該如此；可是實際做起來，其困難是很難想像得到的。

關於陳布雷的工作特徵，最近《參考消息》（二〇〇七年十一月二十七日）文章〈偉人大都懶惰〉可作參證。裏面寫到象陀螺一樣不停工作的人，因為破壞了生物鐘的運轉規律，往往變得遲鈍不堪，甚至因高負荷工作耗盡了生命的源流，據美國教授對多個歷史名人的分析，將天賦轉化為特殊的才能需要耗費很長的時間，所以據說愛因斯坦、牛頓、阿基米德、畢卡索都是以懶惰著稱，當中的迴環餘地反而為他們贏得了超強的想像力。

相反陳布雷先生缺乏適度的怠惰，思維處於壓力之下高速運轉，結果傷害到生命的根基，他在生命的壯年就已燈盡油枯，實在因為他過於勤奮，燃盡了作為物質燃料的身體機能，以一己身體的資源再生的渠道被阻斷，身體資源耗盡，加以戰局一挫再挫，可以說悲涼之霧遍抹心房，於是對死亡的防備崗哨，悉數解除，大門洞開……

布雷先生盡忠職守，俯仰無愧，超過了自身承受的極限，真可入幕僚史聖者之林。

老派的典型

袁世凱的幕僚張一麐，他是操守謹嚴，盡忠職責的老派典型。

他在老袁北洋大臣兼直隸總督時代入幕，主佐文案，襄辦學務。光緒二九年開經濟特科的時候，他考了第一，後來瞿鴻禨等人主張大魁應有高貴出身，才將雲南石屏人袁嘉谷的卷子點了第一，張一麐居第二。

有時候袁世凱看到下班後他還在伏案辦稿，晚來的急件交給他麻利辦好，對他很是倚重。

張先生說，北洋幕府時代，有傅增湘、于式枚、陳昭常、嚴修（範孫）等，還有留學生金邦平等，因為那時，幕僚業務和古時候已經很不同，有地方自治、外事交涉、員警業務等等新政，舊幕僚辦起來大顯吃力，手段和學問都跟不上了。所以，經緯萬端的各種公事，張一麐等人都無役不從。新問題要研究三五天後，多方徵詢後才下筆擬稿。

張一麐沒有純粹的軍事履歷也無專門兵學訓練，一天袁世凱叫他潤色《步兵操典》，改完後，訓練處的何宗蓮拿來呈給老袁，呈遞前何氏已將張先生所改正者逐條駁回。老袁看後大怒，說：狗樣的一班武夫，胸無點墨，你們知道哪個改的嗎？就是座中的張君啊，何宗蓮大窘，面向張一麐連稱老師。

之拙。

這個時候，徐世昌、王士珍等人均是袁世凱的重要助手，這時袁世凱也相當禮重文士，用人之長，補己之拙。

張先生的幕僚生涯，大多記載在他的《古紅梅閣筆記》裏面。光緒三十年即一九〇四年間，清廷越發依賴北洋系，而老袁事權日重，他的幕僚就有勸他學習曾國藩謙退內斂的。但袁氏的性格，此時已很膨脹，喜歡包攬把持，但他對幕僚的態度據說還是很周到。稿子拿去，總是說，我的文學很差，你替我改正。據說有些長稿囉嗦的地方，經他點竄，如神龍點睛，起稿者自愧不如。

有一天早晨他找張先生問事，方坐下，問他早餐沒？張一麐答已用，於是袁氏自個兒吃起來：「先食雞子二十枚，繼而進蛋糕一蒸籠，剖食皆盡。余私意此二十雞蛋一盤蛋糕，余食之可供十日。無怪其精力過人也……各方人才奔走其門者如過江之鯽。」袁世凱在能吃能喝這一點上，倒是和巴爾扎克好有一比。

小皇帝宣統即位，清廷忌恨袁世凱，將他放逐田園。這兩年中，張一麐轉到浙江巡撫增韞那裏做幕僚，他精心撰構的稿子，增氏總是改來改去。一天兩人便吵起架來，張一麐在憤怒中吼道：「項城從未改過我的稿子，你不配輕易改動。」

辛亥革命爆發，袁世凱又被清廷啟用，張先生又回到他身邊。

一九一四年的時候，袁氏打退了黨人的二次革命，實力雄固，當時已有人傳說帝制之議。袁世凱曉得他的幕僚中盡有耿介明理之士，乃作灑脫狀對張一麐說，你想啊，革命黨人，彌漫全國，恨我徹骨，我怎能做稱帝這些傻事呢！你要相信我！但他另一面，卻唆使外人如古德諾、有賀長雄，以及籌安會那一班人打造輿論，欲使既成事實。老袁外粗內細，也是自作聰明，幕僚態度明示之前，他就可以根據平時的性格、做事風格判斷出對方將有何立場，因此他都是看人說話。

到了籌安會大造輿論，帝制隱然在望的時候，張一麐曾長跪不起，予以諫阻。袁世凱又來一番虛情假意，並說他不願武人干政，但你們這些文士說話太多，武將們將對你不利！到政事堂開會之機，張先生站起來慷慨陳詞，倪嗣沖怒目相向，並將手槍拔出來往桌上重重一拍，情形相當尷尬。倪氏是袁世凱手下的武將，一個不第的舉子，行事相當莽撞。徐世昌站出來勸說，雙方才下臺階。事後，袁世凱調他做教育總長。

到了抗戰軍興，張一麐先生憤而欲組老子軍，和日寇拼命。一九四三年，他逝世於國民參政會參政員任上。

孜孜不倦的洋高參

早在一九〇三年，端納就在香港《德臣西報》社任副主筆，還曾在廣州求見總督張人駿。端納縱談天下事，張氏異之，當即聘為不拿報酬的週邊幕僚。

他想見中山先生，卻先見到了胡漢民。鑒於他的人際關係，消息來源廣泛，幾家西方大報聘為駐華記者、主筆。

辛亥革命後，端納協助伍廷芳工作。中山先生回國後與之暢談，甚為投契。他參加孫中山大總統就職典禮，並向海外拍發了電訊。端納在未生火爐的寒室內用打字機擬稿，手腳都凍僵了，汪精衛、溫宗堯在一旁參與修改，經過反覆的字斟句酌：「這份文件連一個逗號也沒有動就（被孫中山）簽字了」。這份宣言送交各國駐華使節，一個新國家誕生的宣言就此傳遍了全世界。這實際上是中華民國臨時政府的政治、外交綱領。

一九一五年一月，日本提出滅亡中國的「二十一條」，袁世凱承認之以作為日本支持他稱帝的條件，此事極端機密。端納從財政總長周自齊處下手，又找到袁世凱的英文顧問，竟將該文件的英譯本獲取，公諸於世，引起西方列強的嚴重關注。

他後來又成為蔣先生的顧問，抗戰軍興，他和宋美齡組建了外宣班子，撰寫宣傳信件。他因揭露南京大屠殺等等日軍暴行，被日本列入黑名單。

太平洋戰爭爆發，他從海外返回中國，不幸在菲律賓被日本人拘捕，機緣湊巧，竟未被發現真實身份，戰後在珍珠港美國海軍醫院的病榻上，他口授往事及自己生平經歷。友人錄音、記錄、整理，用以撰寫端納的傳記。在談話中，端納發表了對中國時局的看法：馬歇爾調停內戰不會成功，國共雙方勢同水火，決不會和平共處……後來的政局發展果然印證了端納的預見。

他對日本軍國主義擴張的野心，很早就有認識，並譴責其侵略本質。他觀察世界政治問題，具有獨到的先見之明，日本人銜恨不已。他說：當你和日本人打交道時，不論是商人還是外交官，你們做成的交易不會比同娼妓達成的交易好多少。娼妓可以答應給你歡樂，但她的吻會把你給毀了。

他在西安事變中充當調停人，他的回憶強調幾點，諸如：兵變是楊虎城發動的，張是替楊承擔責任；親日的軍中暗流，又企圖藉機炸死蔣介石，趁亂奪取軍政大權；端納一再告誡張學良，此時若殺掉蔣介石，中國必然大亂，這只對日本有好處；張學良主動要求隨蔣去南京，目的在於證明自己是出於愛國，指控他搞兵變和謀殺完全是無辜的。應該說眼光看深一層，頗為精警。

第八章

抗戰烽火的澆鑄之一

自從九一八日本軍閥占了我東北三省，更隨時在北平、天津、上海製造事端，以為威逼侵略的藉口。凡是中華男兒，稍有人心者，無不悲憤填膺，有寧為玉碎毋為瓦全誓與敵偕亡的情緒，恰如一座即將爆發的火山。

幕僚眼光與戰爭態勢

中國抗戰軍興以來的頭兩年，美國對日政策只是忍讓和妥協。當時美國對日出口總額中，軍用品占五十八％，石油和鋼鐵又是兩個大端。美國高層包括相當數量國會議員，以為日本正是他們的最好盟友，戰略參謀們清歌於漏舟之中，尚不以為意。

只有亞洲艦隊總司令哈裏・亞內爾海軍上將提醒羅斯福總統，說是日本發動的侵華戰爭，同時也是對西方文明的挑戰，倘若美國不採取行動制止日本，則白種人在亞洲將毫無前途可言。

另有駐華大使詹森則以為，日本人的動機是要消滅西方在中國的一切影響，所以，美國必須準備立即戰鬥……

此二人，頗具戰略眼光。出於對世界秩序的戰略考量，打破幻想，所貢獻的是一種積極的頭腦智慧。一九四一年三月，美國參眾兩院通過《租借法案》，授權總統對其「認為其防務對美國國防至關重要的國家出售、轉讓、交換、租借或以其他方式處理任何國防物資。」其後不久，中國向美方提出詳細援助清單。一，由美國提供訓練與技術支援，為中國建立一支由一千架飛機組成的現代空軍；二，訓練並裝備陸軍三十個師；三，幫助中國建立有效的國際交通線，包括滇緬鐵路、公路，中印公路，提供汽車及修配廠，修築工程所需的運輸飛機……羅斯福對此計畫反應積極而熱烈，內閣亦然。但陸軍部長史汀生、陸軍參謀長馬歇爾卻予以反對，加以阻撓，結果使計畫成為泡影。

高級幕僚心思、判斷，稍有不慎，即會從負面影響歷史。設若馬歇爾等高級幕僚能有總統的眼光，將此計畫付諸實施，則太平洋戰爭爆發後麥克亞瑟在菲律賓的慘敗說不定就在戰略上就得以消除，日本在太平洋地區的凶鋒，所受阻礙和打擊就多得多……美國並不是沒有這個能力，而僅僅由於高參的眼界、胸襟的限制，致使整個戰事橫生枝節，也真令人浩歎。

日本的建軍備戰遠超過中國，自從明治維新之後，就走上了一個現代化的路線，而且侵略野心不斷膨脹，當時田中角榮的《田中奏摺》說：「要面對世界必須先要取得中國，要取得中國之前先要取得滿洲。」日本要侵略中國，但其最大的弱點是沒有工業的支持，日本沒有礦產、鋼鐵、汽油及橡膠，而橡膠尤其重要，橡膠一旦缺乏，部隊就無法機動。而它早期的作戰能力就是美國供應給他的。美國如此做，為的是要削弱中日兩國之國力，正所謂「鷸蚌相爭，漁翁得利」。

當時日軍大本營幕僚群對中國之估計，亦同樣錯誤：起初侵襲東北，以為打擊張學良，仍可與南京言和。迨西安事變後，始知蔣委員長已決心抗日，又以為打擊蔣委員長，西南地方勢力，必乘機自謀，瓦解中央。殊不知蘆溝橋戰釁一開，全國連鎖反應，一致赴援；邊區民族，和諧呼應，遠至世界華僑均聞風請纓，此不能不謂中華文化一元，愛國潛勢之偉大。

在太平洋戰爭之前，可以說美國高級參謀人員神經非常遲鈍，但是當戰爭開打之後就可以見出日本軍部策劃者那種根本意義上的愚昧，因為當時受法西斯侵略的國家都有一個共同的心理，希望美國早日開啟戰端，英國首相邱吉爾在得知珍珠港遭到日本襲擊後，他的第一個反應就是說：「好了，好了，我們總算是要贏了」（見《太平洋戰爭》上冊一七六頁，東方出版社）

在國民政府蔣介石看來，憑藉英美的力量，協同對日作戰以及把美國拉進來，推向最前臺，與日本進行決鬥是一種最高的策略。中國當時作為一個受害者，有這樣的心理也是很自然的事情。而日本對美國咄咄逼人，加快了中國這種心理的實現。

抗戰參謀制度的確立

國民革命軍自黃埔建軍以來，最早期，一九二五年及次年，尚無專門幕僚機構。

一九二八年到一九三〇年，即編遣會議和中原大戰期間，設立參謀本部，是和軍政部、訓練總監部平級的軍事機關，此建制延續到抗戰前。抗戰軍興，部隊經過分化整編，部隊番號劇增，抗日戰爭第一期的軍隊而言，則在國防最高會議之下，尚有大本營及所屬各部。又，軍事委員會下轄軍政部、軍令部、軍訓部、軍事參議院、軍法執行總監部、政治部、軍事委員會委員長侍從室、銓敘廳、後方勤務部。另外還有九個大型戰區，以及西安行營所屬部隊、駐閩綏靖公署所屬部隊、後方留守和綏靖部隊，此時的參謀機構分屬多個部門。軍事委員會下有參謀處隨輦辦公。

抗戰中後期，兵種陡增，特種兵兵種以及海空軍所屬專門部隊就有十六七種。參謀機構仍然分屬各部門。抗戰結束的次年軍事機構大調整，成立國防部，在部本部外，並行參謀總部及所屬各廳局，專事作戰方面之幕僚作業，軍事制度臻於相當完備的境地。

參照一下相去未遠的前清時代，地方州縣政官員的權力往往在實際操作上被幕友取代：「外掌守令司道督撫之事，以代十七省出治者，幕友也。」（《皇清經世文編》卷二十五）而在中央六部，書吏則操持製造、核批公文的權力。

幕僚權力大、工作量大、是日常公務的事實處理者，乃是清代政壇的一個特徵，將各級幕僚合算起來，那是一個龐大得驚人的數目。

但在軍隊轉型的過程中，軍事作戰幕僚的養成，即一種成型的參謀制度，則是在抗戰軍興以後才逐步建立的。當時有一些不尷不尬的人物，新舊兩頭都不靠，因緣際會作了參謀，鬧出不少笑話。地方部隊主官甚至有「認識字的做參謀，不識字的做副官」的荒唐安排，有的舊幕僚竟把軍用地圖下邊印有黑白相間的「比例尺」，當成是「鐵路」。至於只知在地圖上量距離，而不知圖上距離有山嶽、河流的分別，遂將行軍里程或陣地區分亂畫一通的笑話，在抗戰中的地方部隊，也曾多次發生過。

軍隊自軍閥社會轉型而來，一些行伍將領尚未轉過彎來，自以為「槍桿子第一」的老粗帶兵官，竟然將參謀官視為贅疣，直到抗戰中期，部隊強迫實行參謀制度，規定軍以上的參謀長，需要具備陸軍大學的資格；並將參謀處作戰、情報、後勤（後來又加人事）三科（課）的參謀，或調訓，或委派分發參謀班的學生擔任，這樣才使各部隊的參謀制度，逐漸建立起來。如此一來，參謀的地位也在微妙變化之中，當初那些瞧不起參謀的老粗帶兵官，又傳出「天不怕，地不怕，只怕參謀紙上畫」的軍諺。

作戰幕僚地位逐漸得以加強，參謀職權隨之受到尊重。而參謀的晉升也出現兩種形式：一種是曲線，由參謀調升帶兵官，再由帶兵官調升參謀官，這種幹部，既具參謀的學識，又具帶兵作戰的經驗，能使軍事理論與實際經驗相結合，指揮作戰頗為得心應手。一種是直線，由參謀而科長，而課長，而參謀主任、副參謀長、參謀長。

抗戰軍興，參謀長的性質和地位與舊軍隊已有較大區分。首先是作戰計畫切入主角，改變以前幕賓的角色；其二銜級提高，如軍參謀長軍銜與下一級主官等同，以下類推。但參謀長升任帶兵主官的可能已經從法規上得到了保證，也有了較多的實際的例子。這一時期曾擔任軍長等高級指揮官的符昭騫、趙秀昆、趙子立、郭汝瑰、盛文，羅列、吳鶴雲等，便都是多年擔任參謀長又轉任指揮官的。

香港作家張贛萍先生出身新式軍校，他回憶受訓時的情景，說有某兵學家雖是參謀專材，卻無作戰經驗，在某次大會戰中，我軍分五路應戰，這五路部隊的作戰計畫，都是由他一人擬訂；他本如臂使指的原則，擬具計畫。結果其他四路部隊均打勝仗，只有他自己指揮的那一路部隊打敗仗。有人問他原因何在？那人的回答可妙，他說：「這只怪敵人不按照我的計畫打呀！」張贛萍以為，事實上就是由於他只能紙上談兵，缺乏實際作戰經驗所致。另外還有在擬定計劃時信心百倍、攻擊精神十分旺盛的參謀長，聽到敵人打到司令部附近來的時候，嚇得走路都走不動，要由衛士攙扶上馬逃生。張贛萍也曾見到過，那些不學無術，或有勇無謀的帶兵官，他們連作戰計畫都沒有，或不按照作戰計畫行事，就是憑著匹夫之勇，而亂打亂殺一通，招致無謂的重大犧牲。（參見張贛萍《彈雨餘生述》）

陸軍大學的學員班或將官班，只是培養師司令部以上參謀長的高級幕僚訓練學校，也是抗戰期間最高軍事學府。對各級司令部各分科的中、下級參謀人材訓練，先有一個「作戰參謀訓練班」附設在陸軍大學之內，後來才有「軍令部情報參謀班」的設立。一些軍校優秀畢業生，會再考入情報參謀班受訓一年或更長時間。

抗戰中後期，部隊參謀工作體制向美軍靠攏。按照美軍的定義，參謀被分為參謀長、副參謀長、普通、特勤、其他等分工形式。廣義的參謀還包括技術等人才，狹義的就是與作戰有關的參謀。

抗戰末期成立的國防部，採取的是六廳八局制，即作為一般參謀的第一廳（主管人事）、第二廳（主管情報）、第三廳（主管作戰）、第四廳（主管補給）、第五廳（主管編制和訓練）、第六廳（主管研究和發展）和作為特業參謀的副官局、兵役局、預備幹部局、新聞局、預算局、戰史局、軍法局和憲兵司令部。國防部下麵的陸軍、海軍、空軍和聯勤等四個司令部，也都編有與此基本一致的廳局。在工作關係上，規定特業參謀應接受一般參謀的指導。

戰時幕僚團

一九三八年又有戰時幕僚團的建立。戰爭開打了，對方來者不善，海陸空大打出手。範圍逐漸擴大，我方對軍政幕僚的需求頓然增加。陳布雷回憶說，涉及戰爭的各個專門問題需要搜集資料，分類研究，交由中樞甄別取捨；各方所上條陳、以及請示之文件，由於量大，須有專人簽擬，然後交由統帥審查決定。當時國中各方有志之士，自願投效者很多，亦應有專門機關從事延攬。遂由陳布雷出面，請示蔣先生，獲准在軍委會內設置參事室。早期以朱家驊為參事主任。不過對此參謀團，陳布雷也有他自己的看法。

早在抗戰前三四年，熊式輝等人就力勸蔣介石，要在蔣先生的周圍組織類似智囊團的機構，而陳布雷主張慎重從事。他認為，智囊團本身的延攬，就需要有高人主持，假如見聞不廣、心思欠周之人得任幕僚職位，就純粹是多一累贅，他以為，先前不久的南昌行營的設計委員會，作用就不大。

陳布雷直言，智囊團這種名稱，他始終以為不適合用於中國。

但是參謀問題怎麼解決呢？他以為，可以延攬具有專門學問者、通曉政理者若干名，以備諮詢，而戰時已有各種專門軍事參謀機構，已經足夠。

國防部最高參謀體制構架

參照廖耀湘的回憶，可知一九四六年成立的國防部，就是完全仿照美國體制。國防部隸屬於行政院，它又分為部本部、參謀本部兩大部分。部本部是部長的幕機構，主理日常辦公事務，參謀本部的機構則非常龐大，除總長辦公室外，還有一般參謀機構的六個廳，特業參謀機構的十一個局，後者傾向於作戰業務的幕工作。第一廳掌管人事及行政，廳長初為於達，後為方天；第二廳掌管軍事情報，廳長初為鄭介民，後由侯騰接替；第三廳掌管作戰，廳長初為郭汝瑰，後為羅澤闓、蔡文治等；第四廳掌管後勤補給，廳長楊業孔（後留美）；第五廳掌管編制訓練，廳長初為方天，後為劉雲瀚；第六廳掌管國防科學研究發展，廳長錢昌祚。十一局副官局主管人事及行政，局長初為陳春霖，後由蕭西清繼任；預算局主管財務預算，局長趙志堯；保安局主管保安部隊編練，局長唐縱；保密局主管軍事特務工作，局長初為鄭介民，繼為毛人鳳。

特業參謀在業務上應受一般參謀指導，如第一廳主辦人事及行政上的決策事項，參謀總長在軍政方面，對國防部長負責，向部長請示彙報，在軍令方面，則是全軍的參謀長也是全軍統帥參謀長，直接向作為全軍最高統帥的總統負責。

抗戰期間的幕僚考選

抗戰期間，對於軍政首長的青年幕僚的考選，當時任何應欽參謀的陳桂華曾談到：「何敬公要求參謀的條件是要學校成績好，會寫文章。何敬公是參謀總長，有很多講演和講話，參謀要會幫他寫稿子。我陸軍大學畢業考前幾名，我還參加軍事論文比賽得過第一名，所以，他選了我去。」那時候，他和汪敬煦都是何應欽的侍從參謀。他本人是黃埔軍校十一期畢業，一九四〇年考取陸軍大學，一九四三年畢業，八月開始給何應欽將軍做侍從參謀，前後有六年的時間。

抗日戰爭時，蔣先生是軍事委員委員長，下有參謀本部，參謀總長先是何應欽。另外中國戰區最高統帥也是蔣介石，參謀長是美國的魏德邁，底下有中國戰區陸軍總司令，由何應欽兼任。

幕僚文化素養，顯然是考選的重要一環。抗戰一開始的時候，有的部隊，害怕面對記者，害怕負責任，於是乾脆就說，打仗都來不及，哪有閒功夫來招待記者啊。

前線將領對新聞記者的工作是逐漸認識到重要性的，有一次曹聚仁在開封訪問孫殿英，他就不懂得新聞記者為何要採訪，後來經過他的幕僚解釋才和新聞界談起了戰場上的掌故。有一天晚上，他在會場上作樸素的演說，他說到，別人沒做過漢奸，不知道漢奸的滋味：「我孫老殿做過漢奸，嚐過這味，以後孫子王八蛋才做漢奸」，曹聚仁說這是英雄本色，脫口而出，是很好的新聞材料。

孫殿英這樣的人，如果遇到好一些的幕僚為之策劃，會少幹一些壞事，並可善用其勇，否則只是一味的莽撞。

當時中高級將領中的文化素養較高，但是當時軍隊的下層和底層就很成問題了，曹先生舉例說，有的哨兵檢查記者的通行證，倒持著那張證紙，亂看一陣，糊裏糊塗就扣住了，糊裏糊塗就放行了，中央社記者曾在湘西被扣，真使人哭笑不得。

侍從室的日常幕僚作業

侍從室作為一個幕僚機構，主要是由黃埔人員構成。他們辦事，總體而言較有新時代的風氣。除了台前第一主角，他們在幕後的軍師，也能在青史上留名。一九三四年因為力行社內部改組，鄧文儀要蕭贊育在南昌行營政訓處副處長及侍從室侍從秘書二者中作一抉擇，他選擇了後者，一幹就是九年。平時蔣先生若有遠行，他們就隨侍左右，每到一地，輒有軍校同學或地方黨政官員呈遞報告，或要求請見，即由蕭氏向蔣先生呈報轉達，有些地方，主官尚未到達以前，他們要先行前往聯絡，如民國二十五年（一九三六年）廣東余漢謀取代陳濟棠，歸順中央，委座派侍從室錢大鈞主任及蕭贊育飛往廣州，先與余漢謀等取得聯絡。

侍從室曾頒發侍從人員守則，人手一冊，守則中有很多規定，要求大家遵守，守則中的各種要求，各位都不覺得有何困難或辦不到的事，因為這些人都是精心點將進來的。至於幕僚作業的性質和日常業務，蕭贊育說：

「侍從室改組為第一、第二兩處，晏道剛任第一處主任，陳布雷任第二處主任，第一處管總務、參謀、警衛，第二處管文書、速記與研究，原兼任第三組組長鄧文儀隨即離開侍從室，我專任侍從秘書，編制屬第二處，而直接承辦委員長指示交辦事項及隨時提出報告，實際上是獨立性質。我手下有一書記、一工友，平時承辦業務，舉凡軍校同學個人或單位負責人、力行社及所屬有關同志向委員長報告請示事項，凡由我轉呈者即由我請示後答覆，如抗戰開始後成立國際問題研究所，負責人王芃生，向委座提出的所有情報或分析，都由其自己提綱挈領，親筆擇要寫好，隨時由我轉呈，不少為有價值之資料或意見，極受委員長重視。」

（參見《蕭贊育先生訪問紀錄》）

穩健而工於心計的林蔚

侍從室整體兼有參謀功能，但其中相當一部分是事務官，如錢大鈞，雖然文章清通，頗諳丹青，古文根基也不錯，各種新式兵器均能掌握，但他主要是做好交辦的事情，主動的出謀劃策則說不上，而且，因不善動腦筋，在西安事變前夕，他負責的蔣介石專列的車頭，也被他的朋友張學良以詐術調去「修理」，使蔣先生陷於插翅難逃的絕境，事後曾被嚴厲責問。

侍從室裏的一流幕僚，要數一九三八年初接替錢大鈞，調為一處主任的林蔚（字蔚文）。林蔚在辛亥革命後考入北洋陸軍大學第四期，畢業後曾做過工兵營長，一九二四年在孫傳芳手下的浙軍一師（師長陳儀）當參謀長。反正為北伐軍後，被徵調到國民革命軍總司令部擔任南京警備第一師參謀長。陳布雷的助手張令澳說，林蔚出身書香門第，舊學基礎牢固，多謀善斷但藏而不露。

蔣馮閻之間的中原大戰爆發，蔣先生的軍政前途危在旦夕。他駐節柳河，親自督戰，林蔚全程跟隨，輔佐蔣氏指揮作戰：「有條不紊地晝夜謀劃，以其細緻周全，謹慎穩重的幕僚作風，更為蔣所信任。」一九三四年他即任軍委會銓敘廳中將廳長。

抗戰初期，日軍攻勢凶厲，戰場形勢瞬息萬變。蔣先生為了掌握全局，身邊急需高級軍事幕僚，林蔚便成了第一人選。他的長處是熟悉軍事地理，對各戰區戰力、人事關係瞭若指掌，大型作戰規劃可以迅速草擬完畢。蔣氏往往據其策略，調整戰力結構，遏制日軍攻勢。

當時，山東軍閥韓復榘擁兵自重，抗命自行撤退，致使日軍長驅直入。蔣先生為了防止其他軍閥效尤，和軍政巨頭們緊急商議，欲加嚴厲制裁，而韓氏決不輕易就範，且出狂言反唇相譏，一時陷入難解之焦慮。此時，林蔚策劃一萬全之策，即以請君入甕法將其收拾，蔣先生然之。其法為，蔣介石往開封主持軍事會議，召集前線將領與會，並親自致電韓氏，溫語勸誘，韓氏不疑有他，隨即前往，甫入會場即被解除武器，其所帶一團警衛也被隔離控制，最後束手就擒，押往武漢軍法審判，旋即槍決。事件引發社會轟動、軍界震悚。林蔚用心深細，於此可見一斑。

另外一九三八年夏天徐州會戰失利後，花園口決堤事件，也是林蔚一手策劃。

當時國軍情緒低落。為了阻止日軍南下武漢的企圖，當局在武漢召開最高軍事會議，與會將領莫衷一是，久無良策。正在一籌莫展中，林蔚又設想一個黃河炸堤水阻日軍的方案。蔣先生由此看到一線希望，當即提交會議審議通過。任務交給三二軍軍長商震下轄的第八師執行。該師經過艱苦作業，在鄭州東北的花園口炸決大堤，河水迸湧漫延，致數十縣百姓流離失所，成為災害不斷的黃泛區。而日軍攻勢只是稍受阻礙，仍在當年十月攻陷武漢。總體來看，這是一個看似高明，實為倉皇失措的幕僚作業。

當年十二月，林蔚調為委員長桂林行營參謀長（行營主任白崇禧），襄助白氏，協調戰區各部隊配合作戰。其間經崑崙關等多次重要戰役，西南戰區還算穩定。

太平洋戰爭爆發，組建遠征軍赴緬作戰，林蔚受命隨蔣介石兩次飛往臘戍視察防務。隨後成立滇緬戰區參謀考察團，商震為團長，林蔚副之，參謀團會同史迪威參與機要、商議協調作戰部署。抗戰末期，美軍對國軍軍政部機構龐雜、效率低下、營私舞弊種種現象提出質疑，建議改組並仿照美國體制，建立國防部，蔣介石然之。遂向此方向過渡，將軍政部長何應欽調往昆明擔任陸軍總司令，由陳誠接管軍政部，陳誠親自點將，將林蔚調為他的次長。抗戰勝利後，軍委會改組為國防部，陳誠出任參謀總長，又以林蔚作參謀次長。

遠征軍入緬作戰，參謀人員王楚英在臘戍聽見杜聿明向林蔚抱怨說道：「美國人只是科學技術比較發達，經濟實力比較強大，他們軍隊的戰鬥能量、軍官的戰術素養和指揮藝術，並不比我們高明……」，而林蔚不以為然，他向杜聿明剴切說明事情的原委和蔣介石的深遠意圖後，杜聿明方默然無語，點首認可（參見王楚英〈史迪威同杜聿明在緬甸的一段糾葛〉）。

遠征軍第一期階段，蔣介石造訪緬甸戰場，視察擔任曼德勒衛戍任務的新三八師，均由林蔚陪同。此前，已電令駐緬參謀團林蔚和代長官杜聿明要絕對服從史迪威的指揮。在緬甸戰場出現了盟軍四巨頭，即史迪威、亞歷山大、林蔚、杜聿明指揮約十二萬中英聯軍抗擊六萬日軍的局面。其間，杜聿明和史迪威的關係時好時壞，國府為了抗戰大局，改由抗日名將羅卓英上將取代衛立煌擔任中國遠征軍司令長官，統帥駐緬中國軍隊，受史迪威指揮，並以在緬甸的參謀團團長林蔚作為史迪威的幕僚長，協助史迪威策劃緬戰。林蔚手下的參謀還向史迪威講述《將相和》故事，他們能以英文確鑿復述廉頗、藺相如之間彎彎繞的故事，還真令人欽佩。

涉外高參

杜建時曾任戰區副參謀長、陸軍大學教務處處長、國防研究室主任，軍委會委員長侍從室高級參謀，天津市市長。

他是天津人，少年時古文基礎就很好。一九三一年，北洋的陸軍大學遷移到南京續辦，他得以入校深造，教育長楊杰器重他，作為第十期畢業生代表演說總結。一九三四蔣先生派其到美國堪薩斯陸軍大學讀書，其後又在美國學國際關係專業。一九三九年回國，一度任第九戰區副參謀長。以其學術造詣深厚，兼任中央軍校長沙分校主任，輪訓地方軍政幹部，一九四二年後任陸軍大學教務處處長、國防研究室主任，籌建國防研究院，目的在培養三軍高級將領和幕僚人員。其間，兼任軍委會委員長侍從室中將銜高級參謀，協助蔣先生與美國聯絡談判事宜。

一九四三年，中、美、英三國高級幕僚會於印度加爾各答，中方為宋子文、何應欽，杜建時以隨員身份參加，其後，杜建時探察到美英只進攻緬北而非全境的計畫，及時向蔣先生彙報。

中美英蘇的開羅盟國首腦會議，蔣介石命商震、林蔚、杜建時等高級幕僚草擬提案，主要為：反攻緬甸，以美國武器裝備訓練國軍，並要求英國支持國軍的反攻。

蔣先生和史迪威矛盾激化時，史迪威託杜建時請蔣先生接見，後者在忿怒中予以拒絕。一九四三年夏天，羅斯福、邱吉爾會於華盛頓，討論中國戰區事宜，宋子文和杜建時前往參加，杜氏在會上支持陳納德意見，反覆說明中國對空軍的急需。

在重慶美軍司令部，杜建時與史迪威的參謀、助手頻繁聯繫，察知史迪威使用美國援助在中國的去向。一九四四年九月，赫爾利來華，由杜建時陪同，赫氏電報美國，據實彙報蔣、史性格水火不容，直接點題：有史迪威在，中美不能合作。杜建時在赫爾利處見到電報原文，當即報蔣，蔣先生大喜，囑咐杜建時照顧好赫爾利，加深私人情誼。羅斯福接報以魏德邁接替史迪威徵求蔣的意見，蔣先生與魏德邁友善，當即拍板。魏氏對蔣極為尊重，以蔣先生為統帥，自居參謀，蔣先生喜不自勝。杜建時又和魏德邁為堪薩斯大學同學，於是中美聯繫，趨於密切。

遠征軍的第二階段為中國駐印軍，史迪威為總指揮，羅卓英副總指揮，柏特諾為參謀長，溫鳴劍為副參謀長。

史迪威性格直率中葆有威逼、專橫。孫立人、鄭洞國、廖耀湘與之時有抵觸，發生正面衝突或反駁：「不僅贏得我軍官兵的中心愛戴，且為美國許多正直有識的朋友所讚賞，最後連史迪威對他們也刮目相看，倍加尊重。」

這時發生溫鳴劍事件，以美國軍官取代中國軍官。史迪威將溫鳴劍等人撤職，企圖用美國軍官取代駐印軍團以上幹部。鄭、孫、廖一致反對，史迪威被迫自行糾正。（參見王楚英《我所親歷的印緬抗戰》九四頁）不過，駐印軍一切武器、彈藥、給養、服裝、醫藥等等全由美軍提供，補給到連，供應到人，種種優勢和做法，與其他部隊風氣全不相同，這也是駐印軍對史迪威最終產生好感的原因。史迪威本人，他的士兵化的舉止、雷厲風行的作風，他的忠於職守、責任、榮譽感等等良好風氣，也給國軍官兵很大震動。

駐印軍反攻戰的胡康河谷戰役、孟拱河谷戰役、以及密支那圍攻戰鬥極為慘烈。作為高級參謀的溫鳴劍，主要是和美軍協商溝通。

譬如，史迪威和美軍軍官，較缺乏中國古兵法上那種對地理兵略的考慮和重視，中方參謀和他們談及公路補給的巨大困難，他們總是不以為意。雖然他們清楚雨季勢難行車，且中印公路邊修邊打仗，使用率極低，這一帶又到處是溝穀縱橫的原始森林。但他們總強調依託強大的空軍支援，彷彿一切不成問題，他們這種思想在後來的緬北反攻戰中吃虧不小。這時溫鳴劍就要出面苦口婆心的溝通、解釋，以期對方接受意見。

抗戰初年的戰略一瞥

抗戰初期的大戰略方針，總體的分析不錯，但對於戰爭雙方的實力和戰爭殘酷性，日軍攻擊的速度和作戰實力估計不足，屬於盲目樂觀。蓋以一九四五年初日本尚能進攻至獨山，駸駸有包圍攻擊重慶之勢。而那時美國參戰已經三年多了！所以，參謀本部的策劃，較之蔣介石誘迫日本改變進攻態勢，將其逼為由東向西進攻，並迅速編練六十個機械化師……如此看來，蔣先生實在棋高一著。

一九三八年一月，軍事委員會在武漢進行改組，取消第一至第六部，改設軍令部、軍政部、軍訓部、政治部，何應欽改任參謀總長兼軍政部長；白崇禧以副參謀總長兼軍訓部長；徐永昌任軍令部長；陳誠任政治部長，周恩來、黃琪翔任政治部副部長……劉斐任軍令部第一廳中將組長，後升廳長。在前一年八月的最高國防會議上，劉斐的發言大略謂：日本帝國主義對中國的侵略，一貫採取的是蠶食政策和速戰速決的戰略方針。其所以如此，是因為它的兵備雖強，但人口少，兵員不足；國土小，資源貧乏；國力弱，不利於長期作戰；而且，它是侵略者，侵略的不義戰爭是失道寡助的；同時，帝國主義國家之又有許多矛盾，它若長期進行這種不義的戰爭，恐會引起第三國的干涉，所以，它只能採取速戰速決的戰略方針。至於我國，軍備雖處於劣勢，但人口眾多，兵源充足；領土大，資源豐富……（劉沉剛《回憶父親劉斐》）

整個判斷，並無戰略特見，大體是些人云亦云的廢話。首先，日本得美國多年鋼鐵貿易積累大量戰略物資，而戰爭頭兩年美國並未實施戰略物資禁運。而中國雖然地方廣大，但也不能說是物資豐厚，再說田間地頭所產，全無重工業構架來轉換再生……日本連美國都敢徹底惹怒，它的國力並不弱……

中美戰時參謀體制結構

抗戰的中後期，中美盟軍設立了幾個大型訓練基地，在國內是以桂林、昆明為中心，在國外是在印度設立訓練基地，專門訓練美式裝備的抗日部隊，當時的駐印軍由史迪威直接指揮，他的身份是中國戰區參謀長。訓練班的教師一般是軍事素養較高的軍事參謀，還有幹訓團實施短期的密集訓練，時間為一個月內，這就是美軍參謀發明的輪帶式訓練，側重兵器使用，以及小股部隊的突擊戰術。當時部隊中有不少的美軍參謀，人數最多的是遠征軍。

第一期遠征入緬作戰失敗，廖耀湘認為按照戰術和地形而言，史迪威和羅卓英方案是最合理的決策，但掌握實力的杜聿明不願意退往印度，仍想從密支那以北地區回國，其理由是日本人尚未進入該地區，史迪威的情報參謀卻有真實證據證明日軍正在向密支那迅速挺進途中，應該說史迪威的情報參謀是非常專業和盡職的，而杜聿明卻過於相信自己的直覺。結果部隊分成兩邊走。當時日軍已離史迪威駐地喀薩不遠了，於是丟棄了一切車輛行李，史迪威自己背上一支衝鋒槍，饑寒交迫地走了三個星期才到達印度。杜聿明未能重視美軍參謀的意見，又對緬甸的地理和氣候缺乏瞭解，結果經過了原始密林野人山回國，致令全軍陷入死地，電臺也丟了。

情形危險至極，後來在緬北大洛地區由美軍飛機發現地面上一些尋覓糧食的士兵，因為飛機飛得非常低，隱約可見青天白日徽章，飛機上的人員也不管是或不是，就把給養和藥品以及無線電電臺、電池等投下來，這才聯繫上，但士兵已經死去二分之一以上。

到抗戰後期史迪威和遠征軍一些將領的關係已經調整過來，譬如他和廖耀湘談話就不用翻譯直接用英文和法文交談，史迪威對廖耀湘說，他處於很危難的境地，雖然打了勝仗，但重慶方面仍然反對他，他應吸取入緬作戰的慘痛教訓，否則大家都可能功敗垂成。他又對廖說，我們都是正直的軍人，不是政客，應該以軍人的態度和頭腦來考慮當前的敵情和任務，據此作出果斷處理。

一九四四年的秋天，由魏德邁接替史迪威的參謀長的職務，他這個人年輕英俊，性情很好，早年在德國軍校和參謀學院學軍事，回到美國後又到參謀指揮學院深造，距此十幾年以前魏德邁還以中尉參謀的身份在天津住過一年，抗戰開始後，他還做過東南亞盟軍總司令部的參謀長，和史迪威完全不同，他對蔣介石畢恭畢敬，就像對待他們美國的上級一樣，蔣先生則滿臉含笑表示歡迎他的意見，以前史迪威傲慢專橫，不把蔣先生放在眼裏，雙方關係弄得很僵，魏德邁則一反這種作風，對蔣表示順從。

魏德邁比史迪威更像一個高級幕僚，在中國抗戰軍興的前一年，他畢業於美國陸軍指揮與參謀學校。此前已有十多年的服役經驗。來華任職前，長期供職於美國陸軍參謀部，為作戰部副部長。

史迪威名義上是蔣先生的幕僚長，但他的天性和個性不甘如此，他要當中印緬戰場的主人。接替他的魏德邁則與之相反，謝天謝地，部隊也委實經不起史氏那樣的折騰。正如契訶夫作品屬西方文學，而他本人卻天然具有一種東方的情緒哲學，所以他的作品和中國非小說類的古典文學有淵然暗合之處；魏德邁也若此，他人品學養俱佳，跟中國淵源頗深。古調雖自愛，今人多不彈，但奇妙的是他在骨子裏頭恰恰就透著一種中國式的古調，謙遜敦厚，重情重義，他以同情、諒解、包容的心態對待中國人，他在直言不諱指出弊端的同時，也能積極爭取美援，投入對日作戰。

他本來希望親率部隊馳騁於歐洲戰場，掃蕩德軍，故對來華任職不甚熱衷，但羅斯福甚為重視他的幕僚特性，冀其在中國這個特殊的戰場發揮其參謀作業的長才。因有史迪威的前車之鑒，故其美國上峰對其任務首先就規定：一是向蔣委員長提供建議並協助其進行對日作戰，二是指揮其屬下之美軍作戰部隊自中國實施空中作戰，並在作戰、訓練及後勤方面支持中國之空軍地面部隊。

他甫到中國，發現史迪威並無任何交待甩手而去，此時正值桂柳會戰中方處於劣勢，日軍步步緊逼，貴陽危急，昆明亦在威脅中。一旦失守，後果不堪設想。所以他即向蔣先生建議，將在緬甸作戰的駐印軍兩師調回，用於正面阻擊日軍，並以何應欽氏馳赴貴陽，督率作戰，迅速將戰局穩定。即此其幕僚長才可見一斑。隨後他即建議並實施縮編部隊兵力，提高部隊待遇與建立後勤補給中心。所作所為，成效斐然。

後勤補給方面素為中國部隊弱點，魏氏做法不特解決一時之需，甚至建立轉型期的良好制度，形成良好的基礎工程。魏良才先生〈最後的美國諍友〉一文寫道：「為杜絕部隊長的中飽私囊，魏氏又擬具新的配糧計畫，分別在昆明及重慶設立一個給養中心，負責採購軍糧，分發至各分支單位，再以卡車運送至各部隊。此一新配糧計畫在全國實施成效良好，不僅士兵糧食不虞匱乏，軍民之間的關係亦大為改善。魏德邁並要求馬歇爾派遣一位食品專家來華，研究國軍膳食情形，並提出改善建議。同時，自美國運送維他命丸，以補充士兵營養之不足」。

魏德邁對中國戰場的看法顯示出他博大的視野，全球戰略的綜合分析，實在難能可貴，他以為，就整個東南亞戰局來看，中國的抗戰也應該是重點，中國拖住了日本一百多萬軍隊。一旦中國戰敗投降，則日本大量部隊就能騰出手來對付美國，那時整個太平洋的戰爭格局將發生逆轉。而且許多人沒有意識到更大的威脅，即一旦中國投降，中國的人力和物力資源都將為日本所利用，那麼日軍就不僅僅是一百多萬軍隊了，日本將會組建上千萬人的軍隊來實施它征服世界的野心，而一旦中國不能堅持下去，這種可能將會在不久的將來成為事實！由於史迪威的指揮不當，使中國損失了三個精銳軍。被迫抽調精銳部隊入緬作戰從而造成國內防衛力量的薄弱……他寫道：「蔣先生一直是四面作戰：對抗日本；對抗蘇俄；對抗以前軍閥或半獨立省份文武官員所代表的離心勢力；對抗西方帝國主義者，尤其是英國。美國人大部份的時間不是拒絕承認蔣介石所面臨的困難，就是對中國戰後的命運毫不關心。我們主要的目的是確定中國必須在這場戰爭中扮演積極的角色，而不管她的精疲力盡及其人民的慘重犧牲與苦難。當我奉派前往中國戰區，軍部給我的指令中所使用的就是這些字眼。」

關於對日全面反攻的參謀作業，在一九四五年的開春，魏德邁就帶著他的參謀顧德門在重慶會商，中方代表有侍從室主任林蔚，外事參謀皮宗闞和杜建時，會議內容是研究修訂作戰計畫，除了敵情判斷和作戰部署以外，主要的作戰方針是要首先收復廣州，打通出海口，連接粵漢路以及湘桂交通線，並在廣州、衡陽兩地區分別組織大型會戰，迭次推進，目標是在通過兩個會戰殲滅所有在華南地區的日軍主力。

魏德邁到了重慶後，非常重視參謀業務的研擬，他要求每星期開兩次參謀彙報會，中美雙方交換情況。美方參加的是美軍參謀長馬克魯少將以及後勤、汽車等等方面的參謀各一人，主管作戰、情報的參謀各二人。中方參加者有後方勤務部長湯堯，還有軍令部第二廳的廳長鄭介民，以及擔任翻譯的中將高參何世禮等人。稍後中方更由陳誠、劉斐等更高級的大員參加這個彙報會。這個參謀彙報會的一些重大事項，據湯堯所說有這些：

其一，他認為一旦反攻開始後不能再用戰區的戰鬥系列，因為這樣指揮很不方便。真正能動的軍隊的必須做到如臂使指，所以在一九四四年年底成立了中國陸軍總司令部，下面設了四個方面軍，同時撤銷了遠征軍司令長官部。

其二，魏德邁堅決主張士兵有足夠的營養，包括卡路里能量、黃豆、蛋奶、水果等等，當時中方的何應欽、俞飛鵬等人說哪有那麼多東西，中國人從小就不吃肉，吃飽就可以了，遭到魏德邁無情的反駁，他說你們留著這些東西給日本人吃吧！魏德邁也曾經去西安的胡宗南的部隊視察，當時已經是晚秋時節，士兵赤腳跑過高粱地，踩到高粱渣子上，一路鮮血淋漓，還要不准停留，表示精神頑強。魏德邁同樣非常氣憤，他說多虧中國兵富有愛國心，要在別的國家早就投降敵人了——帶兵的人怎可以如此殘忍。

其三，關於武器、彈藥、服裝等戰略物資由美方供應，但糧食除外，魏德邁說，總不能糧食也從一萬多公里的美國去運來啊。

其四，魏德邁規定擔任反攻的中國陸軍總司令部下屬各部隊全部由美國直接進行補給，舊有各戰區的守勢部隊則由美國部分補給。

美國人的調停勢力，譬如一種國際幕僚，可是像馬歇爾等人，其思想和麥克亞瑟、陳納德的出發點、思維方式差異很大。所以，調停的結果也就影響時代的分界。有些美國幕僚，眼大漏神，小處斤斤計較，對於大紕漏，卻視若無睹，一意加以遷就和袒護，使得他人縛手縛足，乃致整個局勢日趨惡化。

內戰時期，則有駐聯合國軍事參謀團，時間是一九四六八月至一九四八年七月，由何應欽掛帥，擔任駐聯合國軍事參謀團團長。代表團中，陸軍的陣容相當不錯，如陸軍組組長劉廉一、余伯泉、陳桂華、鄭學燧和汪敬煦。

汪敬煦說：

「何敬公組成的到美國後，原代表團有二位參謀不錯，一位是胡炘（駐新加坡代表），另一位是溫哈熊。當時何敬公用的參謀沒有一位是他身邊的，也沒有一位是有什麼關係的，可以說他是以長官身分調集了這些人。劉廉一在山東擔任第八師師長；余伯泉從廣東餘漢謀部隊來的；陳桂華是陸軍大學十八期第一名畢業，派至參謀總長辦公室服務（時總長為何先生），一直跟到昆明、美國；鄭學燧從軍訓部調去；我則在中國陸軍總司令部任參謀。

空軍方面有毛邦初，原在中華民國駐華盛頓軍事代表團服務，此時又兼駐聯合國軍事參謀團空軍組組長。參謀團到美國後，原先以熊式輝為團長的軍事代表團就結束使命。

二次大戰時曾有過這樣的笑話：我們基於美國對德日宣戰，因此派去的都是對德日有相當研究的專家，如：徐培根，德國陸軍大學畢業；熊式輝，日本陸軍大學畢業；金鎮，日本士官學校炮兵科畢業；蔡文治，也是日本士官生。這些人到了美國後，美方卻很為難，他們認為德日專家他們也有不少，就是缺少中國專家，而這些人都階級太高，對中下階層的作戰後勤計畫有些隔閡。美國參謀本部有很多項目要求我方軍事代表團解釋，幫助他們瞭解中國戰區狀況，因為他們是準備到中國戰區來作戰。因此他們提出的問題不是德日的問題，而是中國戰區的問題。我方派去的長官，大問題瞭解，細小的問題就不夠深入，而我們這些赴美受訓的年輕軍官，出身連隊，因此就把我們接到華盛頓去，幫軍事代表團回答問題。由此可顯示出一些問題：駐外人員第一條件，就是要對國內狀況相當瞭解，可惜我們很多駐外人員一任一、二十年，根本對國內情形脫節，小孩也在外國受教育，與本國生活習慣格格不入，最後則是流落異邦。別人對中國不瞭解還說得過去，我們的駐外人員怎麼可以不瞭解自己本國呢？」（汪敬煦〈擔任何敬公參謀之憶〉）

抗戰中美國參謀團固然予中國絕大幫助，但是人的性格因素的歧出也生成一種橫加阻礙的後果，而且人和人之間的距離也彷彿死人跟活人之間的差別一樣，大到不可想像。一些參謀更像中了邪一樣，眼光短淺，易受蠱惑，稍不遂意，就以停止這個、不給那個，頻頻施加壓力。中國在戰爭中元氣大傷，百廢待舉，事實上有不得不仰賴於美國支持者，所以就委屈求全的接納了美國的主張。

麥克亞瑟在回憶錄中極為痛心地指斥美國政客：當蔣委員長退到臺灣，美國當國者告訴駐外代表，臺灣並無戰略價值，它是中國的內部事務，沒有特殊軍事重要性，可見政客之惡。一九五〇年一月，國務卿艾奇遜公佈臺灣在美國防線之外，同時也撤銷南朝鮮作為美國的前哨基地。杜魯門的政策是不得人心的，受到美國有識之士的廣泛譴責。

麥帥意識到艾奇遜的失誤，遂邀請他以尊貴身份到訪東京，不料艾氏一口拒絕，說是忙碌。但艾氏卻在這期間到歐洲去了十一次！

汪敬煦對此也深有感觸，他說：抗戰勝利後，美國對我們是有援助，但美國每次援助，後面都栓個小繩子（有附帶條件）。聽我的，我就給你，不聽就不給。因此美援到最後把所有國家都得罪了，所以人家說美國人做朋友很困難，做敵人很容易。

蔣先生的戰略用心

曹聚仁以為，蔣先生的性格造成幕僚發揮的難度。中日大戰前夕，胡適從廬山談話會回來，就說：蔣先生心目中，我們這些大學教授，就等於黃埔軍校的學生！他的頭腦中，除了聽他話的，就不會有敢於自作主張的人（曹聚仁《採訪外記》八六頁）。

何應欽的態度，比較好一點，陳誠的態度，跟老頭子差不多，也可說更壞一點。

顧祝同本來也不懂得招待記者，後來馬樹理替他辦報，宦鄉做他的政治顧問，他的修養才逐漸好起來。

蔣先生一直玩弄權力，存著天無二日的心理，西安事變時，他對端納說，張學良不擇手段，拘囚了他，才和他談判，端納不禁失笑道：你自己不是也時常關起了別人，才和他們談判的嗎？（曹聚仁《採訪外記》八七頁）。

這些敘說或評論，大多是些漫畫式的勾勒，並不具有恰切的說服力。

蔣先生當年的戰略，逼迫日本將南北攻擊態勢改為由東向西的進攻，今日回頭觀察，不得不佩服他的高人一籌，他是把政略、戰略、戰術結合到最佳的一個人。傑出如蔣百里，大戰略思路極為清晰，實戰卻不見佳，如其襄助吳佩孚期間，差不多就是縮手縮腳。

蔣緯國說老蔣先生的戰略是改變日軍進攻方向，因此他必須培植大量品種齊全的部隊在大西南和大西北，以作反攻或決戰之用。

所以，胡宗南在西北，雖名為戰區副司令長官，實際上他的職權較正職朱紹良還大。新疆、以及西北馬家部隊（馬步芳、馬步青、馬鴻逵、馬鴻賓）也受他的節制。在他的副司令長官部，設有參謀處、情報處、軍務處、副官處、經理處、人事處、軍醫處、軍法處、軍械處、機要處等處。所轄正規部隊，有李延年（後為李文）、陶峙岳、范漢傑、李鐵軍等人的集團軍；另有直屬軍、師及特種部隊序列的炮兵、工兵、騎兵、裝甲兵、通信、汽車等特種兵旅、團。可見其綜合的勢力龐大，均非別處所可比擬。

那時候，胡部的一般編制是：集團軍轄三個軍，軍轄三個師，師轄三個步兵團。軍又有炮兵團、輜重兵團、工兵營、通訊營；搜索營、特務營等直屬部隊。

蔣先生的修養和他早年粵軍時代的幕僚生涯有關。他在一九六〇年代曾經講述，建軍事業要從頭做起，特別強調他久經戰火洗煉的治軍經驗：

> 戰爭的遂行，須發揮活的精神力，因為戰力是質量與衝力的乘積。精神力，等於衝力、動力、和活力，表現在物質上面，使人的衝力、動力、活力足以擴張物質的質量、動量、速度、和強度，而成為雷霆萬鈞銳不可當的打擊力。所以我們可以說，戰力（打擊力）是等於物的質量與人的精神力

（衡力）的乘積。

他強調組織與思維訓練，因為組織力就是思維力的體現。責任制度的基本精神──實事求是、精益求精、人人負責、事事有成。責任制度的本質──建立考核的考核……他以為現代化的軍隊，必先要有現代化的軍人──經過了現代教育、訓練、組織、規律的修養造就，為現代化軍隊的第一要務。簡言之，亦就是要先有現代化的軍人，才能組成一個現代化的軍隊。而他對日本維新與中國洋務運動的比較，更見出他的眼光確有過人之處。

蔣先生推崇日本倡導維新的主要人物伊藤博文，說他建立軍制依託新的憲政。他批評同時的李鴻章著眼點的低下。因為前者重在建國建軍久遠的規模──政治、憲法、經濟、社會的組織，軍事的制度，以及科學的精神和方法，故其根基頗為深厚。而相反的，晚清的李鴻章則是深植了「師夷長技以制夷」的觀念，始終只知道西方國家「大炮之精純，子彈之細巧，器械之鮮明，隊伍之雄整，實非中國所能及」；以為「中國欲自強，則莫如學習外國利器」；以為「中國但有開花大炮、輪船兩樣，西人即可斂手」；而對於立國建軍的大政方針，和學術文化的根本之圖，尤其科學的基本精神，則不聞不問，因此他主持洋務幾十年，亦僅止於聘請顧問，訓練洋槍，抽收關稅厘金，設立機器製造局、造船廠、招商局、礦務局，求其「船堅炮利」。

《柏文蔚自傳》敘寫中原大戰前，張學良舉足輕重的地位，馮玉祥、閻錫山軍將發動，蔣先生派張群做張學良工作。張群從上海動身，行前在上海珠寶店購買大批鑽戒寶石，並帶大批舞女同到瀋陽，連張學良左右的男女傭人都送禮物，天天引誘張學良跳舞，把張包圍了。其實設若這樣就能免除戰火，那也是一種很不錯的隱形戰，求之不可得啊。

像柏文蔚所講述的蔣先生這類小智謀，行雲流水般靈機一動，至辦成大事的，也不在少。而他在萬般艱困中，竟將日本的侵略態勢——哪從北到南進攻的如意算盤，壓制成從東向西有利我方的情形，則是難能可貴的大韜略的顯現了。

兵凶戰危，戰爭的結果，是毀滅性的，赤地千里，家破人亡，人命危淺……所以在準備戰爭的時候，一方面是避免戰爭，一方面是在萬不得已非戰不可的情況下，必須贏得戰爭，尤其要讓敵人知道要麼就不打，一旦開戰，敵人一定會輸，這樣敵人也就不敢打了，這也就是所謂的不戰而屈人之兵。

蔣緯國說，國家頂峰階層考慮戰爭指導，一定是避免戰爭。除非到了因為避免戰爭反而產生對國家的更大危害的時候，才決定不如一戰，因為長痛不如短痛。

此即抗戰前蔣老先生的心理和作戰指導原則。

「抗戰爆發後，父親的**戰爭指導就是要打破日軍由北向南的作戰線，要使國內由北向南的壓力減輕，並且使日本改為由東向西的作戰線，唯有如此，我們才能利用西南地區**（即大後方）。因此以戰爭指導來說，建立大後方為新的作戰基地是相當重要的。作戰基地的建立地點則與作戰線、作戰正面形成一個整體的關係，作戰正面是前方，作戰基地是後方，中間有一條連線，這是一條交通線，也就是補給線。站在野戰戰略的立場，要維護交通線，最好是與作戰正面形成垂直面，這樣左右兩邊都是安全的；最危險的交通線（補給線）則是與作戰正面太過於平行。

補給線在戰爭進行中是生命線，撤退時則是救命線，這點非常重要，除非雙方的攜帶量足夠決勝……如果有這個把握就可以暫時不用補給線，否則就非要用補給線不可。」（《蔣緯國口述自傳》第九頁）

這在蔣緯國自傳出版之前，尚未看到如此精闢的論述。這裏涉及一個全盤性的野戰戰略構想，他進一步分析說：「日本的前進基地設在我國的東北，日方稱之為關東基地，在關東的日軍就稱為關東軍。以關東這個前進攻勢基地來說，日軍從北向南打下來，其主力可以沿平漢路南下，並且以其有力之一部沿津浦路南下，由此可見，日軍的重點放在西邊，如此會變成中日雙方南北對峙、東西展開的局面，這樣一來就把國軍逐次的向東南方壓迫到沿海邊。如果我們被逼到海邊就完了，因為我們在海上沒有補給。當年日本海軍與中國海軍的比例，光拿噸位來比，是三十一比一，也就是三十一倍於我們，船與炮的性能還不算，因此國軍如果退到東南沿海，這場戰爭就結束了。」

「父親確實對中國大陸做了詳細的地略分析，所以才決定，要對抗強敵日本，先要替日本做一個打勝中國的構想。他發現，日本如果要侵略中國，就要將攻勢基地放在北方，由北向南攻擊，把國軍推到東南沿海，如此一來，就能達到三月亡華的美夢。我們的對策就是使日軍由北向南的攻擊改變為由東向西，將自己的攻勢基地放在大後方（雲貴川），必要時，西康也變成大後方根據地。」（同前書第十二頁）

退台後，蔣先生再次強調「三角形攻擊戰鬥群」的觀念，曾經要陸軍研究後做觀摩演習。蔣緯國接到命令和他父親同行。到達演習地點，發現一個部隊站在水塘裏面，老先生看了就問怎會站在水塘裏？那些人解釋說：這是按照一般狀況的需求，因為另外兩個第一線部隊已經擺好了，所以第三個部隊非放在水塘不可。蔣先生聽了覺得真是天大的笑話。他說：「我跟你們再三地說過，三角形不一定是正三角形，前面兩個部隊擺定後，第三個部隊可以放在前後左右任何一個地點，這個地點要依狀況而定，而狀況包括敵情與地形，你們怎麼能把部隊放在水塘裏呢？」因為三角形攻擊戰鬥群，基本編組為三角形者，其應變的靈活很大，緯國以為，這真是教條的典型，因為即使是沒有戰場經驗的人，也不會將第三個部隊放在水塘裏。結果老先生連演習也沒有看就走了，並交代指揮官研究好後再找人去參觀（參見《蔣緯國口述回憶》第十七頁）。

抗戰初期，日本侵華由北向南壓制的企圖已非常明顯。東北早已在其佔領中，在華北又頻頻得手。

陳建中他是國民政府軍事委員會第六部的政工人員，和一群青年軍人被派遣到晉察綏前方，擔任戰地政務工作。他們搭乘蒸籠一樣悶熱的津浦路火車，浩浩蕩蕩北上，每個人都如荊軻赴秦。經隴海路到潼關，渡過黃河，再轉同蒲路到太原。參加騎兵部隊，馳驅塞外，從事戰鬥殺敵工作。

他的《戎馬關山——蒙疆喋血記》回憶，閻錫山在山西，有自己的政治組織，理論研究機構，軍政訓練機構。可是日本的侵略戰爭，卻打開了山西的門戶。平津各地的知識份子，大批大批的湧到太原，各種各式的宣傳口號也都紛紛出現。

敵人對平綏線的作戰，系分三路進兵。我方的部署，則以湯恩伯為前敵總指揮，由十三軍防守南口、居庸關、懷來一線……而由北路軍總司令傅作義坐鎮大同，全面指揮督導。傅作義的總部，初設於大同近郊的口泉表示有信心打勝仗。

然而，日軍對太原展開全面攻擊之前，即採取空軍與機械化部隊的密切配合，飛機不斷出動炸射，造成重大傷亡。「傅作義日坐愁城，早晚都在他設在城牆防空洞的辦公室，聽取各方面的電話電報，一切表現一籌莫展。每次接到一個不好的消息，總是繞室彷徨，據說也有幾次抱頭痛哭。記得我去拜訪時，他的談吐，完全失去在大同那樣的氣概，說到前方戰事，不住的緊縐眉頭，唉聲歎氣，不能有決斷的答覆。」

一九三七年底的太原的保衛戰，日軍陸軍及機械化部隊會同行動，首先佔領太原的東山，俯制北郊衛立煌軍陣地，炮火直接威脅城區，傅作義本類似就沒有與太原城共存亡的決心，當前的形勢，更促成了他撤走的念頭，十一月九日，他率同幾個親信隨員，匆匆出城，部隊只好也突圍西行，太原就如此輕易棄守！

當時千千萬萬的青年，都紛紛奔赴前線。但大家還以為戰事將暫時集中於華北，不致立即延伸到南方。

顯然，尋常戰將尚無大戰略的考量，不可能想到改變日軍進攻方向這樣的大戰略。只能被動的和日本抵抗，但事實又是抵檔不住，從這裏，可以看見蔣先生的過人的高明。

生下來就是參謀長的料：蔣百里的參謀生涯

神機妙算與科學眼光

一九三七年八一三戰事起來後，蔣百里正處於代理陸軍大學校長時期。當時部隊撤離上海，他也到了南京。蔣介石一見面就急切地問，此次中日戰爭，英美會否捲入漩渦？百里答：可能，也許是時間問題。又問：如果英美捲入，最後勝利究竟屬誰呢？百里鄭重回答：不敢說得太遠，在最近二三十年內，西方民主國最後是不會失敗的。（參見陶菊隱《蔣百里傳》，一六三頁，中華書局）

百里這個大方向的判斷，對蔣先生大戰略的擬定，無疑具有深刻的影響。幕僚參贊戎機，在於以宏觀的眼光，對全局戰略實施大處著眼的把握。

這在當時，要做出如此的判斷，委實並非易事。首先要對各國政體的優勢具有人文尖端的認識，而這在當時，相當一些人士還處於懵裏懵懂狀態；其次要對各國武器、戰力、軍隊訓練、精神狀態的細微差別體察入微，再次還須對時代潮流有清醒的洞察。也即作如此判斷的人，一者必須見多識廣，二者尚需對人文、科技等的情勢有所綜合把握。

蔣先生如此問詢蔣百里，說明蔣先生的內心，也是忐忑游移不大吃得準的。

事實也是如此，當時很多漢奸集團急迫倒向日本，除了利令智昏，其心理背景就是他們的判斷錯誤。抗戰初期，以及太平洋戰爭初期，戰事的進展，種種事實，還並不足以支持蔣百里的判斷，因為一直到抗戰末期，日本還打到貴州獨山，企圖包圍陪都重慶；而麥克亞瑟將軍在丹巴受挫時，竟創造了美軍歷史上將士被俘的最高紀錄……

所以做出蔣百里式的判斷，不特需要眼光，還需要膽量，甚至措辭——時間與範疇的限制詞。自然，最後的結局，與其判斷，絲毫不差。

曹聚仁記蔣百里。說是一九三二年二月一日。他和百里在上海法租界的一家咖啡廳喝茶。百裏手持一張上海《每日新聞》。他就對曹聚仁等人說，六天以後，即七日早晨，日軍要有一個師團到達上海了。怎麼得知的呢？他並無內部消息或其他特殊途徑。他指著他正看的報紙上的一條電訊，那簡短的電訊說日本陸軍大臣杉山元昨天晉謁天皇。蔣百里說這就是報告出兵的意思。以日本的運輸能力，以及由長崎到上海的水程，估計七日早上，可運來一個師團。

曹聚仁吃驚不小，因為七號早上，日軍的第九師團，果然到了上海，參加作戰了。曹先生不由得對百里的高明讚歎不已。（參見二〇〇七年四月由三聯書店首次刊行的曹聚仁遺稿《採訪外紀》二二二～二二五頁）

依照一條尋常新聞，推斷日本即將出兵，這是判斷的第一環節，下此判斷，必須對日本戰時行政體制有深入瞭解；他又從運輸、交通、運量，推斷出發來軍隊的數量，這是第二環節，這要求對當時軍隊的後勤補給有深入體察，怪不得曹聚仁要由衷佩服了。蔣百里對部屬或參謀常說要增加常識的涵養和保有量，參謀學的根本真意再哪裡？也可說卑之無甚高論，就是常識非常重要，它是分析判斷的材料庫，也是養成識別眼光的大本營。

蔣百里不幸於抗戰初發期間病逝，此前他對蔣介石的看法也頗值得參考——因為蔣介石後來的作為天衣無縫地吻合其判斷的軌轍。他說：全國的大軍人，我幾乎無一不認識。論到緊要關頭，快刀斬亂麻，當機立斷，我覺得在全國人物中，無有能出蔣（介石）之右者。他有今天的成功，絕非偶然，今後就要看他對全局的規劃怎麼樣了……尤其是成功者容易為自己的成功歷史所支配，蔣氏以黃埔建軍得到北伐成功的，假使他用黃埔生用到超過了他們的能力，我便很為他擔心。（同上書，二二三頁）

蔣百里生於浙江海寧，少年時期讀《普天忠憤集》，竟痛苦難遏，以至哭出聲來。他到桐鄉拜訪親友，認識了縣令方雨亭，方氏是方聲洞、方聲濤之父。方先生對他的文章大加讚賞。百里祖父建有「別下齋」藏書樓，積書達十萬餘冊。一九〇一年，蔣百里東渡扶桑，入日本陸軍士官學校，與蔡鍔、張孝准被譽為「中國士官三傑」，入學第二年創辦《浙江潮》，鼓吹民主革命。一九〇六年，趙爾巽視蔣百里為特異人才，聘其為東三省督練公所總參議，參與籌建新軍，那時他才二十四歲。張作霖等因地方觀念對其排擠，百里遂赴德國學習軍事，曾在興登堡將軍麾下任連長，受其揄揚而聲名大噪。

曹聚仁以為蔣百里本人很像達文西，是那種根本意義上的才華橫溢：「百里先生也正是這樣一種人物，一生既為軍事學家，又為政論家，也擅長文史研究，詩詞都不錯，字也寫得很好，說話滔滔不絕，風趣橫溢。」

現代文學史上大名鼎鼎的文學研究會於一九二一年初在北京發起成立，他們認為文學絕非消遣品，也反對把文學作為個人發洩牢騷的工具，主張文學為人生。最早發起人鄭振鐸、沈雁冰、葉紹鈞、許地山、王統照、耿濟之、郭紹虞、周作人、孫伏園、朱希祖、瞿世英……也有蔣百里在其中。

他因蔡鍔之介，結識梁啟超，他不但作無數大人物的軍事幕僚，也做大文人的幕僚。曾隨梁啟超訪歐，成為梁氏得力助手，號稱智囊。梁啟超做了段祺瑞的財政總長，一九一八年底，作歐洲大陸壯遊，他帶著政、經、軍事方面的隨員，有蔣百里、丁文江、張君勱、劉崇傑等等。這是梁氏初次到歐，彷彿劉姥姥初進大觀園，他對歐洲的政治、經濟、文化、歷史、藝術無一不感到驚奇，他懂得日文，但於西文則是門外漢，蔣百里擅長日、德文字，通英法文，梁氏依之如左右手。次年回國，著有《歐洲文藝復興史》約五萬言，由梁啟超作序。梁下筆不能自制，一篇序言竟也寫了五萬字，與原書字數相等。只好單獨成書，就是《清代學術概論》，反過來又請蔣百里為該書作了序言。這一文壇趣事雖不能說是絕後，卻屬空前未有。

該書導言嘗謂：「文藝復興，實為人類精神界之春雷。一震之下，萬卉齊開……綜合其繁變紛紜之結果，則有二事可以扼其綱；一曰人之發見；二曰世界之發見……」不管是軍事的謀略貢獻，還是文藝的參酌見解，均可謂大氣鬱勃，一九三八年百里病逝後，章士釗輓詩有云：「……談兵稍帶儒酸氣，入世偏留狷介風。名近士元身得老，論同景略遇終窮。」以酸腐來概括蔣百里精神事功，這個論調不大不沾邊。也可見章氏小人作風的根深蒂固了。

百里去世後，國民政府的褒揚令說：「軍事委員會顧問兼代理陸軍大學校長蔣方震，精研兵法，著述眾富。比年入參戎幕，訏謨擘劃，多所匡扶。方冀培育英才，用紓國難，不幸積勞病逝，軫悼良深。應於特令褒揚，追贈陸軍上將。」特別強調他參預戎幕這個關鍵。他曾先後被段祺瑞、袁世凱、黎元洪、吳佩孚、孫傳芳、唐生智、蔣介石等軍政首腦聘為參謀長或顧問。被譽為軍事思想家和軍史學家、軍事戰略家、兵學泰斗。

幫不了不成器的東西

馮玉祥邀請蔣百里講課，欲聘其為參謀長，但交淺言深，話不投機。孫傳芳則是他士官生時代的老同學。

吳佩孚盤踞兩湖、河南、河北等地，孫傳芳保有江南五省。北洋軍閥本來就是顛三倒四的濫隊伍，但他們因偶然的形式而膨脹，反將國民革命軍的歷次北伐，視為烏合之眾，意甚輕蔑。孰料北伐軍兵鋒所向，勢如破竹，克長沙、過汨羅江、占賀勝橋，直逼武漢，不到兩個月的時間就橫掃兩湖，武漢形勢危急，吳佩孚只得倉皇率直系軍南下。

北伐軍進攻吳佩孚時，對南京的孫傳芳則爭取其中立。其時蔣百里正於孫傳芳軍中任幕僚，孫氏問計於蔣百里。百里提出三策：上策為出兵長沙，腰擊北伐軍；中策待蔣（介石）、吳兩軍相爭於武漢以南，兩敗俱傷之際，出兵占武漢；下策將主力向江西佈防，以逸待勞，尋機出擊。孫傳芳取了下策，一面與北伐軍講和，一面將其二十萬大軍分五路佈防於江西、福建。第一路以鄧如琢為總司令，駐南昌一帶；第二路以鄭俊彥為總司令，駐防南潯路南段。第三路由盧香亭任總司令，駐南潯路中段的德安、涂家鋪、武寧一帶；第四路以周蔭人為總司令，駐福建；第五路以陳調元為總司令，駐武穴、富池口、石灰窯。到了八月底，國民革命軍攻下岳州，孫傳芳始感形勢嚴重，遂召集五省聯軍將領會議，決定兵分四路入贛，協同鄧如琢與北伐軍在江西決戰。並令周蔭人陳兵閩、粵邊，擾亂北伐軍的後方。

蔣百里的思想和趣味

蔣百里先生在一九三〇年代後期，曾說南京市的一切新表現，可謂之建築，不得謂之建設。誠為影響社會輿情的熱點言論。他對社會的觀察，真可謂一語中的。當時的交通、鐵道等部門，建造鋼筋水泥的宮殿式衙門，內外都有科學的設備，東西合璧的美術裝飾，很是吸引觀瞻，但是耗資甚巨，對國計民生卻並無補益。所以，蔣百里的觀點，形象而深刻，指出傳統行政方式的弊端，以及國民性所造成的不上軌道的行政。

北伐時期，很多有識之士主張蔣百里任國民革命軍的總參謀長，學歷和名望都很相稱。他不以為然。說是剛剛當過吳佩孚的參謀長，又到北伐軍任同樣職務，外面會有流言蜚語。恰巧在這時，孫傳芳也想請他任五省聯軍總參謀長。百里暗自好笑。心想，這裏是參謀長，那裏也是參謀長，繞來繞去都是參謀長，好像我生下來就是參謀長的材料。

他因為推辭，就推薦了丁文江，丁又推薦了陳陶遺，丁氏自己接受孫傳芳的淞滬市政督辦。

蔣百里是行動穩健的軍事家和學術家。他建立現代化國防的思想始終不移。

他的學生唐生智是一個反覆無常的傢伙，北伐時投效國民革命軍。未幾寧漢分裂，唐氏從中作梗，一度失卻兵權。一九三〇年代初期，唐氏又起兵反蔣，希圖坐大，密詢於蔣百里，百里電曰「東不如西」，勸其仿照左宗棠，往西北發展，其間有軍事地理的考量在內，而唐生智自詡精明，不願放棄東南膏腴之地，自未能體會百里的用心，聯合許多雜牌軍將領，通電逼蔣介石下野，蔣先生大怒，命人查抄唐生智駐滬總部，隨後又搜查蔣百里住宅，搜獲無線電臺、密碼本及給唐生智電稿。蔣先生以為諸人聯手對付他，遂命將蔣百里軟禁之。

百里因為唐生智反蔣的關係，短期被軟禁在杭州西湖。他就對他的兩個女兒，講述《水滸》、《三國》、《西遊記》，講到武松打虎那一段，他就爬在地下扮演老虎，教兩個女兒怎樣撲打和閃避。他說，赤壁之戰的借東風是天文學，木牛流馬是機械學，後者他自己也會造，是利用四川凸凹不平的地形發明的，利用下坡的力量上拔，木牛流馬在平地則不可行。他對八陣圖也很有研究。

他閱讀伏爾泰、康德的著作，也向兩個女兒講解，但她們聽來味同嚼蠟，於是，百里指著他掛在牆上的康德像，說：你們看，他的腦子多麼大啊！

這趣味的教育方式中，也可見得他對抽象推理智慧的推崇。

百里手不釋卷，偶有無書可讀的時候，也要翻越一下毫不相干的書籍，他以為總比不看書好受。

說到他對本國史的見解，他以為，中國自古以來就有極其豐富的民主思想。古代未進化到選舉制度，就有傳賢不傳子的作風。所謂國人皆曰賢而用之，就是尊重民意的具體實踐。其後君權漸甚，仍有諍友諍臣，戰國時期不乏婉言諷諫的辯士。後來，秦始皇統一了中國，才進入了君主獨裁的時期。

一九三零年代以後，陶菊隱常在南京和他來往。蔣百里感慨說世界的變遷真如電光流火。他說過去是平面戰爭，今後將迅速演變為立體戰爭，險要戰區將從高山移到平原。他對經濟認識也很精警，他認為僅對內節流而不開其源，將打破收支平衡，引發的經濟危機難以彌補。

他是陸軍士官出身，但他感於戰局的發展，第一建議就是要以迅速有效的方法，必須趕快發展空軍，否則就萬萬趕不及了。此前，大氣而睿智的孫中山先生，就有建立空軍的思想，發表航空救國的言論，百里考察英德法意四國的空軍都是獨立的，美國那時還稍落後一步，使陸軍指揮空軍，就不如德國獨立空軍行動迅速的強大威力。他又比較了義大利杜黑將軍有名的制空論，為德國所用大行其道，這些事例很說明問題。

陶菊隱先生說，當時倡導空軍獨立的理論，以陸軍出身的百里為第一人。他給軍事委員會的呈文中，有「勇者受勳，能者在位」之說，陶菊隱極為欣賞，以為乃點睛之筆。他主張以榮譽酬軍功，而不以位置為酬庸之典，都是非常高明的見解。他在義大利考察時，受意軍參謀總長巴格格裏奧的招待，到拿波里觀摩大規模的航空演習。他的呈文中對空軍補給及現代化也有詳盡說明。他的這些思想，早在日本留學時期就和同學蔡鍔交流過且有相當合拍的意見。

現代火力與速度

抗戰前，提倡精研日本的社會、軍事、政治，以期回答中國對日抗戰如何打贏這個題目，並完成專業的對日作戰方略。百里先生以為，對日作戰，不論打到什麼天地，窮盡輸光不要緊，最終底牌就是不要向日寇妥協，最後勝利定是我們的。若不相信，可以睜眼看著。我們都會看見的，除非你是個短命鬼。所以他的〈抗戰的基本觀念〉等文，駁斥了速勝論和速敗論。他說，唯有長期抗戰，才能把日本拖垮。他說，勝也罷，敗也罷，就是不要同他（日本）講和！

蔣百里的現代國防心曲確實包含了他銳利的感覺和預測。他的言論發表十餘年後，日本坦克、重炮戰車狼奔豕突，攻破南京……

一九四〇年五月起，德軍A集團軍群的坦克師旋風般攻破法國防線：「進軍時由四個大型摩托化部隊支援、掩護，俯衝轟炸機輪番配合攻擊，摧毀文明的鐵路線，癱瘓了文明的交通。」（參見戴高樂《戰爭回憶錄》一卷，三十頁）並迅速將法軍北線部隊和中部部隊攔腰切斷。在高度機械化的產業工人組成的德軍打擊下，英法軍不堪一擊……隨後就是軍史上有名的敦克爾克大潰敗，德軍元帥戈林更說他的空軍要將此地變成火海。自北部防線被突破後，德軍打到巴黎，僅用了八天時間。

戴高樂認為，法國腐朽高官爾虞我詐，對現代戰爭全無認識。他們還在墨守一戰時期塹壕戰的陳腐觀念。法國有最龐大的陸軍，但經不起立體化的火力強攻。對日本機械化部隊的反攻打擊，到了二戰末期，尼米茲、麥克亞瑟、李梅的部隊以更加強大的火力進行報復。時至今日的智慧機械化、電子機械化、高端電子化，其實也是機械化的無限延伸。所有這些，證明蔣百里先生的眼光的高邁。一戰時期義大利米蘭師參謀長杜黑，提出絕對制空權的思想，認為空軍將在以後的戰爭中起決定性作用。

蔣百里的戰略思想，當時像他那樣強調治空權確實是少見的卓識，因為像現在二十一世紀初戰爭的特點最重要的也是使用高精度武器，保持治空權的優勢，奪取和保持治空權就是當前和不遠將來的常規戰特點。而在當時蔣百里除了電子戰這一類型在當時實難預見以外，關於治空權的強調，確實是推到了極重要的高度，眼光不知比當時的戰略家高多少倍。試看今人編撰的地方史，各地的論師說到他那地方的地位，沒有一個不是說兵家必爭之地。當李梅、尼米茲、麥克亞瑟的戰機在一九四五年三至九月，向日本本土實施毀滅性轟炸的時候，什麼兵家必爭之地都是枉然。又據美國《空軍》雜誌報導，二十一世紀，轟炸機將實現作戰半徑、載彈量與網路傳感系統的融合，從而大幅提升空軍未來遠端打擊能力。歷史表明，作戰半徑和載彈量素來是轟炸機研製的重中之重。將來十年內，轟炸機將會重新成為主導戰場態勢的決定性力量，新一代轟炸機將葆有打破一切戰略縱深的強大威懾力量。

第九章 抗戰烽火的澆鑄之二

台兒莊的參謀良策

徐祖詒，江蘇昆山人，一八九五年生。保定軍校及日本士官學校出身，曾在張學良任職。一九二八年，他和邢士廉等人作為張學良的代表，到北京與國民政府代表白崇禧商議東北易幟之事。

一九三三年，五月下旬，何應欽、黃郛派徐祖詒、李擇一與日武官到密雲晤日軍師團長，再商停戰條件，決定中日互派代表在唐山開會，當時徐氏任參謀本部處長。

一九三六年調任參謀本部第二廳少將廳長，掌管對敵情報，對外宣傳和聯絡外國武官等方面工作。期間業績突出，不久就被晉升為中將。

他也曾在黃埔軍校第八分校任職，該校從一九三九年到一九四三年共畢業學員近七千人。校址在湖北均縣，後易房縣，分校主任先後由徐祖詒、康澤擔任。

抗戰軍興，徐祖詒出任五戰區參謀長。一九三八年二月上旬，日軍進攻臨沂，守軍告急，徐祖詒親臨前線，協調龐炳勳、張自忠兩軍團關係，蓋當時龐、張二人性格差異較大而互有猜忌，張自忠曾私下對徐祖詒說：「在任何戰場，我張某當可拼一死，惟獨不願與龐炳勳在同一戰場，此人不可共事。」徐氏至前線，並於兩君偕同擬定對日作戰計畫，奮戰數晝夜，擊潰板垣師團之一旅，取得臨沂大捷。其後，敵人主力迭次投入台兒莊陣地。四月初日軍加緊攻擊徐州及其周邊地區，意在遏制隴海及津浦路，雙方調兵頻繁，大戰一觸即發。此時，徐祖詒緊急轉赴徐州，部署各部兵力，擬定作戰計畫，最後以「迫敵於台兒莊一帶聚而殲之」的作戰方案得到層峰之認同。國軍除原有各部外，又緊急調遣李漢魂、黃傑、桂永清、俞濟時、宋希濂等部沿隴海線佈防。同時軍委會另派軍令部次長林蔚率參謀團至徐州，擔任作戰計畫之踐行。至於擊敗小磯穀師團，中外震驚。

白崇禧對徐祖詒相當推崇，蓋以出身、經歷、學行相似之故。總結台兒莊大捷原因，白氏曾謂「是役全是李長官鎮定指揮之功。尤以其參謀長徐祖詒運籌帷幄嫻熟兵略，為一不可多得之幕僚長。」（《白崇禧口述自傳》一〇二頁，大百科全書出版社）其後白氏在〈戰場雜記〉一章中又慨乎言之：「徐祖詒為人精幹沈著，我曾見其擬定之作戰計畫，其戰術修養優越，指揮軍隊迅速……」云云。

桂柳會戰幕僚研擬內線攻勢

桂柳會戰前夕張發奎長官部幕僚研究決採內線攻勢、先擊桂平敵，一九四四年九月末在荔浦指揮所闡明下列各種情況，作為應對的背景：

一、敵人分三路向第四戰區前進，企圖以分進合擊態勢侵我桂柳。
二、湘桂路方面之敵為第四十、一一六兩師團，現在興安以南與我第九三軍對戰。
三、龍虎關方面之敵為第三、十三兩師團，已佔領我龍虎關。
四、西江方面之敵第廿二、一〇四兩師團和獨立第十九、廿三兩旅團，已佔領我丹竹、平南。
五、我楊森集團和第六二軍大部已到達平樂、荔浦附近集中。
六、我第九三軍仍在大溶江東西之線阻敵前進。
七、我軍校第六分校之一部武裝學生配合鍾山、富川的民團在龍虎關附近阻敵前進。
八、第一三五師和第一五五師已到達平南、桂平佔領陣地拒止西江之敵前進。
九、桂林城防工事已大致完成，柳州工事正在趕築中。

李漢沖是第四戰區的參謀處長，他是張發奎的主要幕僚，參與作戰計畫的擬定和督導實施。他以為任何一路敵人的兵力都相當強大，如全面採取守勢，將無處不弱，即和白崇禧（時任副參謀總長）及軍令部作戰廳長張秉鈞決定以內線作戰方式應對敵人攻勢。他們由平南經荔浦到桂林劃一弧形，作為戰略上的利害轉變線，希望在此戰線來各個擊破陷於分離狀態的敵人。以夏威總司令指揮第卅一、九三、七九等三個軍擔任桂林正面的作戰，楊森總司令指揮第二十、廿六、卅七等三個軍擔任荔浦方面的作戰，鄧龍光總司令指揮第一三五、一五五兩師和桂林綏署姚槐、唐紀兩縱隊擔任西江正面的作戰，以比較精銳的第四六、六四兩軍集中荔浦附近，待機使用於攻勢方面，以為對敵攻擊的主力。

桂林周圍有石山岩洞包圍掩護，最利於守，因興安和龍虎關的敵人到十月中旬仍停留不動，遂決定先對西江進到桂平之敵攻擊。

在此之前，據黃旭初〈日軍打通大陸計畫與桂柳會戰〉介紹，在一九四四年這一年中，盟軍形勢日佳；歐洲開闢第二戰場已告成功，美軍在太平洋逐島攻佔大有進展，但日軍卻在中國戰場發動一次最大規模打通大陸的中原攻勢。

這是日軍整個中原攻勢中最後一次會戰，最先為豫中會戰，中間為長衡會戰。當時，美軍在太平洋攻勢的猛烈，和緬北盟軍攻勢的順利；同時，美駐華空軍已在中國各戰區要地建立了空軍基地，對於敵人海上交通與其本土的安全，均予以莫大的威脅和打擊，複以其重工業資源的枯乏，無法取得海空軍的優勢，而確保其南洋佔領地的資源區；且陷其南進軍於孤懸海外聯絡中斷的情勢；因此，乃夢想由我華北、華中、華南以至越南打通一條大陸連絡線，由其本土渡海至朝鮮經東北而通到華北，再由越南修築經泰國、緬甸、馬來亞而至新加坡的陸上聯絡線，並進而佔領我鄰近海洋各地的空軍基地，以減少其海上交通及本土威脅。因此，平漢、粵漢、湘桂、黔桂各鐵路都是敵人必須佔領的路線；而衡陽、遂川、桂林、柳州的空軍基地，更成為其必須拔去的眼中釘。這一個攻勢，在敵人侵華的整個戰略上說是消極的，但它的行動計畫，使用兵力的強大，和攻勢的徹底，可以說是它侵華以來規模最大的一次。

敵人第一步行動是由華北南渡黃河打通平漢鐵路南段。敵人陷許昌洛陽、平漢路被占。這是日寇打通大陸的第一階段。然後敵在第二階段，試圖由武漢經岳州、長沙、衡陽而打通到桂林、柳州，更進向南寧而到越南路線。打到六月中旬瀏陽失陷、長沙失陷。接下來是衡陽攻城戰，國軍前後守了四十七天，也不幸失陷。自衡陽陷後，敵寇犯桂的企圖日益明顯，最高統帥責成第四戰區張發奎司令長官須確保桂柳。當時第四戰區共有十個軍。但這些轉進的部隊，均經連月苦戰，殘破不堪，其兵力多不及原編制的四分之一。

敵方八月下旬新設第六方面軍，以岡村寧次為統帥，總部設在衡陽，橫山勇的第十一軍直屬岡村指揮。橫山按照他的預定計劃，以為第九戰區的主力已經四散，桂林守備薄弱，攻取不難，衡陽既下，未及一月，九月四日即發動南進，湖南方面的敵人雖未急進，而廣東方面的敵人卻分途來犯了。

敵方岡村寧次十月底下令第十一軍於十一月三日進攻。橫山勇探悉桂柳守軍都非雄厚，遂分兵同時進攻桂柳，以第四十、五八、一一六等師圍攻桂林；以第三、十三兩師團長驅遠襲柳州。

中國部隊自桂平撤退後，張發奎本計畫在柳州實行河川決戰防禦，以鄧龍光集團佔領自遷江至象縣紅水河北岸、柳河兩岸的陣地；楊森集團以一部連繫鄧集團於象縣、鹿寨沿河西岸，佔領陣地，以主力固守柳州；夏威集團聯繫楊集團沿永福河西岸，由黃冕至百壽間佔領陣地掩護側翼；第四六軍為預備隊，控置於柳州西側。但這計畫未能徹底實施，因天氣原因，大雨連綿，山洪暴發，部隊行動困難，美軍戰機無法出動；楊森集團在修仁的第二十軍被敵牽制攻擊，無法脫離；夏威集團先被敵擊潰，夏總司令偕其參謀長韓煉成十一月五日狼狽到柳州報告張長官，謂部隊已脫離掌握，敵人現由黃冕渡河向中渡、柳城移動，有迂迴柳州左側背模樣；鄧龍光集團撤到紅水河佈防時，敵也追躡而至。十一月六日紅水河、柳江、柳州、柳城奮力面全線展開了激烈的戰鬥……柳州陷後，敵寇柳城大埔向西急進，相繼佔領懷遠、金城江、河池、南丹，十一月下旬在越南的敵軍由諒山攻入鎮南關，循邕龍公路東犯，十二月十日與由南寧西進之敵在綏淥縣會師，敵人遂宣稱完成了打通大陸的計畫。

第四戰區退到百色整頓部隊。廣西淪陷了四分之三，共達七十五縣，且被隔斷成為四塊，被敵蹂躪了將及一年。

抗戰中的參謀之厄：扼腕之痛

桂柳會戰失利，國軍退卻，一口氣退到貴州，以及廣西南丹、金城江。非王牌部隊戰力十分脆弱。其狼狽情狀，伴隨著謠言和傳言的逃難，一夕數驚。老百姓的悲慘固不消說，電影演員胡蝶等人也在退卻的人流中驚惶失措，難民登記等於空話。

日寇進攻部隊也不是特別兇悍的勁旅。加上太平洋美軍反攻，日本本來想打通湘桂黔大陸線，壓迫陪都重慶，此時卻不得不停頓迴旋。它的企圖很大，畢竟也是強弩之末。

但是就在這樣的情勢之下，尚且將國軍打得一路潰退。倘若國際形勢對其不形成壓迫，不對其釜底抽薪，那後果真是不堪想像了。在總體崩頹的局勢中，軍界幕僚排不上用場。他們的種種應對，種種臨時應變之策，淹沒在局勢的坍塌中，人事糾紛、資訊不靈，令出多門……使其難以作為。此種情狀，實在是參謀之莫大的厄運。

日寇一九四四年八月攻陷衡陽。九月進攻廣西，全州守軍即九七軍首當其衝。軍長陳牧農見其來勢兇猛，退出城外，日本人唾手而得湘桂大門。老百姓撤退沒有部隊掩護，部隊自己也在退。浙、贛、粵、湘的難民全部都擁擠在這一條線上。國民政府的西南補給點大量物資、王牌第五軍的後方倉庫都在全州，經過一燒一搶，損失殆盡。

公路上儘是人，不少的人走著就倒下死了。親人間也不能相顧，前邊的人死了，後面的踩著屍體只管逃命。

「燒毀的我方汽車像死烏龜似的臥趴不能動彈，長達數十公里之遠。」「兩旁堆滿公私財物和好東西，只要你有力氣就儘量拿……」（九七軍一六六師參謀長曹福謙的回憶，見《桂黔大潰退目睹記》）

七九軍沒有汽車，士兵都靠走路。走了二十天，先說到貴陽，突然又叫到都匀。到了都匀又說開往獨山，到了獨山又叫到金城江佈防。

金城江是今河池地區一個區，靠近貴州，但如果僅靠腳走的話，那還是有相當的距離。部隊這時由接替陳牧農的新任軍長陳素農指揮，可是部隊被逃難的人群截斷一時難以聯繫。

其中一六六師受長官部張發奎命令在金城江和南丹之間防守。逃難的人群一波接一波往部隊佈防的山頭洶湧。而此時敵人的便衣隊居然也雜在難民中進入眼皮底下，師長居然又跑掉。於是由參謀長代替指揮。其間在大山塘的腳下有一座大橋。部隊決定炸橋，可是人流洶湧。部隊拼命喊：炸橋啦！喊了一個多小時重複幾百次，哪裡聽得進去。「張發奎就說，丟那媽的！不管啦！炸了算了！」轟然巨響，連同橋上了幾百名老百姓、混雜的便衣隊，同歸於盡。血肉橫飛，慘絕人寰。

部隊往南丹以北退卻，最後一致退到貴陽。撤退時，參謀長臨時謀劃，主張將部隊編成三個梯隊，各距十五到二十公里，像雙腳爬梯子一樣，做輪流抵抗，輪流掩護，撤退時兼顧抵抗，同時也可以掩護老百姓逃命。師長跑了，副師長又不同意參謀長的意見，他要儘量的保留部隊，他主張鑽山溝退回貴陽，意見不統一，只好沿著公路、鐵路，分兩路走。日軍如入無人之境，長驅直入，很快到達獨山、都匀。那時何應欽、張治中都到了貴陽，貴陽也準備撤了！

畢竟戰線太長，日本又只突進一個旅團，到接近貴陽的麻田縣後停了下來。而湯恩伯的精銳大部隊已經集結在貴陽以南地區，準備拼命了，日本人這才慢慢撤走了。

關於柳州方面的戰鬥，當時廣西綏靖公署第二縱隊參謀長張正明在〈戰鬥在桂平〉中回憶說，縱隊的獨立第四團是美軍高級幕僚精心訓練出來的，戰力甚強，又有盟軍飛虎隊戰機空中支援，可是到最後也打得不成樣子。「不幸的是一些官兵不明真相，爭先恐後狂奔，爬山越嶺，奪路逃跑，又與友軍發生誤會作了短暫交火。許多輜重行李失落在懸崖山溝。」

防守桂林的部隊也一樣慘切。三一軍一三一師參謀長郭炳祺的回憶：「第一八八師師長海競強、馮璜等人，都是白崇禧的親信親戚，白先生將他們調離危險境地，軍心大受影響，人心惶惶，憤慨不平。」作戰計畫是要堅守三個月，哪知幾天就全線潰退。桂林的指揮機關毫無指揮與妥善措施，人們爭先恐後搶奪交通工具：「群眾顧此失彼，呼兒喚父，極其悲慘。不到數日，北門外起火，西北風又大，一夜之間，桂林城一片火海……」至於守軍，情形悲涼：「日軍用毒氣和火焰噴射器進攻七星岩……大炮、戰車仔空軍掩護下對我進攻愈加猛烈。」一三一師師長闞維雍到城防司令部開緊急會議回來，情緒異常，就交待要該師和桂林共存亡，如他死了，由副師長和參謀長指揮，剛說完他進了電話機房，立即開槍自殺了！

日本未能打到貴陽、重慶，乃因二戰後期，太平洋戰區受美國優勢海空軍的壓制，使其難以動作。按照他們的想法，是要打通鄂湘桂與越南的銜接，求與南洋連通，北路包抄重慶。

黔桂逃難的公路上，大家為了逃命，沿途拋棄行李，第四戰區高級幕僚參謀處長李漢沖先生回憶：「難民傾家蕩產，呼親覓幼的哭聲，令人不忍聞睹。張發奎從懷遠撤退途中，揀了一個兩歲的小女孩，交給妻子撫養，不久因病而卒。」（〈桂柳會戰經過〉）張發奎後來到了獨山、都勻，被解除作戰任務，由湯恩伯以黔湘桂總司令名義接替指揮。「湯對第四戰區入黔境的部隊，均予繳械監視，即張發奎的衛士排也不能例外，這時弄得張發奎狼狽不堪。」

桂柳會戰由第四戰區司令長官張發奎，會同副參謀總長白崇禧指揮。

李漢沖當時在張發奎司令長官部任參謀處長，是前方最重要幕僚，參與作戰計畫的決策、執行、業務指導。

張發奎的作戰地區先前包括廣東一部，後來劃給新的七戰區餘漢謀了，他就專管廣西。但廣西又是白崇禧的老巢，桂系部隊多，白先生也親自來了。李漢沖分析說，當時湖南方面的九戰區薛岳的部隊已經支離破碎，也在撤退。難民湧塞於途，各縣政府競相作逃難準備，廣西東北正面，完全暴露於日軍面前。李先生的方略是，沿湘桂線適於大兵團作戰；第二條沿湖南道縣至廣西荔浦之湘桂公路，作戰略迂迴至桂林側背，並遮斷桂柳之間聯絡線；第三條線，由零陵經灌陽、出全州、桂林崎嶇山區，可作前兩條線之間的聯絡及戰術迂迴。但重兵器運動困難，僅適於多股或小股部隊運動。

李漢沖說，白崇禧帶著他的核心幕僚來了。有參總的作戰廳長張秉鈞，後勤總司令部參謀長湯堯，咸來偕同策劃。當即與張發奎方面召開高級幕僚會。白崇禧因不同意張發奎的意見，就自己提出一套，他要求確保桂柳，其戰策為，採取內線作戰將日軍各個擊破，他反對固守設堡的持久戰術，當時李漢沖等人對他的戰略不同意，認為該計畫表面很妥當，實際很危險，以戰區現有兵力和素質對敵採取攻勢作戰，非常危險，白崇禧屬意的主攻部隊的額員、士氣、裝備均難有操勝券之把握。李漢沖認為應當依靠中美空軍的優勢，地面堅持持久防禦，以待後援。張發奎同意李漢沖的計畫，但他又害怕戰事不利受牽連，故說，由白崇禧一手佈置就是了，免得以後擔當責任。結果以白崇禧的意見為主，攻守結合。會後，張發奎帶領李漢沖等幕僚視察桂林城郊工事，並偵查確定攻擊湘桂路敵人的路線。在荔浦的前進指揮所，本由四戰區參謀吳石、參謀處長李樹正指揮，但張發奎以他們二人實戰經驗缺乏，命令該兩幕僚留守柳州。

白崇禧對他的四戰區的幕僚說，桂林將成為東方的凡爾登要塞。又說民國十九年，他指揮部隊將蔣介石的大將朱紹良、毛秉文打得落花流水。他要將當年當地的戰史重演一番。

當時美軍顧問來視察了桂林的防守工事，認為固守半年沒有問題。結果戰事甫一開打，十來天功夫，桂林就全線攻破。

複雜的人事矛盾，白崇禧對部隊的臨時調動、與原計劃迥異的配備，陳牧農被槍斃後離散的軍心，桂系部隊和粵軍系統、中央軍系統的微妙矛盾，都在戰鬥中成了致命的阻礙。日本人很快得手。潰退之迅速、情狀之狼狽，都為戰史上所罕見。可是據當時桂林防守司令部副參謀長覃戈鳴說，陳牧農死前（由桂林防守司令部負責槍斃）曾哀歎：「張長官害了我！沒有什麼話可說。」（《粵桂黔滇抗戰》）所以覃戈鳴認為這是層峰和張發奎共玩的把戲，犧牲一個中央軍軍長，來震懾桂林地方部隊。

最高幕僚這樣做的目的是誘導地方領袖加入其作戰計畫。這一帶有很多白崇禧的桂系和張發奎的粵系部隊，威懾的作用是有一些，可是對整個戰局或民族心理的凝聚，其作用是微乎其微的。

攻、守之勢，說來應變之法多多。在桂、柳會戰之時，美軍派來觀察的聯絡組就對四戰區的高參說過：「死守在城裏，等敵人來圍攻，我們美國沒有這種戰術。」

抗戰中的參謀之厄：遠征軍中的參謀與主官

第二期遠征軍，即是駐印軍，改派鄭洞國任新一軍軍長（後升副總指揮）。他到重慶領命頗感意外，為什麼呢？因為軍委會原先屬意的人是邱清泉，後來又考慮到邱先生的脾氣暴烈，是「渾不賁」那種，怕他和史迪威鬧翻，才改派較溫和的鄭洞國。其實鄭氏也和史迪威嚴重衝突。就在改派命令下達之際，邱先生的一肚皮不高興一肚皮不合時宜也難免表露出來，本來他連幕僚都物色好了，只等赴印上任。不料又改派了鄭洞國，兩人心中芥蒂頓生。等到鄭洞國到了蘭姆伽軍營後，先是和孫立人發生肚皮官司，孫氏時任三八師師長，他畢業於美國正統軍校，他的部隊是遠征軍十萬大軍中的唯一不敗之師，軍閥部隊他固甚蔑視，就是黃埔系，他也認為不夠格，他認為黃埔軍校也不外乎短期速成班，和前清遺留軍隊差別不大。史迪威則罵鄭洞國為白癡，史迪威的日記裏面，則責罵蔣介石為花生米、傻瓜、固執的畜生神經不健全的小人、混蛋等等，他甚至罵癱瘓了的羅斯福總統為「橡皮腿」，其心地之褊狹陰暗可見一斑。

可是史迪威本人就是中國戰區的頭號幕僚，具有實際指揮裁奪的權力。

飛虎隊正式來華參戰後，開始與橫掃太平洋的日軍空中力量較量。但他們也面臨很多掣肘。這就是史迪威和陳納德的矛盾。

史迪威多次來華，中文很好，按陳納德的說法，史迪威以外國主子自居。他一九四二年掛三星軍銜來華任職。宋美齡曾經左右胳臂各挽一個，將他們帶到露天平臺，希望他們密切配合。但在美國陸軍部，人員材料補充方面，對史迪威網開一面，對陳納德卻盡力收縮。

陳納德認為史迪威的作戰思想極其膚淺，他的瞎指揮將中國防線釜底抽薪，這是戰術思想的矛盾，史迪威抱著一戰時期的作戰思想，認為飛機僅供直觀偵察。

一九四二年暮春，羅斯福總統給飛虎隊的長信有云「志願隊的大智大勇連同你們驚人的業績，使整個美國為之自豪」。但陳納德也認為，總統長期受到史迪威的嚴重欺騙，史迪威還隱瞞他在中印緬戰場因指揮不當造成的重大損失。陳氏給美國高層的重要軍事報告，請他呈轉，他卻束之高閣，同時他向國內軍政界大打陳納德的小報告。當總統特使來解決他們的矛盾時，史迪威精心編織的謊言露了餡。一九四三年三月的時候，陳納德獲晉升少將，航空隊補充轟炸機，獲得駝峰航線的指揮權，但是發來的書面命令，居然又被史迪威藏起來。四月二十日，他們趕到重慶大本營當面解決矛盾，當天陳納德趕回昆明。隨後，他們乘坐一架運輸機，回華盛頓解決矛盾：「在五角大樓輝煌又氣派的軍人氛圍中，我和助手顯得十分寒酸。而史迪威和他的支持者，身著筆挺的棕黃軍服，胸前閃著鮮果色的勳章。」史迪威有他的朋友馬歇爾的支持，但在公開辯論時，他都不曾提到飛機這個詞，他計畫中的供應線，是連一個美軍師也運送不了的車馬爛路。而史迪威對陳納德的攻擊，如運輸量不夠、增加空軍戰力會使日軍瘋狂報復等等，都不攻自破。總統三次私下會見陳納德，他對中國在太平洋地區的戰略十分重視。

史迪威總是以美國軍紀說事兒，來掩蓋他和他的參謀在指揮事務上的無能。陳納德的空戰思想，在當時是非常切合實際，可以說是宏大完備的，所以他所稱為「寒酸的部隊」很多次戰鬥的戰術設計，都取得精確的效果。

飛虎隊戰績輝煌，而史迪威卻老出亂子，羅斯福總統詢問情況的時候，他就把責任忘往蔣介石頭上推：「他是一個老奸巨滑、不守信用優柔寡斷的惡棍。」他惡狠狠地罵道。

較為諷刺的是，史迪威拿國軍的利益派系鬥爭及貪污無能來說事兒，他自己就是美軍中疾賢妒能的前鋒，且有造假欺騙的習性。馬歇爾和史迪威等所擬訂的戰略計畫，送到戰場實踐之，很快就迷糊起來。因為它純粹是設計者公事包裏的東西，策劃和戰場執行之間隔著巨大的鴻溝；就是美國給駐華空軍計畫內的裝備，他也克扣或緊縮。

這樣的辛酸、劇烈，難以破解的矛盾，令人想起太平天國後期，參謀的厄運在太平天國最後的日子裏，李秀成以大軍主將而兼有天王參謀的身份。

李秀成說：「後蘇兵帶洋兵攻打乍浦、平湖、嘉善，三處失守。蘇州太倉、昆山、吳江等處，俱被李撫台打破……印子山營，又被九帥攻破，主更不准我行。蘇杭各將告急，日日飛文前來，不得已又啟奏我主。主及朝臣要我助餉銀十萬，方准我行，後不得已，將闔家首飾，以及銀兩交十萬。」

李秀成說：「奏完，天王又嚴責云：「朕奉上帝聖旨，天兄耶蘇聖旨下凡，作天下萬國獨一真主，何懼之有？不用爾奏，政事不由爾理，爾欲出外去，欲在京，任由於爾。朕鐵桶江山，爾不扶，有人扶。爾說無兵，朕之天兵，多過於水，何懼曾妖者乎？爾怕死，便是會死，政事不與爾相干。王次兄勇王執掌，幼西王出令，有不遵西王令者，合朝誅之。」

「嚴責如此。那時我在殿前，求天王將刀殺我，免我日後受刑……如此啟奏，主萬不從，含淚而出朝門，滿朝從臣前來善勸。」

天王裝瘋賣傻或真瘋真傻，總是以欺侮老實人為擅長，在詐徒面前就不大行得通。秀成良知、人性始終充溢，始終苦撐。對農民被迫充當炮灰而抱以深深的同情。他多次建議不守南京，此時仍在作最後突圍的努力。洪天王者，千古草包也。上上策不聽，中策不聽，下策又充耳不聽，那就只好等著死亡通知書了。

每天都在風口浪尖上過活，斧鉞加諸前，淫妖斷諸後，可怕的四面楚歌，怎一個慘字了得。而天王先天執迷不悟，劣跡斑斑卻又毫不示弱，橫說豎說，好說歹說，總是噎塞不通；此時迷妄更似走入黑洞。不用爾奏一節，真千古荒誕奇文。難怪秀成聽完，求天王以刀殺他，蓋神經受此譫言妄語打擊，意識、內心痛楚有如撕裂。

抗戰中的參謀之厄：長衡會戰中的參謀傷痛

長衡會戰，實際上是第四次長沙會戰，只是這次又加上衡陽方面的戰鬥連為一個整體。此前，一九三八年至一九四二年春，已發生三次長沙大會戰。其中貫穿戰區頭號幕僚即參謀長趙子立和司令長官薛岳的矛盾。該戰區包括川軍、粵軍和中央軍混編的大量部隊。應當在哪裡決戰的矛盾。

第一案，因當局考慮桂林行營主任李濟深有左傾跡象，故派白崇禧來桂林，指導大戰，這就引發薛岳極大的憤懣，這一案是要在廣西境內決戰。參謀人員以為有優點，即敵人進攻，戰線越長，就像拉橡皮一樣，超過彈性限度，就要綳折。

第二案是薛岳按照前三次長沙會戰的部署，依然守株待兔，就在長沙週邊作戰。

第三案是戰區參謀處的意見：集中全戰區的兵力，藉周圍幾個戰區的援助，展開特大型決戰，而將中心置於衡陽。此案有利於兵力集中，且周圍沒有瞰制它的高地。事實上，從軍委會，直到行營、戰區及以下的集團軍、獨立部署的軍、師等，意見都呈相互抵觸狀態。

一天趙子立在彙報時，說到不能用死架子打人，白崇禧立即插話：荒謬！薛岳是不聽我的話的，但是委員長也沒個一定的主意。

日本軍先打長沙，因第四軍是薛岳的私人關係，所以，不想讓其守長沙。既定，又害怕留下來指揮。二七集團軍副總司令歐震即拉攏趙子立，商其留下指揮，而其本人逸去。趙子立和薛岳搬到嶽麓山指揮所，頓見大勢不好，發現日軍師團旅團之番號達八、九個之多，一時不知所措。這時，薛先生的太太就來急電叫他到後方去了。

薛岳抽身，但還要遙控指揮他的親信第四軍軍長張德能。張德能和趙子立軍階相埒，因為指揮權問題，趙、薛二人互相摔了電話機。

薛岳又叫他的親信、參謀、隨從、甚至關係好的熟人統統後撤離開長沙防地。一個美軍聯絡官，大概是實戰經驗少，日軍轟炸機一來，嚇得嗚嗚哭泣，也走了。剩餘的指揮參謀也不多了，趙子立見此情景，也勸其他參謀離開，但陸軍大學將官班畢業的高參馬良驥和幾個副官，堅執不走。

日軍從幾條河流河口上溯，欲突破長沙。趙子立下命令，已不說是命令，而是說，我建議你，如何如何，但四軍軍長張德能還是不聽，他說，主官叫我守長沙，我即以主力守之。趙子立捏了一把汗，要向重慶軍令部彙報備案，但電話線全斷了。嶽麓山則兵力稀薄。

趙子立回憶說：「……日軍進展很快，前面三次大戰中大顯神通的街市地堡，變得一蹶不振。以前叱吒風雲的炮兵，至此則聲嘶力竭。為什麼？形勢變了。以前破壞道路，日軍後方補給不濟，此次日軍則開闢水上交通線。開來大量各種炮兵，尤其是平射炮，對於暴露的地堡，一炮就破壞一個；以前我炮兵多在山麓，此則在城郊，大受敵機壓制……」

半夜裏，四軍軍長張德能沮喪地給趙子立打電話，想轉到嶽麓山。趙說：「能過來嗎！晚了吧！」結果是大潰敗。電話各路均中斷，參謀部和軍部失卻聯繫。於是自行突圍。由日軍圍攻新牆河開始，將近一個月，而長沙的戰鬥僅占一天一夜。

施利芬，德意志帝國時代的第三任陸軍參謀總長，一次大戰前他所擬定的「施利芬計畫」赫赫有名，他畢生致力於戰爭的研究與戰略的推演。為了支持德國即將面臨兩線作戰，他提出了四項基本原則，一是大戰中，德國必定兩面作戰，二是戰爭應以東守西攻的方式進行，三是西線主力集結於右翼，四是德軍必須假道比利時，即破壞其中立國地位。以大迂迴完成兩個戰略重心，創造出超級的打擊力量。

中國軍隊在抗戰中並不缺少類似施利芬計畫的戰略人才，可是人事的糾紛拉扯畢竟為歐洲國家軍隊所聞所未聞，慷慨赴死的將領多，而另一些打肚皮官司的部隊長也正復不少。龐大的戰鬥體，並不是一個如臂使指的整體，再傑出優異的戰略擬定，一旦動作起來，不知何處就出漏洞，於是一環影響另一環，導致前功盡棄。

抗戰時期的軍隊動員組訓總體上屬於倉促應戰，看出問題的幕僚不少，但很少能夠改變大局，只能局部改進或部分改變，積弊太深，包袱太重，難以作為。日本侵華，自前清同治末年起，已經七十餘年，以遂其由蠶食而鯨吞的陰謀。在這長久的時期中，我們的國家未能作到自固吾圉的必要措拖，這是應該懺悔痛切實反省的！

部隊訓練及整體建設膚淺、虛矯、不精確、不周密、敷衍塞責、得過且過的習性，譬如駐紮華北的宋哲元部隊，守衛斡旋用心良苦，但處境艱難。既要妥協而又不能屈服，為了爭取抗日，延長抗日準備的時間。訓練是為了作戰，但在南郊的部隊，趙本立先生說，他們防守經年，並沒有完成野戰訓練。只派了很多崗哨佈署在南口要道，從事查察奸宄，至於實施戰鬥訓練，則完全說不上。

譬如武器保養一項，士兵射擊後，用槍支附有的鐵通條，往返摩擦，直至膛內發光，方算合格，這種保養熱心而不得法的傳統方式，對武器生命損害極大，而上下始終遵照傳統墨守成規，從來沒有人提出異議。

北平市郊已成了戰地，官兵的伙食是在北平市買來的麵包，大餅，饅頭等。吃大頭菜佐食，以喝開水代羹湯。露宿在屋廊下，廟宇，學校，或民間空屋內……部隊沒有後勤設施，單就吃飯一項，食物都是在北平市臨時買來，沒有一定用餐時間，買來什麼吃什麼，有時分發到連的熟食，都已發餿變味。沒有青菜，甚至沒有開水正常供應。沒有廁所，要向附近的高粱地行方便。一周之後，住地環境已完全不堪聞問，營地才開始有計劃的挖廁所。各人洗自己衣服，掛在陣地外的叢樹、牆頭，到處零亂不堪。連上為了怕士兵逃亡，不准身上帶較多的錢，硬要求發薪餉後，每人都要存錢，由文書上士管理，以連長名義集體儲存起來。是怎樣存法？交何銀行？以何種存款名義代存？有無利息？沒人講過，也無人過問談論。（參見趙本立《華北抗戰憶往》）

民國肇建，北洋系更形成軍閥割據局面。國民革命軍北伐成功，號稱統一了中國，但實際上卻是國府與部分地方勢力妥協，湊合而成的一個統一假象。

抗戰軍興，促成罕見的民族意識的覺醒，不過地方勢力並無雄心大志，他們對參加中央政府沒有興趣，但也不容許中央干涉他們的地方事務（包括省府及保安團人事等）。

嫡系部隊同時也要控制地方勢力，對於接受中央指揮的地方部隊，國府就給予番號、糧餉，也配發部分基本槍械彈藥。要以諸如「吃空缺」等等手段，來籠絡和控制地方軍事強人。所以部隊往往虛有其表，其真正戰力究竟如何，難以斷言。

軍政大佬的個性脾氣，一旦在關鍵時刻發作起來，幕僚往往彷徨於無地。曹聚仁《戰地八年》系抗戰前線的人物觀察，可供參考。曹先生談到，記者比較討厭的是薛岳，他很專橫，不開通。後來做湖南省主席後好一些。

陳誠，裝得一副蔣委員長的樣子，好像世界上沒有一個他看得上眼的人。一種拒人千里之外的神情。對於軍事政治，懂得並不多。其實記者大多無求於他。他的左右，說他個性強，其實就是愚而好自用。

李宗仁、白崇禧算是最善於應付記者的軍事長官，他們態度誠懇，有說有笑，乃是懂得宣傳的人。新聞記者樂於在五戰區工作，這和政治上的派系，全不相干，只是個人覺得環境不錯。

薛岳和陳誠的部屬，戰戰兢兢，唯恐出什麼亂子。劉峙的記憶力最好，這是練兵、用兵的好條件之一，白崇禧的記憶力也不錯，他見記者的面，往往把往事細節說出來，頓增親切感。

衢州保衛戰高參仗義執言

浙江衢州守衛戰陷落，全憑第三戰區長官部參謀長溫鳴劍仗義執言。他嚴正指出，負責衢州東門的是一〇五師一個營，敵人正是從這裏突破的，諉過於二六師是無理的，這才將四九軍軍部說得啞口無言。二八師一個團幾乎打光，也因他的仗義執言免除不白之冤。當時任師長的曹天戈感慨說，溫公一語積陰德不淺。

一九四一年六月，二六軍歸入四九軍建制，在衢州抵抗反攻的日軍。四九軍的一〇五師是東北軍班底，而二六師是川軍班底，任務分配不公的現象嚴重。一九四一年年末，國軍攻擊紹興，當時一〇五師作為助攻等於袖手旁觀。此後的幾場大仗，二六師都是作為馬前卒迎戰保駕。一九四四年夏天的守衛戰，造成了二六師災難性的遭遇。戰前一會兒撤防、一會兒接防，一會兒立即投入戰鬥，曹天戈感到這是「交接防務上問題上，竟會掩蓋著一幕啼笑皆非、窮於應付的惡作劇。」日軍一個旅團包圍該師的四個營：「一整天，在敵我雙方反覆較量中，炮火、槍聲之激烈、戰況之緊張，達到了驚人的高峰。」結果在敵人的瘋狂反撲之下，一〇五師防地被突破，二六師七八團二線變一線，在敵人交叉火力之下，浴血奮戰，走後無法立足，打算泅水強渡過江，但處於日軍有效射界之內，部隊不死於城，便死於江。衢州再度失守。（曹天戈〈龍遊、衢州戰役的沉痛回憶〉，見《閩浙贛抗戰》四二五～四二八頁）

南昌會戰參謀之厄

趙子立出身黃埔六期，後入陸大第十四期、西南軍政大學高級研究班畢業。曾任第九戰區、第五戰區和鄭州綏靖公署參謀長。他的〈失守南昌道經過〉記述了這樣的事實，一九三九年春，與第九戰區抗衡的日軍有六個師團。薛岳代陳誠為司令長官。薛氏不大理會白崇禧，蓋有歷史恩怨，而對陳誠頗表忠敬。白崇禧以行營主任名義的電報或公文，如不合他的心意，常見他批復：不理，胡說。

趙子立時任九戰區長官部參謀處副處長。他認為，在薛岳的範圍內，幕僚尚有發揮的餘地，如得他首肯的計畫：「幕僚可以放膽辦事，不像後來筆者跟著劉峙那樣，處處要受上級和下級的干擾或阻礙。」

對付日軍的六個師團，九戰區的部隊如下：一九集團軍羅卓英，指揮五個軍。吳奇偉軍團轄三個師。三〇集團軍王陵基轄兩個不完全軍。湘鄂贛邊區游擊總指揮樊嵩甫。二七集團軍楊森轄一個軍。一五集團軍關麟徵轄兩個軍，建制完備。二〇集團軍商震轄三個軍。第一集團軍盧漢轄兩個軍。戰區直轄軍俞濟時轄三個師。此外還有戰區特種部隊，如重炮、工兵、佈雷、通信等等。

趙子立和戰區高參杜建時負責擬定作戰計畫。他首先分析了地形，鄱陽湖一帶，水網縱橫，河流有的可以徒涉，有的非船渡不可，有的地區高低和盆地交替。

對日軍的進攻估計，大兵團運動困難，對雙方都如此。估計日軍將利用贛江阻礙將國軍順勢納入其包圍圈。我軍決戰地點的選擇，力圖避開日軍重炮的射界，決定向西牽制，逐次抵抗，潦河南岸向北反擊，將日軍反包圍於奉新、安義地區。故採取誘敵深入法，對鄱陽湖至潦河部隊，實施縱深配備，多路火力封鎖港灣阻擋日軍登陸。修河南岸部隊先防禦，後逐次採取攻勢；控置部隊採取東西兩面夾擊的態勢；交通方面，將日寇即將進攻的地帶道路全部破壞……

這個計畫送交薛岳斟酌時，已經打了一個折扣。羅卓英又對修河南岸部隊予以調整，參謀處非常著急，但無法制止，又打一個折扣。

三月中旬日軍首先向羅卓英部發起第一波攻擊。「不斷由突破口注入兵力，並在修河北岸升起氣球，指揮炮兵向我陣地密集射擊，繼以猛烈衝鋒，（我）四九軍不能支持，向南潰退……」日軍又攻其側背……於是當時國內哄傳，羅卓英連失三城。

第二階段日軍由其所佔領的安義，向東突進。此時參謀處的意見，認為日寇孤軍深入，可利用還有戰鬥力的部隊和援軍接戰，有可能轉敗為勝。薛岳考慮良久，決定放棄南昌。原因是，他要遷就羅卓英，因為羅氏在蔣先生和陳誠面前說他的好話。戰區參謀長吳逸志特別囑咐參謀處，要照顧薛岳和羅氏的關係！於是撤兵遂行，南昌失陷了。參謀處乃專業幕僚，他們的作戰計畫出於至誠，但卻要受到接踵而來的人事干擾。幕僚作業不免大打折扣。

南昌失陷，蔣介石大怒，命令他們抵死反攻，結果還是由羅卓英所部打頭陣。國軍利用地形、工事熟悉的優勢，夜間進攻。打了三夜，日軍猛烈還擊，部隊進攻受挫。只好不了了之。

南昌的失陷，參謀處認為抗戰初期階段，不宜硬碰，因此部隊配備宜以縱深方式排列在河流沿岸，方不至於一旦突破就不可收拾。另外，急切放棄南昌，等於放棄了四、五個打擊消耗敵人的絕好機會，時間、兵力、機會都完全沒有問題，對當時還在國軍手中的贛江沿線的天時地利的利用白白放棄，不知是畏敵還是見不及此，總之，在參謀處看來，如此斷送名城南昌，那是非常可惜的。

一個歷經周折的漂亮的幕僚作業

一九四二年三月的上高會戰即上高大捷，日軍用於進攻的部隊是兩個師團加一個旅團；國軍方面實際投入戰鬥的是三個軍。日方突破第一線後，還以為和過去一樣，一攻就破，凡攻必破，卻不料遭到七四軍猛烈的阻擊，打得日寇人仰馬翻，毫無進展，翌日調集空軍、山炮部隊協同作戰，激戰竟日，始終未能突破七四軍陣地，反而卻受到七二、七〇軍的兩側夾擊。日寇受到重創，連夜撤退。

此役除國軍精兵良將發揮最大功效以外，幕僚的計畫擬定也是很有效的。當時已升任戰區參謀處長的趙子立說，上高會戰，主陣地向東形成反八字形，英岡嶺（即後來七四軍陣地）地勢較高，為陣地的鎖鑰部，主陣地和輔助陣地，築有堅固野戰工事，陣地編成據點式，由點連成線，由線連成面。陣地重要部分，又是小據點支持大據點，具有四面作戰的獨立性和互相支援的整體性。全陣地可容納四個師的守備部隊。

作戰計畫是前敵的一九集團軍總部參謀處擬定，報戰區參謀處衡定。趙子立顯然很推崇這一案，讚其巧妙完備。「上高方面構築了堅拒敵人進攻的陣地，顯然它發生了重要作用。」

藍介愚，時任一九集團軍《華光日報》戰旗副刊主編，該集團軍總部作戰參謀處長梁啟霖。上高會戰前，第三戰區給九戰區來函，欲以贛江為兩戰區作戰地境線。藍先生以為很不合理，遂擬稿呈報參謀處，梁啟霖附上意見後送羅卓英，羅氏以精練的文字批示，有如是等語：不能以大河川、大道路為作戰地境線，此乃戰役、戰術一致之結論……

這確實是很精彩的意見，蓋大道路及河川如作為作戰友軍任務分界線，很容易被敵方利用識破，從而分割之。於是參謀處由藍介愚主筆，重擬一稿，其中將七四軍作為主戰兵團，戰力較弱的七〇軍為游擊兵團。其餘兩軍為游擊、機動兵力。

初稿擬定之後，情況即發生異變：南昌方面日軍調動頻繁，假像密佈，情況撲朔迷離，難以判定其真實意圖。緊急偵察後，參謀處判斷：日寇非常狡猾，有如一戰期間坦能堡戰役時德軍的調動情況。北上部隊露出人槍，顯係迷惑；南下車身沉重，顯然載滿部隊和重火器。

初期日軍進攻得手。但因道路為我軍適時破壞，其戰車、野炮難以運用，特別從漢口調集一個飛行團，目的是以空軍代替炮兵。

當時羅卓英還在吉安，前線事務由集團軍參謀長羅為雄處置。藍先生回憶當時情況很有意思，羅為雄作為較高級的幕僚，所經歷的實戰、一線戰鬥很少，前線日軍第一波得手後，他神情緊張，臉色鐵青。薛岳親自打電話給他壯膽，說日寇是掃蕩戰，要沈著應對。羅卓英聞訊後立即趕回司令部。

日軍行軍速度極快，氣焰逼人。可怕的大戰前，集團軍召集了幕僚判斷會。羅為雄的副手即副參謀長黃華國，判斷日軍系掃蕩戰，打了會退，主張棄守上高，待敵後退時再行截擊。藍介愚認為，敵人行軍必然疲於奔命，正可擊其惰歸。而且黃副參謀長係被敵人所發路線迷惑，日方所劃線路到上高為止，但藍先生判斷這是一假像，敵人的企圖，必在攻克上高後趨向長沙的側背。這時黃華國走到羅卓英身邊說，不必固守上高，等敵撤退，再行追打。不料羅卓英拉下臉來：你要知道，上高以西，無陣地可守！於是黃華國默然。羅卓英又說：索性叫所有參謀人員都進來吧！於是大小幕僚魚貫而入。

參謀處長梁啟霖首先介紹正面打擊的方法。他發言後一片沈默。級別低的小幕僚都等著少將以上高參說話。這時參謀長羅為雄指定說：藍參謀先講吧！

藍先生考慮到，羅參謀長和黃華國、以及七四軍王耀武的參謀長陳瑜，都是主張撤出上高的高級幕僚，因此，必須以充分理由駁倒他們的腹案，所以一口氣說了十大理由。但畢竟他的官階很小，且羅參謀長已有不愉之色，所以他的發言到後來有些慌亂，想好的後續與友軍協同的方案都忘到九霄雲外。

接下來是同為少校參謀的劉金山發言，他主張將二六師調過江來作戰，他的官階也小，平時很少接觸高級將官，越說越緊張，漸漸語無倫次。後來還有八個參謀發言，卻都是反對撤出上高。於是羅卓英指定羅為雄總結。羅為雄終於主守，先守後撤，黃華國附和其意。

藍介愚當時又站起來發言，說是情況緊急，作戰方案就不要經過擬稿、層層審核、譯電、發電報等等程式了，一俟初擬，即由參謀處電話通知各部隊。羅卓英同意了。

期間，王耀武的參謀長陳瑜，又打電話來堅決反對固守上高，集團軍的副參謀長黃華國竟然很怕他這個軍參謀長，也說服不了他，說是這個人的性格很固執，羅卓英聽見後，接過電話將陳瑜呵斥一頓，叫他不要盲目逆動亂髮牢騷。

日軍發動進攻後，先頭部隊遭到李天霞五一師的迎頭痛擊，中路有空中掩護猛攻，狂轟濫炸，仍受到五八師的頑強反擊，此時張靈甫由於和李天霞互相蔑視，已由五一師調換五八師協助廖齡奇。第三天北城五七師余程萬防地部分被敵突破，余程萬親率軍士大隊，躍出陣地硬性反攻，經激烈鏖戰才得以保住核心陣地。

打到第三天的時候，王耀武的參謀長陳瑜又勸他撤退，又被羅卓英電話痛斥。同時羅卓英立即派一中將參議以慰問名義前往督戰，並派特務營增援。此時側翼的二十六軍俘獲敵人山炮，預九師擊落敵轟炸機一架。一眾幕僚晚間眺望上高城上空，但見處處火光彈光高低錯落。敵人突圍逸逃時，被我軍追擊，連空投給他們一個師團長的信函都甩掉了，其情形有如驚弓之鳥，狼狽不堪。戰火未滅，藍介愚受羅卓英之命查看戰場。他感慨：昔日古書上說的屍首枕藉，才第一次看到實情。

上高會戰今天尚可看到很多記錄，譬如記載戰將如王耀武、張靈甫、余程萬等人事功的圖文，卻不知戰前幕僚的精心措置、反覆推斷、經過頗為緊張爭論後的戰役預案，他們彷彿幕後推手，也是英雄譜中應有一席之地的幕僚精英。

幕僚在戰役中實際負有重大策劃作用。上高戰役，國軍戰績輝煌，葆有幕僚的戰略擬定之功；同樣，敵方的幕僚就要負起失利的責任。此次戰役後，日軍第三四師團參謀長引咎剖腹自殺，是以自戕表示對策劃不周的負責。

幕僚策劃不周　戰事倉促落敗

石覺《南口會戰前後雜憶》，談到抗戰初期的南口會戰，大本營鑒於華北危機，決心集中五至七個師，設防於南口、張家口一帶，保持察南戰略要地，以為冀、晉、豫方面大軍作戰之側背依託。但此次戰役屬被迫倉卒應戰，戰端甫啟，陷於逐次使用兵力之苦境，犧牲慘重，支援十餘日後全線潰退。

在平漢路保定前線部隊計有：商震將軍之卅二軍，孫連仲將軍之卅軍，馮治安將軍之廿九軍，關麟徵將軍之五十二軍，劉汝明將軍之六十八軍，萬福麟將軍之五十三軍，吳克仁軍及鄭大章騎兵軍等八個軍，廿多個師，共計不下廿萬人以上，敵軍只是兩個半師團，很輕易將陣線突破；突破之後，長驅直入，一瀉千里，使我潰不成軍，其故安在？據我所知，為戰略部署上，將各作戰師鋪在一條橫線上，而無縱深配備，敵軍集中戰力，突破一處，沿鐵道以鐵道裝甲列車、戰車、騎兵狂追，若干部隊，未放一槍，根本未發揮戰力，一失後方補給線及友軍連絡，即行潰亂，一潰亂，任何人皆無法指揮。此一情況，啟示吾人兩點：（1）如沿要線要點作縱深配備，雖不一定能打敗敵人，但至少能使所有部隊，皆有發揮戰鬥能力機會，敵人自無輕易得手之理，亦決無一點突破，全線潰亂之怪像出現。（2）指揮大軍，控制戰場秩序，掌握部隊，為第一等大事，無此著眼、組織與魄力，則兵力愈眾，危險愈大。我民族缺點中之最大缺點，為不守秩序，在車站、碼頭、戲院門口，隨時可見之壞現象，可以一個「亂」字代表，欲指揮我國軍隊為有效之作戰，必須從一「整」字下功夫，須能有效組織、控制戰場秩序，確實掌握作戰部隊，然後方能談到兵力之如何運用與指揮。

關於各級作戰幕僚的作用，他特別在檢討中指出：幕僚人員，未作戰場地形交通調查，並先到單位配備圖亦未調製，帶路人員亦無準備，讓增援部隊臨時找方向摸道路，實屬有虧職守。實屬痛心之言。

空戰的一個側面

二戰前期，日本鼓其賊智，向中國發起立體攻勢。其中空軍尤其兇悍。在南京保衛戰之前，大約是一九三七年的秋天，他們便多次的轟炸南京。

有意思的是，當時的的中國空軍在草創之初，卻表現一種脆弱的強大，或曰幼稚的強大。當時的空軍得力於義大利的戰術教練。那時飛虎將軍陳納德已到中國，但因種種掣肘，只是觀察員和參謀家負戰鬥策劃和間接指揮之責，他記述日本最早的進攻南京沒有占到便宜。日本空軍在五天內三次轟炸南京，便損失了五十四架轟炸機。其中有四十架在中國境內燒焦，另外的在受創後逃竄途中墜落臺灣海峽。

中國空軍對付日本戰機，一是用戰鬥機迎擊，一是以高炮部隊還擊。在雷達應用之前，還擊辦法是，象稿紙格子一樣佈置探照燈，將敵機罩在光束中，敵機飛行員被強光刺激眼暈，短時間內不辨東西，中國的戰鬥機順光束而上，至其身邊，尚未被對方所發覺。開炮時就象探囊取物一樣。陳納德記述另一次南京上空的激烈交戰：「我看到這樣的奇觀：日機被擊中機頭，慢慢翻著筋斗，墜落地上，國軍的速射炮一炮擊中了兩架俯衝的日本轟炸機，在一團白煙中將它們抹去。炸彈、飛機被煙雲擋住，狀如天空中貼了一塊白膠布。一枚重型高射炮彈將一日機掀了個底朝天，兩個引擎彈出，飛行員的降落傘著火，就象閃光的彗星一樣墜落下來，拖著紅紅的尾巴。新聞記錄片的攝影師拍到這樣的鏡頭後高興地離開了……」（《陳納德回憶錄》第四章）

當時的日本轟炸機也都是沒有戰鬥機護航的，而這種戰術方式，竟然來自美國的空軍教科書。陳納德早期在美國當空軍教時，堅持轟炸機必須以戰鬥機護航的理念，在空軍中備受排擠，軍事生涯也變得十分黯淡。那時節美國陸軍、海軍的高級將領，如阿諾德將軍等等，和義大利軍事家杜赫一樣，宣揚「轟炸機至高無上」論。他們都是極端的轟炸機崇拜者，固執地以為，轟炸機不須護航。杜赫的書，甚至成了軍中的戰術聖經。甚至到了一九四三年，美國還用沒有護航的重型轟炸機群襲擊德國，結果被德軍戰機撕成碎片。這一年，美軍才意識到無護航的轟炸是何等的蒼白無力。

而陳納德初到中國任空軍全權參謀，反而使他的理論有騰挪的餘地，年輕的空軍健兒實踐他的理論遊刃有餘，所以日軍最初吃了大虧。很快，他們就停止了無護航的轟炸行動。而且日本人迅速改進了他們的輕型戰鬥機，獲得難以置信的靈敏性，開始橫掃太平洋，處處報捷。很快，中國空軍走到了盡頭，因為整體的薄弱，那些出類拔萃的飛行員紛紛戰死疆場。

這樣的情況，直到飛虎隊一九四一年正式來華參戰以後才扭轉頹勢。到了二十世紀的末葉，戰鬥機達至極為先進的階段，像美國的猛禽戰鬥機，歐洲的颱風戰鬥機，都是新一代空軍非常珍愛的戰術武器。武器的換代已到了如此的地步，但在戰略上，陳納德當年的心曲，仍不失其重要的參考價值。日軍偷襲珍珠港後，美國太平洋艦隊受損慘重，在戰力未能恢復前，先行對日加強潛艇作戰，效法德國加諸盟國艦隻的戰術。

抗戰前期空戰有時很激烈，但日本常佔優勢，主要是因其飛機性能優越，尤其以攻擊戰鬥機零式機為最著名，此機航程遠，動作靈活，有「空中霸王」之稱。零式以前有九六式，轟炸機則多由臺灣為基地之日本海軍陸上飛機為主。不但我國空軍原有的飛機性能不及，即俄國飛機亦不如，因此空戰時日本飛機屢占上風。

從一九四三年起，在所羅門海上不少據點的守軍，已中斷了補給。經過了中途島、珊瑚海、所羅門海歷次海空戰役之後，日軍的空中的優勢已漸喪失，海上的船艦更易遭致美機的攻擊，海上運輸益形困難。

一九四四年，麥帥部隊於菲律賓登陸作戰時，日軍海上的運輸，已到了癱瘓地步。由中國東北調來增援的關東軍，一個精銳的玉師團，因為得不到足夠的船隻輸送，改用火車從鐵路輸送上海，再以船隻轉道而來，這一費事的作業，實非日本人所願。總之當時日本用於運輸的船隻，已被擊沉了十之七八。對華南、南亞一片廣闊戰場守軍的補給，非賴中國大陸上的鐵路系統不可。據余裕宗《死亡任務——轟炸黃河鐵橋驚魂記》記述，中美混合空軍擔任轟炸黃河鐵橋。

平漢鐵路上的黃河大鐵橋位於河南鄭州北面，這座鐵橋，是銜接鐵路南北兩段唯一的大橋，在日軍運輸上重要無比，盟軍視它為戰場上一條盲腸，為害太大，非盡速設法去之不可。先以轟炸機高空轟炸幾次，惜乎收效不大。僅將橋架或橋面炸毀，不久後日軍就可修復，因此必須將主要橋墩炸毀。經過參謀作業與部隊長商議臨時改派別人。作戰參謀楊錦鴻上尉與飛行員黃潤和中尉，二人都是美國華僑，事先徵詢陳錫銘是否願意擔任一次艱巨任務。

一九四五年春出任務。戰術依據是頭一年美國第五航空隊的戰術經驗。空軍的B—二五型機出現，B—二五型機先以熾烈的火力施行低空掃射，降到幾乎掠及海面的高度，到了目標之前才投下炸彈。此時投下的炸彈除可直接命中艦隻之外，亦可由海面跳飛擊中艦舷。炸彈上裝置五秒的延期信管，讓飛機在炸彈爆炸之前，有充份的時間離開目標。當飛離目標的同時，機尾與機腰那三四門小鋼炮仍然可繼續掃射，等於以壓制的火力掩護本身的飛機脫離。

這一攻擊法，當時把木村少將嚇得目瞪口呆，這批十二架B—二五機從遠處海面超低空撲來，初時艦上的人原以為是一種魚雷轟炸機，當即開始轉向閃避，驟見發自機上的槍彈紛紛向船上的甲板猛烈射來，投下炸彈十七枚，竟有半數命中。相繼而來的密集掃射，向舷側投擲跳彈攻擊，這批飛機投下的二十枚炸彈，有十一枚命中，船艦被擊中後大都沉沒了。橡皮艇上逃生的日軍，都先後被掃射，無一倖免。

至於裝有一門七十五公釐口徑加農炮的B—二五H型機，它的威力除有上述一切火力，更是坦克戰車與小型船艦的剋星。一輛戰車被它直接擊中，準是凶多吉少。飛機上有這種笨重火器，可能是空前絕後了。當初有此設計，可能專用來對付日本的船隻。所以到了戰爭末期，日本在海上的船隻已不多，這門大炮多已卸除，減輕飛機重量，可多載炸彈。三月九日上午九時，在西安機場的作戰室被派遣出任務的空勤人員齊集在一起聽候由美國第十四航空隊——從昆明派來的老美參謀，親自帶命令至西安機場下達的。

極細微處見不堪：可悲的參謀作業

一九四五年九月，中國接受日軍投降，成為歷史性鏡頭，象徵歷史的重大轉折。在南京受降之前，尚有芷江受降。它是中日停戰後雙方代表的首次接觸，目的正是為南京受降做準備。

盟軍方面的代表蕭毅肅居中，左為冷欣中將，右為美軍中國戰區作戰司令部參謀長巴特勒準將。日方代表是今井武夫，為日本中國派遣軍司令官岡村寧次的使節。今井武夫，畢業於日本陸軍大學，長期在日本軍參謀本部中國科工作，抗戰爆發後，參與策劃成立汪偽政府。後任日本中國派遣軍總司令第二課課長、上海陸軍部高級部長等職。戰爭後期任中國派遣軍副總參謀長，襄助岡村寧次。

今井武夫證明，中國方面待他如真誠朋友，而不像對待戰敗國的將領。其中高參鈕先銘少將態度謙恭，意在防止日軍使節自殺。其餘高參，以蔡文治為首，都對日本方面「表示深切的諒解」：「始終以武士道道德相待。」溫暖、溫厚、溫情，怎一個溫字了得！

更奇怪的是，參謀次長冷欣中將，他因為即將進駐南京，便在芷江會談中，率先提出的，竟是要求日軍以書面文件保證其安全。今井武夫先是吃了一驚，既而感到荒唐：以戰勝國的高級將領，竟向戰敗國的使節要求安全保證，既無意義又不自然，甚至滑稽。今井武夫就說：「這種文件沒有價值和必要，日軍恭候閣下光臨」（見《今井武夫回憶錄》，中國文史出版社）。多番解釋，婉言勸慰，哪知冷欣還不甘休：「無論如何希望提供書面保證。」今井武夫當時心裏嘀咕，以為國軍八年中對強大的日軍一直心懷畏懼，勝利並非自己取得，而是在盟軍的鼎力襄助之下才僥倖名列戰勝國之一。最後反覆要求多次，竟達成：回南京後當以無線電代替書面保證。

就後來讀史者觀之，冷欣的這種表現，一方面有大局的影響，如今井所說，勝利來得僥倖，所以沒有榮譽感。一方面呢，也有他個人的性格因素在作祟。小而言之，個人膽氣萎縮，與高級軍官身份及戰勝國使節身份不符。大而言之，影響國際觀瞻，降低政府威信，貽笑大方。再說八年以來，一線部隊浴血鏖戰，矢勤矢勇，精忠慘烈，流無量頸血，死無數生命，而贏得慘勝的曙光，結果在談判桌上，高級參謀人員是如此的瑟縮膽怯；而大城市泛起的沉渣以不同的番號前往接收，混水摸魚，掠奪財產，遂使國民政府威信一落千丈，頻露失敗的先兆。

當時，何應欽手下的高參，似乎都對日軍過分客氣，以致對方陡生疑竇，繼而鄙視。假如當時調用前線戰將，如邱清泉、胡璉等人如何呢？雖說職各有其司，以其強悍、以其學識，以其風度甚至脾氣膽氣，足以圓滿應付，而予國人榮譽感、而予敵方信服感。而實際上，中方列席談判的人員中，尚有湯恩伯、張發奎、王耀武、鄭洞國、杜聿明、廖耀湘、張雪中、吳奇偉等高級戰將，不過他們似乎沒有發表個人意見的空間。冷欣的做派，在他們心中究作何種感受，只要天曉得。

反觀當時盟軍的代表——美軍巴特勒準將，對日軍使節，就是一副凜然不可犯的正大姿態。他沒有多餘的話，只堅毅地強調，被日方俘虜的美軍人員應受善待，要求俘虜記錄完整無誤；並且憤慨地說：日方對俘虜如有不法待遇，美方必將採取嚴厲報復措施。他們的談判是事務性的，且態度強硬，較之中國高參，那種有感情的投入，真是天壤之別。

今井的回憶錄中，還記載了前來芷江的途中，他和隨員多人乘坐一架寒酸老舊的運輸機，升空後竟發現機艙這尚有一挺輕機槍，遂趕緊投下，葬於洞庭湖煙波之中。進入常德上空時，六架美軍戰鬥機將其包圍，大約欲加威懾，在日機上下左右縱橫亂飛，長達一小時左右。日方人員都直冒冷汗。這更是美方態度的形象表達。

抗戰時期任工兵司令的馬晉三老將軍說過，日本文化是，曲無正調，食無正味，人無正氣，花無正香。對其文化三昧之概括，形象準確而深入骨髓。這樣一種文化長養的軍隊，當戰敗之際，勝利方對之體貼入微，其效果，必然是雙重的滑稽。而其不買帳甚至挑戰的心理，必然是暗中又增一層；中國人素來有相逢一笑泯恩仇的預期，有以德報怨的傳統，但在受降的洽談會間，如此作為，實在淪於低三下四進而不三不四之魔道。而為敵人所鄙，為友人所驚，為國人所笑。

冷欣做到中國陸軍總司令部副參謀長的位置，也是極有地位的高級幕僚了。但此公之不長進，也令人齒冷。他任職江蘇省政府江南行署主任期間，有個同期同學帶部隊開往蘇北抗擊日寇，臨行前托冷欣代為照顧家眷，結果同學陣亡了，他的夫人也被冷欣給接收了。此事明顯的乘人之危，於是引起同學的公憤，紛紛寫信向校長——蔣委員長告狀，蔣先生批了六個字：「無恥！永不錄用。」好像蔣先生對這類小人似都無好感，他畢生稱陳布雷為布雷先生，而對他的武人學生則較為倨傲，尤其對不長進的學生，更為厭惡。往往並不假以辭色。郁達夫在抗日前線勞軍奔波，浙省教育廳長許紹棣卻在後方勾引達夫的太太王映霞，大造緋聞，蔣先生似對許紹棣之流也極厭憎。所以顧祝同只得將冷欣撤職。這個冷欣不甘受此處理，直奔後方找到何應欽，何應欽權衡再三，結果竟派給他中國陸軍總司令部副參謀長之職，師生間的情誼由此可見一斑。此事由何氏的參謀汪敬煦經手，所以他印象深刻。何先生收容冷欣之後，先是派冷欣負責南京前進指揮所事宜，直到受降結束。受降書還是派冷欣送至重慶呈委員長，委員長這時才原諒了他。現在可看到的中國戰區受降圖片，何應欽欠身去接日本投降代表的文件，那種體貼，倒是和冷欣如出一轍。

湖南芷江受降對日低聲下氣，對全力助戰鬥美軍卻詞氣呵厲難以想像。據劉玉章《戎馬生涯五十年》記述，一九四三年他駐紮在雲南文山一帶。此時發生一件不愉快的事：緣美軍顧問人員，由開遠至文山途中，乘車被匪洗劫，人員雖無損傷，但物資全部被搶，美軍人員向兵團部提出不應有的強硬抗議，聲言：「如何不能破案，美顧問人員將行撤離云云。」兵團對此極為重視，但對美方的無理要脅，則表不滿。關將軍在某次中美官員宴會中，致詞時曾特別指出：「匪徒搶劫事件，我感十分遺憾！但在美國境內亦非絕無，如為此而小題大做，影響中美合作之精神與情感，殊不應有，須知我們今日的共同目標，乃在擊滅納粹，謀求世界人類之永久和平，區區小事，何至有撤離之說？本人除督飭盡力破案外，希能互為諒解。」此後未見美軍人員有何反應，數日後劫匪五人被緝獲，處以極刑。

第十章 抗戰烽火的澆鑄之三

戰火澆鑄參謀指揮之雄才

南京保衛戰開打，那時日軍對南京分三路進攻：右路沿滬寧路西進；中路由宜興經溧陽攻南京；左路由太湖南側西進，共向南京合圍。時任教導總隊參謀處作戰參謀的劉庸誠先生《南京抗戰紀要》（中國文史出版社）說：

作戰之慘烈處：「援助我方的蘇機被日機擊落一架，烈士的屍體掉在小營壩子裏，摔成肉醬，面目模糊不清，後由總隊派人掩埋在太平門外地堡城附近。」

「十二月八日後，敵人集中炮兵火力向老虎洞猛轟，步兵隨即發起衝擊，我方以密集的火力向敵猛烈掃射。敵人這天傷亡慘重。其後，敵人又利用風向，升放氣球，發射更多的炮彈和燒夷彈，再次猛攻，全營犧牲大半。羅雨豐營長英勇殉職，老虎洞遂告失守。」

陳納德回憶錄中所說的南京初期空戰，在教導總隊的下級軍官回憶中，也可窺一斑。「南京東郊上空的激烈空戰，敵我雙方的飛機都不少，相互圍繞，象飛鴉一樣在天空交織盤旋，射擊的槍聲，歷歷可聞。」

第一線陣地開戰後，日軍以雙倍的兵力向我猛撲，炸彈炮彈傾瀉而來。

在南京保衛戰中犧牲的團以上指揮官有：饒國華，姚中英，朱赤，蕭山令，華品章，司徒非，謝承瑞，易安華，李少霞等。

幾支精銳部隊，在暴虐日軍的衝擊之下，很快就被分割成幾個孤立的點，這在戰略上，已失卻一大半的優勢。而且國軍在後來的戰爭中，過量的越級指揮，在那時就已見端倪，即戰役的總指揮越過軍、師長，直接指揮到旅、團、營一級，本已鬆散的指揮系統，於是陣腳大亂。中國長期的積弱，是為遠因；武器的窳敗和指揮系統的失靈，則為近因。意志固然重要，但在強大火網威迫之際，精神畢竟不能代替物質。

謝爾蓋回憶他的父親赫魯雪夫，說他的父親和艾森豪威爾一樣，都認為戰爭太骯髒，太可怕，沒什麼好。因此他們都不大看戰爭電影。過來人的想法究竟要深沉得多。他們說只有沒經歷戰爭的人才喜歡看戰爭片。（見二〇〇五・一・五《參考消息》）

這是因為戰爭太殘酷了。唐生智為了表示破釜沉舟，背城借一的必死決心，下關到浦口間的所有渡輪，均由憲兵把守，擅自渡江的部隊或軍人，如有不聽他們制止的，可以開槍射擊。這和實際的撤退命令完全是背道而馳的戰略，也是昏頭昏腦的戰略。

所以到十三日敵人進城後，下關一帶還在紛紛地紮木筏搶渡，自相踐踏，有的淹歿到江中去了。也有許多士兵，徘徊在南京街頭，六神無主，到處亂串。守南京的十多萬大軍，就這樣一陣風吹散了。

有的軍人認為唐氏在南京拔地而起，是要抓軍權，以慰藉其失落的心態，這個分析也不大貼切。到是唐生智自己所說「有人說我辦蠢事（指守衛南京），我說，世界上有些事情也是要蠢人辦的。」那時，四川劉湘部隊也編入國軍抗戰系列，他在南京遇到唐氏：「聽說你要守南京」，唐答「只好拼老命」。又問可守多久？答曰天曉得。

撤退命令是十二日中午下達的，這個時候，大半關口，都已被日軍突破。十二日當晚才研究出一個大致的撤退方案。

一位電雷學校指揮官回憶，十二月十三日夜撤退江北，衝出日軍封鎖線時，炮火佈滿江面，一片火海，潰散的軍民，漂滿江面，敵人的炮口發射著紅光綠火，在渡江人群中爆炸，其狀慘不忍睹。

除第六六、八三師之少數部隊順利突圍，其餘打散了的部隊全部湧入下關，造成極度擁塞的嚴重失控局面。

全線潰退以後，日軍對我負傷官兵，多人捆綁之，一併用大量煤油就地燒死。沖散的部隊，所過之處，儘是淒風苦雨，屍骸橫陳；日軍全面佔領南京後，即展開駭人聽聞的南京大屠殺，寫下了史無前例的野蠻記錄。

南京保衛戰中，中下級軍官的超乎尋常的表現，一時成為民族苦難中的亮點。原來冒險犯難的殉道精神，潛伏在民間，在傑出軍人的教育背景中。蓋辛亥革命以來，在一代大學者的帶動之下，有抱負，有擔當，正是那一代青年軍人的追求。

當敵人已打到光華門的時候，教導總隊曾以大量汽油澆下城門，配以密集火力壓制敵人。謝承瑞團長親率一排戰士，突然把城門打開，十幾挺輕機槍同時開火，多數敵兵均立遭擊斃。謝團長戰前業已抱病，後又為火焰灼傷，體力不支，竟在通過挹江門時，因擁擠而被踩死。

當時混亂的情形便是如此不堪形容。

教導總隊中，青年學生軍人最多。他們是各軍師中最後知道撤退命令的，總隊長桂永清命令燒毀文件及拋棄輜重，然後招呼參謀長邱清泉一起走，這時紫金山主陣地的戰鬥還很激烈，邱清泉站著處理文件，冷靜地說：「你先走吧，我暫留下，再和各團營通話，研究撤退的辦法。」

桂永清帶著幾名衛士匆忙離開地下室。邱清泉一邊處理文件，同時靜坐在電話機旁，一支接一支的抽煙，若有所思。沒有接到撤退命令的小炮連長嚴開運來報告，說他們打下了一架日本飛機。劉庸誠燒完地圖後，邱清泉對他說「你受過傷，先走吧」。這時，地下室內，只剩下邱清泉和他的兩名衛士了。暗淡的光線中，只有他的煙頭在一閃一閃的發光。教導總隊撤退的那一夜，邱清泉心事如潮湧，充滿了別緒和離情，那是肝腸寸斷的一夜。同時那浩然之氣也由此定型，使薪盡而仍能火傳。劉參謀到挹江門時，人馬擁擠喘不過氣來，走到三叉河，根本找不到總隊集合的地點。沿江擁擠著成千上萬的人，叫罵聲不絕於耳。

南京投入的部隊還不如上海會戰的兵力多。但從全面戰爭考慮，是要贏得時間，以拖住敵人，使後方部隊迅速調整，也不能在此一役中將精銳部隊拚完，所以，雖然投入十餘萬部隊，實際上形同孤軍作戰，而對方則來勢兇猛，並有源源不斷的後續部隊和壓倒優勢的火力。

文天祥的名句：「三綱實繫命，道義為之根。鼎鑊甘如飴，求之不可得。」「是氣所磅礴，凜烈萬古存。」一烈士型的道德楷模，貫穿古今志士的胸臆，養護他們藐視抗擊黑暗的自由精神。

所謂板蕩識誠臣，受苦受難的程度上，則風浪越烈，越加凸現考驗的程度。這就是菩薩修行的難行道，也是軍隊轉型後，新一代軍人文化人格的最高境界。

暗夜如盤，風雨交加。夜，勾起一些特別的感覺，然而，又令人扼腕。一個長夜未盡之際，呈現出一個生命中有淒涼、堅忍中有悲壯之夜；以社會治世理想為己任，知其不可為而為之，逢亂世則不惜以身殉道，他們是爭取民族獨立，捍衛民族自由的代言人。

幕僚作業及參謀意識的延伸

古人講究的文章，思想宏富，開一代風氣，則文字的敏感和講究也有獨在的時代意義。文句的泊漾，虛詞的迤邐，種種迴環的空間，瀠洄水抱，頗有積雨空林的暢朗幽謐，英詞盤鬱，可潤金石，這實在不在戰鬥性之外。實際上就連純寫景的山水田園詩也暗含一種態度，況乎戰鬥的閃避旁逸，顛跌反射與文章技法屢有本質契合，邱雨庵（邱清泉）論兵，說「三層火網，子母連環，立體三層，平面三層，上下掩護，內外策應，縮小正面，加大縱深」（《教戰一集》）。挺拔與遒勁，自在其中，只要不和賤肉橫生的文奴文傭把臂入林，則文字的講究只會增益思想的深度，而兵法的深郁自然加重志士的分量。

他出國深造的心曲，乃因國際形勢漸趨險惡，尤以日本帝國主義者進迫日甚，對日作戰，必不可免。邱清泉以民族解放，任重道遠，乃決心在軍事方面再求探索，陸軍大學為德國軍事學術寶庫，教授均係第一流軍事學家。當時校方歧視外國學生，最新講義多有保留，邱先生向學心切，軟磨硬泡取得後，連夜打字抄錄，秘為保存，預備再作研究。三年求學，他所集中致力者，就是戰術戰略及國防建設，尤其對於巴爾克、老毛奇、施利芬及克勞塞維茨的戰爭理論詳加比較研究，於古得裏安之裝甲騎兵戰術，亦多用心。曾謂「如果世界第二大戰爆發，則將為機械化部隊出風頭之時代矣」，他對於魯登道夫的全民戰爭論興趣亦濃，嘗於課餘翻譯，寄回國內雜誌發表。

崑崙關大戰時，邱先生為第五軍新二二師師長。他一面教授軍事理論，一面實踐德國機械化戰術。一九三九年三月，軍委會校閱組評定，第五軍居西南各軍第一，新二二師又為第五軍第一。這年九月，該師自長沙會戰後，移防廣西，年底在崑崙關以南的五塘附近，阻擊進攻柳州、桂林的日軍部隊，邱清泉先以奇兵突襲，佔領五塘、六塘，佯與日軍周旋，誘其深入，主力則在山坳隱伏，十二月下旬，日軍推進迅速，一九日夜，邱清泉炸毀五塘、六塘大橋，截斷日軍退路，以機械化部隊兜頭打擊，日軍慘敗。創國軍攻堅戰之新頁。邱氏的戰略戰術都與年齡長於他官階高於他的劉峙、湯恩伯等有所不同。

一九四四年他又以「火燒背陰山，水淹龍陵城」的策略，配合盟軍陳納德將軍，收復龍陵等數十據點。兩個月後，又協同盟軍攻佔畹町城，滇緬公路隨之打通，嘗自述其戰術思想：「乃深受克勞塞維茨影響，即使用無限暴力殲滅敵人戰鬥力。」「現代的戰鬥，無論攻防，火力總是第一。」

「火燒背陰山，水淹龍陵城」之策略，乃是邱清泉在一九四四年攻克滇西龍陵之役所提出兵施行。當時策應滇西遠征軍以收夾擊之效，第五軍增援，邱先生一面與史迪威所部密竇頓上校及飛虎隊陳納德將軍等協商密切配合事宜，一面親自飛赴前線實地視察，檢討得失，策劃應戰，滇緬公路敵軍被截成數段，歸路斷絕，乃狼狽潰退。國軍十一月初克復龍陵，繼之以銳旅續向上寨推進，連克雙坡、於隆、邦打、拱撤、河邊寨等地，同月下旬又克畹町北面之象鼻山，罐子山、冷山諸要點，盟軍於一九四五年一月下旬進佔畹町，至此西南國門以內已無敵蹤。緬北方面，駐印軍自一九四四年十月由密支那向南進攻，滇西緬北兩路大軍在芒友勝利會師。次年一月，全長一五六六公里的中印公路，得以完全打通，而同時維持我抗戰時交通的中印油管也開始通油。

從大戰中不難看出其明顯的德軍用兵特色，即亞歷山大大帝所慣用的「打鐵戰術」，或曰「錘砧戰術」，即撥出部分兵力充當鐵砧，再以合成精銳部隊當做鐵錘，兜頭打擊敵人側背，促令敵軍在雙面夾擊之下崩滅。

在艱苦的抗戰當中，邱清泉幾度瀕臨死神的召喚。崑崙關戰役時，日軍投下的炸彈在他數十步之遙爆炸，同樣畢業於中央陸軍軍官學校的親侄當場在眼前陣亡。

龍陵戰役他的總結是：

一、火力重於兵力：現代的戰鬥，無論攻防，火力總是第一。如果火力強大，一連人擔任一千公尺的陣地是毫無問題的。不僅非常堅固，而且縱深可以配備得很大。

二、搜索重於戰鬥：搜索分戰鬥搜索與威力搜索，威力搜索就是戰鬥。我們知道火力固然重於兵力，但是發揚火力，一定要搜索得確實。我們必須先把敵人的炮兵陣地，機槍陣地……橫廣縱深等搜索準確，然後才可分配各種槍炮火力，以充分壓倒敵人。

三、補給重於作戰：補給是戰鬥力量的源泉，如果彈藥送不上，用什麼力量去打呢？如果米鹽送不上，餓著肚子還能作戰嗎？因此軍師部的軍需處，團部的團附及軍需，營部的營附及副官，以及連上的特務長，在作戰時應該特別注意部隊的補給，同時第一線的官兵，應該尊重後方勤務人員。

邱清泉著重拈出中國軍隊訓練不足的問題，特別是通信、工兵等特種部隊，由於長期缺乏器械與訓練，因此無法在戰場上發揮專業，邱清泉認為，這些軍直屬部隊在戰場上對各師處於協助的角色，應該發揮小單位獨立作戰的功能，格外重要。

這是刀架在脖子上的反抗，甚至是受到致命打擊後的反抗。當他醒過來，包括他所保衛的祖國，在一次次的戰爭中，此時已有技術上的優先，謀略上的率先，毀滅性打擊即力量上的領先，戰役中先下手為強，得一先字，即戰略先機。這可解釋他的投入戰爭是為了勝利，終局是為了勝利。從而，避免被宰割，被奴役，被鐵幕籠罩折磨。他的反抗是基於一種被迫的理念，他在進行的過程中則異常的投入。

一九四三年他在昆明城郊的時候，遠征軍一部退回在此編練。得以從經驗中淬練出可貴的軍略智慧，他提出養兵重於訓練，命令各單位在駐地飼養家禽，種植瓜菜，以輔助副食，增加營養，並以中醫中藥補西醫西藥之不足，為官兵調攝治療。其有病亡者，視宗教信仰之不同，召僧道牧師阿訇為其禱祝安葬。不到半年，不僅官兵體力大增，情感亦親如手足，部隊團結力益趨強固。補給與後勤問題的重要性，在軍事與組織管理的領域當中，常常未被賦予足夠的重視，這和蔣緯國在西北的用心是一樣的。據《一個將領的養成與形象反思》介紹，邱清泉從細節入手，各連組織伙食委員會，採買帳單逐日公開，此位民主程序化之要端，在當時恰是解決貪瀆與官兵營養不良的良方；在與美軍接觸的過程當中，美軍重視官兵福利與休閒的風氣，也逐步影響了中國軍隊，第五軍軍長希望各營部與連部都要建設花園，美化營舍，官兵每週辦理會餐與娛樂節目，這些觀念，在當時都是異常新穎的。

第一流的幕僚，其人格、頭腦、心胸、智略等等，俱應有相當的獨立意識。

除在教導總隊任參謀長，為幕僚生涯精彩之一筆，在其留學報告中建議我國現代化國防軍之建設，都二萬餘言，深受器重。一九四〇年秋又任軍委會委員長侍從室參議，復任幕僚。當然，一九三四年出國前，任陸軍官校政治訓練處少將處長，也可看作幕僚時期。

次年春上短期調任軍訓部第十六補充兵訓練處處長兼重慶第三警備區司令，旋為胡宗南請到陸軍軍官學校第七分校副主任，主任為胡氏自兼。蓋以當時胡氏所部在全軍校閱成績低下，特聘邱清泉為之訓練提高。著作有《教戰一集》、《教戰二集》、《軍隊生活教育》、《建軍論叢》等。這些著作較之蔣百里的書，焦點似更集中於戰術方面。

一九四三年春，就任中國駐印軍軍長的鄭洞國在上任前赴重慶告別，才知原來的人選是邱清泉，邱清泉已經選好幕僚班底，準備赴任。不料軍中大佬建言，說是他脾氣暴躁，和美國人合作時怕他不買帳，事到臨頭才忍痛將鄭洞國來替換他。鄭氏的脾氣較為溫和，但後來的事實是鄭洞國被史迪威等人罵為白癡，反而留洋的廖耀湘等慢慢和美國人相處和諧。如果軍委會不臨陣換將，則邱氏以其獨到的兵學修養，以及他的外文水準，可能更早和美國人打成渾融的一片。他的兵學思想，無論治軍、作戰與訓練，尤其戰略戰術之指揮運用，常有突出驚人表現，此與留學德國，深受德國軍事教育之影響與薰陶，關係極大。

東征打陳炯明的時候，軍校第二、三期學生及兩個教導團組成校軍，任粵軍前鋒。邱清泉任班長，對於造橋、築城、安置炸藥等工兵任務，貢獻甚多；而對於實地經驗與心得，收穫亦大。

在昆明第五軍期間，他的練兵方式大略是注重沙盤教育，圖上作業，兵棋演習，半實兵演習，實兵演習，對士兵先授以步兵戰鬥技能，步戰協同及營以下戰術，然後再施以美式教育。其基本戰術思想，深受克勞塞維茨的影響，即使用無限暴力以殲滅敵人戰鬥力。他認為達到此一目的的方法，唯有機動力與火力綜合的衝力。所以第五軍參與抗日各戰役，大都使用衝力的戰法，而戰術的細節，則根據實戰經驗不斷改進。

至於他的指揮藝術，沒有半點留學生的教條或僵化。他親自編有戰鬥歌訣，供士兵記誦理解。譬如戰鬥口號：找敵人，瞄準打。向前進，死不退。不驚慌，不突圍。硬打到底，三天成功。攻防要領——攻擊：吃少打多，攻弱抵強，主動索敵，把握戰場。防禦：三層火網，子母連環；立體三層，平面三層。上下掩護，內外策應。縮小正面，加大縱深。一堡三槍，交換射擊。側防反射，埋伏逆襲。沈著勇猛，硬打到底；子彈缺少，設法代替。三天苦戰，馬上勝利。

他尊重士兵的人格，關愛其生命，使全軍產生一種團隊精神。他與幕僚研究研究戰法，改進戰法，隨時改進，使敵莫測高深。他善於把握戰場心理，在一鼓作氣攻城掠地之前，或艱苦作戰堅持最後五分鐘之時，常槍筆並用，連夜振筆直書信札或文告，以激勵士氣，每使將士衷心感動，樂為效命。他選拔幹部的唯一條件就是「能打仗」。

邱氏的無限火力的理論是他任幕僚時期醞釀的，一是軍委會參謀時期，一是教導總隊參謀長時期。吳佩孚投軍時因瘦羸文弱未入選，僅充勤務兵；邱清泉等人較重視心身健全，注重軍事體育。

新軍人如邱清泉等，古書讀得比前清的秀才還好。吳佩孚早年應登州府試，得中第五十七名，與常兒無異。邱清泉幾次重要考試都是第一名，吳佩孚是窮秀才大煙抽上癮受家族之辱沒才立志雪恥，較為個人化；邱清泉他們這一代軍人，多為中山先生之信徒，也可看作新時代的秀才，是為人本而戰，卻從古書、西學，直到兵學，都向第一流的境界邁進。誰說秀才不能造反，中山先生道德理想的賡續，構成了軍界新秀才們的精神內蘊，而和老秀才們葆有本質的不同。

與大學教授的交鋒

邱清泉識大體顧大局，平日訓勉僚屬部曲，深忌軍人幹政，在其所著「建設現代國防應有之認識」一文中曾謂：「參謀總長純為軍事長官，在民主政治時代，彼固不可在政治上提出主張，更不可參預任何政治活動，而嚴格保持其軍人身份，是乃應有之紀律與風度也。」又謂「民主政治，政黨鬥爭，時行紛亂，國防軍紀避免干涉，以卻怨尤。其有擾亂公安者，厥惟由團警任之。」故處理昆明學潮，邱先生雖係參預雲南警備總司令部策劃作業，但在其思想上是矛盾的，感情上是痛苦的！

較之民國前期的老參謀，他們當時運不濟，灰心感無力感降臨，往往借助信奉怪力亂神，到了邱清泉這一代新軍人，則除了清醒的頭腦，卓越的膽識，尚有對對民主精神的信奉，對遊戲規則的遵守。留學的教育背景畢竟不同，西方的普世價值對其人品及行為方式具有根底上的影響。他的參謀生涯不長，以後是自己給自己當參謀。他牢騷式的對國防部參謀部的懷疑，乃是參謀生涯的延伸，正像戀愛中的嫉妒和懷疑一樣，往往百發百中，他眼中的鬼影憧憧，亦絲毫不差，不幸而言中。

他處理昆明學潮事件，和舊軍閥的顢頇做法確有不同，冷靜、理性，且和教授裏的頭面人物直接對話，而能大體穩盤，這在板蕩紊亂的局勢中確需頭腦和手腕。而他的手腕的心理背景，就來自於他做幕僚時節的修養和知識儲備。

一九四四年在反攻龍陵之前，第五軍駐於昆明郊外之北校場。為了回應大學教授的質詢，他與西南聯大眾教授舉行座談會。聞一多、李公樸、馮友蘭、楊西孟、潘光旦等參加。

當時西南聯大民主思潮噴湧，言論尺度激烈。而國民黨省黨部形同虛設，對聯大師生畏之如虎，不特不能對壘，甚至予以附和。邱清泉軍書傍午，但他還是動了主動瞭解溝通的念頭，乃決定由政治部副主任吳思玠和西南聯大訓導長查良釗先生接頭，以邱軍長出面邀請這幾位教授參加座談會，希望從座談會中他們所發表的言論去瞭解他們的態度。當時基層中小縣市黨部的執行委員，不要說大學畢業生是絕無僅有，就是高中畢業的人也很少。他們智識程度這樣幼稚，要交他們督促縣長、或與左翼知識份子對話，擘畫地方行政建設，自是不可能之事。由他們惹起的糾紛，也往往是雞毛蒜皮低層次的笑料，一旦被人利用，小禍就變成大禍。所以像邱先生這樣的高階將領，還要在戎馬倥傯的關頭，拿出國學西學的底子，來和社會的一部分人交鋒，也真令人感慨不盡的了。

當一九四四年十月某日，座談會在昆明北較場舉行，軍方除邱清泉、吳思珩，還有羅友倫、宋長治（當時為軍法處長）共四人，教授有聞一多、馮友蘭、楊西孟、潘光旦等。座談會以邱清泉為主席，討論題目為反攻問題，當時日軍正在攻打衡陽。其間，楊西孟以經濟學家身份談財經問題，而以聞一多的質詢最具力度。聞一多說，衡陽究竟可否守住？不能守，怎麼辦？日本將向何處延伸攻擊？最後打到哪裡？指名要邱清泉回答。邱說，這個問題涉及軍事的機密性，但也不是不能回答，可以從研究的角度來觀察，所以，他坦率答覆到：第一，衡陽守不住！當時衡陽是二〇七師方先覺（此時是第十軍軍長，幾個月後他才以集團軍副總司令的名義兼任新組建的青年軍第二〇七師師長）防守，邱軍長以日我雙方裝備實力等著眼，說明我方守不住的理由。第二，日寇當然繼續前進；第三，根據軍事地理分析，繼續前進以貴州之可能多於廣西；第四，可能打到獨山。（參見吳思珩〈昆明學潮退思錄〉，載《口述歷史》總第八期）。當然邱先生就軍事觀點逐項予以分析，事後情況發展，可知其料事如神，日寇自攻陷衡陽後，確實經廣西一直打到獨山。此不僅說明邱先生在軍事上造詣之深，更可知其謀國之誠。

邱氏的這個回答，可以說用心良苦而目光如炬。其判斷竟和稍後三、四個月所發生的戰事完全吻合！此不僅有他作為名將所儲蓄的經驗，也跟他參謀生涯打下的良好底子有關。但這一來，聞一多就發飆了。他說：我們談反攻問題還談什麼呢！老實說，今天政治、經濟、社會各方面都已經沒有希望，都得重新改革，換句話說，就是要造反……眼下之一，一切必須推倒重來，進行全面的社會變革。話說到這個份上，全場氣氛像要爆炸一般，空氣凝固，諸人皆恐慌以視。邱清泉始終保持冷靜，並未惱怒。到了午宴時間，邀請教授們聚餐，羅友倫以軍界年輕人身份向聞一多敬酒，請求說：「聞先生，我敬你一杯酒，你剛才說得很對，今天我們青年必須走一條路，你是知名的學者，應該指導我們青年人，究竟我們應該走哪條路，請你告訴我們！」聞一多一時情急不知所措，欲發作而未能。最後不歡而散。

軍人不應干政，但當時的省黨部、青年團均畏縮裹足不前，邱清泉也只有自己奮力前驅。而他敢於和名教授當面對質而不怯場，根底在於他的學養底子。以二十五歲以前的國學根基而言，就算是和聞一多等人相較，也大抵持平，相去不遠。只是後來為民前鋒，更多的時間必須衝鋒陷陣，或用於進修兵學。

其後，學潮爆發了，省黨部的人眼睜睜看著，毫無還手的餘地，直是望風披靡。這時，雲南省府改組後，杜聿明即調東北，關麟徵接任雲南警備司令。關麟徵坐了一部一九四五年最新吉普去西南聯大慰問，未幾他的新車即被推倒焚燒，一行人被打了出來。關氏也帶了一排人護衛，因嚴令克制，才沒惹大禍。

不久，李公樸、聞一多相繼被刺，照理，部隊政工人員都脫不了干係，但關麟徵一肩挑起責任，他報告蔣先生一切由他負責，遂於一九四五年十二月九日將關麟徵停職，調陸軍軍官學校教育長（一九四六年四月），以霍揆彰接任雲南警備司令，關氏對這件事很能勇於負責。

當然，李、聞之死，雖然第五軍政治部對他們密切關注，但僅限於關注，以邱清泉的修養，他根本沒有出此手段的可能，因為這以他的頭腦足以應付，尚不至於以鐵血手段對付。關於此事，吳思珩有條理清楚的辯證，可供參考：

「一九四六年一月十三日第五軍奉命由昆明開往南京，徒步十數天經貴陽、長沙、岳陽，直到武昌才搭船往南京（三月初到達），中間在岳陽整訓一星期。聞一多不是死在三十五年七月，他是死在三十五年元月，我們部隊剛離開昆明，在貴陽時知道聞一多死，而李公樸則死在關麟徵任內，當時我們還在昆明，而聞一多則死在霍揆彰任內。我們和陳毅、粟裕的遭遇是在三十五年五月。聞一多的死期記不太清楚，但李公樸的死期記得較清楚，當時人家都談關麟徵把『黑名單』移交給霍揆彰執行的。第五師離開昆明時，在霍揆彰任內，我們還有一師（二〇〇師）留駐昆明，因為當時昆明情勢還不穩。聞一多死絕不在七月，因為那時我們部隊在貴陽時接到消息的。在貴陽街上當時還看到日本軍隊碰到我們滿街行禮，部隊三月中旬到達南京浦鎮，我們的任務是衛戍南京。」（吳思珩〈昆明學潮退思錄〉）

吳先生此處記憶有誤，聞一多確實是一九四六年七月十五日遇刺。而非當年元旦。

一九四五年，日本無條件投降之時，第五軍駐紮在昆明，當時軍長邱清泉。抗戰勝利伊始，中樞改組雲南省政府，邱先生奉命策劃執行，機智過人，兵不血刃，而將掌握雲南政權十八年，表面服從中央，實際上擁兵自重的龍雲解職，一夜之間，不動聲色，即將龍雲部隊武裝解除，五日之內，龍雲政權交出，順利達成使命。

傳統文化的底蘊培植

邱清泉一九〇二年生於浙江溫州一個耕讀人家，八歲入私塾，誦讀經史，十四歲入高等學堂，中文水平已窺門徑。課餘廣泛涉獵經典，並用朱筆圈點眉批，以培養自己「盡忠國家，熱愛民族的基本思想。」一九二二年考入上海社會大學，一九二四年考入黃埔軍校第二期。一九三四年國民政府選派一批青年軍官到德國深造，邱清泉以考試第一名的資格，入柏林陸軍大學。一九三七年五月回國，任教導大隊參謀長，旋即參加南京保衛戰。他年輕時就學於文風甚盛之浙江省立第十中學，畢業後做了年餘家庭教師，其間苦修經書典籍，積資赴滬就讀上海大學，奠立深厚之國學基礎。

邱國賢〈懷念先父清泉公〉談到，一九三七年邱清泉從德國返鄉，清明祭祖，帶著七歲的邱國賢乘船至三十華裏外的前河鄉掃墓，小船在景色宜人的河道中遊弋，他一路眺望兩岸原野，似有無限眷戀，途中他取出一本《古文觀止》，翻開《孟子》中的梁惠王篇，對國賢解說文意，他講時引經據典，趣味極濃，七歲的小孩亦聽得津津有味，講解完畢，船亦到岸，這是他第一次給他的公子慈祥親切的感受。

一九四一年春邱國賢輾轉至重慶與他父親相見。當時邱清泉正經數次艱險戰役後在陪都整訓部隊，相見後，他詢問了國賢求學的經過，把小孩帶至他的書房，指著一大堆德文書籍說：「你以後應當學讀德文，你看這麼多的外文書無人讀不是太可惜嗎？」國賢深知這些書都是他在德國時苦研的典籍，希望有人能繼承他的學術研究，可惜他因事忙無法教，而國賢往後亦無緣專修德文。邱國賢回憶說：「我在重慶讀高中，父親時常翻看我的作文，在文理通順且能達意時，他總是予以讚美。我好象棋，棋力不差，有時與同鄉或他的部屬下棋，總是替我加油誇獎，意志高昂，可惜我同他經常相處的時間實在是太短暫了……三十二年秋，我就學於西南聯大先修班，時父親接長陸軍第五軍，駐防昆明，常於軍務倥傯之餘，為我講解課業，有時每至深夜。他的精力過人，興之所至，往往不知天之將曉。我的天資不敏，要講亦不知其所以然，但他從不因此責我，他曾說了一段令我難忘的話，他說：社會大致是公平的，不過有些人天賦高，少年得志；有些人毅力強，大器晚成；後者的成就往往更顯得偉大。」

國學的底子，加深了他性格中務實、爽朗、直接、講義氣等等的成分。性格剛正，意志堅定，頗有傳統士大夫的遺風，邱先生謀國之誠，識見之遠，足堪帶兵將領之借鑒與參考。他的文學作品也保有不磨的價值。

滇西反攻作戰返回昆明途中大有感慨，賦詩以見志：萬里雲山北望頻，南天立馬一勞人；邑多哀落傷農圃，路有饑寒恥重臣。生意哀憐驅羸馬，道心消逝伴朱輪。煙村殘野夕陽處，枉自風光畫樣新。

〈征途過鄆城〉：千里入荒城，又是匆匆別；宅第盡廢墟，道路人蹤絕；鳥雀繞枝頭，蛇鼠出野穴；不知人意苦，但聞聲哀咽。何處是青山，定多杜鵑血；入夜秋風起，雲浮月明滅；鴻雁何悲鳴，征夫心膽裂；故園人豈知？天際愁腸結。

〈仿古樂府有作〉：十年水流東，十年水流西，水流無已時，人事成爪泥。春殘花濺淚，暑去寒露淒；盛衰付煙雲，得失笑蟲雞！孔門聞道死，莊生與物齊；各言志所取，身後互訶詆。是非無定論，榮辱不須迷。堂燕尋常入，暮鴉終古啼，不如傾斗酒，詩成和醉題。

當中深蓄著人生的慨歎，鬱怒與悲切激起情緒的跌宕，均頗能見其心中辛酸之塊壘。

行伍記者張贛萍先生〈軍風紀雜談——兼憶邱清泉將軍的「膽大妄為」〉中說，連邱清泉本人，也有邱瘋子之稱。張先生寫邱將軍去南京開會，在下關火車站就曾受到憲兵的干涉，因為他穿一套士兵制服，樣樣都不合風紀規定，既無中將符號，再加上他那桀驁不馴的怪模怪樣，手中還拿了一瓶威士忌酒，因此引起憲兵的查究。張先生以為這是一種吊兒郎當，實則不然，蓋邱清泉本人性格大處不拘小節，舊書讀得太多，有相當的名士氣，從西方兵學大家那裏，又得一種氣質的習染，一些做派，頗類麥克亞瑟。膽氣和學養，乃是他如此行事的底蘊。

同為黃埔二期生，聶紺弩的自由化傾向和邱清泉如出一轍。林東海《文林廿八宿・師友風宜》（人民文學出版社二〇〇七年版，七九頁）就記述聶翁不拘小節，經常穿著木拖鞋上班，端著茶與同事聊天。內心相當充實，底氣很足的人方有此種表現。聶紺弩晚年，同事去看他，他會閉目養神，忽而驀然作獅子吼。

從開頭看到結局

徐蚌會戰開了頭，接連失利，尤其邱清泉不救黃伯韜，在各種電影、報告文學中成了一宗公案。對此，邱先生本人是怎麼說的呢？他召集師長開會說：「老先生的信你們大家看一看，我邱清泉奮鬥一生，卻說我不想救友軍。在中原會戰以來，我老是救人，而人家（指黃百韜）救不到人被圍，卻說我不救，人家不該死，我們該死！不過，不管怎樣，對領袖我們沒話講。現在的情況，桃林崗還膠著在那裏，現在彈盡糧絕，打榆廂鋪是沒辦法了，但我們仍得設法救鐵佛寺黃伯韜，如能達成任務，則可將功贖罪，如不能達成，我們都活不了命，現在你們意見怎樣？」接下來，他的知其不可為而為之的策略是怎樣的呢？還是選擇逆境中幅度很大的迂迴戰，從正面撤退下來攻擊對方後背。他麾下的師長周志道以為這是兵家大忌，彈盡糧絕，筋疲力竭之際，首先是從正面撤不下來，其次夜間打迂迴戰更犯兵家之大忌。可是邱清泉說：「我知道，今天的情勢，身為軍人，只有置之死地而後生，我們人困馬乏，人家也疲困之極，誰能堅持到最後五分鐘，誰能出奇制勝，誰就打勝仗，我決定今晚實行迂迴戰！」（參見吳思珩〈徐蚌會戰的序幕〉，《口述歷史》第八期）

誠所謂受命於艱危之際。淮海戰役期間，毛澤東的〈敦促杜聿明投降書〉，排在第二位的，便是邱清泉將軍。可是，依邱清泉的脾氣，他會理睬嗎？他曾指著兵團司令李彌和副司令陳冰的鼻子大罵，指斥他們作戰不力。到最後關頭，還想以軍事技術挽救毀滅的命運。陳毅的第一封勸降信，派軍使送給杜聿明，邱清泉發現後，立即搶來燒了。不久，杜聿明又接到第二封勸降信，拿去徵求邱清泉的意見，他看也不看，接過來撕成碎片。

黃伯韜的第七兵團，李彌的第十三兵團，孫元良的第十六兵團，黃維、胡璉的第十二兵團，都是裝備精良的精銳部隊，尤其是邱清泉的第二兵團，更是王牌中的王牌，全部美式配備，機械化程度極高。這些部隊在上菜、確山、徐州、蚌埠、直至郯城一線扇形布開。最後，除胡璉、李彌、孫元良等幾個高級將領以及少數部隊落荒而逃以外，其餘，從劉總副總司令杜聿明起，黃維、文強、李漢萍、邱維達、楊伯濤……一干司令、軍、師長被生擒，黃伯韜兵敗自戕，邱清泉戰至最後一人。據他的幕僚長李漢萍回憶，當時邱清泉已精神錯亂，手提衝鋒槍反覆叫喊「共產黨來了」，輾轉亂跑。

邱清泉是內戰局勢逆轉以後，態度最堅決，信心最堅定的將領，他數次向杜聿明拍胸脯要「包打」，直到黃伯韜全軍覆滅後，他還認為徐蚌可守。環視宇內，則東北失陷，華北逆轉，魯北變色，徐蚌風雲緊急，為了固守徐州，拱衛京畿，他堅持內線作戰，守勢機動，勞碌奔命。他是一員傑出的戰將，處處以軍事觀點和局部形勢為著眼點，殊不知時移世易，純軍事觀點和局部安排不能單獨存在。

在最後關頭，他也發牢騷：「我真不明白，總統只知寫手令，打電報，戰場實際情況，他老人家全不清楚。」他罵雜牌：「我早就說過，雜牌軍靠不住，越多越是禍害，關鍵時刻就倒戈，真他媽的害人精！」事實也確如此，若非吳化文、劉振三、張克俠、廖運周等軍頭在緊要關頭拉開口子倒戈，即使徐州突圍決策欠妥，也有希望全師而退，倘能順利轉進淮北，至少可以保住江南半壁江山。

至於邱清泉驕悍的原因，當時杜聿明還未到差，他是以副司令代司令官的。邱清泉在當時，有人說他是驕兵悍將，他的驕悍確是有名的，然而他也說國防部的命令不能聽，一聽就打敗仗，正好陷入圈套。他嘗謂：「國防部的命令未到手，副本早送給陳毅了，我們還打什麼？」這是開玩笑，但事後也印證了，第五縱隊假借最高統帥的名義把徐蚌前線五十多萬將士驅趕到了絕境。將在外君命有所不受，他認為軍人乃以打勝仗為目的，戰場情勢瞬息萬變，必須因時制宜，墨守陳規如何能打勝仗？說他驕悍則可，說他不忠則不可。他是他們校長的忠實信徒，他在碭山就任第二兵團副司令時，有一段誓詞是他自己擬的：「總理在天之靈，使我們做為委員長的學生，如果不服從命令，則雷打火燒，天誅地滅！」他頗有盡忠於疆場的決心。

邱清泉說，雜牌都是害人精，雖屬情緒化語言，不可謂不經典。蓋民國幾十年，並沒有真正的統一，日本打來了，造成的是虛假的團結，虛飄的組合，一旦戰後重新面對亂麻一團的國事，種種矛盾忽然都到眼前。軍閥對蔣先生的投靠，大多是一時的利害的選擇。時過境遷，或者合作投靠的過程中，還有許多的不滿和怨尤，造成離心離德。

智深勇沉、文經武緯的烈士氣質

一九四二年，第五軍在昆明近郊老侯街集訓。張滋緒當時是訓練班教官，有人推薦他第五軍任參謀處長。當時他想，邱軍長雄才大略，滿腹經綸，自恃很高，靠背也硬，恐怕難得伺候吧？

結果呢，他竟和邱清泉相處和諧，並親身感受其人格的偉岸。當時第五軍參加緬甸戰役回國以後，部隊急待整頓，不幸軍中有一股賭風。因為抗戰時期，生活艱苦，有的人兼營副業，以維生活。像張滋緒這樣沒有裙帶關係和背景的人，只有滴自己的汗，以勤補拙，埋頭苦幹，不顧一切，當時他編了一本《參謀業務十講》，利用處務會議時，同參謀講述，此所謂在職訓練，一分耕耘，一分收穫。全處十分團結，指揮自如，幕僚們如同兄弟手足，處下分為四個科，第一科主管作戰，第二科主管情報，第三科主管後勤，第四科主管人事，全處幕僚連同士兵，約六十餘人；還有一些新進的待命人員。軍長一律先批交參謀處服務，待機派往部隊。邱先生認為其所論列，多洞中竅要，深切時弊，故對之甚為讚賞，以致公開褒獎。

所以張滋緒深有感觸的寫到：「軍長邱雨庵公，是了不起的指揮官，軍校二期，德國陸軍大學畢業，為人爽直痛快，頗富感情，具有大將之風。我同軍長邱公，在業務上配合得很好，他具有德國軍官乾脆的精神，做事不拖泥帶水，而我有一股壯年的幹勁，記得他對半實地演習、沙盤演習、小部隊作戰等，指導演習時頭頭是道，經常熬夜講授，他把手叉腰，不看講義，假設多種情況，囑部屬當場作答。他對軍事學小部隊作戰諸原則，可以稱得上滾瓜爛熟，還送了我許多參考書，部隊幹部，莫不敬佩。」（張緒滋《難忘邱雨庵軍長——第五軍往事》）

邱先生的爽直痛快，頗富感情，在危難關頭，最見英雄氣質的蓋世擔當。

南京屠城已經開始，他讓桂永清先走。總隊長桂永清命令燒毀文件及拋棄輜重，然後招呼參謀長邱清泉一起走，邱清泉站著處理文件，冷靜地說：「你先走吧，我暫留下，再和各團營通話，研究撤退的辦法。」教導總隊已是戰鬥到最後的部隊，他又是最後的殿後。

參謀劉庸誠燒完地圖後，邱清泉對他說「你受過傷，先走吧」。這時，地下室內，只剩下邱清泉和他的兩名衛士了。暗淡的光線中，只有他的煙頭在一閃一閃的發光。

徐蚌被圍，十月中旬他在徐州花園出席軍事會議，當場反駁郭汝瑰別有用心的佈置籌畫。謠諑忽起，風鶴頻驚，戰場騷然。他預感禍機即將來臨。回到兵團部，看到政治部主任吳思珩坐在角落裏，他即朗聲喊道「吳思珩，我看你給我下去好了，跟我這麼多年，何必白白跟我在這裏犧牲！」吳氏答道：「報告司令官，我是政治部主任，作戰時不在職位是要槍斃的，怎能下去？」邱先生說：「不要緊，我下手令派你去南京。」(〈吳思珩先生訪問紀錄〉，見《口述歷史》總第八期)十月三十號，吳思珩以去南京領每人兩銀元的黃泛區會戰的犒賞金，離開戰場。他走後的第一、二天，津浦路就斷了，若遲一、二天就無法到京，他就這樣下來的。在南京領了廿五萬銀元，裝成五十大箱，但已經無法投送戰場。

英雄氣質具體表現為烈士心結或烈士情懷。邱清泉雄霸之氣，相對於廖耀湘、孫立人、張靈甫等同樣高學歷的指揮官，他們的英挺或優容之氣質，則邱先生更顯雄霸。雖然，此種雄霸其基礎均出於學術墊底的儒雅氣息。患難憂虞之際，正見其胸懷之廣大，以耿耿精忠之菩薩心腸，獻之骨嶽血淵之間，義無反顧，述往事，思來者，實際不能不馨香崇拜之矣。胡林翼嘗謂「兵事為儒學之至精，非尋常士流所能及也」，再他們這一代人身上體現得元氣淋漓。但在歷史的時段中衡量，卻不幸只是曇花一現。

遠征軍參謀的絕地行軍

抗戰期間，一代青年幕僚也成長起來，很有一番作為。

羅友倫在一九三九年底，從陸大研究院調到第五軍擔任參謀處長，本來張發奎在抗戰時是第四戰區的司令長官，他打電報給陳誠，要羅友倫擔任第四戰區的作戰參謀處長。這個職務是很高的，因為下面有軍團、兵團，然後下面才有軍、師、團……隔了好幾層。他沒到張發奎那兒當大處長，而選擇第五軍當了小處長的原因，在於前者(戰區)機關牌子太大，指揮機構太高，除了做計畫之外幾等懸置；而部隊(軍)的參謀處長則是直接管部隊的，兩者差異很大。羅氏甫上任即督練軍直屬部隊，有時直屬部隊比一個師還大，如戰車團、汽車團、工兵團、輜重團等很多團的部隊都歸參謀處督練，天天在部隊裏活動，令其感覺很踏實，這和士兵的聯繫是零距離的，再以第五軍是王牌機械化部隊，精華都在裏面。

他到第五軍當上校參謀處長，正好趕上崑崙關消滅日軍的凱旋曲。

一九四二年二月，第五軍開赴昆明，旋即轉赴緬甸，這即是遠征軍。那時羅友倫已是少將參謀長了，督導了三萬多名部隊、一千多部車輛，由昆明運輸到臘戍，後來司令部就設在緬甸梅苗，美軍史迪威將軍、英軍蒙巴頓將軍的司令部也同駐一個山莊裏。盟軍就在那裏舉行聯盟作戰會談，最後採用第五軍幕僚研擬的作戰計畫，以第二百師南下緬甸中部的同古阻止日軍前進。

於是第二百師到了同古，與日軍發生了激烈的戰鬥，終被日軍三面包圍了，那時最高統帥命令該師死守同古，犧牲到最後，以表示國軍的精神。因為救援部相隔百里遠，所以只能在撤退與死守之間做選擇，假如死守，就會眼睜睜的看著被敵人包圍、殲滅。那時第五軍有三個師，如果有一師被敵人吃掉，只剩兩個師，士氣一定受挫，而且坐視不救，有損指揮道德，因此羅友倫力主撤退。但撤退是違抗最高統帥的命令，可能受軍法審判，羅氏和軍長杜聿明、最高統帥部參謀團團長林蔚在房間內反覆討論了幾個鐘頭，始終沒有結論。時至深夜，羅友倫說：「假如不立刻即下令撤退，就再也沒有撤退的機會了，如此一來，一定會完全被敵人包圍殲滅。」於是他動手擬好了命令，請杜、林簽字，他們都不肯簽，羅友倫只好先簽名以示負責。那時作戰有一個嚴格的規定，就是指揮官與參謀長同負責任，所以要是違抗軍令，軍長、參謀長都要接受軍法審判，最後軍長杜聿明被他說服，也簽了字。在一夜之間全師循著鐵索橋渡過河川撤退，使拂曉前敵人四面包圍攻擊撲了一個空。事後第五軍二百師戴安瀾師長向羅友倫抱怨，說軍部不管他，將他丟在那兒。實際上是撤退命令發晚了。緬甸同古戰役之後，接著又有平滿納戰役等其他戰鬥。

羅友倫事後回憶：

一九四二年夏，戰事失利，被迫轉進緬北，再轉進印度，原來山間的小路在雨季時都變成了小河。一步一步的走入了原始森林，行進非常困難，於是把帶來的幾門炮及幾輛吉普車也通通丟掉了，只剩下幾部裝甲車，和一百多匹騾馬。我們越過了伊洛瓦底江，深入不毛的地方，一天露營在諸葛亮五月渡瀘河壩上，因喝了河水，三千多人通通腹瀉，聽說骨灰可以止瀉，於是把馬殺了，燒成了骨灰給官兵吃，果然止瀉了。

回到了部隊，困難情形愈來愈多，最後連裝甲車也丟掉不要了，而一百六十匹騾馬也全部倒斃，之前我一人就騎了十六匹騾馬，在路上行軍時，馬匹不倒斃，而到了休息時，馬匹就倒斃。死去的馬匹也都被吃光了。

連續不斷大雨，下得連對面都看不見人。一天走到一個山頭上，全軍沒有一支洋火可以擦得著，因此雖然仍有糧食，但無法熟食，只有我一人身上帶的火柴可以用，因為我是穿著毛衣，毛衣可以禦水，大雨下過了，不一會兒就乾了，所以洋火在身上不會淋濕。但火種雖點燃了，卻沒有木柴生火，因為樹木都是濕的，後來有人說起枯樹枝是乾的，因此我們就折了很多枯樹枝攏住一起，果然火柴一擦，枯樹枝就起火燃燒了，於是大家又有熟飯可吃了。

我們走過了不知多少河流，因為道路都變成了河，有的因山洪爆發，波濤洶湧，根本無法渡過，因此前衛司令官因為工兵架不了橋，不能達成任務渡江，所以想要舉槍自殺。我趕到前面，集合土人，問他們如何才能渡過這條河，他們回說得架橋：長長的藤繩綁在河邊的大樹上，然後搭成三角形，再擴大延伸過去，同樣的再把藤繩綁到對面的大樹，做成了一個藤索大橋，就可以渡江了。我們循著藤索天橋，一步一步的走過去，像這樣的河流不知經過了多少。而且愈走愈困難，前面走過的前衛，沿途就留下一身白骨，感覺好像真的是進入了人間地獄。在路的兩旁，有些士兵身上爬滿了螞蝗，數以萬計的圍著在那兒啃食他們的屍體，其中有一位士兵眼睛、嘴巴還能動，他說：「軍長、參謀長！救救我吧！」但我們也無計可施，誰能趕得走那麼多的螞蝗，而把他救起呢？那時因為雨季太長，水泡得太久，四肢都麻木了，所以常常一旦坐下來，就爬不起來了，稍一遲疑就會有螞蟻、蚊蠅出來圍攻你。我的一個侍從副官就因螞蝗從尿道裏鑽進去幾乎喪失了性命。

從緬北到印度，我們絕地行軍，一路上遭遇饑餓、疾病、蟲害，死在途中的有八千多人，沿途都是白骨。我們帶了一萬一千多人，到了印度只剩下三千多人；而帶著的一百六十匹馬，全死在路上。有人還說我們比牛馬還要健壯，在那種環境之下，像牛、馬一樣壯的也死光了，我們之所以能活著，主要還是靠著求生存的意志力量，人類求生存抵抗惡劣環境的力量，要比牛馬強得多。到了印度重整軍備，在蘭姆伽訓練，後來這些部隊就從緬甸反攻，消滅了日軍的第十八師團，打通了雷多公路，直通昆明，從此物資源源而來，使後方得到了補給，壯大了國軍的反攻能力。

我到了印度，反而害了熱帶病，一直高燒不退。史迪威將軍就把我送到印度醫院養病，病癒之後，暢遊了喜馬拉雅山腳的大吉嶺。不久我就乘了飛機，飛過了喜馬拉雅山的駝峰，回到了昆明。（羅友倫〈從桂南會戰到緬印絕地行軍──第五軍抗日作戰憶往〉）

晚年，記者曾專訪羅友倫，其中一個採訪的問題涉及幕僚作業，記者問：抗戰時對日本人的裝甲車挖深壕溝來阻擋，您認為這種方法好不好？羅先生答：當然有其作用，這種壕溝就叫戰車壕，可以阻礙敵人戰車的前進，敵人經過時，不小心就會掉下去，爬不起來。敵軍通常碰到這種問題，就是叫士兵用堆土機將路坑推平後，才可以重新開動。

至於士氣方面，有人認為部隊越打越差，羅友倫以為，雖然打得很艱苦，但士氣一直都是很高昂、旺盛的，因為我們受日本人欺負的時間實在太長了。士氣是要看領導者而定；就算在一個師內，每個團的士氣也都不一樣。假如指揮官勇敢，身先士卒，那他的部下一定也跟他一樣很有戰鬥精神。這些看法，實在很有參考價值。

戰略巨擘可供借鑒

老毛奇，他的戰前的著作，和戰後的實況，如有神遇，所作分析皆能與事實合轍。即預測與事實相符。

老毛奇生於一八〇〇年，弱冠後進入了柏林軍官學校，正好是克勞塞維茨的學生，當時他就表現出對軍事、地理的天分，緣於他對軍事地理重要性的理解，稍後他又由於經濟緊張的原因，無錢買酒賣文章，即賣文為生，寫過一些小說和論文。到了二十八歲，他就發表了軍事理論的奠基著作《論軍事測繪大綱》，並開始同時關心社會經濟、政治與軍事的關係，並因此進入德軍總參謀部。當時的普魯士君王曾對人說：「你別看這個瘦小得像鉛筆似的年輕人，他確實是肚裏有貨啊。」

這以後，他陸續著述均以獨到的分析見長。五十多歲的時候，他成為威廉王子的副官。這個階段他專心研究戰略戰術、交通工具與武器的關係，並研究如何改進軍隊動員，稍後成為德軍總參謀長，以其雄才大略成為軍中大腦。因了他在軍事方面卓有成效的改革，總參謀部成為真正的指揮中樞。他對總參謀部進行改革，內閣賦予他與軍政平行的權力。日本在明治維新後，派出了龐大的軍事考察團，對德軍總參謀部讚不絕口。他的軍事要則是先思而後行，行的要點主要就是進攻，即戰爭一開始就採取強大攻勢，速戰速決，他反對一味的防守戰略。在德奧戰爭時他一次性在易北河集結了三十萬兵力和八百門大炮，戰爭規模在擴大，軍隊單位在增加，於是發生動員的困難以及機動運輸的限制。因此，毛奇將戰略的精華定為分進合擊。德奧戰爭四年後，他又以分進合擊的戰略擊敗了不可一世的法國軍，在他的督導下，德軍的動員和運輸工作運行得象鐘錶一樣準確。他曾經將一個軍團插入法軍兩大主力軍團之間，將其分割成彼此隔絕、難以呼應的孤立集團，創造了各個殲敵的有利態勢，分進合打擊、敢走險棋。

老毛奇的另一個戰略改革就是新科技的運用，以優擊劣，大幅度地把技術革命引入戰爭。他認為那種把軍隊集合到一個點上，從正面攻擊的兵法已經過時，而應該用一部分兵力牽制敵人，實施進攻，但每一個戰術單位都要時刻保持進攻狀態，不讓對方有任何喘息機會。其間的要點是火力防守，火力進攻，火力掩護前進，始終處於主動地位。後來，他又加強了鐵路運輸，使得機動性大為提高，有助於他的分進合擊，外線作戰的戰略。總的來說，他崇尚他的老師克勞塞維茨的軍事思想，認為政治意圖是目的，戰爭是手段，然而當政治目標一旦確定，政治就暫時讓位戰爭，直到戰爭結束。

第十一章 從蔣緯國回溯辛棄疾

幕僚觀念的養成及速度、力量的強調

從變更政工制度，到銳眼識人、心胸的拓展，再到山地戰術，可以說是緯國幕僚觀念的初步養成。而裝甲兵的是與非，以及戰車的速度和編制運用，則是他強調幕僚的專業化的落點。

蔣緯國對部隊的政工制度甚為消極，或曰比較輕視，並非那些人的存在毫無價值，而是他們的工作草率。他們往往只對層峰表現一種忠誠，其餘不再其視線之內。運行起來，徒有其名，不起作用。因為整體的構架有問題，每當設立一個新的機構、新的位置，國人的貪腐陋習便乘勢蔓延，新的架構打開舞弊的大門，這對戰鬥力來說是一種極大的削弱。

不過緯國認為政工如能解決實際問題也不錯，他稱之為戰地政務，目的就是使軍事能得到經濟、政治和社會的支持。譬如說，部隊進攻時，政務人員到達目的地後留下三分之一，部隊再前進，第二拔跟隨，那麼第一拔就留在原地，就變成了後方。同樣第二拔到達目的地，也留下三分之一待命，部隊再前進，第三拔又跟進，於是第二拔又變成了後方。那麼最早的第一拔呢，就可以還給地方政府，可以說是良性循環滾動。

抗戰後期，蔣緯國有一條情報線。當時他是裝甲兵司令部代表，負責遠征軍從印度、緬甸退回的車輛、傷兵收容在上海，並負責車輛翻修。此前，隴海鐵路沿線的洪幫弟兄，他們都很尊敬蔣緯國，緯國作為可靠的中轉，把湯恩伯的戰地情報送到西安交給胡宗南。裝甲兵投入戰鬥時，包括通信、炮彈、油料、戰車、皮帶、引擎等，他都事無巨細，予以指點交給湯恩伯部隊使用。戰車第一團裏面有個排長，他是一個標準的好幹部，在淞滬作戰時，他就要去暗殺湯恩伯，他的戰車有一門炮、三頂機槍，其中高射機槍也可以平射。他帶著部隊預備往裏衝，緯國派兩個兵把他抱住。這人武功底子好，尋常人難以鉗制。其實這兩個兵是緯國早就派到他身邊的，已經監視他三年了，直到他攻打湯恩伯總部時才把他抓住。他在臨刑前問緯國：「副司令，你怎麼知道我是間諜，你講清楚，我死也瞑目。」緯國說：「你實在是一個標準的好幹部。可是你好到了不盡情理的程度，我就開始懷疑，我盯了你三年，沒想到你這麼沉得住氣。」

蔣緯國從美國陸軍指揮參謀學院畢業後，多方強調部隊的教育課程，長期致力於創立完整的軍事教育體系。他在國防部第三廳工作時，頗覺投置閒散。因為一些重要的戰略都是上級直接掌握，他們不大用幕僚，這件事他的感觸很深，他分析其中的癥結，工作人員雖然是專業幕僚，但是廳長副廳長都不受重用，一般都是參謀次長掌握業務，而次長又不過是給參謀總長傳令而已。這種分工體制問題多多。居高位者掉以輕心，忽略幕僚工作的性質，專業幕僚異化成待遇極高的傳令官，久而久之，參謀本部的策劃指揮能力就會退化。

蔣緯國在擔任陸軍指揮參謀大學的校長時，本來蔣老先生想把編排課程的事情交給張某，不料三次教育計畫，他都寫不成文，後來改由蔣緯國和于國權來做，蔣老先生看了很滿意，于、蔣二人的野戰修養較全面深入，兩人互相補充發展成完善的方案。

緯國認為戰略教育的目的在於展開將領的心胸和視野，有的學員只會搬弄條文，思考嚴重缺位，緯國就問他們，你們沒學過，要從哪裡學？他們說，老師教啊！緯國又問，老師從哪裡學？他們答：老師的老師啊。緯國又說老師的老師的老師怎麼辦呢？……甚至更早的人孫子、孫武的兵法又是從哪裡學呢？總是要有第一人來開創的嘛。他用誘導法來使學員開竅，打開他們遮罩的思路，最後他把中外大軍統帥處理戰事的條文拿出來對比，強調學員也有和大軍統帥類似的思維，結果這些人大受鼓舞，漸增自信。

緯國還特別注意山地戰術訓練，他的山地戰術觀念走出了傳統參謀作業的格式，深入到戰術思想的灌輸和運用，學員感到耳目一新。他說歐美尤其是西歐的地形都是窩形狀，山脊較緩，可堪利用；而中國的山較為挺拔陡峻，無法將西方的山地套用。他既研究進攻也研究防禦，以及怎樣發揮強勢的火力。另外他講授戰術的縱深，在步兵營的後面就是炮兵的陣地以及預備隊，一旦突破敵營，即完成戰術的貫穿，取得陣地後部隊不能離開，要撐住突入口的兩邊，不讓突入口合攏，以便讓第二拔的部隊超越進去一直抵達核心。所以他的講授是從攻擊、防禦、撤退等等方面教起，務使學員知其所以然，並且學會如何策劃攻擊與防禦，尤其要使幕僚人員打消硬拼的、傷亡很大的舊有觀念。

蔣老先生規定石祖黃每週都要去見他一次，專談裝甲兵的事情，因為要培養裝甲兵，須托綜合之力來培養，不能單靠軍事。緯國說：「當時父親對裝甲兵的照顧可以說是無微不至，但是石祖黃對裝甲兵卻是一無所知，父親問不出所以然來，非常著急，所以就借著我回家的機會問我有關裝甲兵的問題。我這個裝甲兵是土透土透的，我在部隊裏不聲不響，就是不要讓他們認為我喝了幾杯洋水之後，就在他們面前耀武揚威，我也不會假傳聖旨。我在裝甲兵裏面謹守本分，但是裝甲兵有任何缺點，我都會向父親報告。父親再交給陸軍總部，由陸軍總部加以改進。總之，像石祖黃這樣不懂裝甲兵的人來指揮裝甲兵是不行的。」

後來，經過白崇禧的介紹，徐庭瑤接替石祖黃擔任裝甲兵司令。徐庭瑤屬於新桂系白崇禧系統，他自己卻是安徽人，那時候桂系在安徽的勢力很大。徐庭瑤雖掌裝甲兵，但是此公對裝甲兵之機動性所知不多，他將裝甲兵當步兵用。

戰車機動火力，如隨步兵移動而移動，則其機動性與火力必大受限制，成為對方火器的明顯目標，危險就大了。摩托兵呢，需要下車才能作戰，而裝甲兵在車內即可作戰，這是緯國貫穿畢生的幕僚生涯中屢次強調的。早在一九四八年徐蚌會戰時，他任裝甲兵參謀長，就對裝甲兵隨步兵運用不敢苟同，當時裝甲兵以營為單位分到步兵部隊，緯國認為此法不倫不類，戰車遷就步兵速度，失卻戰車動能，混在步兵中，正好成為被攻擊目標，所以他主張裝甲兵應集中單獨使用。

緯國刷新裝甲兵的努力是一個有機系統，也包括裝甲兵的後勤觀念要完全改變。過去談後勤，都是從後方向前方追補，但是一旦裝甲兵運動起來，後方對第一線部隊無法追蹤，所以一定要戰鬥體向後方領取補給品，如此就要將載重車編在裝甲兵，由裝甲兵管制，因為裝甲兵知道補給點在何處，而補給點不知道裝甲兵在何處。這種新觀念，使得建軍整訓呈現新的編組和面貌，而人事配置也須精簡與之相偕。再者，步兵和戰車合起來成為裝甲兵。步兵、戰車、炮兵，再加上配合機動作戰的通信，以及所有的戰鬥支援勤務（包含工兵、兵工、通信、運輸、衛勤、化學兵等七種），都要配合機動的速度。戰車的機動性多大，所有的勤務就要發揮同樣程度的機動性，這些配合都冠以裝甲二字。緯國強調，裝甲兩字，並不是指裝上鐵甲，而是指機動性。

這和德軍名將古德里安的用兵心得何其相似乃爾。古德里安回憶錄《閃擊英雄》論述說：「一九二九年我已確信，坦克單獨行動或協同步兵行動，皆至難獲取決定性成果。我精研軍史，尤以英倫演習以及沙盤演練可加深如下認識：惟有支援坦克之其他兵種與坦克速度及越野力相偕，坦克方能充分發揮其威力。在諸兵種合成兵團內，坦克應起主導作用，其他兵種則隨坦克之需要而行動。是以不可將坦克編在步兵師內，而須建立包括各兵種的裝甲師，以使坦克充分發揮。」古德里安所竭力倡導的閃擊戰術有三個要素，即奇襲、快速和集中。至於兵工，包括所有的修護保養，分為一級到五級。緯國解釋說，五級保養則在後方，又稱基地保養，它包括某一種程度的製造，例如零件製造。五級保養把總成修好後，就送到前方。總成就是各個單元，例如變速箱、引擎。所以在裝甲部隊裏面，所有的野戰勤務都要配合機動作戰。通信也是一樣，在固定地點通信的效果雖然好，但是如果在機動時無法發揮，這種通信就失效了。

俗話說「過河拆橋」，裝甲部隊之要義就是過河拆橋。戰鬥時，工兵攜帶材料隨時搭橋，等到裝甲部隊通過後，立刻把橋收起來，橋體輕便，它在路上是車，下河便是一條船，將眾船連接之，即為一座橋，以便裝甲兵通過，裝甲兵一過去，橋又變成船，開上岸後又變成車子。如果無法機動，就會成為敵人攻擊的目標。

裝甲兵帶動陸軍朝向機動化發展，所以裝甲兵必須重新改組成為裝甲師與裝甲旅兩種部隊，與陸軍打成一片，變成陸軍的有機部分，而不是設為特種機構，這是緯國強調建軍的方向。

緯國對速度的強調，以及裝甲兵戰鬥編制與運動能力的辯證思考，達至一種科學與藝術相配備的境地。克勞塞維茨以為戰爭是一種藝術但卻屬於非常態的藝術，也就是不規則的藝術，緯國的心曲也正在這裏。戰爭後期，裝甲部隊與步兵編成十個快速縱隊，緯國就認為十個縱隊是十不能。為什麼呢？力量被消解了，所以他寫報告希圖將其集中使用。他說：「另一方面，每一個縱隊配一個戰車營的做法是不倫不類的。當年德國把全國的裝甲部隊集中起來，變成九個裝甲師；法國戰車營總數比德國多，每一個步兵師配一個戰車營，結果法國不能進行快速作戰，因為戰車要遷就步兵的速度。現在我們雖然有十個快速縱隊，但是事實上，我們只是把戰車營配屬到步兵師裏，而我們的戰車營都是輕戰車。輕戰車講求速度，一旦配屬到步兵師裏，速度自然無法發揮；另一方面，輕戰車裝甲薄，敵人使用一般的反裝甲武器就可以將它打穿，戰車要遷就步兵的慢速度，恰成對方的炮靶。所以從編組上來看，已經是一種失敗。像這樣編組的快速部隊，既不快速，又不能發揮戰車的作戰力量，再加上後勤支援也不能配合快速的要求，與其編成十個快速縱隊，沒有一個可以發揮作用，倒不如編成三個，使整體的力量足夠支援，從工兵、兵工、通信各方面加以配合。」

緯國的參謀思想，在裝甲兵運用方面，事前和事後他的觀點都是一致的。而事實的發展，證明了他的意圖被忽略，和厄運的到來，是表裏相依的。

讓人非我弱　人格的堅韌正大

在緯國內心，軍隊應為中華民族銳利的意志體現，應成為守護民族利益的後盾，成為衛護民族尊嚴的長劍。緯國的行事準則，隱然是要恢復中華武士英雄男兒的尊嚴與榮耀。緯國曾兩次挨打，兩次被要求換搶，事出滑稽，帶有一點驚險。緯國在德國留學的時候，曾經因為維護中國人的形象，孤身反擊德國壯漢的圍攻。因他的膽力、氣力、毅力，這些打他的德國青年後來都和他成了朋友。但緯國在國內的幾次挨打，他卻以大氣度克制忍受了。他有他的理由。

一次是在東吳大學念書的時候，在蘇州下火車時發現有很多士兵，他們攔著刺刀檢查乘客行李。緯國帶了一個小鋪蓋卷，這個士兵要他自己伸手進鋪蓋摸索檢查，緯國覺得奇怪：是你檢查我還是我檢查我？如果自己摸，即使有東西，還會告訴這個兵嗎？於是他就問那個兵為什麼不自己摸呢？誰知哪個兵就「啪」地一巴掌打過來，說：「讓你自己摸是給你面子！」緯國只好把手伸進鋪蓋去摸一摸，摸完後，那個兵把手一揮讓緯國走了。緯國看到很多旅客的行李都是被打開的，弄得亂七八糟。此事引發緯國的思索，部隊裏的阿兵哥平時受夠委屈，有那麼一個機會能夠在火車站檢查別人，當然會耀武揚威。另一方面這一次他所看到的軍隊，與他小時候在廣東所看到國民革命軍氣質已有不同，這樣他對社會的認識也加深一層。

另一次挨打，他已從德國回來從軍奔赴抗日前線，乘火車自西安到潼關，車上極擁擠，開車後，看到一個上校自車廂那頭擠過來，俄頃又從前方擠回，當其再次經過緯國座位，緯國就站起來說，上校，你是要找人還是要找位子？那人說找位子，緯國就站起來請他坐。誰知那人端詳一下緯國，驀然地就「啪」一巴掌打在緯國臉上，還很生氣地責問，為啥剛才他過來時不讓座？緯國說，上校，剛才你是從我背後過來的，等到我看見你時你已經走過去了，我以為你在找人，現在看你又擠回來了，所以我特別問一問。沒想到那人又是狠狠的一巴掌打過來，說，你囉嗦什麼！意思是你還不讓位。其實緯國已經站在旁邊，緯國請那人坐。然後緯國走進廁所坐在馬桶上。查票時節，車廂裏有認識的人就跟列車長說：「那位上校剛才打了蔣緯國。」列車長就問緯國哪裡去了，回答說坐在廁所裏，他的位子給了那個上校。列車長就跟那位上校說：「你坐在人家的位子上了。」而且那位上校根本就沒有票，列車長一方面要他補票，同時告訴他被打的上尉是蔣緯國。那人聽了以後，匆匆補完票就跑到廁所門口撲通一聲跪了下來，叩首再三道歉。這一來反而把緯國嚇壞了，他挨揍時反而覺得很正常，但是看見了一個上校跪在他面前，就趕快去他扶起來。那位上校一定要緯國原諒他，說他家裏還有老娘在，好像馬上就要把他拉出去槍斃似的。緯國把他扶起來後請他回到座位上，自己還是坐廁所裏，那人堅持要他回到座位，說廁所裏臭，緯國說那時候的廁所當然是臭得不得了，但是坐久了也不覺得了。

換槍的事件也很搞笑。因胡宗南有事找他研究，緯國坐隴海線的夜快車從潼關回新安。上了火車，還未開動，臥鋪車廂進來一位少將，緯國就站起來向他行禮。誰知那個將官就叫緯國到上鋪去。緯國本來是買的下鋪，即站起來把上衣一脫，掛在上鋪，這樣就露出他腰間的佩槍來，一支銀色的白朗寧，是老先生送給他的。那位少將眼睛一亮，豔羨不已，連問槍從何來。緯國說老人家送的，那人又問，他也是軍人嗎？緯國答是。那人拿在手中摩挲不止，緯國便退下彈夾把槍給他。那人愛不釋手，遂得寸進尺要求交換，他的手槍也是白朗寧，不過已經生銹了，緯國把退出的子彈再裝回彈夾，把彈夾也給他，那人怡然受之，彷彿該得的一樣。

次日到了西安，胡宗南派熊副官來接。這位少將先下車，他也認識熊副官，便恭敬地問來接誰，熊副官說來接蔣上尉，那人也沒在意。到了將近中午的時候，有人來報告，說外面有一個少將跪在門口不肯走，要求見蔣緯國上尉。緯國趕快出去把他扶起來，那人把槍還給緯國，緯國也交還他的槍。並說，這事沒有什麼，這把槍任憑誰見了都會喜歡，將軍如果喜歡的話就帶回去用好了；那人堅不肯收，說那不行，以後見了老太爺下不了臺。

另一次是緯國在德國留學的時候。武官換人，新任武官是酆悌少將，他是所謂「十三太保」之一，也是中樞的重要幕僚。他看到緯國有一把漂亮的七六二手槍，當下就心癢難熬，厚顏提出交換。而他給緯國的一把手槍是二五的，槍栓拉不開，完全鏽死。緯國說，這麼一把手槍，他還好意思自己佩戴，還要交換。軍人的槍是第二生命，哪能讓槍鏽得連拉都拉不開。緯國對這些傢伙充任高級軍官實在是失望，而且這個酆悌明明知道緯國的身份，竟然敢這樣占其便宜，緯國就更加懷疑他的智商，這些人除了以官階壓人之外，別無他能。而且最糟糕的是，他自己所配掛的手槍鏽得不能用，還不覺得是恥辱，這是個很大的問題，即使他表現有禮貌，也只是封建的觀念而已。做一個現代軍人，那還差得太遠。

抗戰初期要堅壁清野、焦土抗戰，不能把一個完整的長沙交給日本，但是燒城應該由裏往外燒，酆悌反而從四個城門開始燒，人民還沒撤走，把老百姓燒死在裏面，通常以為，長沙縱火案的幕後指使者即蔣介石本人，解放後張治中披露了這個特急電文（見《張治中回憶錄》，中國文史出版社）。而史學家黃仁宇先生否認，認為蔣介石當天離開長沙，當晚就發生火災，總策劃乃張治中本人，執行者正是酆悌，所以他死得並不冤枉。酆悌等人若真是對縱火有看法，完全可以抗命或出走，或等民眾遷移出逃後再執行也可。但他們完全罔顧人命，也許這些人理解「焦土抗戰」全然僅就字面意思來詮釋，他們的靈魂讓失敗主義彌漫佔據。

從這些迷離的亂象中緯國看清了中國的軍隊是怎麼樣的一批人所組成，要帶著這麼一批人去打仗，還要面對如此精銳的日軍，還要打勝仗，真是不可思議。

時局動盪不已，社會轉型備受阻礙。專制官場的惡習存留在民間也存留在政府內，不論是誰，稍有權威後就開始耀武揚威了。有一次大家為此話題辯論，緯國認為實在不值得如此爭論，重要的是，要敢於承認現實，努力糾正。例如一個小小的二等兵，當他奉派去當橋頭盤查哨時，自認有了權威，執行任務時就對老百姓大聲呵斥，或者有其他不禮貌的行為；這怎麼能取信於老百姓呢，蔓延下去，就成了治理的痼疾。

緯國英俊剛毅、果決細膩、俠骨柔腸，儒家的積極有為，道家的忍讓自守，都恰到好處地淵然融彙於他一身。修身齊家治國平天下，修身為立命之本。讀書打基礎，兵學理念的系統化，待人接物都有修身的內涵。他做人的端正與低調，兵學思想的先進深銳，像極辛棄疾、像極古德里安。他的兵籍經歷完整，訓練履歷完備。正如唐德剛讚美光緒一樣，說他是中華好兒郎，蔣緯國亦然。唐先生說「從為國為民、犧牲小我的動機著眼，光緒帝這位愛國青年，實在是我國歷史上極少有的堯舜之君。」這是從天賦的心性上來說的：「但是光緒帝畢竟是長於深宮之中，受制於無知而狠毒的母后的一個兒皇帝。」這後一點，緯國就遠比載湉（光緒）幸運多了。

蔣緯國是不負時代的好男兒，深合孔子提出的仁的定義，就是講男性的氣概，精神與氣度，這是一種很高貴的做人的境界。他身上也有儒、道二元道德觀，崇尚積極、進取，但也配合了謙卑、消極。他曾因流露對政戰制度的不滿，因而受蔣經國排斥。他一切以軍事座標為參照，職業目標明確。好處是一絲不苟，兢兢業業，壞處是缺少心機和應變的手腕。因為毫無城府，更不會耍弄政客手腕，一切以專業的眼光來策劃施行，極為討厭翻雲覆雨那一套，因而常常吃虧。尤其在政治參與方面，過於拘謹，放不開手腳，更不會有意識籠絡人心。無欲則剛，唯善而行，無論亂世治世，凡一家之中能勤，能敬，未有不興；不勤不敬，未有不敗者。緯國深知此理，凡事一應大小具以不爭之心而處之，則不爭而自得矣！

他是當時頂級人物也即軍政元戎的子弟，卻無半點紈絝習氣。讓人非我弱，得志莫離群。他踏實、深入、有遠見，慮事周詳，長期保持良好心理素質。他不輕易許諾，但他答應了的事就一定要做。他也不是不急於求回報，而是把幫助他人得到的欣慰作為最好的回報。

緯國頗能退讓、忍受、克制。人生的苦楚無論有形無形，俱以平常心應之。其實汗水和苦修滲透其冰雪聰明，他對兵種認識深透，所提出戰略戰術的構想和過渡時期的老軍人不可同日而語。在此意義上，所受的苦越大，則收穫亦愈大，其為人亦將愈有味道。

他做事磊落踏實，一步一個腳印，大處目標既定，則細處實施細於毫髮，考慮極為周詳，參照系和聯絡面皆能周到照顧，是罕有的參謀專才。他長年的軍旅生涯使他葆有一種氣節的磨煉，他是了不起的時代驕子，具有國家所需要的勇氣和遠見。

緯國的這些事蹟，惜乎都是晚年才予披露，設若當時能有敏感的戰地記者，將其挖掘寫成通訊、札記，甚至不勞打磨，只須實錄，便是一篇篇難得的上佳文章，讓那些顢頇的軍閥及其子弟看了，因睹文而生慚，因生慚而惕厲，那該是何等的功德。

抗戰期間初露鋒芒　從戰術改進入手

緯國留德時參加山地兵訓練，看中的正是它超常的艱苦，他想如果過了山地這一關的考驗，回國抗戰，什麼兵種都將不成問題。僅山地兵的背包一項就非其他兵種可比，一般兵種的背包是二十五磅，山地兵則是四十五磅，再加上武器、彈藥、十字鍬、防毒面具等，單人負重在七十磅左右，所以一場行軍下來艱辛難以言喻。

緯國初到德國，入伍訓練時參與了兩次軍事行動，首次行動就讓他領略了德軍行動的精確性。德軍軍營裏槍支專屬保管，在宿舍的門口有槍架，槍架上方有一缺口，下方有一槍座，可以放置槍托，整個槍架呈四十五度角，士兵出門時可順利拿槍。課程設置反覆訓練營連戰術，所以畢業生對於營、連、排、班、伍戰術都充分瞭解，並且熟悉團以下之火力支援以及裝備。以傳遞資訊為例，如何才能讓後方軍官知道本軍的第一線身在何處？那時候緯國交給每一個班的正、副班長每人一面指揮旗，這面指揮旗是長方形的，一面是迷彩，另一面是紅白相間的小方格，非常明顯，平時折起來成為正方形。在沒有敵情狀況之下，反過來折為紅白相間的小指揮旗；在第一線時，就把旗幟拉開，往地上一插，迷彩面對敵人，紅白相間面對己方，後方一看就知道第一線的前沿在何處。緯國告誡說，作戰時，如果連長、營長都不知道自己的第一線在何處，這場戰役打起來是很辛苦的。

緯國強調德軍的入伍訓練一開始就是班教練，讓士兵具備全班性的概念，培養自己是班裏的一員的習慣。換句話說，就是訓練士兵如何協同作戰，如射擊及前進時相互掩護。他解釋說，當軍隊接近戰線時，在敵人火力下，一個班只准一個兵前進，其他都是火力掩護，後面的先躍進，在戰場上接近火線時，應該由一排掩護、一排前進，接下來由一班掩護、一班前進，到了最後就是各個躍進。躍進時，一個班裏面只有一個兵在躍進，其他的都是火力掩護，所以躍進時應由後面先躍進，躍退時則由前面先躍退，一個班如果已經剩下七個人，就用七枝槍先掩護一個人撤退，再掩護第二個人撤退，如此一來，這些人才能安全撤退，否則就會做無謂的犧牲。國軍沒有專門的人來教導各個躍退，在戰場上也不會使用，德軍則把此視為重要的科目。單兵教練在班教練裏完成以及各個躍退的訓練，是德軍的特點，而且是非常重要的。

緯國回國去第一師報到後，就發現該部隊的教育與訓練的計畫雖然也有班教練至營教練的課程，卻完全脫離實際。他就請求師長讓他參與部隊實訓。師長說：「我們也正想知道你在德國所學的部隊訓練的方法。」緯國就跟師長說：「我們的各個教練所花費的時間太多，因為我們認為士兵不夠聰明；而德國有一個最大的特點，他們一開始訓練就是班教練，各個教練則在班教練裏實施，讓每個士兵在一開始就瞭解自己是團隊裏的一員。」緯國以為，胡宗南將軍對形式的注意多過於實際，於是緯國設計某一個新科目後，胡宗南就會把全師的幹部召集起來，由他作示範，他們回去後再如法炮製，幫助全師的發展。

緯國說，國軍在與日軍作戰時，我方在前進到敵人陣地前，表現得都很不錯，可是一旦衝鋒發起後，還看不見敵人，等我方到日軍陣地旁邊後，日軍才跳出幾個兵，輕輕一個撥弄，我們的士兵全倒在地上，這是國軍的近戰格鬥訓練出了問題。所以緯國在當營長時，就主動向胡宗南建議在七分校隨時開設短訓班，他向胡氏保證，受過近戰格鬥訓練的人，與日軍作戰時，絕對比日軍還要強勁。

抗戰中期，潼關以東歸湯恩伯部隊防守，潼關以西歸胡宗南部隊防守，分屬第一戰區與第十戰區。緯國起先在赤水，後才到潼關守河防。地理上，他與湯恩伯總部管轄之戰區相隔一條十二支河，常常看到湯總部之軍隊竄渡，造成這邊戰區的困擾。

日軍一直把一零五平射炮標定在國軍的火車上，所以火車在進入射程之前要先燒火，把蒸汽燒足後再用最高的速度通過，稱為闖關，從東向西來的火車很容易通過，只要在射程內快速通過即可，所以闖關車從來沒有出過毛病。

有一次，湯恩伯軍隊竄渡，從他那一區來了一批人，竟然帶了十二個地雷，預備炸掉緯國他們的隧道，幸好被緯國偵破，才沒有釀成大禍。他在各處都布有眼線，甚至在河的另一邊，所以他們還沒有過河前，他就已經接到消息了，並且判定他們還會再來，於是就派一個班在那兒守著，給他們來個甕中捉鱉。如果這些地雷在隧道中爆炸，就會有好幾天無法通車子了。

當時日軍有一個構想，預備兵分兩路圍攻重慶，一路從湯恩伯戰區壓迫過來，緯國判斷日軍知道要拿下重慶並不容易，因為日本空軍已大大損耗，而且日軍要把空軍主力放在太平洋戰區，所以在大陸本土作戰的日軍航空隊很是乏力；而中美混合空軍編練成功，中方軍力大大增加。基於此，日軍就改從地面壓迫中國空軍基地，使空軍基地逐步後退，希圖將中國的空軍基地壓迫到第二線，對他們的地面作戰就有利了。

當日軍到達陝川、靈寶，快要到達潼關時，緯國這一個營就奉命調預備隊連去守十二支河。那時的軍裝是以粗布製成，經緯之間又不密，子彈袋也是以布做成，像個網子，如果沒有子彈夾，子彈就漏出來，緯國就發明把舊軍裝用三層疊起來，做成彈袋，彌補原有之彈袋。士兵常常上身脫光，扛著步槍與大刀在十二支河佈防，日軍不敢輕易靠近。

日軍戰車第三師駐防該地，想打下潼關，不過潼關的地形無法讓戰車作戰，只有河邊才適合，所以緯國就在河邊設立反戰車設施。他的部隊每個士兵都受過戰車肉搏戰的訓練，他們把步槍插在戰車履帶裏面，讓履帶斷掉，然後再用急速手榴彈（又名摩洛托夫雞尾酒，也就是將酒瓶裝滿機油，並放進白磷或黃磷，當磷接觸空氣時會自動燃燒）丟進戰車透氣孔，等汽油流下去之後，白磷或黃磷接觸空氣就會燃燒，戰車自然也會燃燒起來，引擎一旦著火，戰車也就毀了。

齊王要和齊國大將田忌賽馬，田忌的謀士孫臏授予奇計。就是用下馬對齊王的上馬，用上馬對齊王的中馬，用中馬對齊王的下馬，結果是田忌的下馬慘敗，不過上馬和中馬皆贏。此種競賽策略，屬於運籌學中的博奕論，但不論怎樣的精通運籌學，上馬和中馬也需相當的實力，如果上馬且在對方下馬之下，那任何神機妙算也是枉然。所以，戰術的精勤訓練，乃是戰爭中最基礎的部分，不可等閒視之。張發奎說「我參加了淞滬、武漢、桂柳會戰。可以說，在戰略上這三次會戰都是成功的，我們以空間換取了時間；但在戰術上，我們失敗了。講句真話，我們從未取得一次勝利，只是延宕了敵人的前進，還多次重創敵軍……我們所作的一切只不過是以空間換取時間」（《張發奎口述自傳》）。從這個角度來看蔣緯國的戰術體系構建，一絲不苟，從腳底下做起，絲毫不予假借，確乎也是用心良苦。因為他意識到，在這一層面上，沒有絲毫投機取巧的僥倖和可能。

幕僚的學養準備與超越的眼光

緯國認為，戰略牽涉三個因素，力，力量；空，空間；時，時間。戰略考量必須有通盤計畫，在時間方面是傳承的，在空間方面是全面的，幕僚作業要訂出主計畫與副計畫，或備用計畫，再召集有關人員修整計畫。除了研究事情本身的對錯與好壞之外，還要研究事情的可行性，第二步就是策劃遠端計畫，這並不是以時間為限，而是以敵人的能力為研判標準。在戰略上，力、空、時，三要素需要配合，戰鬥講究力，戰術講究空，戰略則講究時，時效若失去，費盡移山心力都難以挽回。

緯國的所有各時期學習筆記都很整齊，他到空軍教授戰術課程時，人家看了都不敢相信是他寫的，因為那些東西就像是鉛印的一樣。

胡宗南手下有許多留學歸來的軍官，但他用人有一個很不好的習性，不論什麼人，他都要擺上一段時間，說是要看看這人有無耐性。蔣緯國認為這是很不科學的做法，站在人力學的立場來說，應該適才適任，有效運用人力，使得展其長才。胡宗南習慣把幹部閒置三年，如果幹部耐不住，他也不會挽留，結果任由人才流失。真正有才幹的人尤其是奇才，是不會空等的。而那些毫無作為的願等待兩三年的人，往往只是庸才而已。

緯國也談到陳誠的功罪定位，明確說：「陳誠反對接納偽滿軍，造成東北淪陷，是陳誠最大的一個罪，而且陳誠裁軍極不得法，沒有配合時間地點。照理說，他應該裁掉不打仗地區的軍隊，充實戰爭區域的軍隊，結果他裁軍以後，也沒有充實軍力」（《蔣緯國口述自傳》三〇七頁）。

關於抗戰末期軍隊狀況，緯國也是痛心疾首，部隊資源能夠保持三分之二的就算是很好的情況了。尤其是裝備方面，日軍一個連有九挺機關槍，國軍一個連只有一到三挺機關槍。整體火力差距甚大僅有日軍的十分之一。緯國說，做幕僚必須知命善運，及早知命，明確知命並及時善運，產生作業與行動的思維，所謂思維哲理就是孔子所說物有本末，事有始終。由果思考因，行動哲理則是有始有終。他說，其實很多道理在古書裏面都已提及：「但是我發現很多高級將領既不念古書，也不念新書，一直思想僵化」（《蔣緯國口述自傳》三一九頁）。

美國來華的一些軍中幕僚很佩服蔣緯國的參謀理念，說到美國的一些高級幕僚，美國人說：「你不要以為我們西方人生活在邏輯裏面，那些大爺照樣是蛋頭。」（《蔣緯國口述自傳》三一九頁），是以緯國感慨，把打仗的學問拿來運用在人生的任何一個行業，都是可以相通的，因為這些事情的思維哲理是一樣的。

關於戰備支援，一個戰事的案例，上級說可以支持四十八天，緯國卻認為只能支撐八天。這樣，這個作戰計畫參謀之間的分歧相當懸殊，假如按此進攻而不能撤退，危害就大了。緯國分析說，從理論上可以支援四十八天，但按照後勤物資最少的支援量來做打算，因為其中一樣東西沒有了，其他的東西再多也沒有用處，所有的物資中潤滑油一項只能支援八天，沒有一輛車子到了沒有潤滑油時，還能加汽油就走的，所以他說本案只能支援八天。後來他的這個案子分析被評為優等。此事說明一個參謀作業必須萬倍的細膩，因為這是攸關戰略的重中之重。

高級幕僚應有使命感，才能產生優秀的作業，如果只是較為狹隘地理解任務執行，就不免出現疏忽。緯國說，上級交下的任務，到了自己單位之後，要變成本單位的使命，然後根據使命，再交給所轄的各單位，使命就又變成任務。這是一個非常科學的觀念，不可以破壞，一旦破壞，軍中就無紀律可言了。

高級幕僚對於戰略層面的任務，卻沒有思想上的反應，樣樣事情都等著逐級授權，就會陷入可怕的被動。想出一個點子之後，須再以邏輯思維，來判斷點子的好壞。緯國從參謀角度考慮，認為：「權不是要等到授後才有，而是要跟著責任一起來，並且要變成一個制度。責任制度包含了隨責任一起來的權利，職責必須進入遊戲規則，凡是負何種責任的人，就有該種權利。責任制度是促進行政效率的重要觀念，但是一般的長官都是愛權利不愛責任，這是人性的弱點，影響事情進行甚大。」

關於無形戰力與有形戰力的辯證關係，緯國說，無形戰力有三種成分，一是學術，二是意志，三是紀律。他覺得民主和專制的差別就在於長官有沒有理智，某人的思維理哲如果是科學的，這個長官就是好長官，沒有什麼危險性，就算是錯了也一定有其不得已之處。有形戰力則為偵搜力、打擊力、機動力、後支力、指通力。有與無，兩者結合到最佳點才能放出異彩。

對於專業幕僚，應強調其逆序式的思維與順序式的執行，而這些都需要以學術為基礎，有了學術之後，先瞭解狀況，再以學術分析狀況，其決心才是客觀的，才是有基礎的、不會動搖的，否則就會把自己的私心放進去，這種計畫一定是最笨的。

蔣老先生在與緯國談話時，常常對於黃埔系的人「忠勇有餘，而智慧不足」耿耿於懷，所以蔣老先生不斷地舉辦訓練班，派遣素質良好的幹部出國留學，尤其是到德、日兩國，因為這兩個國家對於軍事幹部的培植非常嚴格，而且這兩個國家的民風就是踏實。當年日本邀請德國軍事顧問到日本訓練軍隊，德國考慮再三，預備派遣有名的大將到日本，最後有一位邁克爾少校向參謀本部建議：「什麼人都不必去，也不必帶一本書，只要我一個人去就可以了。」參謀本部問他有何能耐，他說出一套理論來：「我們人派得愈精愈多，人家只學得點點滴滴，我一個人去，向他們說明軍事學的道理何在即可，道理弄懂了，就一通百通。其他的是要日本人自己建立軍隊，而不是德國人去幫日本人建立軍隊。」

正確的格式應該是先做遠端計畫，這是目標研究，須先認清目標，所以先要有一個目標分析；中程計畫是為了要達到目標而設計的預算計畫；近程計畫則是切近現實應變。但是沒有戰略頭腦的人將計畫程式改為先做近程計畫，再做中程計畫，最後做遠端計畫，有所謂的三年計畫、五年計劃或是八年計畫，完全不合乎思維理哲（參見《蔣緯國口述回憶》第十一章〈軍制學〉）。

對此，緯國舉出德軍名將的戰略觀。古德里安元帥有一句口號，隆美爾也非常贊同，這個口號是「要把綠燈開到戰場的盡頭」。其做法是把最後的目標告訴部下，中間需要暫緩時，再開個黃燈，要部下停止時，才開紅燈。緯國感慨，中國的將官或高級幕僚，學養、眼光欠缺，無法做一個全程的策劃，也不願意把全程的計畫告訴部下，部下走了一步之後，才告以下一步，所以一路都是紅燈，等到長官研究之後，才接到下一個命令，但是長官又不能以最快的速度做決定，所以研判狀況之後的整體性決心是很重要的。

至於參謀或幕僚對主官的互動，緯國以為，雖然許多軍制有書面資料，但是還有許多地方需要詢問將校團，所謂將校團也稱為指參團。將軍沒有校級軍官的輔助：「將」不起來；校級軍官沒有將官的把舵，也「校」不起來，校級軍官是高級參謀，在英文裏面，參謀是stuff，希臘文原意為樹幹，一個公司裏面各部門的主要幹部稱為officer，其他的職員則稱為employer。緯國分析德國軍制的理念，是一個人要先懂得全面，然後再負責局部，如此就懂得如何與別人配合，所以德軍編制中師參謀長是中校，團長是上校，副師長是準將，師長是少將。先當師參謀長，以幕僚的身份理董其全面，然後再去當團長。國軍在抗戰前採用的就是德國的軍制，抗戰後軍事制度改采美制，遂改為先當團長後當師參謀長，然後升副師長、師長。緯國明確說這種制度有兩個壞處：「第一，在人情方面不上路，例如有三個團長，原來是生死弟兄，好得不得了，等到要升師參謀長時，三個團長搶一個師參謀長，這三個人就變成冤家了；第二，從理智方面來說，應該先全盤歷練，瞭解了全盤之後，再去負一部分的責任時，才會主動配合整體的需要。換句話說，當師參謀長能瞭解全師的需求，等到成為團長時，他知道他這個團在全師裏是一個什麼樣的位置，他會自動地來配合，等到師長下命令，他心理上早已有準備，知道在這種狀況之下，下一步應該做什麼。」

世道澆漓與軍界怪相

緯國在抗戰從軍期間，以其留學的背景作為參照系，比對出國軍部隊的低能、謬誤，種種不上路的地方潰瘍面積很大，一時半會難以扭轉。因而參謀擬設作戰計畫，必須考慮此類制約性因素。

近代社會轉型急劇，來不及做優遊不迫的姿態，軍隊亦然，至今怪像百出。何應欽的參謀汪敬煦談到，抗戰後期大型的湘西會戰，日軍敗北，何應欽電告王耀武，說他要親自到戰場察看，除了戰死的國軍屍首移走之外，日軍及馬匹放置原地不動，因為抗戰期間流行一則笑話，每次戰役結束後，統計由各團、師、軍所作陣亡日軍的報告，加起來日本人都死光了。

黃仁宇《黃河青山》、《地北天南說古今》屢屢提到部隊戰士的渙散、困窮、戰力低下，吵架、鬥毆、裝備粗陋，簡直是家常便飯。就是黃仁宇本人也染上粗鄙郎當的習氣，一九八〇年代他到中國社科院演講，明史專家王春瑜負責接待，親見他座談時忽而躍起，蹲在沙發上，指手畫腳，拍胸擼袖，就是當兵時留下的後遺症。

一九四一年初，緯國從重慶到西安報到，坐何應欽將軍的飛機到西安，交由胡宗南部分發。期間隨何氏到某一站去視察前方部隊，夜裏一點半鐘，他聽到部隊吹起床號，而按規定應是早晨五點，他覺得奇怪，為什麼一點半就吹號呢？原來師部告訴團要四點半起床，團告訴營四點鐘起床，營告訴連三點半起床……最後到師集合場，如此算來，士兵不就要一點半鐘起床了嗎！次日晨五點鐘開始講話，天由朦朦黑轉成東方魚肚白，等到講了半個鐘頭後，天已經大亮，何應欽就走下講臺去看部隊。後來何將軍就問為什麼這些士兵紅眼睛的、有眼屎的那麼多，緯國在旁於心不忍，他想，士兵一點半鐘就起床，到現在已經四個鐘頭了，眼睛怎能不紅，他們半夜都沒睡嘛！緯國痛憤不已，為了一個長官的講話，部隊竟然如此自我消耗折磨。

後來，胡宗南帶緯國去看軍械庫，想炫耀一下部隊所藏的軍械，顯示軍力之充足。當時是熊惠權熊副官陪同，那位庫長佩戴紅底兩條槓三顆星的徽章，是一個炮兵上校。緯國在軍械庫存裏發現一種丹麥製造的槍，放在槍架上，一看就知道是兩用機槍，擺在槍架上可當重機槍用，拿下來可當輕機槍用，不過並沒有標示重量。他就問那位庫長：「報告庫存長，請問這挺機槍有多重？」那人想了半天後回答說：「大概八斤。」通常一挺輕機槍的重量也不止八公斤，緯國便懷疑地問：「不止吧！」他說：「老秤，老秤。」這麼一個軍械庫存長，就算不是管這個庫的，也應該知道大概，而且哪有說武器是論老秤來算的，可以說對武器是一無所知。胡長官本來想向緯國炫耀他的軍械庫，結果卻讓他發現他的部隊水準不過如此而已。緯國想到，怎麼會派炮兵上校去後方管倉庫呢？說不定他還不是炮兵呢！這些都是國軍給他的初步印象。

緯國在部隊基層發明了以畫圖代替文字偵查報告。士兵裏面文盲多，不過他們的國家信念和忠誠度則無庸置疑，軍官的程度稍好，但出身行伍的基層軍官，也不認得幾個字。緯國到了部隊之後就開始訓練士兵，開設識字班，並教畫圖。要訓練成能寫報告，並不容易，所以緯國特別教他們畫圖。先教他們畫地形，然後學畫一些符號，這些符號是各種武器、訊息的代號，如T代表時間，T＋2就是二枝香的時間，在要圖上先用三角形畫出自己的所在地，如果發現敵人的武器所在，就畫上該武器的符號，再注明距離，一個報告很快就完成了。如果以寫文章的方式，絕非短時間所可為。他有一次派兩人出去，一個人留在原地觀察，另一個人將圖送回，就這樣展開了部隊的訓練與實際應用，不識字的士兵照樣可以寫報告。如此一來，戰力自然加強。他試驗成功之後，才向師長報告，後來全師展開同樣的訓練。

一般說來，軍校幹部比較會說話，但是論起實幹，還是行伍出身的人比較好。所以緯國與行伍出身的人相處甚為融洽。軍校出身者與他講理論講不過，行伍出身的人講動作講不過他，緯國率領他們，讓他們心服口服。

緯國留德之初，船抵馬賽，他從這裏轉火車到巴黎，再從巴黎換火車到柏林。到馬賽來接他的是駐德大使館的二等秘書，他一路上招呼緯國，幫助買火車票、訂旅館、付飯錢，不過這些都是用緯國自己的錢支付的，而那個秘書卻把發票都收進自己口袋，拿到大使館再報一筆賬。從此緯國開始瞭解官場裏面貪污的情形，真是無孔不入。不過他並沒有告發他。

緯國從來不干預別人的事，照例，軍備部門購買武器總要大吃回扣，而緯國的基本原則是，他當介紹人，新郎新娘進了房媒人就必須退出來。曾經有人說了一句良心話，說為什麼蔣緯國介紹來的那麼便宜，別人介紹來的總是那麼貴。後來蔣經國知道了，就去問他，他說，很簡單，我是脫了帽子進房間，人家是帶著帽子進去的。帽子裏面就大有貓膩。

舊日官僚在洋務時代就是貪污成性。即使號稱洋務派的人，也往往把參加洋務機構視同肥缺。從外國購買機械船舶等等器材，由其經手，進一步與外國廠商勾結，大事侵蝕。駐德公使李鳳苞經手訂購的兩隻兵船鎮海、定海，價格共三百萬輛，他所拿的回扣，就達六十萬兩，盛宣懷後來更以此起家。舊時官場的傳統、摻雜人性的卑污，在民國更是花樣翻新，所以我們看到緯國軍購的原則，新郎新娘的比喻，真禁不住要拍案歎息！

一九四五年初，緯國臨時以新一軍參謀的身份隨一個訪問團到印度，去融洽英美部隊的關係。訪問團有十一位將官，一行人到印度之前，蔣老先生特意叮囑說：「這是我們第一次派遣高級將領為訪問團，代表國家到印度去，你們每一個人要降一級。」在住進旅館之前，緯國還提醒大家，不要穿著睡衣睡褲在旅館內走動、串門子，結果他們充耳不聞，照樣穿內褲四處遊動，旅館其他的客人看了都搖頭，還有好幾個人在走廊上大聲談話，最後旅館服務人員來制止，其中有人還詢問風塵女郎的住處，真是醜態百出。

汪敬煦〈擔任何敬公參謀之憶〉記述，在抗戰勝利後，美國邀請世界各戰區曾經和美方並肩作戰的將領到美國參觀、遊歷，衛立煌、孫立人等皆在受邀之列。臨去美國前，軍事委員會雖明知此行皆由美方付費，仍給了衛立煌一筆旅費。至美，衛氏見到何應欽（時任駐聯合國軍事參謀團團長）的第一句話就是：「請你打電報給委員長，說我錢用完了。」何先生轉電蔣委員長，蔣先生馬上就滙來五萬美元。這樣的人從小地方看，實不足以成大器，衛立煌赴美之際，軍階為三星上將，但他要求美國在其座車上懸掛四星（因為美國的上將起碼是四星）。有次到某地訪問，衛氏一出車門就吐了一口濃痰，美軍派的禮賓官、軍車司機都在旁看著。這只是小節，但由此也可看出這個人的教養了。

這個細節和緯國印度之行所親見親聞何其相似乃爾！一群高級軍官在印度的不檢點顯係民族劣根性的外滲。

日常生活與觀念感悟

抗戰時，一戰區的士兵往往只有槓子頭饃饃可吃，緯國發明用包穀麵做成一長條，切成四段，然後每人拿一段吃，味道不錯，但是因為缺少油脂，士兵大都便秘。所以他就規定士兵每天要喝多少水。每隔十天就到山上打柴，但是部隊規定只能宿營地在四十里以內打柴，所以他就規定每個人至少要挑三十五斤木柴。他自己通常都挑七十五斤，有時候可以挑到一百斤，有一個班長可以挑一百二十斤，所以他們每打一次柴，收穫都很大。

緯國所帶部隊氣氛活躍、生動，士兵生活愉快，部隊頗受他人尊敬。緯國從不打罵士兵，所以大家向心力很強。那時候各部隊逃兵的情況非常嚴重，按編制是一百五十一人，結果連上不但沒有逃兵，還多了兩個人，共有一百五十三人，有兩個逃兵逃到他們那裏後就不肯走了。士兵如果家裏有急事要回去，全連列隊歡送；如果家裏有喜事，大家還會專挑月夜舉辦月光晚會。這些士兵來自鄉下，會演一些地方戲或小曲，如秦腔、河南梆子等等，大家輪流表演，所以他的連隊生氣蓬勃。一九四四年，青年軍運動發起，緯國被調到青年軍，接到命令離開第三團第二營時，從營部到火車站的路上，駐地老百姓沿路相送，每隔幾步就擺了一張小桌子，上面放了三杯高粱酒，他就一路喝到火車站。

一九四四年二月，緯國調任陸軍第一師第三團少校營長。一九四五年那年，上級原本要調他為第三團副團長，後來蔣老先生指示下來，把緯國調到青年軍，擔任青年遠征軍二零六師六一六團第二營少校營長。當時青年軍動員，用知識青年組成部隊和日本最後決戰。

緯國到青年軍之前，除了先接受幹部訓練外，還曾經到印度去。當時西安有一個訪問團到印度，他便隨著訪問團到印度去，被派職為新一軍參謀，暗中的使命則是去調諧英美兩方面的感情，因為英美的部隊首長非常不和諧。當時英軍的遠東區負責人是蒙巴頓，美軍則是史迪威，兩人都非常驕傲，緯國認為蒙巴頓的風度很好，很有才幹。但是史迪威就不同了，連美軍都在背地裏稱呼他為「醋喬」。史迪威少年得志，後面又有馬歇爾替他撐腰，所以難免心高氣傲。緯國的任務就是在英軍美軍之間做協調，希望他們能夠相處融洽。

到印度的第一站是加爾各答，而訓練中心則在藍姆迦，緯國又抽空去參加戰車保養班，學習如何修理戰車。他在晚年回憶說：那一次受訓，他把戰車裏外的機械都弄懂了，可以自己單獨把十八輛戰車拆散、修理、重裝，也就是所謂的大翻修。戰車炮有一個自動平衡器（戰車移動時，戰車炮所瞄準的角度不變，就是因為有自動平衡器的關係），這種自動平衡器不大，只有一個小方盒大小，藍姆迦中心只有一位中尉是經過五角大廈批准，只有他才能拆除自動平衡器，別的美軍人員尚無此資格。有一次，有一個自動平衡器壞了，那位中尉把它拆開修理後，竟然裝不回去，緯國就自告奮勇要幫他裝自動平衡器，並跟他說：「你信不信，憑我的知識來猜想，我判斷這個平衡器是利用地心引力，裏面有若干機械下墜，經過地心引力的作用，能夠維持角度不變。如果我說的是對的，我來幫你把它修復。」那位中尉說：「你說對了，裏面機械的道理的確是如此，但是我不能讓你來修，因為我是此地唯一被允許修理自動平衡器的人。」結果緯國在不算長的時間內將自動平衡器修好，裝回戰車，那位中尉讚不絕口，隨後打電報到五角大廈建議，在中國部隊裏只有蔣緯國可以參與戰車炮的修護，美方也核准了。

戰車上有一個分速箱，其輪軸旋轉，以及左右兩邊的輪子轉速的差別，構成相當複雜。有一次，戰車的分速箱壞了，緯國也憑自己對機械的知識來判斷，負責修復的人也同意讓他參與分速箱的修理。就這樣，他與新科技結下不解之緣。凡是機械的東西，在戰車上可以用的，在飛機上、火炮上也可以用，這方面的知識，緯國在戰車保養班中所獲甚多。

楊永泰、樊崧甫等人在第五次圍剿中的所謂碉堡政策，打下一個地方以後，立刻做成碉堡，並且把碉堡交給地方政府，部隊繼續作戰，農民住在碉堡裏面，晚上睡覺，白天耕地……好像很有成就感，稍遠的後續問題他們卻沒有考慮到。蔣緯國晚年碰到一位已退休的空軍大隊長，那人說有一件事情他一直百思不解：當年他當飛行員時，奉命勘查江西突圍時部隊所走的路線，但是他發現國軍並不是去追擊（尾追或超越追擊）。國軍再怎麼窮，當時動員幾百輛卡車，裝載一部分部隊，那怕只有一個師或一個團都能夠先追到前面將紅軍堵住再加以圍剿，紅軍也不致於能打得過國軍，但是實際的情形卻是南北邊各有一支部隊，紅軍走多遠，國軍就走多遠，也沒有超越他們，這哪裡是追擊，簡直是護航。那人很灰心地講了以上這些話之後，反而恍然大悟。緯國跟他說：「你真是給我上了一課，我們確實是壓迫他們進入四川，經過廣西、貴州、雲南，繞了一大圈，再折回來到四川。」（《蔣緯國口述自傳》六頁）

緯國是科班出身的高級幕僚，他的治兵方略和軍事學的深度，精密宏深；而他對文化的估衡，也可說是獨具隻眼。他認識一位奧國的遜王，那位老先生邃於歐洲舊學，也很瞭解東方思想，緯國和他接觸交談的結果，以為我們中國人如果要研究世界問題，對歐洲如果不認識，光與美國方面接觸，一定是很淺陋的，要與有歐洲文化基礎的人攀談，才能有所取捨、有所收穫。

對於地方勢力，蔣老先生為了引導他們抗戰，不管對方性情如何，都盡力識拔爭取，至少穩住他們不生事端。當時的情狀緯國看在眼裏：有些人確實把心轉過來，有些人則貪圖一點好處，蔣老先生都會給予一些金錢上的資助，或者動之以情。接觸地方的大佬則有蔣經國出面，如果有國際人士來華，則派緯國接送。其間自然體悟一套應對進退的方式。除了公務之外，晚間緯國還要去關心客人的食宿。譬如，馬步芳、馬步青及龍雲等人，就是由緯國去聯絡感情。如果接待年輕一點的朋友，緯國的太太就和他一起去，所以即使是邊區的地方領袖，他也相處融洽。論功則推以讓人，任勞則引為己責，很多煩難的燙手山芋，都在緯國殷勤周至的斡旋之下，得以達成。孫子兵法講的是不戰而屈人之兵，緯國所實踐的，則是化敵為友。

參謀生涯的印痕

做人的態度、器識、眼光，緯國在很年輕的時候就已養成良好的習慣。在抗戰期間為了團結地方勢力抗擊敵寇，他和他哥哥前往西北馬家部隊聯絡。就是以友善誠懇的態度，跟他們打成一片。他和蔣經國一起去看馬步青（馬麟之子）；也到青海看馬步芳（馬麒之子）。見青海省主席馬步芳時，他的兒子馬繼援已經當中將軍長了，緯國那時是上尉，馬繼援不肯出來見他們，馬步芳說：「你是個軍長就要像個軍長的樣子，你已經是中將了，你還怕什麼？」馬繼援說：「人家年紀比我大，還只是個上尉，我因為是你的兒子，你給我當軍長我才能當軍長。」那年馬繼援才二十五歲。後來馬步芳叫他出來，他還是出來了，後來他和緯國也成為朋友。緯國表示，任何事情，只要能幫得上忙的，他一定會幫。馬繼援也很謙虛，誠懇表示願意隨時去給緯國當參謀，後來到了臺灣，他們還保持聯絡。

敢在蔣介石危難之際開玩笑，非尋常人所可想見。緯國留德的時間是一九三六年初冬，在西安事變之前。後來西安事變突發，他曾經寫了一封信給老先生，在信裏為他打氣。緯國是家裏比較頑皮的，但是他自認「調皮不搗蛋」，他在信中一開始就跟老先生開玩笑，他在信中說：「父親，我非常抱歉，我實在不應該出國，我一離開以後，國內就出亂子了。」四年後他回來了，老先生就問他回國後有何感想，緯國說：「父親，我知道我不應該離開的嘛，你看我一走開，你們就搞得亂七八糟。」蔣先生也是哭笑不得。緯國在老先生旁邊，讓他能夠得到一點輕鬆的調劑，他以為，恐怕家裏面也只有他才能夠做得到（參見《蔣緯國口述回憶》五一頁）。

抗戰期間，蔣緯國從德國學成歸來，他的參謀思想逐漸形成。建立海軍陸戰隊尤其是建立裝甲兵的思想。裝甲兵改編為十個快速縱隊，可惜戰區長官不懂得使用裝甲兵，把裝甲兵拆散來用，無法發揮應有的戰力。他的騎兵觀念，以機動為主的路線，不論在戰鬥上、戰術上或是戰略上，強調機動與火力的運用，戰術就是運動與火力的結合，在基層就是運動與射擊，而最重要的不是為了爭地盤、守土，而是要捕捉敵人而消滅之。

緯國數理方面的基礎牢固，輔之以經濟社會世象的體會，他的參謀思想從戰鬥戰術的階層漸次上升到戰略的階層，他與上級或同僚也非常容易溝通。他說一位司機講過一句話：「一個人要用錢賺錢，一點本錢都沒有，賺不了錢；一個人要用學問賺學問，一點學問都沒有，沒有辦法接受新的學問。」他很欽佩，這和曾國藩所說的，治學如積財，道理類似，學問是一點一滴堆積起來的，不是一蹴可及。

緯國在部隊中，著力向軍官們灌輸現代觀念與科學精神。他在大學時先修習理工，因為要做一個現代的軍人，必須具有數理觀念，培養科學的認知與思考方式，所以他進東吳大學理學院就讀，主科物理，副科數學。念完理學院之後，又去念文學院，兼修政治和經濟學、社會學。文學院科科目的訓練，對他在建軍備戰的研究上很有幫助。

緯國著作有《軍制基本原理》、《國家戰略概說》等多種。緯國認為，從戰略大處而言，絕對不能同時有兩個以上戰略目標，這在大戰略上非常重要。他解釋他父親送蔣經國到蘇聯的原因，就是要讓蘇俄相信，中國對俄國沒有敵意。目的就是為了日後與日本作戰時蘇俄不要趁火打劫，至少保持中立。

退台後，緯國先在國防部高參室，負責外軍主要是美軍軍制整理編纂，其後，任第三廳副廳長，督促各組重要幕僚作業，研究外軍作業程式。後為陸軍總部裝甲兵室少將主任，乃是陸總的幕僚單位，再往後的陸軍參謀大學校長任內，兼任陸總訓練中心主任，亦屬專職幕僚。在參謀大學校長任內，他和余伯泉分工合作。余伯泉編寫野戰戰略、軍事戰略及野戰用兵；緯國編寫政治戰略、經濟戰略、心理戰略。課程編排和教材撰寫達三年之久，緯國的課程需七十課時，伯泉的教材須授四百多課時。晚年召集中華戰略學會，為民間團體，成員為學術界人士、退役將領、財經專家等等，可謂以幕僚終其一生。

在歷史長河的兩端想望致意

若從行事的風格、學養、氣度、眼光、胸懷，尤其是建軍方略等等而言，可以說，蔣緯國是現代的辛棄疾，辛棄疾是古代的蔣緯國。

緯國對軍事歷史考察深細，他以為，從歷史來看，唐朝在開國時民間有七十萬匹馬，馬政辦得非常好，所以國家強盛。到宋時，卻只有中高級軍官有馬騎。當時緯國就有一個感覺，中國部隊實在是不行，一般將領沒有機動作戰的觀念，完全是純步兵的思想，營長的馬也不過是代步而已。兩條腿走的部隊，需要四條腿的馬去搜索，因為馬隊可以越野，搜索後可以及時告訴步兵前面的狀況。後來變成兩條腿打仗的部隊由兩條腿的搜索隊去搜索，又缺乏完整通信工具，怎麼來得及回來報告呢？所以在軍制上是錯誤的。

宋代部隊，馬政辦得非常差，而辛棄疾恰是例外。

棄疾、緯國，同樣是剛毅堅卓，謙恭有禮，緯國可以說是辛棄疾在現代的化身，兩人的氣質、著眼點、作為參謀起家的心曲、戰爭觀、軍備問題、戰略與戰術，均葆有神似的認識和感悟。他們既是思考者、策劃者、又是行動家、執行者，他們所遭遇的無形的社會阻力幾乎如出一轍，志士的悲哽、政治的不上軌道、民間的愚貧，大小環境的矛盾與內耗，一種強大的無力感和消磨感，令人長喟不已。

二〇〇八年五月間，為了對付小行星撞擊地球的威脅，美國宇航局曾打算派兩名宇航員乘坐新一代獵戶座飛船在太空飛行三個月，然後登上一顆直徑四十米、飛行時速達四萬多公里的小行星。小行星時速四萬多公里，如果撞上地球，爆發力相當於廣島原子彈的八十三倍，顯然速度決定了爆發的力度也決定了打擊的力度，同時運動的速度也決定打擊的效率。

僧格林沁的馬隊才是撚軍的大敵，才是撚軍的滑鐵盧，撚軍來如飆風，去如流星，雙方都以高速的運動碰撞、接觸。

筆者曾經在〈畹町行腳〉一文中寫到日軍從緬甸撲到中國雲南邊境，翻山越嶺只用了兩天不到的時間。

蔣緯國強調速度的決定作用是針對部隊的致命弊端有感而發，那麼蔣百里的立體作戰思想、蔣緯國的快速運動觀念，邱清泉的火力縱深意圖……這在抗戰的中後期得到了事實上的措置施行，而立體作戰和火網構成均可謂速度的變形或轉換、深化。

抗戰初期中國空軍孤注一擲，予敵重創，但自身幾乎全軍覆滅，但太平洋戰爭爆發後，美國參戰，中後期中美混合編組的空軍壯大，逐漸取得壓倒一切的制空權，予敵毀滅性打擊。而火網的配置即以原子彈投入前而言，譬如硫磺島的火焰噴射器，對日本本土的密集轟炸，都將火力概念運用到極致。

蔣緯國闡釋蔣老先生的戰術觀念，也強調運動中的速度。他說運動戰是老先生的專長，即以騎兵的思想來涵蓋步兵的思想。他寫了一個方程式F＝MV2C。F指的是Fighting Power（戰力），M是火力，V是速度，由此方程式可知，戰鬥力與火力是成正比的，而戰鬥力與速度則是成平方正比。因此他主張與其增加火力，不如增加機動力，因為火力增加五倍時，戰鬥力只增加五倍；而機動力同樣增加五倍時，戰鬥力就能夠增加二十五倍。至於C則是精神力，整個部隊的火力再強，機動力再高，如果因為戰鬥時間太長以致缺量，或是為了急行軍，或是經過幾次嚴重戰鬥而傷亡嚴重，以致影響精神力，整個戰鬥力就削減甚多，甚至部隊叛變，空有戰鬥力也沒有用處，所以精神力是最重要的（參見《蔣緯國口述自傳》十六頁）。

劉玉章《戎馬生涯五十年》談火力觀，他認為，火力——射擊採須取「兩短集火」要領。所謂兩短是：距離短，時間短。把握此兩短，集中發揚最大威力。這是他的特別規定：敵人未進入百公尺內，嚴禁射擊，嚴守射擊紀律，目的是有效發揚自動火力，敵人同樣是血肉之軀，必可將其殲滅於陣地前。在防禦工事內，人少反可增大活動空間，減少損害，更可以說是因病成姸的優點。劉玉章例舉一個抗戰戰役：「翌日拂曉，果不出我所料，日軍先以猛烈炮火，轟擊大袁莊，我由團指揮所遙望，但見一片煙火、灰塵、彌漫了整個村莊……此時敵兵約一營，分三縱隊並列，大膽的向我大袁莊前進。至距我陣前六、七十尺時，我沉寂已久之守軍，驟然全部武器火力，以排山倒海之勢，萬箭齊發，那氣焰萬丈的日軍，即時倉皇不知所措。『兩短集火』的效果，在這次戰鬥中，發揮得淋漓盡致，殊堪回味。」

劉玉章的打法尚屬局限多多的情況下發揮火力優勢，屬於一種局限中的轉圜。而蔣緯國、辛棄疾則是要從根本上使火力與速度結合到最佳程度。不僅使部隊在衝突中能迅速投入有效兵力，而且可對目標實施縱深打擊，再者為了具備更強的自我保護和攻擊能力，他們訓練部隊實際上是在按照不斷自動升級的方式在打造，迅速凝聚戰鬥力的能力大大提升。將速度與火力結合，具備多種用途和靈活性，而集中體現的強大火力，同時也能贏得時間。

速度與火力，速度與打擊力，像針灸一樣，在經脈的要衝點穴。辛、蔣二人的快馬突擊隊觀念，和戰車集中運用觀念極為神似；兩人後半生同樣在知其不可為而為之的情景下努力；同樣遠離了家鄉；同樣渴望探求戰爭制勝之道；兩人的著述和實踐，同樣包含博大精深的理論體系。

直覺與判斷力的獲得，靈感只光顧那些有準備的頭腦，他們都在從事研究如何採取有效手段阻斷戰爭。戰爭的罪孽不可饒恕，他們都以兵凶戰危為戒，不喜歡戰爭，尤其反對窮兵黷武的不義戰爭。但他倆作為一流的參謀指揮人才，雖竭力反對戰爭，卻絕不是害怕戰爭。他們亦保持這樣的態度：化解可能發生的戰端，消弭醞釀著的戰事，制止行將發生的戰爭，撲滅已經點燃的戰火。

辛棄疾、蔣緯國都不喜歡人海戰術。辛棄疾的意思是，建立多支來去迅猛的特種部隊，避免大兵團的一旦敗績就不可收拾的局面。而且，即使對方以大型野戰部隊進攻，也可利用多支戰力強勁的特種部隊將其分割、截擊，再予以擊潰、或逐次消滅。他的軍事變革思想，包括戰爭指導思想、作戰樣式、武器裝備、編制體制等，都很有新意，新軍事變革意味著對舊作戰方式的完全拋棄。這和和今天的軍事格局，頗有神似的地方。戰爭，關乎死生之地，存亡之道。

近日世界的軍事格局，是以資訊化為核心，資訊化又以機械化為基礎，所以，生來就是機械化兵種的海空軍等占儘先機，而機械化程度相對較低的陸軍則是軍事變革的重點對象。美國陸軍在世界上率先進行了師改旅試驗，確定實行模組化小型陸軍的改革思路，在師改旅之後，又進行旅轄營的試驗，要點即是編制的縮小。同時就戰術而言，則大量使用小股特種部隊，實施實地偵察或截擊，通過召喚飛機和巡航導彈攻擊目標，達成以前陸軍大部隊從事的任務。除美國外，英、德國軍隊也相繼作陸軍小型化、多能化的試驗，並取得良效。

緯國提出要向一九一七年告別，就是要以機動性轉變整個的作戰觀念。因為在一九一七年之後，英國領悟到戰車必須保證其速度和機動性，戰車逐漸脫離步兵，發揮其戰場的機動性。另一方面，戰車的火力也只有在機動的運用下才能發揮，所謂機動就是主動爭取一個新的位置，可以在新的位置上制敵，從而產生奇襲的功效。

關山之固，不如工事之堅，工事之堅，不如兵器之利，兵器之利，不如訓練之精，此固非絕對正確，但歸結於精練一點，對一般部隊而言，允稱至當。辛棄疾悉心辦理馬政，從根底上建立強勁的騎兵特戰部隊，他可以說是古代的閃擊戰鉅子。目的是在馬上就能戰鬥，實施突襲。現代德國閃電戰的主人——古德里安，矚目機械化之際，德軍的運輸連尚未機械化，僅僅是摩托化，摩托化與機械化都講求快速，但是摩托化的戰鬥兵要下車以後才能戰鬥，而機械化之兵員在戰車上就可以射擊，發揮的效果、空間都很大。這和古代的閃擊戰也屬質地相似而形貌不同而已。

中國政府軍，向來不善野戰，即野戰往往表現不佳，呂思勉先生《中國文化史》嘗謂，中國軍隊強悍的，亦多只能取守勢。野戰時總是失利時居多。明時松山會戰如是，清時綠營之於太平天國前期攻擊亦如是。雷海宗教授也有類似的觀點。即中國部隊漢以後相當一段時間，多依賴羌胡兵支撐，自身一盤散沙，當野戰之際不能凝聚為一個堅強的有機體。挽救危機，只能靠亂世和英雄，這些人一死，悲劇就降臨了。在辛棄疾、蔣緯國那裏，把速度強調到了極端，它像一道銳光，突破了夜行人的障礙；它像一把利刃，拿準節點勢如破竹。這在其潛意識裏、在事實上，恰是對中國歷來野戰長期示弱、長期失利的一種反撥，一種破解。稼軒、緯國各自的成年時代均面臨家國莫大的危機，掣肘太多牽制太多。但即使這樣的悲涼局面之下，只要有傑出的頭腦的幕僚式人才得以實踐其謀略，也不是完全不能作為。只不過，形勢太難為他們了。

克勞塞維茨在《戰爭論》做總結時，談及兩個原則：其一，在行動時對於目的和兵力都必須儘量保持集中；其二，在行動時必須採取最大速度。

火力，速度，時間，恰切綜合獲取一種態勢，亦即政治、軍事方面的能量積累與儲備，隨時可以「蓄『勢』待發」，如《孫子兵法・兵勢篇》所言：「故善戰者，求之於勢，不責於人，故能擇人而任勢。任勢者……安則靜，威則動，方則止，圓則行。故善戰人之勢，如轉圓石於千仞之山者，勢也。」立於不敗之地，就是總能創造出有利於己的政治勢態，事先能洞察到不利的「勢」，並能將不利的「勢」轉化成有利於己的政、軍勢態。

辛棄疾與蔣緯國，兩人都膽氣超邁，而心細若發，處理公務之程式而言，其效率之佳，若比起傳統的那套「等因奉此」「合亟令仰」，完全注重表面的官樣文章與「公文旅行」，真不可同日而語！

政略的運用在於遏制戰爭之萌蘖，兵略的部署運籌在於當不可避免之際，能不戰而屈人之兵。戰術的這一環則重在鬥智鬥勇，不得已而以戰爭壓倒戰爭。兩人都先天重視一套科學辦事方法，他們承辦一件事務，一定會在事前把計畫擬好，應該說明的說明，應附圖的附圖，一俟批准，即可依照實行；他們強調有歸屬的責任感，既不能推諉責任，又可以在工作中表現成績，二者相因相成，互為因果，無形中掃除了官僚政治的積習。軍事力量雖然是硬實力，但同樣能夠產生軟實力，試觀辛棄疾在江西、湖南的民政作為，蔣緯國在駐地訓練時對民政的優異管理才能，無疑就是軍事對軟實力做出的貢獻。

熟讀兵書是一回事，而運用之又是一回事。僅在條文上下功夫，造成一種有口無心，也於事無補。熟讀兵法，又須以人生社會各種知識來承接之，使其蔓延、嫁接、自動形成一架蓊郁的花架，生發蓬勃的生機。蔣緯國、辛棄疾正是如此從實踐到理論，又以理論來加諸實踐，打成渾融的一片。湘軍的大將，也有和他們兩位極相似者，他就是羅澤南。

羅澤南以一標準僻壤書生，戰前並未在兵學、戰爭理論上下專門功夫，但是戰爭一開打，局勢逼迫他編練湘軍，操觚上陣，表像上看來是草率和冒險，不意他的轉型令人刮目相看，這就是多面的知識和經驗在起作用。他平時就熱心社會事業，關心民瘼，專注民生，舉凡治水修祠、維護倫常、砥礪學術、制定鄉約、除暴安良……種種經邦濟世的用心轉化為知識經驗，在戰爭初期，就很快表現出其優越性來。

他以戚繼光編練部隊的心法入手，很快就編成多股戰力強勁、機動性強的基本隊伍。以後曾國藩指揮大軍，但其核心部隊和最能戰鬥的原始部隊，就是羅澤南的這幾支老班底。在和太平軍交手的無數次苦戰中，這幾支部隊到處救火，衝鋒陷陣，東奔西突，居功甚偉。而羅澤南自然成為近代書生典兵的鉅子。

兵學奇才辛棄疾

鬱孤台下清江水，中間多少行人淚。西北望長安，可憐無數山。

青山遮不住，畢竟東流去。江晚正愁予，山深聞鷓鴣。

——辛棄疾〈菩薩蠻・書江西造口壁〉

這首簡明而意緒無窮的詞作，起筆突兀，中間一挫再挫，負手微吟一過，難免使人滲透滿腔磅礴之激憤，彷彿夜潮轟然拍擊，心緒難平，直至欄杆拍遍，淚眼婆娑。「今古恨，幾千般，只應離合是悲歡？江頭未是風波惡，別有人間行路難。」

今人所熟知的文學家辛棄疾，若從根本上說則是一個卓越的軍事戰略家，罕見的幕僚專才。即使和近現代的老毛奇、小毛奇置於一處，事功或因時勢而遜之，兵略則有以相頡頏。他出生時北方久已淪陷於金人之手，他少年時生活在金人佔領區，他在十幾歲的時候就聚集兩千能戰之士，投到地方軍事首領耿京的部隊，他也做了耿京的高級幕僚，即掌書記一職。他在耿京部隊所任記室一職，即是標準的幕僚。清新庾開府，俊逸鮑參軍，記室也即是參軍的一種。如諮議參軍、錄事參軍、諸曹參軍一樣，他是記室參軍，襄贊軍務，位任頗重。

據史學家嚴耕望先生《戰國地方行政制度史》轉引：「記室之職，凡掌文墨章表啟奏，吊賀之禮則題署也。」或者，記室主書儀，表章雜記等等，由其負責完成。南北朝的時候，記室參軍起草檄文，馳告遠近。至於記室參謀的要求：「記室之局，實惟華要，自非文行秀敏，莫或居之……宜須通才敏忠，加性情勤密者。」辛棄疾可謂標準當行的記室參軍。若在民國時代，則非陳布雷、饒漢祥莫屬。當時他就向耿京建議部隊須向南方作戰略轉進。那時部隊中也有一個擅長兵略的僧人義端，此公談兵不倦，和辛棄疾是好友。他倆論述戰略取長補短，一時形影不離。不料此公心懷異志，一日盜取軍印逃逸。耿京以為二人既係密友，事乃棄疾唆使，欲對棄疾不利。棄疾請以三日為期，判斷義端必投金人，乃急追緝，斬其首來歸，耿京遂刮目相看。後來部隊轉移的時候，棄疾奉命南下與南宋朝廷聯絡。他在返回報命的半路上得知耿京被叛逆張安國殺害，立即率領五十餘人的精兵小分隊，長驅折返山東，實施一場精彩的奇襲。是日月黑風高，棄疾從海州直向濟州撲去，在五萬敵軍陣營中，將張安國綁回南宋斬首。當時金人正在狂吃濫飲，棄疾捉到張安國後還乘勢對軍營外的士兵做了簡捷的策反演說，然後縱馬而去。

紹興三十二年，京令棄疾奉表歸宋，高宗勞師建康，召見，嘉納之，授承務郎、天平軍節度掌書記，並以節使印告召京。會張安國、邵進已殺京降金，棄疾還至海州，與眾謀曰：我緣主帥來歸朝，不期事變，何以復命？乃約統制王世隆及忠義人馬全福等徑趨金營，安國方與金將酣飲，即眾中縛之以歸，金將追之不及。獻俘行在，斬安國於市。仍授前官，改差江陰簽判。棄疾時年二十三。

（《宋史・辛棄疾傳》）

他後來到了南宋所寫的軍事論文《美芹十論》和《九議》見微知著，灼見古今。「十論」中如審事、察情、自治、致勇、屯田、防微等篇章，指出和戰之間充滿偶然，種種超出常情的地方，其認識深入骨髓，就像後來的克勞塞維茨所說戰爭是一種藝術，但它絕不是常規藝術。辛棄疾說：「虜人情偽，臣嘗熟論之矣，譬如獰狗焉，心不肯自閒，擊之則吠，吠而後卻，呼之則馴，馴必致齧，彼何嘗不欲戰，又何嘗不言和……此所以和無定論而戰無常勢也，猶不可以不察。」

他的《九議》中更論述了處於劣勢和危機當中的反攻之道，以及破解危局的戰略戰術。冰雪聰明，智數超群，真切可用。可惜南宋當局優柔寡斷，將之忽而解職，忽而啟用，拖踏多年後再想利用他扳回大局，他已垂老病篤，令人扼腕歎息。

朱熹由衷欽佩，讚歎辛棄疾頗諳曉兵事，並在著作中引用了他諸多論兵的段落。另外程泌有一篇兩千字的給朝廷的奏對，通篇引述論證辛棄疾的用兵思想。其中說道，中國之兵不戰自潰是從李顯忠開始的，百年以來好幾代人了沒有人去糾正它，而辛棄疾認為，應以正規軍駐紮長江邊上，以壯國威，如果要主動北伐，則必須徵集邊疆土人加以精強訓練，因為邊區地方的人從小騎馬射劍，長大後或馳騁或攀援，體力非內地人可比。至於當時江南一帶水田裏做工的農民，好像對戰鬥的場面非常懼怕，很難訓練為進攻的先頭部隊。邊疆的壯兵招來以後，要單獨分成多個小團體專門訓練，不要和官軍混雜在一起，一旦混雜其戰鬥力又要大打折扣了。官軍習性，一有警報就彼此相推，一有一點小功勞大家都去爭搶。

部隊構成，雷海宗先生以為，欲振興武德，必實行徵兵制，徵召良民當兵，尤其是一般所謂的士大夫人人知兵，人人當兵，方可使中國臻於自主之境（參見《中國的兵》）。

此說自然是不錯，但兵要自立，須賴國家政體上軌道，使國民為公民，有其權利保障制度，這時的兵源，應無謂良民、刁民，因為在一個專制社會，就算大量良民入伍，兵的問題看似解決，但剩下不少的刁民、惰民，必因天性、生存滋生事端，豈非社會之禍？

這個問題，筆者較服膺呂思勉先生的論斷，他說，募兵之制，雖有其劣點，然在經濟上及政治上，亦自有相當的價值。天下奸悍無賴之徒，必須有以銷納之，最好能懲治之，感化之，使改變性質。只有在營伍之中，約束森嚴，或可行之。他們性行雖然不良，然若能束之以紀律，則其戰鬥力，不會較有身家的良民為差，或且較勝之（參見《中國文化史・兵制》）。此說實有灼見，近年美國電影，表現越戰，及非洲平亂，多有敘寫囚徒、服刑者，犯禁者、有案在身者，性情桀驁不馴者，搏命突擊，其鋒銳不可當。此類人物往往「能打」，使人刮目相看，可證呂先生觀點之明睿。

自然，在一個特殊的歷史時段，統率此類人物，必待心胸博大、手腕超卓之將領，能從心理上使之征服，此事又屬可遇不求。蔣緯國、辛棄疾正是這樣不可多得的軍中帥才。

辛棄疾在此指出了中國部隊的致命弱點，顯然他力主編練特種部隊，他從根本上重視士兵的來源和構成，其著眼點在成份純潔決定其戰鬥力。辛棄疾也極為重視諜報和情報的意義，他又對寫奏對的程先生說，情報間諜是部隊的耳目，勝負的關鍵和國家的安危都與它有關。他拿出一塊錦緞方巾給程先生看，上面都是敵人的兵馬數量、駐紮的地方，還有大小將帥姓名，這些情報的來源費了四千貫錢。他自己解釋說，派遣間諜必須有參考和旁證，即不能是孤例，這樣的情報才可能真確而非欺詐，顯然他考慮周詳，注重情報的質量，講究單線、複綫的真實性。

曾經南宋當局優柔寡斷勉強出師和金人作戰，結果是一敗不可收拾。這位程先生說，在大戰的兩年多前，辛棄疾就貢獻了他種種戰略戰術，可是沒有真正加以運用，結果導致了悲劇的發生。當時招兵買馬也毫無策略可言，正規軍和民兵混雜不分，結果在敗退中還互相砍殺。另外負責警備點燃狼煙的士兵，一聽到警報丟下工具就跑，導致部隊倉皇迎戰。

辛棄疾所擔心而要從根底上改變的軍事頹勢，其實到了近現代，還有一次觸目驚心的重演。那是劉文輝的軍參謀長巴人先生所回憶，時在一九三四年，西康又發生一次內戰，那是西康土人先向劉文輝發起進攻。主戰場是在甘孜一帶。「不要小看那些西康土人不懂戰術，他們起初的來勢很凶，一開始就用人海戰術，成千上萬的騎兵，繼續不斷地向余如海旅長所部進攻，余旅僅有四千之眾，人數上已經處於劣勢，加以受到奇寒氣候的影響，以徒步之師，迎擊頑強的土人騎兵，只有招架，無法還手。」（巴人〈我隨劉文輝在四川打內戰記往〉，一九六八年《春秋雜誌》總第二五三期）隨後余旅大部份退至道孚一帶，增援趕到，才算穩住了陣腳。趕緊改變戰略，對土人騎兵因採取夜間火攻的方法，對方於損折之下，騎兵面對火攻，已不能發揮作用。

辛棄疾事業起步雖為參謀、幕僚出身，但其膽氣絕倫，文學、軍事天才並重。他的兵學思想的深度或不在戚繼光之下。南宋當局，若能依為柱石，大勢或當逆轉。辛棄疾文名盛極，其餘皆為所掩。實則他是不折不扣的軍事思想家，戰略家，行動家。在戰術方面善出奇計，善出奇兵予以奇襲，他製造的行動總是乾淨俐落發揮戰鬥效能。奇襲的成功，其間包涵他一系列的戰力培育，徵兵、訓練編程、意志灌輸、單兵戰力、協同作戰、進擊速度、基地建設，他都舉重若輕予以導成。

此種奇襲頗有現代美軍小股特戰群的味道，高度的智勇膽力渾然一體，取得出乎意表的戰果。可惜南遷派到多個地方服務，頗受掣肘，未能在中樞力行反攻之計。他具有編練特種部隊的能力、心力、智力，並很快產生高度的行動運作效果。無論在古在今，都是不多見的。他所編練的部隊所用武器，包括防禦和攻擊都較那個時代各方部隊有所改進創新。

辛棄疾在四十歲的壯年，到了湖南，任湖南安撫使，稍有獨當一面的事權，他就開始編練軍隊，招募農家精壯子弟，成立步馬組合的飛虎軍。史稱「軍成，雄鎮一方，為江上諸軍之冠。」他在湖南編練的飛虎隊，所用戰馬，專門從廣西邊地輾轉購來，這種千挑萬選之良種邊馬，驃悍耐戰；步兵精銳兩千人，騎兵五百人，協同依託作戰，平時注重實戰訓練，預設實戰推演，強調快速作戰。不久已建成一支極為罕見的攻擊型基幹部隊。他在各種人事糾紛中左推右擋，儘量將掣肘化解到最低，辛苦經營將此部隊保持了很長時期。

辛棄疾的軍事地理、戰略眼光，是以編練特種部隊、建立能戰之旅為依託的，絕非劉斐之類第五縱隊紙上談兵虛應故事所可比擬。辛棄疾的兵學實踐在其辦理馬政一事上最能見出他的良苦用心。

蘇洵批評宋代政治弊端，深中肯綮：「政出於他人，而懼其害己；事不出於己，而忌其成功。」（〈上富丞相書〉）這也是辛棄疾所處的時代悲劇所在。宋時兵制，呂思勉先生說，兵力逐漸腐敗，宋代初起，兵力為二十餘萬，太宗末年，增至六十六萬，至仁宗時，西夏兵起，乃增至一百二十五萬！真是可怖。這只是毫無意義的數量的增加，兵不知將，將不知兵，訓練毫無，指揮稀爛。帶兵之人，渴盼兵力增加，乃是為了克扣軍餉以自肥，役使兵員以圖利。為了養這些不中用的兵，國家賦斂之重，達致極點。宋代南渡之初，情形是軍旅寡弱，包括較為強大的御前五軍，如岳飛的同僚劉光世，在其人死後，部隊瞬間即叛降偽齊。

宋代還有制約國家樑棟的，那就是外患之下的結黨營私。起初的動機無論好壞，是否純粹，到後來都變成意氣與權力的競逐。大家寧可誤國，也不肯犧牲自己的意見與臉面，當然更不肯放鬆自己的私利。專制扭曲人性，戕害人性，也對國運實施事實上的破壞。並非中國無人，而是結構性弊端，佛也救不得。

辛棄疾沒有更大的天地供他洪波湧起，譬如他的養訓軍馬策略，就毀於一旦。

在北宋時期，馬政已經紕漏不修，王安石對症下藥有所政策調整，但也和他的青苗等法一樣，走入末路，使老百姓大起反感。軍馬用於衝鋒陷陣，民馬用於托運貨物，兩者竟被王安石混淆，如馬病死，還要老百姓補償，於是民間大起反感。

除了這些，還受到皇權專制政體固有弊端的打擊影響。

本來呢，大的框架和議事規則定下來後，操作的爭論無傷大雅，論辯還有利擇善而從。而在專制之下，名堂就來了，歧路就多了。於是民生經濟大受制約，精神空間幽閉，這樣的人間世，還會有什麼生機呢？

民初野史氏的《烏蒙秘聞》說是專制厲民之習，乃是一種妄自尊大，污吏擅作威福，對蠻族外人更是淫虐蹂躪，不逮牛馬。而蠻人亦非木石，一有警覺則激而生變。《范成大年譜》引宋人筆記說當時朝廷徵收戰馬：「然官吏為奸，博馬銀多雜以銅（與蠻人交易），鹽百千為一春……所贏皆官吏共盜之，蠻覺知，不肯以良馬來，所市率多老病駑下，致能（范成大）為約束，令太守……增足鹽奋……」。

辛棄疾就要在這樣的時空中掙扎。他對軍馬的作用認識極為深透。在那時，戰馬的作用相當於今之戰車、坦克，古代胡漢戰爭都用馬隊，北方地勢平坦，如欲逐鹿中原，馬隊極端重要。辦馬政有如聯合勤務中最為重要的一端，辛棄疾又是北伐的力贊者。

訓練特種攻擊部隊正是辛棄疾對北宋軍政弊端的反撥。北宋軍事訓練極不得宜，到宋仁宗時代，徵召農民訓練為兵，保甲制度實施後，禁令苛刻，訓練時間與農忙衝突，而不去調整，武器又須民間自行購置，種種弊端，農民大為反感，有自己錐刺眼睛致盲者、有自斷其臂膀者，有自毀肌膚者，目的皆為逃避兵役。而王安石等輩不知此，仍梗著脖子說：「自生民以來，兵農合一」，就尋常道理來看，他的話沒錯；問題是這些民兵，保衛自己幾里左右的家園尚可，如是大型野戰或特戰，那就只有丟盔棄甲了。

辛棄疾的特種騎兵觀念和實踐，即是要建立一種快速反應部隊，一者可以隨時用於進攻和防禦，一者具有威懾力，也便於調動；另外，也可視需要在重型和輕型部隊之間轉換，有利於補給的迅速獲取。

甚至他的詞作，多有速度與火力心理的投射，諸如「誰信天峰飛墮地，傍湖千丈開青壁」（〈滿江紅〉）、「射虎山橫一騎，裂石響驚弦」（〈八聲甘州〉）、「金戈鐵馬，氣吞萬里如虎」（〈永遇樂〉）皆是。

抗戰期間，九戰區幕僚長、兵學家趙子立說過：「當然運動中的部隊比佔領陣地的部隊容易打」，意味等到敵人立足已穩，就要麻煩得多。而要打擊運動的敵人，則己方必須具有更為迅捷的運動速度，辛棄疾訓練特戰部隊的心曲實即在此。

辛棄疾所力求達成的軍事攻擊的硬實力，如能與當時的政治經濟淵然融合，則軍事實力也可轉換為一種軟實力，它可以展開演習、嚇阻、幫助衝突地區撤離非戰鬥人員、實施人道主義和災難救援等等，軟實力是通過吸引而不是脅迫手段得到所期望結果的能力。

他的名作《九議》，密佈歷史的經驗，地理的考量，現實的對策。軍事的作用經緯交織，貫穿其中。

本文第六節，從南北體力差異來衡量，指出身處危局、面臨危機，必須以極高明的頭腦來措置。他比較敵我雙方兵力配置戰鬥力差異，說明優勢與劣勢，在不同形勢下的轉換。提出對策，應以多種辦法分散敵方的兵力達到牽制的目的。其中須以深遠之計迷惑對方，使其首尾多處難顧，然後擊其首腦要害，再進擊其腹心，使之解體。

偵察權衡，明虛實緩急之勢，因前述南北方人的體力差異，糊裏糊塗的硬碰硬無異於「驅群羊以當餓虎之衝」，所以，不能以力搏力。

本文第一節指出了政治上的小矮人居間操作，而導致國家的不幸。他說，設使國家政治上軌道，則恢復北伐並非萬難，甚至可說是簡單的事體。但要事情變得簡單，前提必須是政治的得體，如果「言與貌為智勇，是欺其上之人，求售其自身」，那就一切全瞎了。第二節則說在政治上軌道的前提下，軍事也不是那麼複雜的，只要掌握縱橫變化不拘一格就把握大概了：「大要不過攻城、略地、訓兵、積粟、命使、遣間，可以誑亂敵人耳目者數事而已……譬之弈棋，縱橫變化不出於三百六十路之間。」

《九議》的前言，則在「戰者，天下之危事；恢復，國家之大功」的原則之下，舉出左、中、右各派的典型言論，以及其心理背景。彌漫著「因為懂得，所以慈悲」的高明戰略表述。

稼軒的〈論阻江為險須藉兩淮疏〉說明長江作為軍事險要，必須是在憑藉兩淮的前提下才能成立。長江隔離中國分成南北，從來「未有無兩淮而能保江者。」兩淮地勢綿延千里，勢如張弓，敵騎一旦撲到長江沿岸，東趨西走，如在弓弦，蕩然無慮。但能在其中予以截斷，則其東西不能相顧，而其北來之兵，則如行走弓背，道路迂遠，懸隔千里，勢不相及，消滅他們就好辦得多。古之善用兵者，輒以常山之蛇作比喻，擊其首則尾應，擊其尾則首應，擊其身則首尾俱應，這是強勢狀態，但就兩淮形勢而言，如果以精兵截斷其中，淮中即是其身，若斷其身則首尾不能相救。

他的這段論述，或許就是一九四〇年代末期蔣先生決意在徐蚌決戰的心理背景。

明朝的純文人，係指揮家，謀略家，軍事與戰術的具體措置在其次，主要是靠常識打仗，靠設計打仗，譬如于謙，在英宗被俘後，他和蒙古的也先大戰於北京，都是幾十萬人的大會戰。熊廷弼、洪承疇、袁崇煥都是書生，也是指揮大軍作戰的主帥，王陽明在江西剿匪作戰總是靠出其不意取勝。

可辛棄疾有所不同，辛棄疾是戰術家，也戰略家，是謀劃者，也是操作者。他可以沉靜制定戰略，也可親自驅動雷霆之怒。同為打仗，同為書生作戰，辛棄疾與民國的書生更多精神形質上的類同，而和明朝書生還多些氣質上的區別。

辛棄疾的所有用心，在在表明，他要以強軍固民的方法來消除籠罩在頭上的掠奪、奴役和屠殺。「以戰去戰，以刑去刑」，用戰爭消滅戰爭，用刑法消滅刑法，用暴力消滅暴力。從而迫使北來的強敵逐漸放棄血腥的暴力壓迫。他孜孜矻矻所作軍備努力，涵蓋臨事須當機立斷，不要姑息的疑問，隨時隨事予強橫掠奪者以正義的制裁，如此，來侵者方有可能知難而止，不敢輕予啟釁；否則彼必以為人盡可欺，由暴力威逼而走入瘋狂，利令智昏，忘卻本來，只要閣下的土地一天不盡，他的欲壑永難填滿。

他做建康府通判之際，湖湘一帶盜賊蜂起，棄疾悉平之。不過他對盜賊起來的原因思索極深。他上奏疏分析之，皇帝也被他說得點頭稱是，棄疾說：「……田野之民，郡以聚斂害之，縣以科率害之，吏以乞取害之，豪民以兼併害之，盜賊以剽奪害之，民不為盜，去將安之？夫民為國本，而貪吏迫使為盜，今年剿除，明年鏟蕩，譬之本焉，日刻月削，不損則折。慾望陛下深思致盜為由，講求弭盜之術，無徒恃平盜之兵……」後來在江西做官，拯救民間饑荒，他也有不同尋常的平衡借貸之術，使騷亂危機瞬間化險為夷。此間充溢罕見的慧眼卓識，以及智識者的道德良知。政治的眼光、行政的手腕，處理危機的才幹，都是如此的妥貼高明，可欽可佩。談到地方建設諸要端，關鈕細節的處理，閃爍人性真善的不滅光輝，他披瀝以道，具泣血之誠，我輩後人，也讀得淚眼婆娑，恨不能乘霍金所說的時光機器，回溯十二世紀的南宋，共與辛公，浮一大白。

至於他的為人與交際往還：「棄疾豪爽尚氣節，識拔英俊，所交多海內知名士。」辛棄疾四十二歲的時候，因剛拙自信被奸人彈劾而去職，卜居上饒。此後廿年間，他曾短時間出任福建提點刑獄和安撫使，剩下的時間都付諸鄉居生涯。

柳亞子在他的〈沁園春〉詞中寫道：「才華信美多嬌，瞧千古詞人共折腰，看黃州太守，猶輸氣概，稼軒居士，只解牢騷。更笑胡兒，納蘭容若，豔想濃情著意雕。」

真是牛皮哄哄，不知天高地厚，氣泡大於海，眼孔小於針。辛棄疾把欄杆拍破，無人會，登臨意。他的牢騷，充溢家國陸沉，干戈春秋的深沉感慨。其中更有戰略要素被擱置、被打壓的扼腕之痛，柳氏說人家只解牢騷，他懂得啥叫牢騷？精神境地和智慧手腕和辛棄疾差得天遠地遠，只好在那裏盲人摸象、蒙昧臆測了。

辛棄疾的作品尤其是他的詞作，繚繞揮之不去的愁緒，把欄杆拍遍的悲涼。此皆體制的污糟所致，一個風雨飄搖的政權，操縱在見風使舵毫無原則的三流小人手中，他們縱歌於漏舟之中，痛飲於焚屋之內。他們狗熊所見略同，用夜行人吹口哨的虛怯，操弄著那個隨行就市的影子政府。內耗兇險固執，對付外來侵迫一律的軟骨頭，像沒有脊樑的海蜇皮。辛棄疾這樣的戰略家，只能灰頭土臉，處處丟分了。哪怕是優遊的清興，也被愁緒包裹，正如〈鶴鳴亭獨飲〉所說「小亭獨飲興悠哉，忽有清愁到酒杯。四面青山圍欲合，不知愁自哪邊來。」然而，僵化的制度攜帶對人本的殺滅、對人性的毀傷、對才俊的構陷，群小洶洶，志士悲梗，內在的消耗猶如基因，隨著辛棄疾們的投置閒散，無端見疑，南宋的國祚也逐漸走向了盡頭。

第十二章
參謀生涯的最後作業

一個大勢擠迫之下的幕僚身影——舒適存和他的幕僚作業

被擱置的絕境自救之策

徐蚌會戰開打，把前線最重要的幕僚舒適存推倒風口浪尖。舒適存的參謀作業，在徐蚌會戰的緊急關頭，閃射出一絲可貴的亮光，旋即歸於幻滅。大戰的局勢，自此不可收拾的狂瀉直下了。

那時一九四八年的深秋。杜聿明抱病勉作劉峙副手，他邁著蹣跚的步履，爬上南京某飯店三樓的房間，力邀舒適存出任第二兵團副司令官兼前進指揮部參謀長，舒適存以義不容辭，遂與同飛徐州。

此時的形勢是，解放軍華野、中野圍困徐州，並扼制黃維兵團於南平集附近。而杜聿明所轄三個最能打的部隊，即邱清泉、李彌、孫元良三個兵團，則固守徐州，十一月底，向永城方面旋回，爭取外翼，試圖與黃維會師。

十一月的最後一天，杜氏集團分兩路乘夜色突出永城重圍。兩天後，邱清泉到達孟集，旋被包圍，孫元良兵團到達洪河集，李彌兵團到達袁圩，杜聿明命令邱兵團向南攻擊、李兵團向東南攻擊，孫元良兵團向西北警戒前進。邱李兩兵團竟日猛攻，收效甚微，蓋以解放軍利用星羅棋佈的村落地帶，作縱深配置，頑強抵抗。不得已，指揮部進至陳官莊。十二月三日，國軍空軍及地面戰車運用到最大限度，傷亡很大，是夜杜氏決採三面掩護，一面攻擊的戰法，而解放軍四面合圍猶如鐵桶，難以撕破。即曾經縱橫馳騁銳不可當的邱兵團，以全力向南攻擊，每天僅進展數里，甚或不進反退，於是戰況膠著，維持原有陣地，已極費力，要想突破，已屬妄想。這個時候，作為前線總幕僚、戰略智囊的舒適存，他的重要意義顯現出來了。

我乃向杜氏建議，長此僵持，兵員日益消耗，糧彈不繼，終非善策，應乘圍困未固，糧彈未盡，天氣未變，速作輻射式的突圍，杜氏首肯，於十二月五日晨，杜氏召集各兵團司令官會商作戰方策，決議各兵團以軍或師為單位就地突圍，各自相機行動，分向信陽、潢川間集合，再作後圖，並決定於是日夜間，依杜氏電話開始行動，議甫定，忽報孫兵團正面被突破，孫遂先行離去，杜邱兩人續召各軍長研究實施突圍之技術問題，此時邱氏意忽中變，反對突圍，力主拼戰到底，以死殉國，杜氏決心動搖，竟罷突圍之議，苦撐至一月九日，全軍覆滅，邱氏實踐殉國之言，壯烈自殺，余曾輓以聯云：雪夜困重圍，不用吾謀，公有決心拼一死；雲天懷舊雨，更傷國事，我餘熱淚灑千行。

（〈如此一生〉，《傳記文學》雜誌總第一三八、一三九號，一九七三年出版）

三天後的十二月八日，他被派從包圍圈乘戰機起飛，往南京請示機宜。次日即偕同空軍指揮官飛臨陳官莊，決定空投糧彈。隨後的十幾天中，天氣驟變，大雪紛飛，陰霾蔽天，無法空投，官兵饑疲已極，民間糧食，無可搜括，軍中馬匹，宰食已盡，解放軍重兵全線收縮包圍圈，傷亡慘重，糧彈俱盡，杜氏自殺被阻，邱清泉陣亡成仁，所謂徐蚌會戰，遂告終了。

舒適存做了一輩子的幕僚，是一個實戰經驗極為豐富的軍中高級智囊。他以極為深邃的戰略眼光、極為周密穩健的考量成就了許多戰役的勝利。他的生涯連貫舊式軍隊和轉型後的現代部隊，人生經歷坎坷，飽受戰火薰陶。他的戰策，往往以周密、妥貼、有效而著稱。徐蚌大戰，最後關頭的幕僚作業，充溢風雪淒緊的心頭滋味。然而，不得不發「吾謀不用」之歎，戰局是如此的不可逆轉，其悲涼苦澀可想而知。

青少年時期的經歷

舒適存是湖南平江人，生於耕讀之家。其父好讀書，以幕游遍國中。他八歲入塾受書，地方上有名的幾位老師，先後教授他國文。十歲前，已讀完毛詩和四書，其中名篇並能背誦，十九歲受聘任梧桐山下觀音堂初級小學教員一年，弱冠之年，結束農村生活，投筆從軍。

關於孩提時代，他的回憶充滿悵惘的懷念：「童年生活，最堪回憶。農村經濟，自給自足，無所謂洋貨，民風淳樸而自由，沒有身份證，也沒有戶口名簿，買田架屋，娶妻生子，出外旅行，無須申報，兒童沒有惡性補習，也沒有升學競爭。」

少年時，曾借同鄉好友家中的《孫子十家注》手抄一遍，愛不忍釋，讀唐詩尤喜邊塞詩篇。

此時袁世凱死去不久，國內軍閥橫行，他到長沙後，進入趙恒惕部隊當兵。因為蔡松坡與黃克強同時逝世，被派參加國葬蔡松坡先生的儀仗，他記得靈官渡的牌樓聯語是：「四海同悲，伯仲勳名懷擊楫；萬方多難，蒼茫風雨泣同舟」深深打動其心靈。

此時湘軍和北洋系的北方部隊混戰。在湘北拉開陣勢，忽傳敵人的包圍來了，大家一齊跑下山來，到底有無敵人，只有天曉得，隊伍亂糟糟的在山徑裏徘徊，有的跑到老百姓家裏去休息，有一位姓李的排長，他竟毫不知恥的從一個稻草堆裏爬出來，他以為這樣就叫打仗，未免太笑話了……當時各部隊打來打去，他覺出很多兒戲般的可笑之處，工兵配備、工事情形，情報搜集、部隊聯絡統統都很幼稚到可笑的地步。

一九二六年，國民革命軍北伐，他所在部隊改編為國民革命軍第四十四軍，在安徽、江蘇追殲孫傳芳部，取得上佳成績。旋因津浦戰況逆轉，奉命南撤，由浦口渡江，龍潭之役，他擔任釆石磯、馬鞍山一帶江防，以上各役，均順利達成任務。

四十四軍一度解散，他回平江暫住，看到兵燹之餘的湖南農村，一片混亂死寂的蕭條慘狀。輾轉亂局中，他曾兩次面臨被地方武裝殺頭的危險，輾轉入贛，他想父仇未報，徒死無益，只得隱忍苟活，所幸皆能化險為夷。一九三二年，被派車送至南昌行營，蔣先生特別召見，溫語慰勉，奉派為南昌行營少將參議，從此開始幕僚生涯。

幕僚生涯的起步

舒適存由賀國光、陳誠簽請送陸軍大學特別班第二期，晉京參加考試，他以為必無考取之理，到了考場，國文試題是：「大同之說，出於禮運，國父祖述其說，然必先以三民主義建立民國，其故安在？」他的作文就由四書五經說到近代中國的國際地位，民權與民生觀念的如何落實，此外戰術與史地各科，均能對付，竟以第二名錄取，喜出望外，從此奠定了他服務軍旅的基礎。這是一九三四年的事。

抗戰軍興，舒適存被派充陸軍第二師參謀長，即往保定報到。第二師師長為鄭洞國，素未謀面，其所以指名請調，係鄭洞國在廬山受訓時向陸大同學徵求推薦之故。

隨後即在保定城北與日寇展開激戰，敵之裝甲列車接踵而至，外壕並不發生作用，經苦撐一晝夜，日寇進佔西關車站，此時關麟徵及所率第二十五師與守城部隊失去聯絡，鄭洞國等人正在南門城下，遲疑不決，時機緊迫，舒適存乃提出詢問：「反攻則無兵可用，如要殉城，就當入城死守，如果不願被俘，則惟有自殺，否則就該乘機自動撤退，以全實力。」於是部隊撤出保定城。

撤退後轉往河南唐河、安陽一代，試圖與軍長關麟徵匯合。舒適存對抗戰前期戰略戰術的檢討：

「抗戰初期，前方將領對長期抗戰之最高決策，並不十分瞭解，往往以有限兵力佔領廣大正面，既不作持久抵抗適時撤退的打算，也不作孤注一擲的決戰，除奉行上級命令外，無所作為，在技術上也非常幼稚，陣地佔領，總是高據山頂，機關槍不知用於斜射側射，故有內戰內行，外戰外行的笑話，直到南嶽會議後才逐漸改進。」

台兒莊之役，他率部參戰。他注意到各部隊的措置，容易遭日軍各個擊破，立即建議要迅速佔領運河南岸，但關麟徵認為這與統帥部命令不合，頗感遲疑，他即建議一邊報告，一邊佔領，為關氏採納。同時以無線電令第六旅與棗莊、臨城間之湯恩伯軍團聯絡，相機由津浦路東側向韓莊以東地區歸還，部署初定，日軍已到達運河北岸展開炮擊，國軍得憑運河之阻，堅強抵抗，遂得確保徐州，而有台兒莊之捷，稍遲一步，則徐州不保，何有台兒莊之戰？另外棗莊、嶧縣間的大量部隊，亦將陷於困境，故前方將領看破戰機，獨斷專行，實有必要。

戰略智慧的顯現

台兒莊會戰末期，第二師由棗莊一帶轉至邳縣東北地區，繼續與敵周旋，當初到邳縣之夜，舒適存就覺得後有運河之阻，僅靠鐵道橋交通，不僅人馬通過不便，一旦被敵機轟炸，危險更大，於是建議師長派工兵連星夜馳赴碾莊圩東側架設浮橋，以能通過人馬及載重汽車為度，該連以一晝夜的時間，就地徵發民船木材，並用木船連結，上敷粗厚樹條及木板，加蓋泥土，車馬通行無阻，爾後在運河東北地區之強大兵團賴此橋得以撤出徐州戰場者，達十餘師之眾，抗戰勝利後，他看到日軍記載，亦甚贊國軍逸出戰場，迅速而出於意外。

舒適存認為，戰地交通至為重要，當時之即興式的架橋，貢獻甚大，包括後來之徐蚌會戰，黃伯韜兵團由新安鎮撤回徐州時，因通過運河鐵橋，擁擠混亂，馬仰人翻，而有碾莊圩之敗，同一地點，同一情況，而結果迥異，殊堪玩味。

一九三九年十二月中旬，崑崙關之戰爆發。中日雙方主戰部隊都是各自的王牌：日方主力是參加過台兒莊戰役的阪垣征四郎舊部，自號「鋼軍」的第五師團；中方主力是當時德式裝備戰力精良的第五軍。

崑崙關之戰，日軍一個旅團被全部殲滅，中村旅團長戰死，為抗戰八年中最成功的攻擊之一，此時舒適存是新編第五軍榮譽第一師副師長兼參謀長，親與此役。此前，關麟徵軍長曾想調舒適存為參謀長，派人來徵求他的同意，他因與第二師前師長鄭洞國有約在先，一有新職隨調隨往，所以對關麟徵的盛意，只好婉辭。未幾，鄭洞國被派任榮譽第一師師長駐零陵，調他前往，關氏曾寫信送行，有「兄之去，有古義士風，欽敬之餘，尤使弟愛才難捨」之語。

榮譽師是由傷癒士兵撥編而成，打仗有經驗，統馭較麻煩，舒適存到職後，由於師長的信任，悉心策劃，銳意整頓，在訓練方面，革除舊的形式主義，側重戰鬥訓練，經過六個月的時間，推上崑崙關戰場。

崑崙關西南的羅塘高地，為敵重要據點，配有輕重機槍多挺，迫擊炮多門，足以瞰制公路兩側，進攻不易，如能攻下這一要點，則戰局大有希望。

舒適存受命至仙女山陣地策劃攻略該據點，由第二團（團長汪波）抽出一個營的兵力，擔任攻擊，預定黃昏攻擊開始：「汪團長意欲展期至明日，俟接防部隊到達，再行攻擊，我以時機緊迫，決心不宜變更，堅持盡可能的抽調，有多少，算多少，就是不足一個營，只要有兩個連也就可以了，這樣，汪也只好勉強照辦，要算排除了第一障礙，等到下午四時，與我直協的炮兵，因敵機低空盤旋，久久不去，又以不能射擊，請求改期，我的答覆是決不改期，請立刻完成射擊準備，等到黃昏時候，敵機必去，炮兵待命發射，這樣當然沒有問題，炮兵也同意了，到了五時左右，已是攻擊開始的直前了，忽接師長電話：本師陣地右翼前方的金龍山，原有我一個連的警戒，此時已被敵攻佔，危及師的指揮所，對羅塘要點的攻擊，是否需要停止，徵求我的意見，我說時已黃昏，金龍山到師部還要越過一個高山，日軍對我從不夜間攻擊，師部還控制有一個工兵連，請將該連在師部南面山上的鞍部佔領陣地，對敵警戒，可保無虞，我的攻擊不變，馬上開始，師長也同意了，於是通知炮兵開始射擊，此時攻擊部隊已潛進到達敵陣直前之山麓，德造十五榴彈重炮，命中精確，威力強大，一時敵陣火光四射，已大收摧毀之效，一面命炮兵延伸射擊，一面命步兵突擊，約經半小時之戰鬥，遂將該地佔領，據守該地的敵兵一個加強連，全被殲滅，戰局為之改觀，軍長杜聿明乃決心對崑崙關繼續攻擊，終於造成大捷。」

崑崙關戰後，師長鄭洞國升任第八軍軍長，舒適存升任榮譽第一師師長，屬第八軍，轉赴湖北松滋，甫剛到達及參加當陽保衛戰，各軍之間配合鬆散，導致宜昌被日軍佔領。事後從江防司令郭懺到各師長，均受處分，舒適存在內。

反攻宜昌時，要他客串參謀長職務，軍長問他有無意見，舒適存研讀戰區命令後，始知第八軍任務為：相機攻略沙市，主力進出沙洋、後港間，切斷漢宜公路，阻止敵人之增援。

他不客氣地認為這個決定，輕重倒置，全為軍之安全著想，顯與上令不合，如果在宜昌未攻下以前，敵軍通過後港公路向宜昌增援，因而功虧一簣，則第八軍沒有達成阻援任務，貽誤戰機，責無可辭，乃建議軍長推翻原案，改以榮譽第一師相機攻略沙市，以陳為韓、何紹周兩師進出浩子口以北地區，確實切斷漢宜公路，阻止敵之增援，軍長進至浩子口，指揮主力之作戰，榮譽第一師之相機攻略沙市，其主要目的，實為掩軍側背之安全而已，結果宜昌之攻略，並未成功，第八軍何紹周師則攻佔後港，大有斬獲，佯攻沙洋，徹底破壞公路，陳為韓師在襄河切擊敵船，虜獲甚多，均圓滿達成任務，於戰區放棄宜昌攻略後，奉命撤回長江南岸，事後檢討，第八軍獲得嘉獎。

第八軍駐防湘西，物資缺乏，生活艱苦，然而敵愾同仇，上下一心，軍部也有一個具體而微的俱樂部，舒適存曾題戲臺聯云：「鐵板銅琵，高唱大江東去；厲兵秣馬，豈容小丑西來。」苦中作樂，更覺有趣。

遠征印緬

一九四三年春，舒先生奉命調任駐印軍之新一軍參謀長，他於大年初一自湘西起程，翻山越嶺，至三門坪乘船前往重慶，妻子相送，不免黯然。他到印度的次年，曾有元旦寄內詩云：「去年此際賦長征，飲罷屠蘇仗劍行。一路平安卿祝我，三湘烽火我憐卿。衡陽有雁書頻寄，佛國無親歲又更。料得歸期應不遠，凱歌聲裏好相迎。」

舒適存到了重慶，帶了少數幕僚直飛印度，越過橫斷山脈時，高空飛行，氧氣不夠，四肢癱軟呈昏迷狀，至丁江著陸後才恢復常態，丁江有招待所，稍事休息，次日續飛蘭溪降落，改乘汽車至藍姆伽營地，著手組織軍部。

新一軍是第一期入緬作戰失利，輾轉入印之新二二師（師長廖耀湘）和新三八師（師長孫立人）編成的，此外有炮兵三個團，工兵兩個團，戰車七個營，汽車兵一團，騾馬兵一團，及通信兵、憲兵等，均直屬於駐印軍總指揮，總指揮是由中國戰區參謀長史迪威中將兼任，軍長是鄭洞國。

兵員補充，是由國內各管區徵調，選精壯者送昆明，再加挑選，空運丁江基地，著陸後，將身上所穿全新布質軍服及所攜棉毯等，付之一炬，換發美式服裝，理髮、洗澡，經過體格檢查，注射防疫針，然後用火車向藍姆伽營地輸送。

裝備補給，概由美方負責，營養衛生均夠水平，故士兵體力精壯，較之國內部隊不可同日而語。訓練是由美籍軍官按課目性質，分別設置固定場所與器材，受訓部隊，輪流演練，是為輪帶式的訓練。滇越、滇緬的國際路線全被切斷之後，駐印軍的主要任務，是進出緬北，打通中印公路，在系統上屬於東南亞戰區總司令英國蒙巴頓將軍指揮。一九四四年秋，公路大體打通，因為使用大兵團在此原始森林地區作戰，必須依託公路移動。駐印軍攻擊開始，一面前進，一面築路，終於逐次擊敗日寇之阻擋，進出密支那以南地區，打通中印公路，敵之戰力漸成強弩之末。

駐印軍於攻擊開始前，曾由國內加調兩個陸軍師，擴編為兩個軍。以陸軍第五十師及新編陸軍第三十八師，為新編陸軍第一軍，孫立人為軍長。以陸軍第十四師及新編陸軍第二十二師，為新編陸軍第六軍，廖耀湘為軍長。舒適存在第一軍參謀長任內，曾兼任駐印戰車訓練班主任，於攻擊開始時，辭去兼職，於擴編時，奉調為新六軍副軍長，於緬戰結束後，由猛拱率全軍汽車三百餘輛，開回昆明。

舒適存對史迪威的看法，認為他個性偏執，且受片面宣傳影響，一度與中國軍人大起衝突。史迪威的偏見，影響中美國交及戰後國際局勢，至深且巨，這是後話，他在中國戰區任職期間，認為中國的兵是好的，軍官是低能的，官階愈高愈低能。對此，舒適存也作了切實辯證的檢討，他認為國軍軍官在抗戰初期的作風，辦事頗有官僚氣，不免流於空疏，因此和盟軍打交道，定要有科學頭腦，辦事要講求效率，不必敷衍門面，有時需要委屈求全，但應不卑不亢，愈能保持民族自尊的嚴正立場，愈能受到敬重。

抗戰勝利之際，新六軍在緬北反攻後，空運昆明。日本在南京的中國派遣軍總部，當時就派遣金井武夫少將飛芷江，向國軍請示洽降事宜。舒適存奉命率步兵一連，通訊兵一組及少數幕僚，隨同陸軍總部副參謀長冷欣中將一行，由芷江直飛南京光華門外降落，擔任警衛工作。此時新六軍全部均由芷江空運到達首都，曾遊行市區一周，以與闊別的父老同胞見面，市民見到八年抗戰的國軍，尚有如此精壯整齊的隊伍，殊出意外，無論男女老幼，莫不歡呼讚美。京畿一帶的日軍，由新六軍逐次繳械，舒適存負責聯合政工人員辦理日僑日俘的集中，南京日僑集中完畢後，舒適存又奉命帶兵一連至鎮江接受日軍第三師團之繳械，師團長辰已榮一曾將其所佩軍刀獻給他，說是七百年的家傳寶刀，並對中方優待戰俘，表示感謝，有人說：「接收」就是「刼收」，舒適存表明他一無所取，只有這把軍刀，他曾帶回長沙，作為勝利的象徵和紀念，內戰末期不知流落到什麼地方了。

學術的晚年

徐蚌會戰慘敗，他奉派為國防部部員，往長沙綏靖公署服務，陳明仁邀其為兵團參謀長，但他窺破了程潛曖昧的態度，緊急抽身返回南京，孫立人殷勤邀請他同飛臺北。

退居臺灣省以後，他奉派為臺灣防衛副總司令兼參謀長，還是在幕僚的位置上，不過很快就退休了。他的事業，由幕僚起步，也由幕僚謝幕，他就在幕僚的位置上，結束了四十年的軍旅生涯。退休以後，受聘為臺灣電力公司顧問，老有所養，又於一九六六年受世界新聞專科學校兼任教授之聘，擔任三年制專科第二學年的國文課程，第一學期授《左傳》，第二學期授《史記》，每週授課八小時，猿鶴蟲沙，例皆塵土，美人英雄，長夜流星，當有不勝唏噓之感！不過，他說因與活潑的青年共處，精神有了寄託，不覺自忘其老，人生的晚境，就在藝文探討中度過。

舒適存文章文筆雅健，情緒深沉而頗加節制，誰知這節制更造成迴環的空間，遣詞用語深具古仁人之風。扼腕處蓄滿英雄老淚，叫人一讀之下，感愴不已，酸惻哽咽，難以自控。

木馬和防火牆：劉斐與蕭毅肅

劉斐式的幕僚，是不折不扣的特洛伊木馬，他的身體裏潛藏著顛覆的基因。它替閣下參謀，經營、佈置，輾轉往復間，轉移了您的視線，崩塌了您的礎柱，摧折了您的計畫。

在其發酵的過程中，他的顛覆意圖是一諂媚裝蒜的方式來顯現的，假冒的激進和穩妥，偽裝的積極與有為。那種難以覺察的轉移性的乖巧深沉，造成一種難以彌縫的內傷，這對良性的幕僚是一種消解和毀傷。

不過，這個人確有其過人的手腕和本領，他雖不能顛倒眾生，卻能支配關鍵人物，從而影響時代走向。他的特徵，就是聰明，頭腦異常靈活，做人則八面玲瓏，尤擅投最高當局之所好。

劉斐原是李（宗仁）、白（崇禧）所識拔之人，曾先後送他到日本士官（與吳石同學）、陸大念書。回國後，先再廣西謀職，其後，李、白又推薦他到中央服務，很受到中樞的重用，擔任過作戰次長。此公很圓滑，口才亦佳：「是笑裏藏刀，極其陰險一類的人物，處事待人均工於心計，不現形色。不可否認的，他是一個人才，但卻走錯方向」（〈劉斐，匪耶？非耶？〉《傳記文學》雜誌總三六五號，一九九二年）。該文還說，抗戰初期，當軍委會撤至武漢之際，參謀本部作戰部的尹呈輔親眼目睹同事劉斐向第三方人員交頭接耳，行動詭秘。

劉斐最後的參謀作業是在李、白二人中居間作閥。當時他已是和談代表。而李、白還是國府掙扎的最後希望，但他們卻與蔣先生葆有歷史的難解恩怨，劉斐就從這裏下手。劉斐悄悄回到廣州，不失時機地勸李宗仁、白崇禧起義。事後，李宗仁試探白崇禧：「怎麼樣，你手中有槍桿子……」言外之意即鼓動白崇禧反戈。但白崇禧卻問：「將來如有必要，去臺灣怎麼樣？」李宗仁一聽這話勃然大怒，脫口而出：「烏龜王八蛋才去臺灣！」由此可見，李、白已各有打算了。事雖未成，而各派的隔閡更加表面化、白熱化。而他本人，在他人一籌莫展的局勢中又得一票。

白崇禧後來也專就劉氏所作所為有所回憶，他說他跟劉氏的岳父鄒翼經相熟識，鄒氏托白崇禧照顧劉斐。劉斐進西江講武堂、後又留學日本都得益於白崇禧的幫助，回國從軍也同樣白氏推舉。當然，他口才極佳，能說會道，能把軍事要領發揮到極致。白崇禧說：「後來參謀本部改為軍令部，劉斐曾任作戰廳廳長，後當次長，由抗戰到內戰一直負擬作戰計畫重任。三十八年與張治中談和代表赴北平，一去不赴返……他言論是左的，享受是右的，他不滿現狀，但自己生活不嚴整，吃、喝、嫖、賭、唱戲無一不來，油得不得了，總統對他賞識極了，軍令部有什麼事都找他。」抗戰初期日軍對上海大打出手，蔣先生調遣軍隊抗擊之際，所召開的首次高級幕僚會，就有劉斐在內。其他人是何應欽、白崇禧、徐永昌等不多的方面首腦。

當時劉斐的意見是，要「從全盤戰略著眼，同敵人展開全面而持久的戰爭。如果拖到日本侵略者對佔領我國的每個縣均要出一個連，甚至一個營的兵力來進行防守，即使它在戰術上有某些勝利，但在整個戰爭上，非失敗不可。」（劉沉剛文，見《傳記文學》雜誌總第三六四號）這個戰略思想真是似是而非！為什麼日本會在每個縣都佈置兵力呢？史上就沒有這麼蠢的敵人！蕭毅肅回憶劉斐參謀作業，其間的幾個細節，情態畢肖，令人扼腕。

抗戰慘勝，內戰風雲緊迫之際，何應欽本來兼有蔣先生的幕僚總召集人的地位，所以，他就奉令擬訂作戰計畫，當時他是中國陸軍總司令，但具體操作，又是專業幕僚，這樣，具體的執行者，就是陸軍總司令部參謀長蕭毅肅中將。蕭氏的態度是不願打，蓋以當時因抗戰付出了慘重代價，元氣難以短時間恢復，若繼續作戰必定掣肘甚多。在此消極心理下，只得擬了一個兩年的計畫，奉何應欽之命親自送到重慶去，並隨同蔣介石飛回南京。可是這個計畫卻如同石沉大海，久等沒有消息。

據蕭毅肅的公子蕭慧麟回憶，當時擔任何應欽將軍隨從參謀的陳桂華先生說，何應欽等不到消息，就偷偷問蔣委員長的侍從室主任林蔚文將軍，這才知道蔣先生已經採納了陳誠六個月就需完成的作戰計畫。一九四六年國防部成立，中國陸軍總司令部同時撤銷，白崇禧任國防部長，陳誠任參謀總長，何應欽被外放到聯合國去當中國軍事代表團團長，以利優勢的國軍，一舉佔領各地。但國家早已民窮財盡，無力繼續負擔龐大的軍費，而不得不一面「剿共」，一面裁軍。

多數被裁和編餘的軍官，尤其是低階軍官，多是抗戰時期從軍報國的愛國青年。那時國家急需他們，只有時間對他們施以短期訓練，就忙忙送上前線，命大不死活了下來的。他們除學了點基本軍事知識外，並無其他謀生技能，政府就此遣散亦無妥善照顧安置，等於絕了他們的生路。實在沒有去處的，就納入軍官總隊給碗飯吃。全國成立了十幾個軍官總隊，每個總隊都有一萬多人，情況淒涼。南京軍官總隊的將官絕望之餘，就集體到國父孫中山靈前哭訴，引起軒然大波，這就是當時的「哭靈」事件。

至於士兵，那更不用說了。政府不要他們，他們只有投向對方，所以當時流傳著這樣一句話「此處不留爺，自有留爺處；處處不留爺，爺去當八路」。當局就這樣自拆基座。因為對內戰態度消極，所以從那以後，蔣先生就不大採納蕭毅肅的建議。一九四六年五月初，中國陸軍總司令部還沒有撤銷，蕭毅肅就被外放到重慶，去做軍事委員會委員長重慶行營參謀長。此後，先後經歷了重慶行轅參謀長、重慶行轅副主任兼參謀長、重慶警備司令……直到兩年後的一九四八年六月中旬，才再調回南京做國防部次長。

當時何應欽身邊的一般參謀多推崇蕭毅肅，以為他是陸軍總司令部參謀長的不二人選。蕭毅肅畢業於雲南講武堂，曾長期在西南部隊服役。何應欽曾問過講武堂的負責人，該堂創辦多年，那個學生最出色？負責人回答：蕭毅肅。當時何氏在重慶擔任軍政部長兼參謀總長，即下令調蕭毅肅為總長辦公室高參；中國陸軍總司令部成立後，又調之為參謀長，按照道理，這個職務，應該找一位懂英文的，但何先生以蕭氏非常優秀而任用他。蕭先生雖然一句外文都不會說，但是美國人卻十分佩服他。（參見汪敬煦〈擔任何敬公參謀之憶〉）那時蕭毅肅雖也參加中樞主持的日常軍事會議，但蔣先生只聽信作戰次長劉斐的話，所有其他的與會人員都無能為力。

曾國藩有四百多幕僚，他對之頗為倚重。這些幕僚起到關鍵的不可低估的作用，而蔣公學曾國藩不遺餘力，但他左右的作戰參謀掣肘更多於當時的湘軍。他雖猛將如雲，謀臣如雨，但他們的作用都被消解了，剩下狐狸和狼子，他反而聽從了他們別有用心的讒言。大局急轉直下了。

蕭慧麟寫到：「記得有一天先父憤怒地說起傅作義不服從國防部命令，『喊他撤退，他偏不撤退，硬要說他守得住；他守得住個卵！』那是我們第一次聽見先父說粗話。」

徐蚌會戰之際，蕭毅肅曾經很傷心地說：「（參謀次長劉斐）拿百萬分一的地圖給老先生（指蔣先生）看，地圖上的河流只有一根線那麼粗，老先生看都看不見。只聽到他（劉斐）說得好聽：我們的部隊這麼展開，那麼攻擊，老先生就哦哦哦的直見點頭，人家又說不上話。部隊到了那裏，根本不是那回事，連河都過不去。只怕連這半壁江山也保不住了。」（蕭慧麟〈蕭毅肅上將軼事〉）

到解放軍快渡長江了，蔣先生才把蕭毅肅調去接替劉斐做作戰次長，可是大勢已去，連收拾殘局都來不及了。

蕭毅肅眼中的劉斐，這可以說是幕僚觀察幕僚，高參評論高參的絕佳寫照。在蕭毅肅的筆下，劉斐是這樣一種情態，而在作家老軍先生看來，劉斐老早就作出戰略家的姿態，而且實際掌握作戰樞機，說劉斐「在國府，敢與蔣先生為戰略乃至軍事指揮問題，面紅耳赤的爭論」。他以為，能夠稱為戰略家的軍事人才，倒真是鳳毛麟角。白崇禧將軍雖以「小諸葛」見稱，但時代慢慢變了，他已並不以精於戰略見著。至於已故的二位兵學家蔣方震（百里）與楊杰，理論雖高，只合作一個軍事教育家，掌理軍事教育機構，而且終其身也沒有真正而長期的主持過戰略部門的職責。但是這種比配是一種冒險，因為論實戰，劉斐較白崇禧北伐期間的指揮若定望塵莫及，論戰略思想和著作影響，他在後兩者面前也抬不起頭。只是他的作態，就大大超出這些人的水準。他的出身極微，既不是書香世家，也不是將相門第，只是一個窶人之子。當然，英雄莫問出身低，不過他究竟是英雄，還是洪承疇、吳三桂的傳承，那只有天曉得了。

「他練得一手好書法，天資甚高，不僅抄寫文件，工整勁秀，並且字裏行間頗帶一點書卷氣，同時，他還能夠寫大字，練的是顏真卿的雙鶴銘。後來給白崇禧看見他的字跡，大為讚賞，見他眉目清秀，對答如流，頗為討人歡喜，於是便把他調到指揮部工作。除了抄寫之外，還教他試辦擬稿的差事，此所謂一張條幅換運氣。由秘書做起，很快，由白氏送他到軍事講習班學習……」白氏問他的軍事問題，他都裏裏外外答得很圓滿，從此兼辦秘書工作，乃至參與機密。演戲是極不容易的，長期演下去更難乎其難。而劉斐居然從一個浮浪的俳優演成一個戰略家！讓人渾忘其性情、德行、惡習，其弄假成真的本領法術，也真讓人歎為觀止了。

他是獲得白崇禧的青睞與提攜，夤緣而起家的，但他不僅在多次最高軍事會議中，當面吹毛求疵的反駁白崇禧，同時，他也敢不同意蔣先生對許多戰局的處置意見。這在恭順慣了的人看來，簡直是「膽大妄為」，但奇怪的是蔣、白兩位，卻居然受用他這一套，而不以為侮，這樣一來，劉斐便更紅得發紫了！

迨至抗戰勝利之後，劉斐的地位益形重要，蔣先生的軍事計畫，以及幾次大會戰的佈置，無一不與他商量。不料他那時早已琵琶別抱，一面對蔣先生及軍事當局虛與委蛇；一面卻暗中將所有軍事上的配置和佈署，合盤托出。致令國軍雖然擁有極為現代化的武器，陸、海、空三軍又能作密切之配合，也就成為徒然，而為解放軍避實就虛，按圖索驥，瓦解了一個個壯大的兵團，國民黨的江山，竟然斷送在這一個為當局素所器重的戰略家的手裏，言之令人浩歎！

老軍先生以為，劉斐之所以能夠扶搖直上，一方面固有賴於他的鑽營，同時也因他有了日本士官學校那樣一塊金字招牌。還有一點是人所難能的就是他能飲酒，能唱京戲，又寫得一手好字，這在官場的交際場合中，是極夠條件的。加以擅長詞令，談吐風雅，娓娓動聽，且又能夠強不知以為知，一個問題，只要他懂得十二分，他便會運用最玲瓏的言語，自圓其說。另外，他還能夠旁若無人，大言不慚，乃至口沫横飛，滔滔不絕。（參見《春秋》雜誌總第四四期）

劉斐與蕭毅肅，道相若而年相似，一個猶如今之電腦的木馬程式，一個是疲於奔命的防火牆，然而，漏洞太多，勢成水火，幕僚的地位時處尷尬中，倘若在策略和謀劃方面，契合了事物的肯綮和焦點，但是主官或決策機構在運用之際卻因為種種原因大打折扣，甚至犯了不可挽救的錯誤，則結果流於虛幻，而幕僚的策劃，徒剩扼腕。即以東北之戰而言，如果不是接收的大員，對整體情勢判斷不明，和處置失常，這一不幸事件，是大致可以避免的，至少，就算是失敗，也不致會弄到那樣的迅速而徹底。

抗戰中的蕭毅肅

關於和解放軍決戰的幕僚研擬，蕭毅肅和何應欽這一條線的計畫未獲採用，又沒有得到答覆，連何應欽都很納悶。結果偷偷詢問侍從室主任林蔚，才知道中樞採用了陳誠的計畫。因為陳誠的計畫要半年拿下戰爭，而何、蕭的計畫要兩年。

當時較年輕的參謀都認為何、蕭的計畫保守，缺乏膽魄，後來當其年齒漸增，閱歷漸多，這才轉而佩服蕭毅肅的戰略計畫：「事後一檢討，蕭毅肅這個人厲害。他當時不主張打共產黨，他說，八年抗戰，民窮財盡，人民厭棄作戰，『剿匪』很難得到人民的支援和擁護；這時候，百廢待舉，什麼都要錢，哪有錢去打仗呢？應該先養兵兩年、三年，等我們力量恢復以後再說。」（《陳桂華口述歷史》）

一九四九年一月下旬，蔣先生下野，由李宗仁代其職務。李宗仁還是指揮不動參謀總長顧祝同，就正式把他免了職。蕭毅肅沒有派系色彩，又能為蔣中正和李宗仁共同接受，被提名並通過繼任顧祝同留下的參謀總長職務，顧祝同拒不交出參謀總長職務。蕭毅肅雖獲任命，卻未能上任，依然留任原職，變成了黑市參謀次長。陳桂華說他在公務生活中最敬佩的人除蔣公、經國先生和何應欽將軍外，尤其敬佩前副參謀總長蕭毅肅。

抗日戰爭中國戰區最後一個作戰計畫，也是中美陸軍唯一的一次大型聯合作戰計畫是蕭毅肅擬就的，那是一九四五年初的事。中美會報完成以後，計畫的綱要出來了，但國軍要有自己的作戰計畫，這項工作自然由陸軍總司令部作戰處承擔。

這在陳桂華的敘述中活靈活現——作戰處長和科長寫好以後，交到參謀長蕭毅肅手上，他看完不高興，叫人去把處長、科長找來。蕭毅肅脾氣很大、很大，找到辦公室之後，把卷宗一摔就摔到地上，喝說：「趕快拿走」，科長把公文揀起來，跟著處長走了。走了怎麼辦？作戰處長找我出來，把狀況告訴我，問我是不是蕭參謀長向總司令何敬公報告，總司令不滿意，問我有沒有聽到。我說，沒有看見公文啊！沒經過我的手。我又說，不要管蕭參謀長了，他脾氣發過以後，就會告訴你，之後你再改。快下班時，蕭毅肅來總司令辦公室說：「報告總司令，今天陳參謀有沒有事？」何敬公說「沒有事」，蕭毅肅說：「沒有事的話，今天晚上，我請他到我家吃飯」。

那天，我就沒隨敬公回去官邸，而跟蕭毅肅下班了。好，那倒楣了。到他家裏把門一關，他命令我：「吃飯」。吃完飯，跑到書房，牆上有一張地圖，他命令說：「好啦！我念你寫」，我問寫什麼，他說，寫作戰計畫！「先寫方針」，我依他命令寫，寫好，他叫我念，他聽了以後，有時說「對了，對了」，有時說「不對，不對，改」，就這樣整整搞了一個晚上，到天亮搞成以後，他說：「你拿回去給總司令批，你報告總司令，我昨天晚上沒睡覺，我睡覺，上午不辦公了」。我心裏想，你不辦公，我要辦公。現在想來，還有點挺不高興。

總司令看完批可，我拿來交給作戰處，我跟他們說，你們好好看著，這個計畫是我和蕭參謀長兩個人在他家裏搞了一晚上，我不相信他記憶力這麼好，能記得後勤倉庫存了多少米、多少油、多少彈，我也不確定他記得步兵、炮兵的位置都很對，部隊有多少距離，需多少時間，這些都需要資料，要算出來，不能憑空想，你們確實查一查。查完之後，發現不對，趕快告訴我，我再去向他報告修改。

結果，他們回去算了半天，最後回來說，沒有錯。我心想，真了不起，你說是不是值得佩服！軍中有所謂兩大參謀長，一位是郭寄嶠，一位就是蕭毅肅。

中美反攻聯合作戰計畫是我幫他寫的，所以，我記得比較清楚。當時要殲滅的是日本的華南派遣軍，主力駐在廣州、香港和九龍，我們的主力部隊集中在廣西，司令官何敬公在南寧，共有三十六個師部隊。

計畫是往東打廣州，但我們部隊都是美制裝備，汽車要汽油，大炮要炮彈，都要靠美軍供給；空軍補給量很小，需要海運補給，要海運，就要先打下南方海南島的海口，再由美軍從菲律賓船運過來，所以，我們的先遣部隊就先打下海口，打開美援的補給海口。先遣部隊即孫立人的新一軍，已經出發了。

第三戰區的顧祝同部隊在北方的江西，準備越過武嶺，側面打廣州，以牽制日本。

美軍則由菲律賓出發，空軍先炸大鵬灣，陸軍再在大鵬灣搶灘登陸，之後一面打香港，一面攻廣州。不過這場戰爭，打海口的先遣部隊動了，其他部隊都沒有動，因為日本投降了。如果日本晚些投降，這場戰爭打了，就沒有今天的香港和廣州，非被炸平不可。

日本投降，在南京的受降書，又是我在蕭毅肅家裏寫的。受降書沒有前例可循，沒有規範，也沒有標準，別的人寫不出來。受降書內容非常多，一條一條寫下來，等於是一部法規一樣，寫些部隊在什麼地方集中、炮彈如何繳庫、在什麼地方繳給什麼人。

郭汝瑰的事功與逆動

張靈甫在國民黨軍隊戰將裏面，以剽悍著稱。抗戰中，在贛北、鄂西、浙西、常德諸會戰中，能征慣戰，多能克敵致果，以戰功遞升整七十四軍軍長，為五大主力之一。他性情急躁，卻忠於他的校長，無絲毫二心。說來這個人也是允文允武之才，在黃埔讀書期間，曾回陝西辦理家事，返校途中，以書法作品現寫現賣居然也小有積蓄。

在三年內戰時期，國民黨軍隊謀臣如雨，猛將如雲，然其結局不是陣亡就是潰逃。這是為什麼呢？雖然從政治上衡量，覆滅已成定局，但從純軍事角度而言，那就比較奇怪了。

其實也不奇怪，就譬如這位張靈甫，以名將指揮名牌部隊，卻身死孟良崮。而他周圍，有邱清泉、黃伯韜這樣的精銳部隊，達十數個整編師，但他卻一敗塗地了。問題的關鍵，乃在於郭汝瑰將整七十四軍的詳細情報密報解放軍華東野戰軍（三野），使整個部隊的調防、佈防、攻守、進退之勢，悉數在解放軍的掌握之中。

本來在內戰初期，張靈甫從南京移師北指，底定兩淮，繼克新安、郯城、臨沂諸要衝，一九四七年五月，卻被解放軍分割逼入孟良崮，以十倍之眾將其包圍，激戰五日，飲水斷絕，遂率副軍長蔡仁傑、師長盧醒等在一山洞中以手榴彈集體自戕。

郭汝瑰，四川銅梁人，一九〇七年生，黃埔軍校五期生，後入陸軍大學將官班第十期進修，與杜建時、伍培英、何紹周、甘麗初等名將為同學。抗戰中首任第二十集團軍參謀長、副總司令，獲陸軍中將銜。一九四七年出任國防部第三廳廳長，主管制定作戰計畫。由此不斷為解放軍提供重要情報。孟良崮戰役，具體作戰態勢即由其劃定，四川人民出版社推出《郭汝瑰回憶錄》，該書第九章〈在國防部第三廳和徐州陸軍總司令部〉之第五節詳述孟良崮戰役，有如是等語：

> 解放軍一縱切斷黃伯韜、張靈甫之間的聯繫。八縱、九縱形成包圍之勢。黃伯韜見狀危急。張靈甫向黃伯韜撤退。

解放軍切斷七十四軍退路，張靈甫向黃伯韜靠攏。

張靈甫被優勢解放軍壓迫，孟良崮乃光禿禿之石山，山上無水。國軍水冷式馬克沁機槍，無水不能發揮威力。解放軍彈密如飛蝗，射擊在石頭上，跳彈橫飛，一彈連傷數人。七十四軍損傷慘重……

稍有頭腦的朋友，都可逆料，這樣的仗，還有什麼打頭？

可以想像，在九泉之下，張靈甫、郭汝瑰，他們之間，定有扯不完的皮打不完的架，一直糾纏到他們都又投胎轉世，也不會善罷甘休。解放後，郭汝瑰任川南行署交通局長。

有趣的是，郭汝瑰這本回憶錄前冠一序，自供一信。此信乃匿名者，於一九八二年寄到重慶他的家中，信中列一表，如下：

文天祥	洪承疇
史可法	傅作義
鄭成功	陳明仁
李香君	程潛
張靈甫	郭汝瑰
黃伯韜	趙德樹
傅秉勳	何基澧

此信附言：人生自古誰無死，留取丹心照汗青——歷史裁判。此外別無評論，也是那種不著一字盡得風

流者。信中將兩種類型的歷史人物排列對照，郭汝瑰作為洪承疇的傳人，與文天祥、史可法對立，其間批判的鋒芒，勢如破竹，郭先生讀信，想必會沉吟久之，幾十年過去了，時間給他提供了足夠的反思的空間，否則也不至於拿到序言中展示求得讀者的判斷。

史學先賢王夫之嘗謂：「得失成敗之樞，屈伸之間而已。屈於此者伸於彼，無兩得之數，亦無不反之勢……悠悠之歌誦，毒於謗洶，可畏矣夫！知畏之，則所以弭之者，亦必有其道矣。」（《宋論》卷十）先賢的議論，於今仍透著高明的眼光。

張靈甫及其幕僚的最後關頭

一九四七年春的孟良崮戰役，國軍採取的是「硬核桃」配「爛葡萄」的部署，即中間是王牌主力，兩翼為雜牌或乙種部隊。張靈甫率部孤軍冒進，其行動計畫被華東野戰軍技偵部門破譯，被解放軍三十萬大軍包圍，陷於絕境。

張靈甫突擊冒進，接觸到華野主力，吃了大虧，判斷坦埠附近集結著解放軍重兵，遂決定向南面的孟良崮、垛莊撤退集中。轉進路上受到側面襲擊，損兵折將，傷亡不小。到了孟良崮，在此喘氣。他的兩個高參，這時候的主意反而截然對立。也許最後的機會就在這對立意見的選擇當中。

參謀長魏振鉞認為，這裏是突出而無屏障的孤山，雖然險峻，並非連綿，無所謂縱深，如在此固守，顯系觸犯兵家大忌。魏振鉞後來在半山腰率部作戰，被首先攻入主陣地的華東野戰軍一部活捉。而他的副參謀長李運良則認為，此雖為獨立之孤山，但溝壑縱橫，地形險要，可以扼守，大可作置之死地而後生之打算。靈甫斟酌，接受後者意見，並立即佈防。他和李運良的關係似乎要親近一些。解放軍方面，起碼有五個縱隊將其圍困包圍並分割，另有多個縱隊則截擊阻擋前來增援的部隊。五月一五夜，華野發起總攻，密集炮火轟擊。而此時國軍已被壓縮在幾個近距離的孤零零的山頭。悲劇海嘯一樣包裹翻覆而來。此時已經完全沒有任何轉圜措置的餘地。幕僚誤事，也不儘然。

其一，蔣先生的幕僚或是他本人沒有料到，凡是敢於向大軍挑起戰端的對手，必定已有強大的實力，試看太平天國初期志在必得的勁頭，驚飆捲瀾般的速度和戰力，可知一斑。

其二，如郭汝瑰等人事後的回憶，國防部臥底擬定戰略，指揮大局，大勢受控而不自知，此仗沒法打。

其三，七十四軍幕僚關鍵時刻的意見對立。而張靈甫仍以種種因素的影響，關鍵時刻選擇淺表站不住腳的意見，被動之勢已成，在毀滅性的打擊之下，沒有任何金剛不壞之身。

其四，我們且做一次事後諸葛亮，此時盤踞在山東境內的王耀武、邱清泉、胡璉等精銳部隊，起碼有數十個師旅，倘若在七十四師頹勢初現之際哪怕以三分之一的兵力，放棄既有陣地，迅速回師，加上已在周圍的黃伯韜、李天霞部隊，分頭向魯南集中，對華野十個縱隊實施反包圍，則張靈甫當可有救，而整體形勢尚可逆轉。國府當局首鼠兩端，患得患失，要守的地方太多，各個地方又自顧不暇，被動挨打之勢已成。假如此次實施反包圍，雖然一時丟失多地，但對對手有生力量的消滅，則是根本意義上的戰略優勢的取得，果如是，失城失地再度收復，則是題中應有之義。

所以，張靈甫王牌軍的徹底覆滅，他的幕僚和他本人要負小責任，而中樞指揮須負總責。像七十四軍這樣的部隊，絕不是不能打，絕不是不經打，但沒有任何一支部隊，在任何情況、任何時段下都可以包打包勝。沒有，確實沒有，求之隆美爾、古德里安，以致麥克亞瑟，也不能例外。

同樣是五大主力的邱清泉第五軍，此時同樣在山東境內作戰，他的戰策就較張靈甫為靈活，自決的空間較為踏實辯證。一年多後，他在徐蚌會戰中，也因最高當局戰策錯誤，退無可退，退不及退，和靈甫的命運一樣，陷入重圍，被壓倒優勢的兵力所鉗制，死於非命。蓋以當時華東戰場之兵力，均非絕對優勢，並未真正全面動員，也未形成重點進攻。以各個戰場並非優勢之兵力，發動攻勢，固不能獲致重大之戰果。同時，散佈各戰場之兵力，因種種關係，抽調轉用，多不自由，以致每每發現良機，而不能捕捉。顛來倒去，反而陷入被動挨打之局面。

據當時在七十四軍（整編七十四師）當連長的李懷勝回憶，說是張靈甫表示很後悔當初沒有聽魏參謀長的意見，不然無論如何也不致於落到這個下場的。可見靈甫對參謀長的意見最後認可了，當然，也於事無補了。

又據七十四師輜重團長黃政的回憶，張靈甫最後關頭徵求自殺意見時，副師長蔡仁傑、旅長盧醒與他感情極深，當即同意，而「參謀長魏振鉞、副參謀長李運良心懷異志，不願同死。」

魏振鉞畢業於日本士官學校，一九四六年被任命為七四師少將參謀長。他被俘後，任職解放軍南京軍事學院戰史教員。副參謀長李運良因出身張靈甫的基本部隊五八旅，即整編前的五八師，所以極受張靈甫的信任，參謀長魏振鉞反而掌不了實權。

第十三章 知識份子，週邊與潛在的幕僚

週邊文人參謀典型王韜

咸豐十一年（一八六一年）太平軍已呈頹勢，王韜反而向太平軍表示歸順，積極籌畫。政府軍與太平軍戰於上海市郊，從戰利品中發現一封怪信，是寫給太平軍「總理蘇福省民務」的官員劉肇鈞的，署名黃畹。清廷偵查效率頗高，並且很快查出該信作者就是王韜，指他犯有通賊大罪，要求英國將其交出法辦。這時他在墨海書館工作，英國人拒之，送他到香港躲避。以後他就長期在香港辦報，為中國近現代報業之鼻祖。

王韜上書太平天國的時候，是三十三四歲的樣子，他年輕時就摒棄帖括（八股），肆力於經史。其生活常態是酒色征逐、落拓不羈。他在墨海書館長達十三年：「每日辨色以興，竟晷而散。幾於勞同負販，賤等賃舂……文字之間尤為冰炭。名為秉筆，實供指揮。支離曲學，非特覆瓿糊窗，直可投之溷廁。」生活勞頓，生趣蕩然，太平軍進入他的家鄉，大抵也是促成他上書的內驅力。

創辦《循環日報》之前，他編纂撰述成《普法戰紀》一四卷，將外國一次重大戰爭，背景、策略、對壘、戰事來龍去脈，敘述得如此清楚，在中文書中，尚屬首次，該書在東瀛受到熱捧。

他對太平軍的進言，要點是，太平軍不應進攻上海，對於洋人「寧和而毋戰」，此點表明王韜頗具戰略眼光，因李秀成進攻上海確為一大失誤，與洋人結怨，諸般不利。如從上海抽身，可集中兵力與湘軍戰於長江上游：「能復安慶，克取黃州，然後控九江，爭漢口，與翼王（石達開）通問，合併兵力，長驅大進，黃河以南非復清有矣」，顯然，他的軍事地理也極其熟稔。其間，不僅李秀成與石達開未能合作，就是和陳玉成，因洪秀全的干擾，也未能連成有力的兩翼。所以王韜的進策，假如能為太平軍切實所用，則鹿死誰手，尚難定論。

大概是嫌太平軍不識瑰寶，不久後他又將類似的戰策獻給曾國藩。王韜認為太平軍不在長江上游努力而占江、浙是失其地利，所以他建議湘軍「我之所以平賊者，要當反其道而行之……力爭上游，順流進取，以得地利。」

其間有戰略的縱深，有退路，有戰略物資的彙集等等的考量。

王韜湛深經術，宗法漢學。他可以說是參謀之中的參謀，幕僚之中的幕僚。韜略之寶庫，一切後來者，無論為帝王師，還是為時代所用，皆可從其羽變而來。稍加化用，即成佳釀。為後來者行事判斷的借鑒、參政的意義經久不磨。

他的謀略長處在於全面性，正如他的循環論：「人心之機器速於影響，一國之鑪錘捷於桴鼓，是在為上者善用之耳」：「其談富國之效者，則曰開礦也，鑄幣也，學問一端，亦以西人為尚，幾若非此不足以言學，而凡一切文字詞章，無不悉廢。」較專言洋務者高明，可運用於實際者多多。

古人是道不行，乘桴浮於海；他卻是道不行，以文字為後來者鑒。

他和中山先生的會面在一八九三年，他們雖然年齡懸殊，但全球化的視野令其多有會心之處，王韜以其斐然可觀文筆替孫先生潤色〈上李鴻章書〉，刊佈於《萬國公報》，並向李鴻章的幕僚鼎力推薦。

他龐雜的著作，諸如《火器略說》、《法國志略》、《普法戰紀》、《弢園尺牘》、《瀛濡雜誌》、《老饕贅語》、《遁窟讕言》、《海陬冶遊錄》、《花園劇談》、《豔史叢鈔》、《翁牖餘談》等，充溢可供實用的種種戰策，以及制度優劣的比勘，可謂錦囊妙計的百寶箱。

軍事、國防、外交、軍備、輿地、行政、商貿、工農業……均有成套的、成系統的論述和建議。而且可操作性極強，警切處有似耳提面命。

〈重刻曾文正公文集序〉「當公駐節徐州，屯軍安慶，余亦從戎滬上，曾上書戟門論賊可破狀。普法戰事起，余摭其前後事實，勒成一書，有以繕本上公者，公亟稱善，擬招余至幕府，余辭之卒不往，宜見公而終不得見。」他為曾氏所賞識，這是人生價值的肯定，所以上書太平軍，又上書湘軍，乃因急於使策略有所展布。但他又「不樂為世所用，麋鹿野性，自幼已然。其不能遠城市逃山谷者，為饑所驅，迫於衣食計也」。可見為幕僚作業的原因，具有兩面性，掙扎其間，情緒糾纏不已。因為並未服務於一位固定的主官，所以其幕僚作業形諸文字者夥，可為有心者選用、取法的參考。

「西人常懷輕中國之心，嘗謂中國形勢未雄也，士卒未練也，器械未精也，防守未固也。各直省之紛紛籌邊防，搜戎行，鋪張揚厲者，殊不值西人之一噱。」「中國之大病，一切皆事後為之備。如某處有兵警後，則必設鎮將，增防兵，密烽堠，曰為善後計也，而不知患每出於所備之外……以為保衛神京非此不可，而不知進兵之道，豈獨津門一途。日人犯臺灣，而臺灣遂為岩疆，駐以重兵大員，以為鎮守，而不知以後日人所凱覦者，不必復出於臺灣也。其所舉動如此，豈以為張弛之道宜爾耶？」（〈跋上海字林西報後〉）此指陳練兵不得法，所以如辛棄疾練兵有卓異之法特別重要。

至於兵法總攬要則，他的把握可稱高屋建瓴：「惟我則曰：惟我中國富強，可與泰西諸國和局可久也。蓋天下事，能守然後能戰，然後能和，否則和局操之於人，而不操之於己。」

白先勇感歎那永遠的尹雪豔，他則是永遠的王韜，永遠的超級智囊。

建制外的幕僚

戰國策派乃是抗戰時期的知識份子學術團體，以《戰國策》半月刊而得名，其餘陣地還有重慶《大公報》的「戰國」副刊。他們以為近現代中國係戰國時代的重演，倡導尚力精神和英雄崇拜，他們嚮往戰國時期文武並重的文化，力主恢復。

《戰國策》係遷居昆明的聯大教授林同濟、陳銓、雷海宗等主辦。撰稿者，除了林同濟、陳銓、雷海宗之外，還有一批自由主義知識份子，如何永佶、郭岱西、沈從文、賀麟等人。

林同濟、雷海宗、陳銓，都是留德出身，他們是戰國策派的主將。

戰國策派熱衷德國文化，意圖採擷其民族自強之道。倡導從文化的破瓦頹垣裏，尋繹不可毀壞的永恆的基石。

戰國策派對世界大勢考量的結果，得出當時世界「角於力」的結論，是故如欲棲身於強國之列，須自尼采哲學吸收營養，來承接融會傳統文化，從立人到立國，鍛造新的民族性格。真正的個性解放與集體團結是不衝突的：「個人與集體之兩宗，質雖異而用則合。」所以戰國策派的理想局面就是一個個強大的個人支撐起一個強大的國家，重心落在國家上。

「我們主張對中國文化的反省，並不是喜歡多事，乃是在戰的現實，戰的必需與迫求下，企圖一個自動的變更。」

「抗戰之所以有意義，是因為它給我們一個機會，來測驗我們民族的元氣，來量斷我們民族的活力或競爭力。」

抗戰軍興，戰國策派將社會情狀定義為戰國時代的重演。他們的出發點，就是要以歷史的經驗，來歸置現實的危局。林同濟說「成吉思汗，憑著他那種遊牧社會的原始工具，還可以霹靂一聲，創出來並跨歐亞的大帝國，誰能保這個踏進了禁書混合品時代的二十世紀科學文明必不會有達到世界大一統之日？技術的基礎，經濟的需求，已經開展到一個程序……所欠的只是時間，目前還看不出誰為六國，誰為強秦。」（《戰國策派文化論著輯要》，五五頁）

他們以為戰爭反制的關鍵，也必依託技術的進步，武器的先進，來完成之。同時著手的，既有資格、本領，更有戰國的文化，尚武的精神，以及相對自由的文化構架。也許這後一點更為重要，官僚傳統倘不徹底改良，則其他枝枝節節的改良都是無濟於事的。因為帝王專制全面籠罩之下，玉和劍所象徵的世族時代的君子已經不再，後代的所謂士大夫只是官僚，精神的市儈化是其致命的黑洞。

何永佶先生說「有使命思想的人多少都帶有點傻氣，中國人是聰明人，西方人多少帶點傻勁」（同上書，二〇四頁），此亦誠為痛心之言。亂世滅頂之災來臨，而滑頭甚多，市儈充斥，機會主義、偽君子、鼠竊狗偷之輩大行其道；戰士、君子、英雄、磊落丈夫則甚為稀少。令人慨歎。而真正有所擔當的幕僚，如陳布雷、蔣緯國、舒適存、邱雨庵，他們的行為或思維方式，多少都受西方傻氣的影響，而和中國中古以前的戰士的使命感相吻合。

戰國策派所推崇的力量、力道、力的文化和精神，屬於自然界的現象，無所謂道德不道德，看它為誰所用而已，從而在空前演變的時代中打出國族生存的空間來。

關於武器精神與戰力的關係，拿破崙嘗謂：「戰爭成功，四分之三依於精神要素，其依物質而決定者，不過四分之一。」克勞塞維茨亦認為「戰略上較難之點，不在簡單之物質數字，乃在於把握活動於其間之精神力。」

精神的強調是大戰略家的必要考量，不過仍需落實到有形的武器為依託。只有兩者結合到最佳之點最高之點，才能掌握戰爭的制高點。戰國策派強調角於力的世界特徵，正是考慮到武器的重要性，所以這個沙龍的文化人，也可謂之鬆散的週邊幕僚，至少在效果上它是如此。他們推崇武器的決定作用，因為武器的高下，直接服務於戰爭。武器論的目的在戰勝，正如麥克亞瑟多次強調的戰爭的目的在於戰勝和打贏。所以就通常的時空而言，武器優勝論具有決定意義。

戰國策派可以說是未入幕的幕僚，他們是崇拜英雄的人，自身性格因數中也含有英雄的元素。只不過因為種種機緣，他們沒有躍到烽火的前臺罷了。陳銓先生《論英雄崇拜》說：「抗戰以來，中國的武人，再淺顯都有可歌可泣的功烈，中國的文官，卻在後方極盡頹廢貪婪的能事……」更有甚者，滿口的自由獨立，一肚子的奸詐邪淫，也來充作冒牌英雄，那更是民族莫大的浩劫了。

重視潛在幕僚的意見

面對強橫愚昧、進逼不已的日本軍閥，愛國救亡熱血沸騰的青年學生，忍辱負重有苦說不出的國民政府，形勢激蕩，錯綜複雜。

抗戰前一年，國民政府特地派遣劉健群和張道藩專赴上海，協同地方政黨當局，儘量做一點疏導的工作。

他們到了上海，首先找到市長吳鐵城，由吳氏出面，邀約上海名流教授達四五百人，在市府大禮堂召開茶會。劉健群將中樞的策略闡述一番。上海是人才集中藏龍伏虎的地區，儘管這種場合，多半不會有人發表意見，公開贊成與否；但就一般情緒觀察，也還算是瞭解與同情的成分居多。會後他和張道藩就自己的熟人，分別前去交換意見。如章士釗、褚輔成、沈鈞儒、章乃器等，他們都曾登門拜訪，交換意見大抵還算融洽。劉健群認為，當時就他們所接觸的知識界，對抗戰的方針，並沒有什麼偏見。

至於後來上海抗日救國會的活動，所謂七君子事件已經是超越常情。劉健群以為其間含有為了個人出路，乃道出偏門，更可歎可笑的是促成了君子的產生：「當然早已不是衡情說理所能解決的問題。再加以拘捕的辦法，實在是有些笨拙，反而使根本不具備任何君子條件的人，都變成了君子了。是笑話，也有些令人浩歎了！」（《傳記文學》總第二五號，一九六四年）。

抗戰前的週邊幕僚多是大知識份子，對社會有著多側面的絕大影響力。

從牯嶺會議開始以備諮詢為第一次。一九三七年夏，盧溝橋事件發生，日本大打處收到態勢已極明顯。在此情形下，中國抗戰高層主持召開了廬山牯嶺茶話會。蔣先生發表了「戰端一開，只有打到底」的精神總動員令。知識份子和軍政高層雲集廬山，茶話會等於幕僚動員會。

黃埔路為第二次。隨後的八月初，又在南京黃埔路舉行午餐會，蔣先生邀約張伯苓、蔣夢麟、胡適之、梅貽琦和陶希聖到黃埔路官邸午餐。蔣夫人亦在座。蔣先生與夫人都表示抗戰到底的決心，夫人並以空軍的情形相告。

國防參政會則為第三次。就在此前後，國府高層組織了一個幕僚式樣的諮詢機關，即包括各黨派和無黨派人士的國防參議會。有張伯苓、蔣夢麟、梅貽琦、胡適、傅斯年、羅文幹、蔣百里、黃炎培、梁漱溟、晏陽初、張君勱、曾琦、陳啟天、沈鈞儒等，陶希聖亦在內。第一次會議上，陶希聖在其回憶錄中記述：

黃炎培那一套「悲天憫人」的神氣，一連串的會談，彷彿一家大照相館的玻璃窗一樣，陳列著軍政大員的相片。

梁漱溟起立發言：「我想教育應該改革……我想……我想……」說不完的我想。傅斯年先生忽然起立，指著漱溟說：「梁先生！今天不是你想做什麼的時候。你想的全沒有用。今天要打仗，要打勝仗。你要把學校教育制度推翻，實行你的書院，更是荒唐。」漱溟的話就這樣半路上打住了。

雖然並非直接議論軍事，但是他們的意見直接影響中樞的決策，他們的信心就是國人的信心，其意見直接進入到抗戰的巨細各個層面。

潛在幕僚不甘寂寞

羅隆基既有明顯的幕僚心態，那就是求能被用、備用。

羅隆基之類是潛在的參謀、幕僚，他的行止，表明他實在好這一口。

對上，他希望為當局用他。對下，他希望國人聽他。

但是，軍事的進展，雖有理路可尋，有時卻就連老毛奇這樣的人都不敢下肯定的斷語。或以為蘇德不會妥協，可是互不侵犯協定成立了；或以為日本不敢摸老虎的屁股，珍珠港偷襲了，太平洋戰爭爆發了。所以，硬撐著要當賽諸葛，卻往往在最緊要的關頭判斷豁了邊兒，錯得不成樣子。

料事如神，哪有那麼容易的事。

但是他們也有一定的市場，芸芸眾生總有思想的惰性，正如生理上的貪圖安逸一般，庸眾總是懶得動腦筋的，所以，不少賽諸葛們在一定時段很能收效，成其聲名。

薩孟武先生《中年時代》，回憶國民參政會那一節，說到參政員的與會情形，不少人有上乘表現，但也有可笑的，他以為最討厭的就是那所謂的六君子：「羅隆基本來只想在考試院內做一科長，因為目的不達，就在上海創辦《新月雜誌》，以攻擊國民黨為事，終而成名。」他的文中還提到沈鈞儒，穿長袍，執紙扇，講話聲音很小，又無內容：「其狀有似冬烘先生。」

羅隆基這種人呢，也可憐，也可惡。

為什麼呢，生於悲劇時代，更兼悲劇性格，不特影響社會，即對其個人，也是蹭蹬坎坷，處處都觸霉頭。本來在民主國，想當行政官員，上至總統，下至州長市長……皆無不可，而在以愚民為事、民智蔽塞的專制國，為官乃攫利之具，正人君子有所不取。羅隆基等人處亂世，乃以做官、做大官為鵠的。求官於官方不遂，轉而押寶於他方。而彼方利用之後棄如敝屣，進而予以滅頂之打擊。此固時代共有之悲劇，卻也有個人心性難以逆轉的缺陷。同是在這個參政會上，還有中西醫之爭，薩先生說，其實不必，各有各的優長。中醫把人的氣質分為金木水火土，有似西醫把人的血型分為四種。這也可以借來說明性格影響人生的關係了。

西方行政官員，如欲得遂做官之願望，須對選民負責，決定他命運的，是選票，而非長官意志或個人攀附。與此相反的機制裏面，那就要押寶觀風，見風使舵，也就是說他必須投機取巧，才能往上攀緣。一旦淪於投機的地步，他的意志和思想，都隨之變換形狀，如軟泥一般，隨便拿捏，除了個人的目的，金錢和名位，國計民生不可能在其考量之內。這種情形之下，和他的投機同類的龐大人群，乃構成其命途的隨時的威脅，矛盾激化就成大型運動，其間糾葛多多，矛盾重重，決戰之際，或一蹶不振，或身敗名裂，甚至肝腦塗地身首異處，任人宰割，如此悲慘的命運也就不是他們所能羈控的了。其致命弱點仍是缺乏真正的自由精神，獨立人格，重依附，重投機，於是不免命運的捉弄。在亂世的權力文化爛泥坑裏翻滾，這批沐浴過西風的仙鶴也不能免俗。

他的後半生到了《最後的貴族》裏面，果然吃虧只為強出頭，以部長之尊，直線下滑，淪於賤民。際遇之慘，令人唏噓。然而就在對他的同情的同時，卻也免不了嫌惡。乃因投機取巧的性格，業已置換為一種基因，融會在他的血液中，離可敬可愛越來越遠。

羅隆基上世紀五十年代寫有辦報回憶錄，在上世紀三十年代初期，還在天津辦《益世報》，他突然就主張對日作戰。其文〈槍口對外，不可對內〉哄傳一時。他的觀點就和當時的《獨立評論》那一批知識份子不同。全不考慮策略和轉圜的餘地，蓋當時軍隊和武器等硬體都極端落後，而地方割據的情形，使中樞難以利用全國資源，倉促應戰，實自取滅亡。但羅氏這一類人全然不管不顧，口號震天價響，目的乃是火中取栗。結果最不愛國的企圖以最愛國的面目出現，所謂真風告逝，大偽斯興，幾乎滲透人身成了國民性了。

錢鍾書先生的名作〈貓〉，寫了幾個文化界的時髦人物，其中袁友春乃林語堂，曹世昌即沈從文，陸伯麟影射周作人，而馬用中就暗諷羅隆基了。小說中他是一個政論家，他喜歡就時事暗示或預言，他名氣大，口氣也大。在私人沙龍裏面：「你覺得他不是政論家，簡直是政治家，不但能談國內外的政情，並且講來活象就是舉足輕重的個中人，彷彿天文臺上的氣象預測者說，颳風或下雨自己都做得主一樣……」其不甘寂寞、熱中顯擺的神態躍然而出。

老報人張林嵐先生的回憶錄《臘春前後》，說到抗戰甫勝，在重慶的時候，美女名記蒲熙修，她「身材頎長，端莊清雅，笑靨上有一對酒窩，很是嫵媚而性格豪爽」，她對羅隆基情有獨鍾，認為羅的口才好，中英文都很行，下筆千言，她不諱言她的傾倒：「風度也是沒得說的」……浦熙修的迷戀，實在可說是看走了眼。一者羅氏的政論空洞而欠踏實，文筆也很枝蔓，精彩之處久覓不得；一者看他的照片，神情也是充溢無端的自大做作，總之人與文的趣味都欠妥。當時重慶文界對其評價「才高於學，學高於品」，委實入木三分，字字點中他的痛穴。

吳宓先生在文革中大受衝擊打壓，身心頗遭巨創，他一九六一年八月三〇的日記寫著：「我輩本此信仰，雖危行言殆，但屹立不動，決不從時俗為轉移；彼趨時之先進人士，其逢迎貪鄙之青苔，殊可鄙也」，說的就是這班跳來跳去，不甘寂寞終被玩弄的「時賢」。

曹聚仁的感慨

曹聚仁關於江淮軍事地理的分析，大處著眼，他以為，欲圖東南，必爭江漢，欲規中原，必得淮泗，因為江淮輔車之勢相依。他的軍事時評，作戰前後的分析意見，就大勢的概貌而言，多可採納徵信。

徐蚌會戰，劉峙、杜聿明、邱清泉、李彌、李延年、黃維、孫元良……這一眾大員，曹聚仁先後都見過他們。談起來，無不搖頭歎氣，說是無人負得起責任。曹聚仁以為，一是要蔣先生負責，他自作主張啥事都要聽他的嘛；二是劉峙，擺在剿總位置上：「事無大小，都要聽令而後行的飯桶。」

曹先生更感慨道：我一聽到劉峙就任剿總，就知道這一仗是完全完蛋了。當時記者組團赴前線採訪，曹先生看到蔣、劉指揮，心涼半截，乾脆退出了採訪團。曹先生有時候易犯冬烘之病，不過就他對徐蚌會戰的戰略布棋看法而言，是在當下第一時間做出反應，和後來軍史的檢討頗有會合的地方。

吳相湘的參謀特質

史學家吳相湘大學畢業時，正趕上抗戰軍興。在其心理上，有一個從文化人到軍人的轉換。他看到國軍機械化二〇〇師在長沙郊區整訓，不禁升騰的從軍願望。「我國新式機械化部隊第二百師即駐紮這公路附近，德國的戰車炮車，滿塗迷彩，或隱蔽於樹木中，或訓練行駛於公路上，雄壯軍容，轆轆車聲，使我精神興奮，更自慚形穢。」

吳先生本來具有參謀的潛質。對戰略精神的辯證思索，戰爭進與退、戰略大縱深，其思考極有見地，從而糾正了歷史上長期訛誤。這種訛誤包括大文人、史學家的隔行如隔山的錯誤。吳相湘抗戰勝利後複歸其史學專業，開拓出嶄新的境界。

他於一九三七年十月中旬到長沙戰區司令部謁見薛伯陵將軍，奉派為參謀處編譯股編譯。從此穿上軍裝。在戰區參謀期間，發揮他史學專業的長處，與參謀處其他科組的作戰參謀交流。八年抗戰期間，他也曾深入敵後，並在敵佔區腹地生活、辦報、偵察等等。

第一、二、三諸課主管作戰、情報、後勤等業務，與編譯股同在一幢房屋內，各課的參謀與吳相湘等人朝夕相處，非常融洽：他常常請教他們兵學術語以及研讀軍用地圖。作戰參謀也問他一些史學問題。每逢一次會戰結束，司令部的重要文件及各部隊戰鬥詳報先後集中參謀處，編譯股同仁就開始研讀及編纂；參與作戰、策劃的參謀人員隨時答覆其問題。

吳相湘先生說：

我國先哲有言：用兵不如用民。西方兵學家克勞塞維茲大將論「後退作戰」，更有「此法所以能使攻者陷入力盡勢窮的狀態，尤非要塞和民眾的協助不為功」

會戰結束以後，參謀處長趙子立提及國史上是否有「後退作戰」先例一問題時，我曾指陳：眾所熟知的三國大膽將軍姜維是這一後退決戰法的最早創議人，時在西元二五八年，實行於西元二六三年（《三生有幸》八七頁，中華書局）。

陳壽撰《三國志》蜀志卷十四記載「初，先主留魏延鎮漢中，皆實兵諸圍，以禦外敵，敵若來攻，不獲大利。不若使聞敵至，諸圍皆斂兵聚穀，退就漢樂二城，使敵不得入平，且重關鎮守以捍之。」比陳壽《三國志》早出的常璩《華陽國志》卷七劉後主志中將「使敵不得入平」寫作「聽敵入平」。司馬光撰《資治通鑒》（卷七七魏紀九）採《華陽國志》文句，胡三省注：「謂縱敵入平地也。」可以說「常璩、司馬光、胡三省都比陳壽認識姜維創議的主旨所在：誘敵深入平地。陳壽未習軍旅，可能自作聰明，在「使敵入平」句中擅加上一否定詞「不得」，其全段上下文義就不合邏輯，姜維原意也喪失殆盡。司馬光雖採用《華陽國志》記載「聽敵入平」句，仍不瞭解姜維創議的精神，認為這一戰略是「亡蜀之本」，而中國軍人陸軍大學研讀《大戰學理》諸書及拿破崙征俄失敗戰史、第一次世界大戰戰史，卻領悟出劣勢武器裝備的國家對抗優勢武器裝備國家的道理。再一複按國史，則薑維實行這一後退決戰法比較歐洲人實早一千五百餘年。

這一事例說明：中國悠久優美的歷史文化，需要我們應用現代比較研究方法，才可以使其萬古長青，並隨時代而推陳出新，且更顯現其卓越價值（吳相湘《三生有幸》中華書局，九四頁）。

尋求得失之源：張恨水的戰爭文字

搖筆桿的搖出許多獨特見解，可算一種廣義的特殊的幕僚。

抗戰八年，張很水先生居重慶，做了若干村居雜詩，其中一首是：

茅草垂簷漾晚風，蓬窗斜臥一衰翁。
彌留客裏無多話，埋我青山墓向東。

發表在重慶報紙，香港等地報紙多有轉載。日本文化參謀嗅覺過於靈敏，自負從中嗅出味道，於是字裏行間拿放大鏡看，輔以心理分析，得出結論說，張恨水死了。日本參謀這樣判斷：這是他的絕筆。並發揮說，中國文人，可別再抗戰了，許多都早夭了，還不如投降。

日本參謀大多很鬼，神經過敏，但這一次他們卻馬前失蹄了。其實張先生寫的是村間所見，所謂衰翁的感慨，第三句末應加冒號，第四句應加引號。但日本人自忖有漢學底子，拿出其分析結論就當宣傳。日本人的重視，目的是反宣傳，每到這樣急迫的時候，他們的分析成分都是想當然的成分很多。

張恨水先生寫於一九三八年初夏的〈攻心〉一文，分析日軍對我空軍機場的夜襲。同時講明我軍歷史上首次對日本本土遠端空襲的背景。那次空襲在戰史上有名，因為扔下去的是幾十萬份傳單，而不是炸彈。他歸結到攻心的意義上來發揮，由這次軍事上的成功，戰術精妙籌畫，來襯托別的方面的拖後腿，更議論道政治的不上軌道。

他對軍事地理、戰術戰略、新式武器的比較，後勤與經濟實力，人心的向背，民眾動員以及吏治的澄清，戰爭可能出現的轉捩的因素，都有論列。

如引證古代軍事案例來做比較，他也充分顧及到古今時空的變化，尋求得失之源，絕無隔靴搔癢之感。

要說潛在的影響社會的幕僚，張恨水就比曹聚仁、羅隆基他們合格得多了。同樣是報人，同樣是名頭響亮的知識份子，同樣要對軍事形勢、甚至具體的戰事作出事前事後的評論、評估，都是要披露在報紙上直接面對讀者的，恨水先生就比他們都站得住腳。一者他研習的兵書多，二者他的觀察的立場客觀，三者能設身處地著想，四者絕不迂闊。

〈湘北寇潰贅談〉，將觀察的焦點集中在日寇的士氣的消沉，征諸戰史，總的格局是很正確的。雖然是秀才紙上談兵，但讀者十分的為之著迷，前方一開打，就等著讀恨水先生的專欄，希其分析解讀，如果偶因出差暫時休筆，想讀而未讀到，則忽忽若有所失。

他的〈肥豬拱門之樂〉，論湘北大捷，時在一九四二年一月。大戰有如如三國上的伏兵計，無非是這著棋。但這一著，每次出手的不同，敵人就猜不著，他反正是想攻，攻來就上當了。且我炮兵火力已大為增進，敵人未估計到，成了端豬頭拱廟門之姿態，我軍擺好的陣勢，就有肥豬拱門之樂了。

張恨水的議論，既深得兵法辯證之道，也從一個側背，看出國軍反攻態勢下，軍中各級幕僚策劃的周到。

〈假如中國不抗戰〉，從戰略戰術的設問、詰問，來反證中國必須抗戰。角度很別致，全在軍事一端的包舉判斷：

假如中國不抗戰，日軍必夾攻蘇聯，莫斯科已淪陷多時了。

假如中國不抗戰，土耳其休想中立，伊朗的油田也決不是美蘇的了。

假如中國不抗戰，太平洋便是日本湖，也許用不著打，日軍已經席捲全球了。

其深廣的戰略眼光，在這樣銅鍛鐵鑄的句子中，越顯其高明。

恨水先生一九四二年春作〈研究日本〉，談太平洋空戰之消耗，從每月消耗量的平均數析出每月消耗量為四百架，據當時美國估計日本日產能力，又分析戰船，造一年的船，只夠三個月的消耗。他根據報紙披露的資料作分析，對中國軍民精神上頗有鼓勵，而他的文章在軍隊中下級的影響至大，所以他的軍情分析文字很能影響官兵的修養。

〈美用一年我用二百年〉，此文根據美國當年的財政開支為一四二〇億美元這個總額，以當時中國全年所需包括得到的借款，連打仗帶日用，為七億美元。如是，一百年也只是七百億，才美國一年用度的一半。他筆鋒一轉批駁日本，說是只有金元的美國，才可以做此豪用，用這些個錢，什麼事辦不動？日本乞兒要和如此豪富的人家比勢力，豈不是太不自量？

這是就財力運用於軍力的效應著筆。

〈古上黨郡的寇氛〉，幾句話，讓讀者知道軍事地理的大概，對我軍有所理解。還有〈戴安瀾師長之死〉，雖以通俗史事解讀之，不少含著兵家的至理。

一九四二年八月所作〈聲東擊西〉，對讀者也富有啟迪，對軍事人員來說則頗具參考價值。他論述騎兵與快速部隊，在現代戰爭中的要義，談論余程萬守常德之功業，均屬見解深刻的篤論。

張恨水先生和常德保衛戰淵源頗深。抗戰勝利，已六十多年了。取材於中國軍民八年艱苦抗戰的文學作品可謂難以枚舉。而在抗戰期間創作的抗戰小說，直接表現當時中國軍隊震鑠古今的血肉戰只卻是少而又少。因為一般作家，流離轉徙，倉惶之狀如幕燕釜魚，更因戰事的機密，最多從新聞紙上瞭解大概，難得有細緻深入的採訪。令人吃驚的是，一向以言情小說名家的張恨水先生卻以他豐沛流暢的如椽大筆，創作了第一部長篇抗戰小說：《虎賁萬歲》。賁音奔，音義皆同，典出《尚書》，形容武士像老虎奔入羊群一般，所向披靡。這兩個字，是五十七師的代號。

一九四三年八月，日軍糾集七個師團約十萬人進攻常德，王耀武率主力在常德東北地區與敵激戰。日軍以陸、空軍及坦克優勢火力猛攻十六天，常德全城夷為平地，守城部隊五十七師，師長余程萬，彈盡糧絕，一度退出縣城，後王耀武親率五十七師殘部，會同大批後援部隊反擊，又經二天激戰，收復常德，《虎賁萬歲》敘寫的就是這一段可歌可泣的戰史。

這是一部長達三十五萬字的長篇小說，書分八十章。以余程萬第五十七師保衛常德為主線，友軍增援合圍為輔線。日軍主力依據的是《昭和一八年秋季以後支那派遣軍作戰指導大綱》，試圖摧毀國軍第六戰區主力，以策應南洋方面的作戰計畫。余程萬以五十七師八千餘眾抗擊日軍十萬虎狼之師。十一月初，日軍以洪水暴發之勢向常德四面合圍，因而各山隘、渡口必分散國軍兵力，往往一個據點以一排一連的兵力，要抗擊上千敵人。日軍以飛機、山炮、重炮、平射炮、重機槍等強火力突擊直攻，很快，常德內外，煙焰蔽天，民宅蕩然。國軍余程萬師長不斷調整戰術。堅守迂迴與反衝鋒不斷交替，然而，在日軍毀滅式轟炸之下，國軍整排整連犧牲者不在少數。連日血戰，五十七師傷亡慘重，陣亡率高達百分之九十五以上，並逐漸被壓迫到城中心狹小地段。余師長及殘部發出最後一封電報給六戰區司令長官孫連仲：「彈盡、援絕、人無、城已破。職率副師長、指揮部、參謀主任等，固守中央銀行，各團長劃分區域，扼守一屋，作最後抵抗，誓死報國並祝勝利。」十一月月末，日軍大量投擲燃燒彈，常德核心地區成為火海汪洋。此時，奉命增援的第十軍各部已向常德突進，因無法突破沅江防線，致使五十七師餘部再受重創。十二月三日，余程萬率餘部突圍，與第十軍各部及第九戰區增援的一個兵團會合，回戈反擊，很快完成對常德之敵的包圍，十二月上中旬，常德會戰遂告結束。是役共斃敵萬餘人，國軍傷亡近十萬。增援部長第一五零師師長許國璋、預十師師長孫明瑾、暫五師師長彭士量以身殉國。而第五十七師八千餘眾，最後只剩八十三人。戰況的險惡，可以想見。

張恨水先生飽蘸濃墨，以從容而又激蕩的心情敘寫了抗戰史中光輝的一頁。人物塑造方面，上自師長，下至火夫，全部真人真事，時間地點也同戰史完全吻合。戰事由師部往來於前線及指揮所之間的程參謀和李參謀的行蹤來構成，脈絡極為清晰。筆墨分配是戰場兩軍接觸的復現；國軍指揮的計畫方略；以湖南常德為中心的軍事地理；以及個別軍官、士兵同其家鄉女郎的戀愛，不過這最後一條色澤淺淡，只是作為一種陪襯，來烘焙軍人與土地、人民的血肉關係，因為戰爭雖在湖南展開，而守軍卻多來自山東、廣東。師長余程萬是廣東人，他的形象十分飽滿。他畢業於黃埔一期及中山大學政治系，孫中山先生創辦的一文一武兩所大學他都有沾溉，早在一九三一年他就任南京警衛部隊少將教官，次年又轉入陸軍大學研究院深造，學歷很高。余師長的整體形象，除了彈下巡城，親督肉搏戰，以忠勇事蹟答覆敵人荒謬傳單等細節來充實以外，還由兵士、參謀、友軍長官的談話來襯托。大戰前疏散常德群眾之時，城裏的王主教以為余程萬是老粗，不料看到的卻是一個儒雅堅毅的將軍。而各戰鬥場面，又寫得繪影繪神，聲光交織，極有現場感，作戰的勇敢與犧牲的壯烈，逶迤寫來，其細微處，從雙方衝鋒與反衝鋒的銳不可擋，到坦克的驅動，機槍的密集的掃射，再到大戰之後的一鉤月亮，都是實在的情形。

恨水先生寫作這部《虎賁萬歲》，因緣於五十七師有關指揮官之請，然也更多感於「七年來（那時是七年）還沒有整個描寫抗戰的小說，是我們文人的恥辱，對不起國家。」終於在抗戰末期寫完，所以也可說是中國第一部直接描寫抗日戰爭正面戰場的長篇小說。尋常人只曉得張恨水先生是言情小說大師，殊不知恨水先生更是國學功底深厚的舊式文人，他的散文集《山窗小品》、《上下古今談》是現代文學史上別致高華的作品。這部長篇直面抗戰，雖點染軍人的愛情，也只是戰事構架中淡痕似的一條細線，而且中間幾乎消失，直到勝利，才又拾掇起來。因為恨水先生感到中日戰史上這件慘烈的戰事，要使五十七師英靈流傳下去，所以完全改變了他平時的筆風。以章回體和現代小說相結合的寫法，雕塑了一座民族精神的紀念碑。

《虎賁萬歲》收尾只寫到一九四三年年底國軍歡慶收復失地。書中主要人物余程萬結局如何呢？內戰期間，他先後留守廣東、昆明等地對付動搖的地方勢力。在雲南，臨解放時被盧漢扣押，後與李彌等人一同獲釋，任二十六軍軍長，先後防守海南、雲南蒙自等地，均因大勢頹敗而節節潰退。一九五三年五月在海南以「帶罪之身」，潛往香港寓居，一直未回臺灣。一九五五年八月二十七日晚，他的年輕的夫人為香港黑幫綁架，憤激之中，親自攜槍出面營救，然而，老手頹唐，蛟龍失水，他這風中獨木也就無復當年的勇謀了。也許是劫數難逃，槍戰中，連中對方殺手所發數彈，一代抗日名將，就在潦倒蹭蹬的晚境中，結束了泡影一樣的人生春夢。當時閉關鎖國，恨水先生也未必知道，余將軍竟是這樣的結局。十二年後——一九六七年春：「文革」開始不久，張恨水先生也在北京去世。這部小說，近些年來只有北嶽文藝出版社的新刊本，列於《張恨水全集》之中。

潛在的變形的幕僚

像胡適、張季鸞等人，可說是一種變形的幕僚，他們的言論或觀點，富有實力影響力，往來議論區劃之詳，實能明切事情，洞中機要。有的被中樞採納施行，這在某些時候，比專職幕僚還起作用。蓋因角度不同，作用力也不同。

胡適之，也是某種意義上的帝師，一九二〇年代初，他和溥儀會面，回來後曾半開玩笑說，我稱他皇上，他稱我先生。

有點自嘲，有點自得，有點自卑，有點自在。

胡適曾建議，由蔣先生當總裁，國民黨一分為二，使這兩派競爭、競選，輪流執政並互相監督；而作為過渡辦法，無論哪邊勝利，蔣先生都是勝方的總裁。苦心孤詣，處心積慮，虧他想得出來。但從策劃上而言，堪稱絕妙，非尋常幕僚所可為。

事情的緣由是，胡適以為，沒有人敢批評批評蔣先生，這是不正常的，於是他建議，把國民黨一分為二，讓這分開的兩部分實施競爭。蔣先生對其獻策未置可否，這是一九五三年的一月份。

胡適的策略，真是動了腦筋，不可謂不聰明。但是套到現實的頭上，卻不是太緊就是太松，不是太窄就是太寬，總之不大合轍。蓋以當時並非沒有分立的團體，他所針對的只是一家，在那惶惶不可終日的情形之下，看似妙招，實為拆臺。分立的團體，應為自然分化，經一番熔鑄接洽碰撞重組，達到自然的分立，而非人力強為之，以霸王硬上弓的方式來達成良性競爭，結果絕不美妙。此舉，一是易招話柄，二是反對者眾，吃力不討好。

再說對現實的考量即對策，他和蔣先生的思維方式、出發點也頗歧異。一九三八年春季，蔣介石因抗戰初起，又考慮戰後復興問題，遂對黨派欲加抑制，對黨派思想之宣傳，欲加羈控。但又不願出之以魯莽，遂一廂情願，欲將其他黨派融合在三民主義的統一信仰之下。

陳布雷說，蔣氏的意思是要化多黨為一黨。如果其他黨派同意此議案，則國民黨也可相應改動黨名，或酌改組織結構。但反對的聲浪甚高，此議也就無疾而終。

知之而不能言，咎在其下；言之而不能舉，咎在其上。早在一九三四年，胡適就建議將東北交給共產主義者：「由他們去試驗搞共產主義；試驗好後再進行推廣」（羅爾綱《師門五年記》增訂版一三九頁，三聯書店），差不多同時期，史沫特萊到北平，與胡適等人見面會談，胡適也曾對她說：「應該拔給共產主義者一個省去實驗他們的主張。如果證明切實可行，其他各省可以仿效。」（參見史沫特萊《中國的戰歌》）。此種辦法，多虧他苦心思索，虧他能想得出來，就當時現實狀況而言，可謂將想像力發揮到了極致，是辦法中的辦法，是不可多得的上上之策。設如是，人民會有明朗的比較，社會得有休養生息的空間，國際觀瞻也將向極佳的口碑轉換。胡先生雖非軍事幕僚，也非狹義意義上的幕僚，但他的頭腦也實在是第一流幕僚的底蘊，奈何當局聽不進去，志在必爭，結果引發一連串的多諾米骨牌效應，一滑到底，局促一隅，求劃江而治也不可得。

文化人作為參謀

還是十九世紀的末葉，王韜就提出通才辦報的觀念，這是強調記者的知識結構，它同時又提出史家辦報的觀念，則側重於記者的憂患意識。他的《論各省會城宜設新報館》專論，倡導在省會設立西式報館，並邀請「博古通今之士以操其簡」。「秉筆之人，不可不慎加遴選。其間或非通才，未免識小而遺大。」操筆之人，需對中外時政、歷史經濟嫻熟於心，發為可用可採之政論時文。

他們的意見往往寫成文章，或以文化名流身份接受記者採訪，將其意見公開發表。而其意見，對於時代、國族，就別具一種可能性及參考價值。

盧溝橋事變，日本大舉侵華，知識份子和全體國民一樣，頓陷水深火熱之艱難歲月。日寇空軍常常轟炸中國重要城市，以摧毀軍民鬥志。轟炸的程度，時強時弱。這和中美空軍的反擊的強弱有關。轟炸是在抗戰後期才衰弱下去。此前，人民備受其罪。

法學家薩孟武在重慶時，也為轟炸頭疼。一會兒警報響起，跑進防空洞；往往飛機又不來了。有時以為飛機不來，剛剛走出屋子，炸彈就轟然在不遠處爆炸。往來反覆，神經幾乎為之折斷。這就是日本人優為的疲勞轟炸。最險惡的一次，南溫泉中央政校一排宿舍被炸，薩先生家在內，一些房屋是直接中彈。薩家的房屋全塌，令人哭笑不得的是，連晾曬的衣服都炸碎，而「早晨內子買了一條雞清燉，幾碗粗菜，以備夜間過節之用，日軍投彈，全部炸入泥土中了，最奇妙的，廚房被炸，而在爐中清燉之雞固然連瓦缽都飛到地上，卻原封不動。小孩們高興了，叫道今晚尚有雞吃……」（薩孟武《中年時代》）

聯大教授不乏奇人，講《莊子》的大教授劉文典人多知之。一九三八年春，他拒絕敵寇的威脅，從北京虎口脫逃，輾轉抵達雲南蒙自。他極有學術威望，深受學生歡迎。

劉文典性格鯁直，身體語言也很生動，學生們也喜歡和他開善意的玩笑。他呢，對大人物相當倨傲，對學生和他看得起的友人則執禮甚恭。在這一點上，他很象吳稚暉。他醉心潛心學術，不善治家，也無積財，在昆明時，往往弄到無米下鍋，才知囊中羞澀。

有一次飛機轟炸，劉文典在躲警報時遇到沈從文。他歷來看不起新文學，對新文學中人更有文化優越感。曾經一把揪住沈從文的衣襟：「我跑就行了，你不用跑。我躲警報，是為了保存中國文化，你來躲警報，又是為了什麼呢？」沈從文極為尷尬，一時無言以對。

大知識份子幕燕釜魚的情形中，尚有開玩笑的心態，是一種放鬆的精神狀態，是心靈的優勝，其間，也常常包含著文化之評議。

文典如此作為，是不是瘋狂呢？是不是自高涯岸呢？不是。只說明，當時國粹有以充實人心，國學地位尚高，古典文學葆有充沛內涵，足以作為精神支柱。那是不是劉文典眼高於頂目中無人呢，也不是，他推崇陳寅恪即見其清醒的人物品鑒衡量。這事情在表面上看來是一個玩笑，或欺侮調笑，實則在內裏，它是一種文化象徵，一種驅除奴性的自信。也是一種精神基石，即抗衡的力量。他所依恃的，是一種值得保衛的價值，舊典籍中對美和自由的追求，以及對生命意義的解釋。

心中充實而有光，這不是酸腐，更不是頭巾氣。

江蘇文藝出版社二〇〇〇年初出版的《聞一多傳》，記一九四三年秋季，聞先生在昆明，與友人小聚，漫談抗戰形勢。其間一人發言，以為蔣先生稱得上民族英雄，統帥國人打如此規模的大仗。聞一多當即反駁道：「什麼民族英雄！中華民族最大的劊子手賣國賊！他從第一次大革命以來殺了多少人，誰能給他算得清。就現在來說吧，大後方這批瘦丁病丁要死多少？大多數都是貧苦人家的兒子，不能為國去犧牲，而是在大後方白白地餓死病死，在是蔣介石在作孽。抗戰？都是八路軍新四軍打的，蔣介石抗戰麼？他只熱心內戰，製造摩擦」。

這些話，情緒激昂，不過我想，若是張自忠、王銘章、戴安瀾、邱清泉、孫立人、余程萬、廖耀湘、王耀武、杜聿明、關麟徵……他們聽到將作何感想？恐怕他們將有辯白的興趣和衝動罷。

很多老先生畢生以國際一流水平鞭策自己，卻很少言及治學的經驗。他們反對急功近利，惟以為心態平和，才能有所創見。他們天賦甚高，卻又深信熟能生巧，因此畢生勤奮有加，事事精益求精。從事研究是他們人生的最大享受，也是他們生命的支撐點。

經受幾乎亡國的銘心刻骨的打擊，只有身歷了這種心靈上創傷的人才會理解「救國論」有其產生的背景。

一九三〇年代初，日軍入侵，東三省淪陷。張恨水給長篇小說《太平花》增加了抗戰內容，意在共動抗戰。此後，接著寫了《熱血之花》、《東北四連長》、《潛山血》、《衝鋒》、《游擊隊》、短篇小說集《彎弓集》……等一系列抗戰作品，都很適合一般中等文化階層閱讀。一九三八年初，他到了到漢口。當時，中華全國文藝界抗戰協會在漢口成立，選他為理事。隨後轉往重慶，為《新民報》主筆、總社協理、重慶版經理，主編副刊《最後關頭》。抗戰勝利後，他獲得國民政府頒發的「抗戰勝利」勳章。

在重慶，他寫了寓言式長篇小說《八十一夢》，形式很「先鋒」，和他的大量時評一樣，深沉而犀利，不免觸及權貴，甚至引來軍統人員的過問。

林語堂先生是有國際影響的大作家，他的《吾國與吾民》，觀察角度從軍閥、瘟疫、貧困的中國印象中轉圜出來，令美國讀者大開眼界，他靠寫作成了紅人，實在是因為他的筆路極其寬闊，贏得顯赫之國際聲名。抗戰期間，在美的中國外交人員費盡移山心力，難得在美國主流報紙上發文說事，而林語堂以個人身份在其報上縱橫馳騁，版面盡有，多為呼籲支持中國抗戰的文章。

林語堂先生的〈日本必敗論〉，後收入《拾遺集》。文長近二萬字，發表於《宇宙風》一九三八年七月。此文注意到的人不多。

實則此文有它相當的重要性，文分七部分。

一則總論。先從國際經濟貿易來談日本的劣勢，著眼在戰期的長與短，為勝負之關鍵。又斷言，此戰爭為兩敗俱傷，中國若勝，日本固然是失敗；即中國不勝，日本亦敗。

二則論軍事。分析日軍初期侵略中國的重要交通線，算出總長，算出部署，再得出軍力、及戰鬥之消耗，比較雙方武器及軍火接濟。

三則論政治。分析日本的暴虐，此為導致其政治失敗的關鍵，認為南京大屠殺為近代史第一大屠殺，國際知聞，日本對中國平民實施狂轟濫炸，為國際上所痛惡。華北及其他地方的政治建設，為抗敵要具，期間也談到八路軍的民眾組織的成功。

四則論經濟，為中國持久抵抗能力，與日本金融財力之互相消耗，力先竭者先輸。此節相當詳盡，細數日本之軍工和商用原料，對國際經濟的依賴，公債，準備金……林語堂先生依據美國報紙及他種媒體的數字，列出日本當時幾年中的財政預算，有幾十組數字支援他的論點。

五則論外交，在波瀾交錯的各國時局中，分析俄、美、英等國的反應，他稱英國外交為事實主義，美國為感情主義，說美國的輿論最為重要，國會受輿論牽制，而制定政策，美國民意已知日本若征服中國則為美國勁敵，所以必然來加干涉。最後還有〈撮要〉等章節，要而言之，眼光遠大，論事則高屋建瓴，觀察則氣勢奪人，觀點則正大磊落，是可用可讀可傳的好文章。

語堂先生此文也鄙視漢奸的作為，有警句曰：「日本軍人開棺將此輩陳腐屍體暴露於世」，可知彼輩為傀儡，為政治生活所淘出之渣滓，亦明矣。

到抗戰中後期，桂林出版、發行的報紙多達二十餘家；新聞機構亦多，出版社、書店更多，近二百家。雜誌、純文學期刊、綜合性文藝期刊不可勝數。大批作家、畫家、戲劇家、音樂家、科學家、學者麇集於此，抗日文化運動聲勢頗壯。文協桂林分會成立後，提出「文章下鄉，文章入伍」的口號，推動和組織作家深入生活，奔赴戰地慰問採訪。

從間接與軍隊發生關係，到直接進入戰鬥序列，可以說是書生從戎、君子豹變的一個過程。

知識青年從軍，到駐印軍和遠征軍的最多。抗戰後期，極峰在國民參政會即席演講稱：「國家在此緊急戰時關頭，要先其所急，使知識青年效命於戰場，因為知識青年有知識，有自動判斷的能力，隊伍中增加一個知識青年，就不啻增加了十個普通士兵。」「一寸山河一寸血，十萬青年十萬軍」也是實情寫照。抗戰後期，學生參軍形成一股熱潮。僅四川三台縣，大中學生六一三人報名，錄取二一三人，寓居三台的史學家東北大學文學院院長蕭一山，發電報促其在成都的長子蕭樹勳（北大畢業生）回三台報名從軍。陳布雷，平江不肖生，田漢……也都送子參軍。僅四川就徵集從軍知識青年二萬餘人，居全國各省之冠。

青年從軍，規模空前，為有史以來所僅見。遠征軍的配備及訓練都是美國化的，包括駕駛、跳傘等特種訓練，訓練科目由兵器到戰術，學科、術科及思想並重。多安排在王牌部隊及憲兵、教導隊、譯員訓練班、無線電訓練班及派赴美國受訓的海空軍等單位。緬北大反攻，如密支那、八莫、南坎、臘戍諸戰役，學生軍作用極巨。

中國數千年專制政治錮蔽積壓，人民忍受已達極限，此時又受外力的全面侵迫，改革的呼聲可謂貫徹於上智與下愚。在反抗的過程中，對於自由的生活方式，對創造一個機會均等的社會，冀望高於一切，彷彿天鵝肉般的誘惑。此時若需做局部的犧牲，也竟出於大多數人的意願。所以，茅茨土階，粗衣糲食，而能安之如怡。知識份子的表現，其情形令人快慰，知國人之迷夢已有漸醒之兆。

戰後，有的大知識份子厭倦與日俱增，乃是在付出絕大犧牲後，對政治不上軌道的嚴重失望，竟至結束性命，如戴季陶、陳布雷先生，實在是久悶不舒變本加厲的深悲大痛。

第十四章
情報幕僚流年不利

抗戰期間的情報參謀，備受軍校學生歡迎的，是軍令部的參謀鈕先銘將軍，張恨水先生曾把他寫進小說，因而聲名大噪。當時的軍校學生張贛萍，說是二十多位教官，到他晚年，還能記得音容笑貌的，只有三位，其中之一便是鈕先銘。

鈕先生那時在軍令部任職，在情報參謀業務上，他也是這些學生的上司。他講述時事和軍略的關係及運用，學生們受了張恨水的小說，以及有關他種種風流韻事的新聞影響，大家對他早已心儀神往，可說先聲奪人。鈕先生本人的學養得益於歷史學和戰略學的綜合，加以人情世故的點染，頗能讓人耳目一新。

張贛萍寫道：鈕先銘給我們的印象，堪稱名不虛傳。言態瀟灑，雄辯滔滔，風度好極了，口才也好極了；他一出臺亮相，我們就給了他一個滿堂彩！他講解時事的時候，也傍及戰術。對敵我兩軍的部署，番號駐地，如數家珍；對敵情的分析判斷，有條有理，層次分明。間中加插一些戰場上的逸事趣聞，及敵我指揮的性格作風介紹，無不引人入勝，繪聲繪影，令人忍俊不禁。聽他演講，對我們那種枯燥緊張而又艱苦的學習生活來說，無異是一種精神上的調劑，心靈上的享受。再因為他所講的，又有許多是內幕性的軍事秘密，在報章上根本看不到的，這不但使我們有「秀才不出門，能知天下事」的知識滿足，並且聽了就算，既不做紀錄，又不必做作業，所以也是最輕鬆愉快的一堂課目。大家在全神貫注中，他每次來演講的兩個小時，都能在不知不覺中溜過了……（參見《彈雨餘生述》）

計謀是改變事物，改變歷史流向的關鍵一鈕，但計謀不可能包辦一切，也難以孤立行之。計謀必須與實力、人物相上下，合而行之，機緣佐之，方可見效。

間諜為以智勝出的一個典型職業，但現代先進國家的間諜則在資金、特種武器等實力上協調出最大的融洽來，以實力鋪墊，並恃其智力活動而行，這條看不見的戰線，才有驚心動魄的建樹。

克格勃的計謀或曰伎倆，譬如使用特種武器的巧不可階，解密後令人驚訝不置，但它最後歸於崩潰，觀其最後一任長官所著回憶錄（《克格勃X檔案》什羅寧著，新華出版社），充滿酸語、怨語，以及不願承認事實的歎惋，它的計謀夠辣，它的人員夠猾，它的武器夠勁，但它終於不免解體。這是因為它違反了人類普世價值的規律，它的整體背景是灰色的陰沈的，而不是常青的陽光的，細處用功，大處犯逆，和世界大潮反向而行，它的所有傑出參謀，都要用自己的人生替其行為來背書。

這叫打的什麼××仗

六七十年代的電影，動輒將國軍將領寫成草包、膿包、酒囊飯袋，瞎指揮，老爺兵……好像革命來得很容易。其實，國民黨部隊中，也有很兇悍的，尤以其中的正規軍及王牌部隊，最具戰鬥力。革命成功，原本曾經有過重大付出。除了這種戰場對壘的重大犧牲以外，解放軍地工人員（亦稱情工人員）的諜報戰，也在其中起到關鍵的甚至決定性的作用。像熊向暉對胡宗南部隊重大動向的節制，郭汝瑰、劉斐、潘漢年掌握的戰略情報，以及張克俠、何基偉這一類的高級將領，一則輸送情報，一則在關鍵時刻恢復地下黨身份，回戈重擊，三大戰役及渡江戰役也多得地工人員諜報之賜……這些都早已是公開的歷史。

近從《人民公安報》得知另一諜報小組，即呂出、徐學章諜報小組，在內戰中期受劉伯承所派遣，打入胡宗南電臺，掌握核心報務：「先後給延安我軍情報部門發送胡部絕密軍情近千份」。制敵機先，大獲主動，他們的工作有多重要？《人民公安報》這篇文章認為，在二戰情報史上，如此出色的諜報活動，僅此一例！試看高級將領的反應，即可知一二：「對此，中共中央情報部最高領導人李克農將軍曾經動情地評論說，他們的作用頂得上一個師、一個軍，應該給他們發大勳章。彭德懷、習仲勳在取得西北決戰勝利的扶眉戰役之後說，對這幾個青年人要黃金給黃金，要多少給多少，對他們在關鍵時刻起的關鍵作用怎麼評價都不過分。」這宗諜報戰在戰史上「僅此一例」，其實，就彭德懷等人的重大反應和激動溢於言表的情形，也極為罕見。

稍加回顧，可知並不意外。淮海戰役後期戰事進入膠著狀態，不斷有國民黨主力部隊倒戈、投誠，又從解放軍的部署、攻擊方向及國民黨處處被動來看，顯系其軍情軍機外泄，兵團司令、黃埔系的名將之花邱清泉就大罵「雜牌都是害人精，關鍵時刻就倒戈」，實則以優質兵力、優勢火力及優等指揮而「吃癟」，自然要找病灶。隨後大突圍中，邱氏戰死，而被俘後在「功德林」中學習改造的另一名將黃維，事後得知一切內情，那就「氣不打一處來了」。就算「富貴無三輩」，也來得太快了些吧！所以被俘之初，他曾憤懣叫喊：「這叫打的什麼××仗」：「再打一仗看看！」近四〇年後的一九八七年六屆政協大會期間，已是全國政協委員的黃維向方知今（原七九軍軍長兼湘鄂川邊綏靖區副主任方靖之子）說：「事後我才知道劉斐早已私下通共，整個作戰計畫蔣介石還未看到，周恩來、毛澤東卻先看到了，廖運周是老地下黨員，第十二兵團每一行動計畫，他都報告劉伯承。」在戰況焦爛的緊急關頭，黃維的副手胡璉聞出了「糊味」，他反覆說「國防部有些人靠不住」。可是哪壺不開提哪壺，當時誰信他呢？

胡璉的這句話，對照兩年前出版的《郭汝瑰回憶錄》可知其詳，且有「一切盡在不言中」之慨。郭氏係中共黨員，內戰中任國民政府國防部三廳廳長，主管制訂作戰計畫！胡璉敗退臺灣後，因指揮金門反登陸戰聲譽鵲起，他倘若也被捉到「功德林」，也一定會喊「這叫打的什麼××仗」的。

解放軍地下黨員嚴繼承乃是打入蔣介石專線電話的紅色特工，直接從接線員的位置上聽取最高層作戰計畫和命令，所有向蔣介石報告的軍政事體，全都由其轉接。他所偵聽的這些極端機密，轉送地下黨直達解放區。一九四八年初被保密局偵破，予以逮捕殺於南京雨花臺。

此事已經令人大跌眼鏡，殊不料調來接替嚴繼承的車大奎也是地下黨，他將國軍最高層對徐蚌會戰的機密指揮電話內容，全部擇要轉述給地下黨的接頭人，這種打擊確乎是致命的。

參加內戰的很多將領，在二戰時的中國戰區，與日本侵略軍周旋，都是第一流的現代軍事人才，卻在內戰中節節敗於解放軍手下。英雄失路，流年不利，除了戰爭性質的決定之外，出色的諜報工作，就是懸在他們頭上的無形緊箍咒。關於諜報的不同反應——或「要黃金給黃金」，或「這叫打的什麼××仗」，或「老牌歷史反革命，潛伏特務」（「四人幫」加誣於地工人員的帽子）一事數歧，恰從多側面反照諜報工作之重要性、重大性，而在「諜工」的對方呢？那就要看防諜的智慧和手腕的疏密了，倘若閣下無能，不會防不及防不懂防，當然要「吃癟」要「泡湯」了。

侍從幕僚蕭贊育的一點感觸

情報參謀最重要的一端就是，在搜集情報之後，加以研判、運用。

西安事變中，張學良憎妒特工事務，他的口氣透著嫉恨和輕蔑，可以說是對敵方的情參工作的否定。

蕭贊育回憶在侍從室工作期間親歷西安事變，說是在事變的當天，天黑後，蕭贊育和毛慶祥、汪日章、葛武棨四位秘書被送至西京招待所，每兩人住一間房，房內只有一單人床，汪日章讓蕭贊育睡床上。第二天早上十時，張學良前來，逐個房間慰問壓驚，這時蕭氏要求和他談話：「張又說，委員長對他並不信任，反聽特務人員肆意誣蟣挑撥，說張學良如何聯俄聯共，對中央如何不忠，弄得上下離心，無以自明。張並說，實則特務工作人員有什麼用？我這次幹出的事，特務人員那裏去了？……」顯然，語甚輕蔑，意甚不屑，當然，也有僥倖的得意。

事實上，一九三零年代初中期，戴笠即派遣幹員向西北滲透，關於張、楊的情報源源不斷送往中樞，尤其楊虎城的秘書宋綺雲的底細被查得一清二楚。西安事變是一九三六年十二月十二日發生的，但在十二月初，即偵測到張、楊異動的一系列情報。那時蔣先生剛剛趕到洛陽，戴笠手下的馬志超、江雄風就得出張、楊即將採取兵諫的方式、逼迫委員長答應其條件的準確情報。

雖然獲得準確情報，但在研判上掉以輕心，未能引起警醒，更未能恰到好處加以運用，總不免有失職失察的責任。所以事變發生以後，戴笠立即從南京追隨蔣夫人乘機奔赴西安，下機後，楊虎城曾說：「雨農！

你來得正好，我們準備了一隻裝老虎的籠子給你住」。戴氏卻一笑置之，故裝神秘說：「這個我早已料想到。不過，請你想想，我是不是個前來白白送死的人？」（參見張贛萍《彈雨餘生述》）張、楊聽了，當場色變，表情悚然。

情報參謀未能精切研判、運用，所以戴氏奔赴虎穴，乃是一種情參工作缺失的補償挽救。而他的回應張、楊的話頭，顯係出於一種心理戰的考量：「我是一個白白跑來送死的人嗎？」輕描淡寫、露尾藏頭，就事後補救來看，發生了非凡效力，投下一種心理上的陰影。使對方既以為他的無形勢力，已在西安有了致勝把握；又使楊氏以為他與張學良之間，有了暗通款曲的聯繫，打出時間差。

從時效而言，偵測張、楊異動的情報具有連續、動態的特徵，無可挑剔。但是毛病出在研判、運用上面。參謀作業，即使沒有掉以輕心，在主官不以為然的情況下，仍可作週邊防範。但是他們就此罷手，結果事到臨頭就措手不及。

二十世紀初年，日本設置的特殊的機構——南滿洲鐵道株式會社，即所謂「滿鐵」者，打著經濟的旗號，搜集一切有用的資料和情報。在中國東北內外作所謂地質調查，重要城市設立分社，其下屬調查室負責與外務省、陸軍省交換情報，舉行密切的定期碰頭會。侵華戰爭發動後：「滿鐵」魔爪更大肆伸張，將中國的政治、經濟和軍事情況密切收集後做情報資料，報回日本本土及日本駐華情報機構，作精密分析。他們在研判一端上所做的工作，並不放走一個可疑之點，而其運用，更成為一個網狀的互為連貫的系統。過程並不繁複，轉折也不複雜，但時效高得可怕。

一著不慎，滿盤不順。正像河道治理工程，若以單純性的截污分流代替了綜合性的水環境治理，以直立漿砌石護岸來與河流爭奪生存空間，以棱柱渠化改變水力半徑，以壅高水頭降低速度造成養眼的水體景觀，改變了河流的沉積能力和自淨能力，則此河道不得不變為漂浮物集中的垃圾場、變質水體的污水池和發酵場。哪是不是得不償失呢？

熊向暉的臥底生涯

熊向暉是清華大學出身，一九三八年五月初，胡宗南送熊向暉到陸軍軍官學校第七分校學習。胡宗南任第七分校主任。熊向暉打入胡部前，特意查閱了范長江名作《中國的西北角》，書中描述胡宗南有云：「住的正殿，門窗不全，正當著西北風，屋子裏沒有火爐，他又不睡熱炕，身上還穿的單衣單褲，非到晚上不穿大衣……手臉額耳，都已凍成無數的瘡傷，而談話卻津津有味。他會他的部下，就在寺前山下的松林裏，把地上的雪掃開，另外放上幾塊磚頭，就是座位。」

熊向暉把胡宗南的心理和做事的風格吃得很透，於是，他在畢業生典禮上致詞，講得慷慨激昂。胡宗南就在黃埔大家庭裏面遴選。熊向暉說，我有左傾嫌疑，在先生身邊工作，不能勝任。胡宗南說，你的情況，我瞭解。於是他就成了成了胡的親信助手，任侍從副官和機要秘書，相當於貼身事務幕僚。（參見熊向暉《我的情報與外交生涯》第一章〈地下十二年〉，中共黨史出版社一九九九年版）

自此開始執行特殊任務，一九四一年直接進行情報輸送運作。熊向暉起草的稿子短而精，文中多寫豪言壯語，最合胡宗南的口味。一九四三年二月，第八戰區司令長官朱紹良以絕密件向胡宗南下達蔣介石的對陝作戰計畫，胡宗南即開始佈置，熊氏立即將此情況和預定進攻日期密電延安。事後胡宗南總部隱約感覺情報有所洩漏，可是查詢洩密案的結果，竟將毫無關涉的人逮捕關押！

熊向暉向周恩來講述過胡宗南的兩面性：胡宗南對杜聿明等出國抗日很羨慕，太平洋戰爭爆發後他要求越過黃河反攻，蔣介石不准許。但由此可見胡宗南的家國之念和功名思想同時並在。軍中有人寫匿名信揭發熊向暉，而胡宗南部的情報負責人竟將給匿名信出示給熊氏觀看，說熊氏是間諜，熊向暉表現很憤怒的樣子，當場拍案怒罵，如此這般竟然掩飾過去了。抗戰勝利後，他藉到南京辦事之機會，受黨中央來人面授機宜。

一九四七年，胡宗南保舉他去美國留學。準備行程期間，也即這年的三月份，在南京，他找到胡宗南的臨時辦公室，胡宗南正和參謀長盛文看地圖。胡氏讓他推遲出國，因為要攻打延安了。胡宗南臨時抓差，讓他起草告陝北人民書。然後胡氏和盛文到國防部開會，因起草示意圖，將絕密文件交給熊向暉使用。

絕密文件是，已核准的進攻延安方略；陝北解放軍兵力配置圖。熊向暉寫道：「不用說，我照抄不誤。」於是，毛澤東事先獲悉蔣胡宗南進攻延安計畫……進攻方略包括所有的國軍進攻部隊編制，指揮官、武器、戰車、空軍投入戰機數量。這次戰役當然是胡宗南慘敗。

這一年的五月十二日，新華社發表社評，題為〈志大才疏陰險虛偽的胡宗南〉，文中公開嘲弄他是飯桶。五月二十日，胡宗南說，這裏已經沒有什麼事了，你還是去美國吧。行前熊向暉向他告辭，他伸出手來同他握了一下，什麼也沒有說。熊向暉於一九四九年回國。十一月在北京，周恩來邀請他到中南海，客人還有劉斐、張治中、邵力子等等。

張治中說，熊老弟，你也起義了？周恩來說：他是歸隊。張治中聽後一臉的茫然。周恩來向他們公開了熊向暉的臥底身份，劉斐等人吃驚不小，他說：真想不到，難怪胡宗南打敗仗！

在熊向暉已經要動身赴美之際，胡宗南專門囑咐他千萬留下，打完這一仗再走，結果特級絕密洩露，一個在明處一個在暗處，暗處對明處的瞭若指掌，這仗還怎麼打呢？當初熊向暉已經明說他的左傾色澤，胡氏偏要用他，已是奇怪，至挽留一個小參謀來陪他打大仗，真是重慶話說的：撞到鬼囉！或如俗諺所說，真是鬼摸了頭了！

由於主官的輕敵和疏怠，任憑怎樣的幕僚，任憑天大的本事，怎樣的神機妙算，在胡先生身邊出謀劃策、運籌帷幄，或者諸葛亮、吳用在世，那也只是枉然，也只有惘然！也要受到前定般的重挫！想來胡宗南在九泉中也當深感困惑吧？又如范長江是共產黨他都弄不清楚，直至他向蔣先生保舉范長江去美國留學，被蔣公痛斥一頓，才受到當頭棒喝。

一九九一年人民日報海外版連載熊向暉回憶錄，同年《傳記文學》全文刊載。編者按中，也引述熟悉胡宗南的人所言：胡氏模仿蔣介石，他自己的左右也有四大金剛、八大秘書、十三太保、三十六小鬼，包圍把持，惹得很多陝人反對，到了臺灣還被彈劾。就算有這些因素，胡氏本人也應負最大責任。

胡先生身邊頂級參謀可謂之「二文」——即盛文和趙龍文，在防諜方面的不作為，可以說胡宗南本人不得辭其咎。首先他有換人的機會和轉圜餘地，但他鬼使神差自動放棄了。孔令晟先生的經歷可資說明。孔先生一九三五年考入北大化學系，讀到大三的時候，毅然投筆從戎。一九四五年五月率部在豫西西峽口重創日寇，升任營長，一九四七年入陸軍大學將官班二二期，隨後又選送美國海軍指參學院深造，在美國參指學院的畢業論文被評定為特優。後來曾任國防部作戰助理次長，海軍陸戰隊司令等要職，是蔣介石晚年最信任的將官之一。關於熊向暉，他回憶道：「我跟熊向暉都是黃埔十五期甲級畢業生，一九三九年三月廿九日在七分校陝西王曲本部舉行畢業典禮時，熊向暉代表全體畢業生致答詞，我代表畢業生從分校主任胡宗南將軍手中領取畢業證書。熊向暉那時候用的名字是熊彙荃。一九四二年我回七分校補訓時，胡主任突然召見我，要我接替熊彙荃擔任他的侍從參謀，我答道，當年棄學從軍，為的就是上戰場殺敵救國，我希望下部隊、上戰場。胡主任見我婉拒，臉上卻絲毫沒有慍意。現在回想起來，當年我如果接任此職，也許熊彙荃不致於盜走那麼多機密。」（胡志偉〈孔令晟將軍訪問記〉）。

實際上，熊向暉的事情，一九四七年底就被保密局文人出身的葉翔之偵破，他將此事報告了毛人鳳。毛氏居然說，涉及胡先生的事，要先通知胡宗南。胡氏得知，氣得臉色發青。但他百端隱瞞，自行處理，要葉翔之報告時剔除這幾個人，千萬不要讓蔣介石知道。前面熊氏本人所敘他辭行出國前，胡宗南的難以言喻的尷尬表情，已經說明了一切。

在胡宗南幕中，熊向暉順利展開他的情報工作，固然有胡宗南個人的責任，但盛文也有失察的疏漏，因為他處於胡氏幕僚長的地位。當然，他所處的情形較為特殊。

一九四八年初春的陝西宜川戰役，西北野戰軍向胡宗南部隊發起外線作戰。作戰意圖是殲滅宜川守軍，然後向該線以南渭河以北進攻，建立渭北根據地。攻擊發動後，戰況異常激烈，時成膠著之勢。最後將胡宗南部隊逼入死角，難以動彈。

其實此前對於解放軍瞄準宜川的意圖，也曾引起西安綏靖公署主任胡宗南的擔心。當時抽調他的部隊東援中原時，他就憂從中來。戰前十幾天，他派參謀長盛文親赴南京向蔣介石面陳，試圖說服國府收回成命。結果層峰竟讓他和國防部擬定此計畫的參謀次長劉斐理論。樸拙的盛文，怎是老狐狸劉斐的對手的呢，劉斐引經據典，而盛文不斷皺起眉頭。盛文力不能支，最後乾脆當場叫嚷起來：「共軍是死人麼？千里以外調部隊來包圍，敵人會等你來包圍？你這種做法，完完全全是匪諜的做法。」劉斐別有懷抱，逕自將盛文所說以特別語調彙報給蔣介石，蔣先生自是將盛文斥責一番，支持原計劃。

參謀的側重點各各不同，如趙龍文，他的重心應是防諜，在這一方面他尤其應為胡宗南分憂、謀劃。但他不知是心思不深，還是心智疏忽，總之未能達成參謀本職的要義，於是，其作用被架空，其所在部隊被對方懸置，一舉一動，盡在他人掌控之中。信陵心事總酸辛，趙龍文詩寫得好，修養好，乃濁世之翩翩佳公子，但在參謀防諜一事上，他也是棋差一著。

蔣緯國的銳眼卓識

幕僚中的幕僚，則曾國藩的張德堅可以當之。曾幕之中，數以百計的重要幕僚如李鴻章、左宗棠、彭玉麟等等後來都很快轉變為主官、帶兵官、方面大員。

《賊情彙纂》編撰者張德堅，早些時候在湖北做巡捕官，他敏銳覺察到太平軍內部情況之於清廷的獨到價值，遂加以留心向俘虜、以及佔領區流出的難民等人搜集。他也隨湖廣總督吳文鎔到前線視察，甚至多次化裝潛入對方陣地偵察、訪求。他並無別種個人目的，而是為了向清廷提供情報，以供決策或指揮作戰之用。一八五四年九月，曾國藩收復武漢，他托人送上他的敵情彙編，受到重視。曾國藩用所繳獲的太平軍文書核對，與其訪求相吻合，於是將全部繳獲的文書交由他編輯整理。同時，設立採編所，任命他為總纂官，並發放經費，組織一個班子幫他整理。他的這些情報巨細靡遺，宏觀、微觀兼具，準確度很高。既有當前的動向，也有屬於歷史的個人的履歷檔案，社會關係，學行經歷，甚至外貌特徵。綜合這些情報的多個方面，他甚至預言天國內部「似不久必有內訌之事」，判斷的精確度令人驚訝不已。

情報應分為兩個層次，搜集到手的資料，經處理後，一種由本身運用；另一種則提供上級參考。一般作戰部隊的參謀人員，其工作範疇，即使並不涵蓋情報、行動、破壞、策反、反間、心戰、政戰、突擊、游擊等所有的特種勤務，也應該有搜集情報、處理情報、運用情報的綜合能力。

郭汝瑰的情報生涯，雖然極善隱蔽、極善掩飾，但還是被一些人看出了破綻。

蔣緯國就看出了蛛絲馬跡。蔣緯國的助手發現了郭汝瑰外線聯絡者的舉動，從徐州一直盯梢到他們的後方，並設法獲得其暗語。於是就化妝成農夫，和對方搭話。通常是這樣挑起話頭——唉呀，兩天兩夜沒東西吃，還熬得過，連個水都沒得喝……老兄，你拿到什麼東西沒有？對方見暗語正確，於是相約去吃面，原來他們將情報藏在扁擔的掏空的另一頭。等到那人去解手時，果斷將其逮捕。從扁擔中獲得徐州剿總作戰圖。經審訊，發現他們在一家私娼的住處交換情報。根據描述長相神情，判定輸出情報者為郭汝瑰的侍從參謀。本來蔣緯國早對郭汝瑰不放心，因為郭氏的臥房除了他本人的侍從參謀外，誰都不准進去，防範很嚴至於過頭，讓人疑竇叢生。但緯國還是掉以輕心了，他的彙報又落到參謀本部，郭汝瑰的老窩（參見《蔣緯國口述自傳》九九頁）。

緯國也曾告了劉斐一狀。有一年的冬天，老蔣先生叫他去南京，讓他參與高級將領決策層的軍事彙報。先由情報單位彙報，繼之作戰單位彙報，然後是政工、後勤、人事等的彙報。最後由劉斐總結歸納，再提請蔣先生裁斷。劉斐講得簡明扼要，重點突出而有針對性，表現出他的幕僚才氣，蔣先生聞之就連聲說好。會後他問緯國的觀感，緯國說，這種報告總結，他也會做。蔣先生看他口氣如此之大，很驚訝，緯國解釋道：剛才是冷眼旁觀，發現劉斐一直在用眼角餘光瞟父親（蔣介石），看老先生您的反應。當蔣老先生對某一句話有所讚許時，劉斐就將這句話相關的東西放大聚攏，拼湊在一起，以期迎合蔣介石。緯國斷言，劉斐所做，絕非他有什麼智慧可言，純粹是投機的作法。他提請蔣老先生要有所警惕。所以，蔣先生有時候直接到戰區指手畫腳，一些歷史學家就口耳相傳，認為他越級指揮，觸犯兵家大忌。實則，他就是為了避免在熱鬧多的地方洩露機密。如此一來，參謀本部的情報或命令就成了一個附帶的欺敵計畫。這可說是老蔣極為高明的地方，他有所預感，他留了一手。

緯國也看出了胡宗南身邊的熊向暉等人，當時就向胡氏鄭重警示。胡宗南居然還向蔣緯國要證據！緯國說，沒有證據──但是這麼兩個優秀青年又是大學生，願作正式軍人，卻不下部隊，極有興味粘附在您身邊許多年，卻又只做一個上尉，圖什麼呢？而且做得那麼勤快，那麼有興趣……緯國實在窺破了熊氏等人的作為，因為反常之處太多，他就是根據常識來判斷。

情報本身所具有的價值，並不固定，必須通過適時適當的運用，才能提高其價值、發揮其作用，未加運用的情報，不產生價值、不發生作用也。幕僚中重視運用情報甚至於懂得運用情報的，仍屬稀少。因為他們在基本觀念上，並不認為這也是經常業務之一。

當時劉斐等人的行為雖然詭秘，但也不是無蛛絲馬跡可尋，且有各級參謀從不同角度觀測出的種種異象，中樞對此等人即使不能採取斷然措施，也可將其挪移至非關鍵單位，使其對戰略情報及部隊佈防情況不能直接掌控。否則，幾十年後從公開的文史資料來指認、痛斥、感慨，又有何益？因為，兩三代人的生命已經在苦海中流逝殆盡了。從幕僚角度說，當時的情報──各級參謀的感知、預感，都未能得到時適當的運用，所以這種感知雖然非常真確，卻沒有發揮應有的作用。

搜集情報並非易事，有時竭盡心智。有時冒險犯難，如果不作有效的運用，不僅暴殄天物，而且勞民傷財，一切的努力都變了徒然。

邱清泉與劉斐

自一九四七年初夏，邱清泉即深感情報不確之嚴重，且懷疑中樞軍事指揮機構有間諜滲透。魯中會戰之際，他的兵力即被劉斐施計化為割裂的幾個單位，首尾、東西不能相顧，事後始獲悉此一情報全無事實。輪到作戰檢討時，又給邱先生以不援友軍之申誡處分。而他只是歎息：「自古將在外，君命有所不受。因朝中奸宄，弄權以陷忠良，不得不防。如今，各種跡象顯示，我最高指揮單位，確有內奸，應予特別警覺」。

曾自第五軍做過參謀處長的張滋緒，當一九四八年深秋，徐蚌會戰前，在南京下關迎接開會的他的老長官邱清泉，他當時因戰局的逆轉，一肚子的牢騷，見面就對張先生說：「緒滋，國防部有共產黨……」云云。此即指劉斐、郭汝瑰之流。可見他的慧眼，觀察入微。張答：「軍長，不必激動。稍事休息再說。」他回溫州老家休息兩周後，即升為兵團司令投入戰場。

徐蚌會戰開打，第五軍在碭山，十月十八日曾在徐州召集軍事會議，邱先生帶了個軍長到徐州花園飯店出席會議，他的兵團政治部主任吳思珩在司令部等他，一直等到晚上才回來。據說當天會議劉峙主持，由那個吃裏爬外的郭汝瑰報告部署計畫，邱清泉當即不客氣的反駁他說：「你今天這個部署就等於當年項羽在垓下的部署，今天陳毅從濟南下來，也就等於劉邦當年的情勢一樣。而今時代變了，戰略地勢沒變，我們現在在九裏山，也就是當年項羽失敗的地方，這個部署非蹈歷史覆轍不可！」

邱先生從德國歸來不久即投入抗戰洪流之中。他以參謀起步，以後做了帶兵主官，善於策劃，多取決於當面之實際敵情，作戰謀篇佈局大氣磅礴的氣象依然多所保留。所謂驕矜、不服從命令、不聽指揮乃至不救援友軍的種種謗詞，正說明他的謀略和能力，明顯起著關鍵的槓桿作用。

越級指揮的隱衷

多年來的文史資料回憶，電影及文藝作品，多將蔣介石描繪為一個顢頇固執，尤其在內戰的最後關頭，將他的一些難以解釋的指揮特徵視為一根筋、不可理喻、小兒科，認為是他的性格中的弱點被時局放大，所作出的不可理喻的行為。

據〈遼沈戰役最大臥底〉（《文摘週報》，呂春）介紹，衛立煌願意儘快結束內戰，決心站在人民一邊，因此，「衛立煌到東北，除要求派援軍外，只能按兵不動，故意貽誤戰機」。所以，一九四八年十月二日，蔣介石飛抵瀋陽，召集師以上軍官訓話，大罵東北將領消極避戰。蔣介石還拋開衛立煌，親自指揮。實際上呢，蔣先生之所以越級指揮，他有他的隱衷。

《蔣緯國口述自傳》，首次對此越級指揮作出了令人信服的解答：

有人認為這種做法是不按常理出牌，而且越級指揮也是指揮上的大忌，可是，有一點我們可以看出來，許多高級將領指揮部隊，到最後卻使得部隊四分五裂，父親只好親自逐次將部隊整合起來。每當他親自指揮的時候，雖然表面上看起來是越級指揮，但是事實上他是將部隊整合，這是第一個原因。第二個原因是父親為了後勤補給的方便。我們的野戰高級軍官，往往疏忽爾後的部隊行動與後勤補給之間的聯絡，父親親自督導下一級或下二級的部隊開往某處，使前方部隊與後方補給能夠連接得上。第三個原因則是對某一個部隊有懷疑，不得不臨時給予任務，將部隊調開。這點是事前不能說的。有的時候，父親將特別親信的部隊臨時調來，該部隊的上級不一定知道。還有一個理由則是就近派一個部隊，脫離戰鬥序列，前往某地區執行任務。等到部署好後，父親就親自到前方監督，這個部隊等於是他的警衛單位。這也是事前不能說的。父親經常在前方，很多人都說這樣太危險，不過父親都會調派適當的部隊先行部署後，再行前往。父親不是不知道越級指揮是兵家大忌。另外還有一個原因，可能是中高級的部隊長根本就不懂得指揮，父親基於愛護部隊長的心理，就替他指揮部隊。例如赫赫有名的方先覺，他守衡陽時，前後守了四十八天，但實際上是老先生親自守的。衡陽外有一個高地，高地上面一個部隊都沒有，父親告訴方先覺如果高地失守，衡陽也會跟著失守，守衡陽是個戰略，守住高地則是戰術上的措施。

胡宗南的幕僚群

蔣緯國以為胡宗南是老一派軍人的腦筋，總是要別人吃苦，他不知道運用他人的智慧。蔣老先生把許多留學回來的軍官派到胡宗南處，可是他大多沒有好好運用。其實他倒不完全是老派軍人的腦筋，他只是過度地注重自身的修為，這當中帶著許多外以示人的成分。如果他是學校的教師，或者佈道的牧師，倒也罷了。可他是部隊長，帶著幾十萬大軍，這就令人慨歎不已了。胡宗南也不大接受留學生，所以當他看到蔣緯國的吃苦精神與作為，驚訝不置。

蔣緯國說「所以當他看到我能夠如此吃苦與實幹時，非常驚訝，尤其是在我做了一次加強排對堅固工事（碉堡）的攻擊演習之後。那次的參觀位置是在炮目線邊上的高地，我們打了一發迫擊炮，這一發炮彈升空，也許是炮彈放置時間久了，推進藥力不夠，結果在空中直接掉下來，剛好風向朝我們吹，這發迫擊炮就偏到高地上來，我一見狀就立刻喊：臥倒！所有參觀者都臥倒了，只有胡長官站在那兒動也不動，我就轉身站在他的前面一起臥倒，剛好炮彈落下爆炸，有一位號兵的耳朵被削掉了。從那次之後，胡將軍就對我另眼相看，後來他逢人便提到此事，並說：緯國這孩子不錯，很沈著。他也很器重我，時常找我去聊聊天。」（參見《蔣緯國口述自傳》，中國大百科全書出版社）

一九四七年二月，胡宗南進攻延安。一年前，就在研究戰術，擬定進攻計畫。從重慶陸軍大學延請教務處長龔浩講授戰略戰術。龔浩擅長講授拿破崙戰史。他向胡宗南提議，要注意研究毛澤東的用兵，胡宗南氣憤地說，毛又不是軍人，他不懂戰術。結果吃了大虧。據他的隨從參謀楊鍵回憶，當時參謀長是盛文。

關於情報。成立長官部情報處，處長由戴笠派人充任，可是效率不高。直到一九四八年初才破獲跟隨胡宗南十年之久的譯電員戴中榕，發現熊向暉的特工嫌疑。可是那時，熊向暉已經去美國留學去了，這還是軍統的人發現的，胡宗南部自己的情報科長來源就少得多了。

當時任參謀處作戰科長的藍卓元說，在進犯延安的戰鬥中，胡宗南想顯示其智慧天才，乃親自調動至團營一級。他的副參謀長薛敏泉以幕僚長自傲，見胡宗南這樣拋開具體指揮規劃人員，也大發脾氣，甩開電報、公文，跑到延安中央銀行內與同僚的妻子跳舞去了。胡宗南想炫耀他的將略，而薛敏泉又要顯示其參謀作戰藝術，鬧得很不愉快。（參見《我所知道的胡宗南》一七一～一九〇頁）

這個薛敏泉既傲上，也傲下，不過因為胡氏的身邊的人多唯唯諾諾，他反而受到胡宗南的重視，由副參謀長直調某軍軍長。

前線指揮所的幕僚們，整日無所事事，急欲返回西安，而胡宗南本人在前線，其他人也無可奈何。接二連三聽到的，都是戰場上反饋回來的壞消息。

他們都被一個小參謀熊向暉架空，熊氏彷彿是一個支點，以特殊的槓桿原理，使他們無所作為。

曾任國民黨山西省黨部委員的李猶龍說，一九四八年，胡宗南任西安綏靖公署主任，李猶龍不僅為胡氏的入幕之賓，在參與出謀定計方面，無形中成為胡宗南智囊團骨幹之一。一九四八年冬，李猶龍參與制定了《陝西、晉南、豫西地區總體戰實施綱領》。徐蚌會戰不利，胡宗南向蔣介石陳述固守西安及轉移決策，李猶龍為主要謀劃。

徐蚌會戰開始時，胡宗南全力注視這一戰役。胡宗南向李猶龍詢問會戰的前途，李說：我在早年的中原大戰時就在徐州，對徐州的地形很熟悉，現在陳辭修他們的部署叫做什麼車輪戰，就屬於被動的了。好像教師爺擺出樁點，一個教師爺在徐州擺樁點，叫解放軍來打，一個教師爺縱然有很大本事，恐怕也難戰勝很多的教師爺罷。（參見《我所知道的胡宗南》，二一五頁）

徐州是交通樞紐，當黃伯韜兵團在碾莊失利，胡宗南急了，約請主要幕僚商議。出席人員有：綏署參謀長羅列，秘書長趙龍文，陝西省主席董釗……及李猶龍等人。羅列主持會議，他說黃伯韜的失利是暫時的、局部的，蔣緯國的裝甲兵將幫助扭轉戰局，這可以說是癡人說夢。

趙龍文說，黃伯韜兵團的失利，是不好的預兆。解放軍已經獲得相當的武器，也有大型陣地戰經驗，現在我們擺出的是挨打的陣勢，完全落入被動局面。

除了同意趙龍文的看法，李猶龍補充，應將戰爭推回華北去，應發動全國兵力來援助徐州會戰，這樣才能解徐州之圍。但援軍不應直接援徐州，而是要打到華北，與傅作義協同作戰。

這班幕僚意見都由胡宗南向蔣介石轉述，建議：為解除徐州之圍，應調動大軍進攻華北。胡宗南當場表示可以抽出至少五個軍參與進攻。他們達成必要時放棄西安的一致意見。

平心而論，這是大開大闔的戰役謀略，是可能出現一線生機的轉圜辦法，可惜大局及細部的種種掣肘，戰策未及實行，戰場顏色陡變，戰局又急轉直下了。

事實是，沒有力量反攻。當徐蚌會戰已成定局之際，胡宗南又找到李猶龍，問及防守形勢。李氏說，長江乃天然防線，如能守住，還可以形成南北朝局面。如在這樣的情形下守西安就有意義。如果長江防線一旦破潰，西安就成甕中之鱉，防守就沒有意義了。胡宗南說：「總裁的元旦聲明，不知是誰出的主意，等於在快斷氣的人病人身上服一劑瀉藥，更死得快些……求和的主意，就是攻心間諜，就是李宗仁之流。」

胡氏的參謀人員，大略都還不錯，此時所謀劃應變，即今觀之，也還稱得上反應迅速，應對得體。胡宗南本人的直感也證明並非空穴來風，尤其他拿瀉藥與斷氣者做比喻，貼切當時的實況。問題是，大局已經逆轉了，所有的掙扎騰挪，若非在根底上翻盤，那就只是敗局的早晚而已。所以，這時候，幕僚們所謂的謀略，大體上只是一些「希望」，屬於縹緲的心情夢想。然後，一班人就把李宗仁、邵力子、張治中等罵一通，這時，趙龍文也說，長江防線守住，則西安無論怎樣艱苦都要保住，一旦突破，就毫無意義，必須馬上放棄。這是很有見地的。然後就是往漢中、四川、西康的西昌即今四川涼山州一帶南竄。

這時候出主意的幕僚，以趙龍文為主導。他的對策，胡宗南都採納了，大致有：一是頒佈緊急動員令，以圖安定人心控制交通工具，一是徵集綏靖經費，一是裹挾大批青年學生及西安的高等士紳南逃，意在將他們培養成軍政基層幹部，一是在西安緊急輪訓留守人員，一是派代表和西北的馬鴻逵、馬步芳等人聯繫。

李猶龍描寫一九四九年五月中旬逃出西安的亂象：凌晨四時，在冷月光下，他們的卡車、包車紛紛奪路逃走。商店均閉門，但在樓上或門縫還有人窺視，汽車駛出西郊，但聞渭河岸上的炮聲仍在轟隆隆斷續作響，幾百輛逃走的轎車、卡車蜿蜒在前往寶雞的公路上，燈光若明若暗，爭先恐後，顯露出淒涼境況（參見《我所知道的胡宗南》第五章，第六章）。

趙龍文的觀察與感悟

趙龍文是浙江義烏人，與胡宗南當小學教員相仿，他畢業於廣東高師，歷任杭州省立一中教員，後任浙江警官學校校長，抗戰初期，任浙江省自衛團第一支隊司令，在浙西抗擊日寇，很打了幾個勝仗。他是郁達夫摯友，後調西北工作，為胡宗南所賞識。

一九三五年十一月十六日，這一天正是郁達夫四十歲的生日，他發表了兩首舊詩。詩題作〈趙龍文錄于右任並作詩題扇貽余，姑就原詩和之，亦可作余之四十言志詩〉。

其一為：

卜築東門事偶然，種瓜敢吟應龍篇。
但求飯飽牛衣暖，苟活人間再十年。

于右任詩：

風虎雲龍也偶然，欺人青史話連篇。

中原代有英雄出，各苦生民數十年。

趙龍文原作：

佳釀名姝不帝秦，信陵心事總酸辛。

閒情萬種安排盡，不上蓬萊上富春。

趙龍文是郁達夫的朋友。他的舊體詩也寫得很好。

他和胡宗南的淵源很深。一九二八年六月一七日，在杭州西湖大佛寺，走廊上面，籐椅上坐著三個青年，正熱心地討論著中國革命問題。那覺得很有興趣的青年，豁地站起來，朝一個比較年輕的發問。旁邊一個長臉而雙目炯炯有神的青年，卻笑著要吃飯。

原來那眉目疎朗的就是胡宗南，長臉的是戴雨農，年輕的就是趙龍文。胡宗南喜歡山水，喜歡談問題，更喜歡找水木清華之地，找二三朋友談問題。那時他從前方請假回來小憩，寓大佛寺，就約戴笠、趙龍文共作長夜之談。

趙龍文說，胡氏的性格，有類於禪宗的高僧。智慧極高，苦行彌篤。為度人苦厄，不惜從刀山劍樹中救人。然非靈性相通，則決不作無謂的周旋。他才是性情中人。對於戰士、那種愛護珍惜，都是至情至性的流露。

胡宗南對參謀幕僚求賢若渴，趙龍文談到：

胡宗南升任了第一師師長（前身是北伐時代的第一軍），請宿將林蔚文將軍物色一位參謀長，林將軍推薦了當時號稱儒將的於憑遠，憑遠先生性情恬談，好讀書，能詩，宗南先生一聽，就很喜歡，親自到憑遠家中去勸駕。那時部隊在龍潭，師長穿了棉軍衣，去接參謀長上任，出和平門，安排了一架鐵路上的搖車。霜華滿地，朔風凜冽。師長請參謀長坐在當中，他和一位衛士坐在兩旁。這時從軍政部出來的於將軍，穿了黃呢制服，黃呢披風。師長和衛士卻一般穿著灰布棉軍服。搖車前道風很大，師長和衛士輪流搖著。前面發見火車來了，師長和衛士連忙抬搖車下鐵軌。參謀長想參加搖和抬，師長都不答應。這一幅圖畫，恐在歷史上也罕見的。我想宗南先生此時的心境，一定有渭水訪賢，為太公御的誠意在。

一九四〇年趙龍文初到西北，胡宗南同他談華北局勢。胡宗南說：「天下事無論何事何物，未有無中心而能形成者，亦未有中心不定而能成功者。」

胡宗南的話頭都比較空洞，若說是大而無當或顯過分，但是都頗顯架空，則不冤他。在他駐軍的營地，即翠華山的高峻懸崖上，寫著巨大的標語：生於憂患，長於戰鬥。成於艱苦，終於道義！

他喜歡在生活小事上生發出大義凜然的感覺。

他堅持睡硬床板，洗冷水浴，浮雲富貴，敝屣公卿，雅愛梅花，嘗謂梅花雅潔絕俗，無與倫比……

他的做派倒是足夠，疏朗剛毅的面龐，軍大衣一披，站在西北呼嘯的寒風中，好似雕塑般孤獨的戰神，陝西藍田地方耆宿贈他的對聯：大將威如山鎮重，先生道與日光明。他是何等的受用。

然而，這些和美軍參謀所看到的，和蔣緯國所看到的，即實際情形和口號的裝扮，完全是兩回事。

胡宗南以前是抽煙的，抗戰後果斷戒除了，他論述戒煙的意義：「要做遠大高尚的事業，一定要先從最切近，最平易，最細微的事情做起。」這也過於玄乎了罷！

倒是趙龍文本人，所思所想，貼切於一個高級幕僚的本色。他用比喻來說明問題：關於把握中心，創造力量的主張，譬如把白糖溶化在一杯水裏，俟到達飽和點後，只要再放米粒大一點冰糖下去，所有已經溶化了的糖，就會以冰糖為中心，逐漸集中起來，黏在冰糖四周，成為一個大大的糖球。這種自然界的現象，說明了同性質的事物，一有了中心，便易於凝固。趙龍文說：

三十六年，谷先生辭去了糧食部長。我也離開了糧食部。這年底，中央派我去西安綏靖公署當秘書長。從這時，到三十八年五月西安撤退，一年半當中，經過了一連串的戰役，統帥部的燈火通宵，各方面的賓客雲集。有一天劉大軍兄很擔憂的向我提起先生的健康問題。他說：「像這樣連日連夜的工作，就是鐵打的身子也是受不了的！前幾天燉只雞送上去，今天先生要菜帳看，看了以後卻批著：雞貴不可吃也！」，後來我從容談及此事，請先生以國家為重，善自珍攝，他卻哈哈笑了起來，說：「宗南自有攝生之道，何必吃雞？豈不聞飯疏食，飲白水，曲肱而枕之，樂亦在其中乎？」（趙龍文〈懷胡宗南先生〉）

一九四九年六月，趙龍文在漢中偶然吐了一口血，胡宗南要他到成都治療，並怪他吐血不是時候。因為蘭州被圍，隴南空虛。於是趙龍文說，兵貴神速，豈可為了一點小毛病，貽誤時機。一切都丟了，留了這條身子有何用？現在時機緊急，稍事準備，立刻出發，只當廢物利用。請先生毋以賤體為念！此後借得一部《杜詩鏡銓》，陪他千山萬水而入武都。等到奉命由武都經白水江撤退時，已經是大軍轉進向成都平原四面被圍的時候。

胡宗南預備空運部隊入西昌。十幾天的陰雨，空運計畫失敗。成都平原的作戰，形成了四面楚歌的狀態。終於奉令撤離，復由海口空運西昌。一九四九年十二月底，由海口飛到西昌，完整的部隊只有六個連！而投誠的劉文輝所部在西昌卻有一個師。三個月的奮鬥，解決了這個師，趙龍文他們收容散卒，訓練幹部，佈置川西游擊部隊，在西昌發展成兩個團的力量。

一九五〇年三月，西昌軍情緊急，激戰二十餘天，到了二十五日，南路解放軍離西昌只有一天行程。那天晚上一時，參謀長羅列打電話給趙龍文，問他睡沒有，請他去參謀長室談話。趙龍文到參謀長室去，見冷梅（羅列別號冷梅）正在寫遺書，見他進來，把一張電報遞給他，說：總裁的電報。要我們轉進到海口，把部隊交給高級將領。

把部隊交給誰呢？

問題就在這兒。兵團司令胡長青要三天以後才可以到達西昌附近的瀘沽。別的人不能交。部隊不能交，胡先生就不能脫離這個險境，為了要解這個結，只有羅列來擔任這個任務。

趙龍文感佩不已，站起來緊緊握住他的手：這是忠義凜然之舉啊。

羅列說：這是一封信，一兩金子，一枝自來水筆，請你到臺灣時，交給我的內人！胡先生的性格，你是知道的。還得多幾個人去，作說明的工作。

他們坐吉普車到了邛海，已經是凌晨二時，胡宗南寓所卻是燈光明亮。進入門口會客室，只見胡宗南左手挾了一包文件，右手拿了兩個玻璃杯。他先衝著趙龍文笑了笑，讓傳令兵倒了兩杯酒，說道：

「龍文兄，你是不應該留在此地的。早上就要走。這是我十年來的日記，請你帶到臺灣，有空整理一下。」

「胡先生，這酒請慢點喝，總裁的命令，不能不服從。請多拿幾隻杯子，大家坐下來談一談。」趙龍文說。

大家坐下來，茶几上擺著五隻杯子。

「服從命令，是今天大義所在。此其一。人家多路進兵，要活捉胡宗南，我們不能上當。此其二。作戰不是一天完成，真正的鬥爭，要從今天開始。此其三。」幾個高級幕僚作了幾句開場白。接著大家發言，這一場談話，一直進行到清晨四時。羅參謀長最後發言，他用低沉的語氣，一句一句地說道：「當年漢高祖滎陽被圍，假若沒有紀信代死，以後的歷史，可能全變了。我們犧牲了多少人，對於歷史，沒有絲毫影響，胡先生犧牲了，將來七萬多的學生，三萬多的幹部，誰能號召起來，領導起來，再與敵人作殊死戰呢？所以我籌思至再，決定我來作一個紀信！」

盛文、羅列得以善終洵屬奇蹟

在胡宗南部隊，高參或副職不少，但這些人往往是非黃埔系出身的舊軍人系列，如保定軍校、東北及雲南講武堂畢業生。他們雖然頂著參謀的頭銜，卻並無參謀的責權。抗戰後幾年，真正的作戰參謀是盛文、羅列、李昆崗、沈策等人，後兩人先後為副參謀長。作戰參謀往往都是黃埔畢業生，或曾進陸軍大學將官班、特別班鍍過金。師參謀主任以上的各級幕僚長和參謀人員，則多數是陸軍大學本科畢業學生，或參謀班畢業學員。

胡宗南的幾個參謀長都算命大，在部隊被打散，兵荒馬亂的社會境況中，甚至在陷入羅網的情況下，尚能鎮靜以對，逃出生天。不能不說是長期軍事幕僚生涯培植的心理基礎、以及應對手段。

一九五〇年初，盛文率殘部逃向西康省邊區，不料在距成都不遠的彭山縣被捕。押送期間他說是車行老闆，叫陳少華，他說他的汽車被國民黨軍隊拉充軍用，半路車又打壞，只有跟太太孩子，以及車行師爺（年約五十歲左右，化名李雨南）及傭人回湖南老家，並出示相關證明，當地軍民將他們帶回縣裏再作計較。對其身份雖有懷疑，但見他所說極為合理，於是決定放行。盛文捐獻了十八兩黃金，作地方公益事業之用。臨走前，陳少華（盛文）又賣了幾兩黃金，添置日用衣物，所作所為，與生意人實無二致。有驚無險，得以脫逃。以後輾轉到了香港，再轉去臺灣。

胡宗南大軍潰退到西昌時，已如驚弓之鳥，當時軍心不穩，情形狼狽，面臨出路的最後抉擇。當時他的副參謀長沈策以為，必須放棄西昌。因為要想固守西昌作為西南大陸的堡壘，形同做夢。因此最後的出路是，要麼撤到臺灣，要麼距守雲南怒江、瀾滄江以西地區，背靠緬甸、印度和西藏作為屏障，而將西康之雷、馬、屏、峨地區作為游擊區，至於固守西昌，等於自取滅亡。最後在沈策的主導之下，一班幕僚擬出一個計畫：

甲、上策：放棄西昌，撤退臺灣。

目的是保存力量。理由是。西昌為彝區，是死地，毫無力量，又無後方，不能固守。應將困居西昌的人力、物力搶運去臺灣……

辦法則是，收容從成都突圍到西昌的部隊，予以妥善安置和安慰，陸續輸運臺灣；願留大陸繼續工作的人員，一律委以適當名義，給以經費、武器、電臺，並指導其活動。

乙、中策：以滇西地區為根據地，以西昌、滬定、雅安及川南的雷、馬、屏、峨地區為游擊區。

目的是在西南大陸建立根據地，以保衛西南大陸。

理由是滇西地形險阻，易於防衛；組織川、康、雲、貴四個省政府，指揮其活動甚便……

辦法則是，以李彌、余程萬兩個軍，先進駐瀾滄江、怒江以西地區，打好基礎；收容整編從川西突圍到西昌之部隊，軍政長官公署移駐滇西；利用幫會及各種團體，聯絡川、康、雲、貴四省地方武力，展開游擊活動……

丙：下策：固守西昌，等待覆滅。

目的是使國際、國內輿論有所知聞。

理由是已無喘息之機，固守等於自投羅網。

辦法則是收容川西突圍部隊，暫防大渡河以北。與西康省政府合作，解決糧食和交通問題……

一九五〇年三月底，胡宗南在西昌登上飛機，在解放軍急切的槍炮聲中倉皇離去。留下羅列收拾殘局。參謀長羅列率部作應付式抵抗，大體上是且戰且走，欲以大涼山複雜地形掩護，退至西南深山再相機逸出邊境。當其退至喜德縣一帶，又被解放軍攔截，於是展開激戰，解放軍群眾基礎好，當地軍民遂以石頭自山巔推下，以高速滾動產生強大衝擊力，一時間亂石飛崩，人仰馬翻。羅列被山石擊中倒地，全軍覆沒。被捕後羅列竟以偽裝術騙過戰場驗屍官，遂以斃命消息刊於報紙，當時臺灣方面據此宣佈羅列為烈士，入祀臺北圓山昭忠祠。殊不料，他竟在戰場沉寂之後翻身坐起，化妝逃出大涼山，東躲西藏，一路輾轉一路驚險，到了一九五二年才費盡周折回到臺灣，立即被蔣先生任命為國防部廳長，繼升副參謀總長、第一軍團司令，一九五四年升任陸軍總司令、二級上將。

羅列曾外放部隊主官，如一九四五年任第一軍軍長，但更多以幕僚為主。一九三七年為第一軍少將參謀長，一九三五年從陸軍大學畢業後，又在該校兵學研究院進修參謀業務。後曾任三四集團軍參謀長、戰區司令長官部參謀長、西南軍政長官公署參謀長，退台後升任副參謀總長，其間曾赴美國陸軍指揮參謀大學特別班學習……均以參謀生涯為主。

第十五章
西風殘照音塵絕

幕僚的西風殘照

遼沈、徐蚌會戰的悲劇，可以說從最早戰略的擬定就誤入歧途。當初，蔣先生授權高參大員研擬作戰計畫。

何應欽鑒於國內經過八年抗戰，死人無算，部隊勞碌，民窮財盡，百廢待舉，因此權衡輕重後，訂了一個長遠的計畫。計畫擬好之後，派蕭毅肅專程赴重慶呈給蔣先生，當時國民政府各部門還在重慶，只有陸軍總司令部到南京接受日本投降。久之無下文，於是何先生向侍從室主任林蔚詢問該案結果？林蔚答覆說：「還沒批，批了再告訴你。」（參見汪敬煦〈擔任何敬公參謀之憶〉）

何氏計畫的眼光，考慮較為周詳全面，總體方略是小心應付，絕不躁進。

不料此時陳誠另外提了一個快速作戰計畫，以為靠機械化美式配備的部隊可以所向披靡。凡是他看不慣的，包括汪偽和其他偽軍部隊，都要予以一鍋燴。來頭很大，口氣不小，但是徵諸事實，又有許多橫生枝節的地方。因為要顧忌的點線面太多了，沒有三頭六臂，殊不可想像。

而盟軍的魏德邁將軍則提出先在長城以南打開局面，再漸次向北推進至塞北、東北地區的計畫。但該計畫卻遭到東北籍民意代表反對，他們認為抗戰即是為了收復東北，此時戰爭既已勝利，為何卻劃地自限？

至於蔣先生，他的心情很急迫，當時國防部的郭汝瑰、劉斐等人，就百端揣摩他的心理，於是建議他採納陳誠的提案。所以何應欽和魏德邁的計畫就擱淺了。

從源頭上而言，也可以說是國事毀於高級參謀。尤其是陳誠主導的抗戰勝利後的部隊編遣，導致很多軍人因此而失業，士兵解甲歸田後生計堪憂，所以有一些被編遣的部隊就曾跑到南京中山陵哭陵抗議，東北的情形亦然。曾在第五軍作參謀處長的羅友倫認為，假如不匆促整編，而把部隊統統維持到局面穩定之後，甚至把他們充實起來，情勢尚不至於急劇惡化。但他亦坦陳，那時軍隊的經費很有限，政府財力負荷不了，真是左右為難。實際上這種情形正是考驗幕僚智力、經驗的時候。裁減軍隊、與民生息這是對的，可是這些將領都是抗戰有功之臣，將他們安插到後備軍官團吃飯就算完事，殊為簡單化，再說執行過程也太過倉促，好像在丟包袱一樣，陳誠對此十分積極，行事又過於衝動，埋下禍根不淺。這種事情需要頂級幕僚海涵地負的心胸，因為不可能沒有更為妥貼的辦法，只看如何的運用智慧去實施轉圜。

此事陳誠後來有所自辯，他說，有人將編遣偽軍的失誤歸罪於他，此即與整軍有關，他在一九四八年四月覆林蔚信函中說得很明確：「弟……僅負執行之責，而當時實際負責執行者，尚在陸軍總部。……然今日反對整軍者，亦即當日反對中央不整軍之人！出爾反爾，所謂偽君子，最難處，其此輩之謂乎？弟尚記得，當時大家均認為整軍絕對需要，但絕對困難；而不整軍，則絕對危險……」（《陳誠回憶錄》五九一頁，二〇〇九年十月人民出版社）其用心不可不謂佳善，而其措置，則因種種限制，致令乖離初衷，淪於荊棘遍地的被動境地。

白崇禧的東北策

白崇禧號小諸葛，但他的幕僚中頗多地工人員，在最後關頭起作用，反戈一擊，使其猝不及防。這時，他一點也不小諸葛了，這真是智能有時而窮的極佳寫照。

陳恭澍《英雄無名》中回憶白崇禧和蔣先生的矛盾，導致戰略的實施受阻，雙方的肚皮官司，將穩妥可行的戰略大打折扣。他們勵志班訓練中，請到班上講過課的都是大人物和名學者，有一次也就請來了白崇禧先生。陳氏說，白崇禧將軍以國防部長身份對在訓學員講話，竟然對已往以及當前若干軍事措施，毫不掩飾的加以抨擊，學員們聽了暗自訝異不已，當場也聽不懂他的弦外之音何在。不過，即便是與參謀總長有任何見解上的不同，都不應該在一群純潔的青年軍官面前，作暴露性的發洩，他們隱約覺出當時高層的矛盾在激化。

白崇禧與東北戰略，名作家白先勇〈父親的憾恨〉一文認為，一九四五年初夏的四平之戰，白崇禧前往前線督促杜聿明所部新一軍、新六軍、七十一軍，三天內攻下四平街，並繼續進攻長春、永吉。白氏戰略乃是建議蔣先生不顧一切，乘勝追擊，拿下齊齊哈爾、哈爾濱、佳木斯等城。此時新一軍已抵達松花江北岸，距離哈爾濱不足一百公里。但此時馬歇爾正代表美國政府在南京調停。而蔣先生基於國內外種種複雜因素，遂將白崇禧這一關鍵的重大謀劃擱置……導致戰局從此逆轉，對方整軍反撲，噬臍莫及。

一個在大戰的前夕及戰爭進行中得出的關鍵戰略，其可行性只在瞬間有效，倘若瞻前顧後，顧慮重重，導致坐失良機，則再好的戰略都會付諸東流。東北以其戰略上的超乎尋常的重要性，關涉到美蘇之間的勢力競爭。於是樹欲靜而風不止，並非能人匱乏，也不是沒有上好的戰略家，所缺少的只是這種戰略實施的軌道，掣肘的因素太多，加上雅爾達密約美國人自以為聰明，結果給人算計，如意算盤變成尾大不掉。於是國軍的戰略受到美國戰略的籠罩和制約，在劍拔弩張的環境中，一處失算，處處丟分。而國際勢力虎口大張，伺機取利，再怎樣的老謀深算也牽絆多多，這時候的破局之法，除了正常的思維外，尤需不蹈常規的險棋高手，出奇策，打側翼，造就新局。稍有豁不出去的心理，優柔寡斷，則一步錯步步錯，難以翻盤。白崇禧當時提出，佔領東北還不如先將其國際化，而將自身精力用於華北的措置和鞏固。硬性接收東北導致補給線過長，孤軍深入，實為兵家大忌。後來決策進軍之後，卻又縮手縮腳，不能堅持到底，主動性屢失，於是被動之處越來越多。

就經濟與戰略的因素來看，白崇禧關乎東北的策略是相當高明的。而國府在東北霸王硬上弓，背景不許、程式不對，結局當然是要自貽伊戚了。戰後國民政府的支出，有百分之六十五至七十是用於軍事，而軍事預算中，東北之戰消耗了大半。最後長春等城市被圍，只有靠空投救援。一九四八年當時行政院長翁文灝告訴美國大使司徒雷登說三分之一的國家預算都用到東北去了。戰後國民政府的經濟危機本來就很大，東北戰爭的消耗，火上加油，是國府經濟崩潰致命原因。又因四、五十萬最精銳的部隊困守東北，華北的軍隊不敢使用，防務空虛，等到林彪部隊一入關，華北守軍就無法抵擋，平津就告陷落。東北戰略經濟地位如此重要，而國軍又全力以赴，必欲得之，最後竟全軍覆沒。東北戰爭的失敗，對當時全體軍心士氣震撼至巨，以致發生骨牌效應，林彪大軍一入關，也就是國軍全面崩潰的開始。

追根溯源，國軍戰略幕僚的滑鐵盧，也因美國戰略家的失著而造成。譬如馬歇爾，較之麥克亞瑟，他就相對缺少大政治家的眼光、缺少大軍事家的韜略。

關於這個戰略的出臺，在杜聿明的回憶錄中，倒反而說是他要乘勝進攻長春，而白崇禧遲疑不決。事實上白崇禧的決策，是有當時的函電作證的。而杜氏的回憶，不特顛倒了一些史實，同時也隱去了關鍵細節。到了一九四七年夏秋之交，陳誠到東北負責指揮一切的時候，因戰略的錯誤引起的國軍內部的矛盾已很深了。此時，白崇禧仍有一可用之策，那就是及早放棄吉林長春，而將主力集結於瀋陽以南，打通營口及錦州之線，而使補給渠道暢通，則事情尚有相當的周旋餘地。但此一策也未被採納，最後各孤立據點均變為被動挨打局面。

白崇禧早有小諸葛的盛名，孰料最後竟至全軍盡墨，但在談歷史的馬後炮看來，這一場異常的慘敗如果戰略對路，也不是不可避免的。

遼沈戰役的幕僚作為

陳誠這個人不能不說頗有氣節，但他也恰是志大才疏的典型。

於戰爭或作戰中所最忌者乃為「一鼓作氣、再而衰、三而竭」，當東北戰場已至「三而竭」之危境，於一九四七年八月下旬，慌忙調整東北戰場之指揮機構及人事，撤銷東北保安司令長官部，將其權職並於東北行轅之內，以收軍政統一指揮之效，原東北行轅主任熊式輝去職，特派參謀總長陳誠兼任東北行轅主任，兼掌東北軍政全權，原東北保安司令長官杜聿明調為副主任，鄭洞國又副之。

據海峽對岸歷史學家研究，陳誠到任後，策定扭轉東北戰場之戰局方案如下：

第一案：全盤戰略方針不變，東北戰場仍採戰略守勢，為縮短戰線、厚積兵力、再斷然主動放棄部份土地，而以瀋陽為頂點，確實掌握遼西及遼南兩走廊，遼西確保北寧路以及東地區，遼南確保瀋陽至營口段之中長路及以西地區，集中兵力擊滅當頭敵人，並阻止林彪入關，以待關內主戰場之決勝。

第二案：適應關內外全盤戰略之變化，即時調整全盤戰略方針（因對四平戰鬥勝利評估過高），由關內抽調有力部隊增援東北戰場，以突破現況，恢復戰場主動，尋求對方主力擊滅，貫徹規複東北國土之既定國策。

計畫不尚巧妙及幻想，乃在其可行性，而能徹底付諸實施。就當時戰爭全局之情勢及東北戰場之實際局勢，當以第一案為佳，不僅具有可行性，且先立於不敗之地；第二案不僅破壞戡亂戰爭全盤戰略，且其可行性極為渺茫。陳誠接任東北行轅兼主任後，決心採取第二案。

遼沈戰役，幕僚總策劃，首當其衝涉及一個致命的錯誤，或曰不利的戰略態勢，就是採取全面戰略攻勢，並以爭城奪地為作戰目標，兵力不僅逐漸拉薄，且逐漸被城鎮和土地吸收；而較此更壞者，不僅未動員即先用兵，且一面用兵一面裁軍，如此則受制於採取靈活攻勢的對方，一九四六年冬即到達攻勢極限（頂點），被迫於該年度開始，調整全盤戰略方針。

此後則受制於圍點打援的戰術，處處竭澤而漁的用兵方式抽調兵力，顧東不顧西，按倒葫蘆瓢又起來，情勢急速滑向被動。

趙家驤勉為其難

趙家驤的真正出大名，是他的陣亡。

一九五八年八月二三日下午開始的金門炮戰，解放軍炮火突如雨下，在第一時間打死三位將官，他們是趙家驤、吉星文、章傑。當時在水上餐廳用餐的國防部長俞大維、金防部司令胡璉僥倖得脫。

趙家驤此時是胡璉的副手，即金門防衛司令部副司令官兼參謀長。趙氏東北講武學堂出身，但拐個彎也算得上是黃埔系。抗戰前一年進陸大將官班，為十四期畢業生。他的情況和舒適存有類同之處，都是講武堂出身而非黃埔「本科」。但後來都在陸大進修，也算「專升本」，而結緣黃埔。

他幾乎可以說是以參謀起家，而以參謀終其身的專業幕僚。三十四歲在昆明主持中美參謀訓練班事務，被視為後起之秀中的佼佼者。抗戰勝利後，趙家驤協助杜聿明收拾滇局，武力解決雲南龍雲，策劃周詳，獲中樞嘉許器重。內戰爆發，趙家驤調任東北剿總參謀長，厄於大勢，不見起色。

他的參謀生涯遠紹其先祖。他的曾祖父曾輔佐太平天國石達開，父母這輩是河南望族，所以他的國學基礎不錯。軍旅途中亦不忘讀書、練字，作詩，早期在商震、上官雲相所部任職級較低的參謀，後入第二軍擔任少將參謀長，再升任十一軍團參謀長，在李延年麾下參與武漢保衛戰，一九四二年，奉遠征軍司令長官陳誠電召，赴雲南擔任駐滇幹訓團步兵大隊少將大隊長，該大隊旋又改組為作戰人員研究訓練班，由趙家驤召集高級軍官及幕僚，授以美國參謀業務，隨即調任第五集團軍參謀長，與杜聿明關係甚好，一九四五年隨杜氏出任東北保安司令部參謀長，遼南會戰、四平會戰、吉長會戰等戰役均有其策劃在內。一九四七年在衛立煌麾下任「剿總」司令部參謀長。

坊間有所謂國軍三大參謀長之說，即衛立煌的參謀長郭寄嶠、胡宗南的參謀長盛文、杜聿明的參謀長趙家驤。其實這個名單太不完備，至少還要加上蕭毅肅、舒適存、羅列、趙龍文等人。而且將趙家驤隸屬於杜氏也不大準確，應將其歸在陳誠的幕僚系列。

東北決戰的先後指揮者是：白崇禧——熊式輝——杜聿明——陳誠——衛立煌——杜聿明。一九四八年二月，趙家驤對杜聿明說：「一九四七年以來解放軍的強大攻勢使陳誠心驚膽戰，他沒有預料到解放軍一月連續發動攻擊，所以他沒有剛來時的倡狂氣焰，而是急忙召開幕僚研究對策。」

趙家驤以為陳誠在東北被當頭一棒打昏了頭，因此欲懲戒廖耀湘。稍後衛立煌到了東北，以河流未解凍，輜重難以通過為由，龜縮瀋陽，被蔣介石怒責，因此有一種意見說：「趙家驤以及廖耀湘等人反而同意衛立煌的意見，並由趙家驤領頭飛往南京，向蔣面陳利害得失，終於暫將蔣說服。一個多月以後，趙家驤又以剿總參謀長的身份向蔣請示機宜，但因為這個時候已經發生了各將領之間的錯綜複雜的矛盾，難以形成妥善的作戰計畫。」這個解釋大體是不錯的，但未能和全盤的前因後果連貫成一體。因為早在熊式輝進入東北，頹勢就開始生成了。他將三省改為九省，貽誤接收時機，蓋日本投降時，東北即陷於無政府狀態，熊式輝卻未能適時把握契機，利用原有之地方機構執行命令維持地方治安。

東北可以說是趙家驤等幕僚群體的滑鐵盧。東北局勢的惡化，參謀處於其間無能為力。大員之間矛盾重重，陳誠和熊式輝不合，陳誠和杜聿明也有隔閡，孫立人又與杜聿明積怨甚深。再往後衛立煌接手，局勢已至沉疴不起。戰略方面，宜忍耐時輕躁妄動，休戰期間未能追亡逐北，反將精銳部隊分散戍守與收復之縣市，致使兵力分散，所謂「守者千里，攻者一點」，遂被各個擊破。且各將領或貪騖外事，或專尚宣傳，或追求享受，或兼營商業，其尤惡劣者，則吃空額之風十分盛行，軍隊不能核實發餉，弊竇叢生，當時東北國軍號稱五十萬，實則不足三十萬。在此情形下，部隊銳氣一挫，即由主動變為被動，終致江河日下，不可收拾。

石覺先生認為：「（杜聿明）八年抗戰除參與崑崙關及援緬之役外，其餘時間均在昆明，缺乏實戰經驗，軍事素養不夠。就統兵才幹來說，杜擔任軍長師長還能稱職，作為大軍指揮官，則顯然不是材料。作戰指揮僵化死板錯誤百出，統御方面私心自用。調到東北的七個軍中，只有兩個軍與他處得還不錯，其餘五個軍與他都弄不好。」（石覺〈戰塞外，痛平津〉）

石覺舉例說：七十一軍八十八師師長胡家驥（軍校六期）及二十五師師長劉世懋（軍校四期）去職之事，胡師長能力甚強，作戰經驗豐富，臨時歸廖耀湘指揮；廖對其部署干涉太多，涉及細節，胡只說二句「請司令官不必費心」，廖耀湘就生氣報告杜聿明，杜氏即刻將胡師長撤換，以非帶兵作戰而是出身軍需的同鄉韓增棟充任，以致戰力大受影響，竟在四平潰滅。二十五師師長劉世懋忠厚木訥，他在部隊甚久，上下和睦，杜認為他能力不行，將之撤換，又改派與此部隊毫無關係的同鄉李正誼擔任師長，結果在遼東半島亦遭覆滅，李正誼被俘。種種乖戾，造成參謀指揮的努力毀於一旦。本來最初是派關麟徵去東北，後來才改派杜聿明去。不少高階將領認為，關麟徵打仗穩而猛，杜聿明在這方面不如他。

一九四六年三月，石覺建議縮小防區，抽集打擊兵力，以適應新情勢，機動支援各地區作戰，杜聿明接到石覺報告之後，竟然指示說：「擺是我的責任，打是你的責任，擺得不好由我負責，打得不好由你負責。」也就是說由他部署軍隊，石覺來執行戰鬥任務。但擺（部署）與打（指揮）是分不開的，否則縛手縛腳。杜氏指示令他哭笑不得，遂再找熊式輝，熊說現在正值四平吃緊，實無多餘兵力可抽調。請示也不得要領，當晚他回到部隊駐地，次日得知後方鐵路阻斷，電話線亦遭破壞，車站被燒，通信交通癱瘓。石覺痛心喟歎道：「如此多數縱隊分進，已不適戰場實況，只圖攻佔毫無實質意義之城市桓仁，是繼部署失當之後，再加錯誤之指揮，作戰指導如此，欲使局面不壞，實不可得，良可慨歎！」

以指揮責任言，指揮部對作戰兵團之命令，只能授予任務及兵力，最多再指示行動方略，至於如何部署行動以達成任務，乃前方指揮官之事。但是遠離前線的高層卻往往越俎代庖，詳為規定；退卻時偏叫頂住，遇敵時又不許並力以赴，限制前方指揮官作適應機宜之處置，如此盲目死硬之干預，實足以致部隊於死命。

羅澤闓作為青年將領任國防部第三廳廳長，為重要作戰幕僚。一九四七年春，他曾代表蔣先生飛到東北去和衛立煌進行協商，但是衛不同意他擬定的計畫。到了一九四八年九月的時候，東北和淮海兩大戰區都已進入膠著的狀況，蔣先生在北平召開會議，就當時形勢作了評估，杜聿明認為事實決不像他講的那樣樂觀，所以就沒有捧場的表示，也沒吭聲。當時羅澤闓在座，看到杜氏的這種表現就對他狠狠瞪了一眼，站起來走開了。稍後，在關於保衛瀋陽和收復錦州的問題上，衛、杜等的態度卻傾向於保守，這時蔣先生又再度飛往瀋陽，召集他們開會，就由趙家驤攤開地圖作詳細作戰態勢彙報，因為態度保守，蔣先生非常憤怒說：「我的空軍優勢、炮軍優勢為什麼不能打。」又問：「羅參軍看怎麼樣？」羅澤闓馬上說：「委員長的看法是對的，我們空軍、炮軍都佔優勢，可以南北夾擊，一舉收復錦州。」蔣先生聽到合乎他的意願的主張，臉上泛起了一點笑容，又問杜聿明的看法，杜說：「我同意趙（家驤）的判斷，目前敵我的力量懸殊，還是以守為好」。

幕僚困境無法發揮

遼沈戰役國軍呈頹勢，而山東泰安、濟南先後失陷，威迫南京。范漢傑、曾澤生、鄭洞國、廖耀湘、王耀武、侯鏡如、或被俘獲起義。

有人批他們貪生怕死。

但從前他們不是這樣的。暮氣的深沉，由時間的積累而養成，人事的錯雜牽扯，部隊的倒戈、軍情的外泄，解放軍心戰的滲透，諜報的失著……都是強勁的掣肘。

當山東地區的均勢被打破，呆守在濟南、臨沂、泰安這些據點上，到了膠濟路、津浦路給解放軍切斷，國軍便坐以待斃了。這樣的被動挨打，和東北的被各個擊破是一樣的情形。

幕僚難以成事，難道他們蠢到了永遠學不會對方的戰略？難道不能有所反思，進而設計出較為合理的抵抗策略麼？大概也不儘然，蓋以攻守之勢異也。部隊叱吒風雲的指揮者無能為力，則在這時，幕僚的設計，也就大打折扣了。

到了一九四七年的時候，國、共兩軍的軍力已呈拉平之勢，蔣介石猶冀望於優勢武器：「那一年，往來馳騁於隴海路上的第五軍，可以說是所向披靡，對手幾乎躲避著它，碰也不碰，杜、邱的驕縱氣勢，就是這麼養成的。」（曹聚仁，《採訪外記》，三七九）

如果說曹聚仁所見還只是表面現象，則石覺的感慨就直指高級幕僚的失職。他以為，如按照關麟徵的戰略，進入東北後，不急於爭城奪地，而是在打擊有生力量上做文章，何致有今日之無可挽回的局面；其後局勢惡化時，若能忍一時之痛，照後一種所談的，依然不失為當機立斷的明智之策，即先求穩定局勢，整頓補充，恢復戰力，再策後圖。可惜戰地高級指揮階層，未作此謀，不顧實際，見近不見遠，計小不計大，終至江河日下，演成不可收拾之局面，曷勝痛惜！

百里奚在虞不能救虞之亡，在秦，秦因之而霸，幕僚所處環境很有關係。環境既可制約其發揮，也可展其長才。

階段性評估之前編制的規劃，如對情勢的長期性、複雜性、艱巨性估計不足，僅靠一種意氣或脾氣擬定戰略，則在不按理出牌的應對之下，難免滑向吃虧的軌道。

舒適存與東北局勢

和趙家驤職級相埒的幕僚舒適存很注意觀察同僚，並就其生活方式之細節做出較為客觀之判斷，這些影響人生、有關大局的種種方面。

對其多年同僚廖耀湘，當一九六〇年代，廖氏因被俘在大陸改造，而一些人落井下石，舒適存卻能和吠影吠聲的時論拉開距離。

他說廖耀湘從第一期遠征軍退到印度後，對軍隊的整訓，極為認真下功夫，反攻緬北時，久無進展，由他攻下大洛，首開勝利之端，曾受美人愛森豪（艾森豪）、英人蒙巴頓的交相讚賞，而中國軍隊之能戰美譽，蜚聲國際。

關於廖耀湘的生活旨趣，他直言表示非常欣賞：廖氏秉性骨梗，不諳世故，不抽煙、不喝酒、不打牌，對於酒食征逐，更是外行；逢迎聯絡，他也反感。家中宴客六菜一湯，入席時每人斟酒一杯，不斟第二杯。

舒適存說，東北慘敗，新六軍甫由印緬回國，裝備完整，所向有功，自然形成東北之戰的一張王牌，樹大招風，引人側目這不是廖氏之過。廖耀湘孝敬老人、關愛士卒，雖古之名將不是過也。三十餘年來，他的舊部，在台任重要軍職者，大有人在，無不懷念他的訓練精勤，指揮卓越，對於他的横被流言蜚語，無不痛心疾首，爭為辯白，至於西進兵團之敗，是大勢造成，無可挽回，他早料到遼西河流縱橫，溝幫子以西更是山嶽地帶，易受對方牽制，極為不利，他曾建議由營口海運葫蘆島登陸，進援錦州，較有希望，未被當道接受，至於受挫之後，進退不決，遷延時日，則是瀋陽、北平、南京三方面往返磋商之故，不是他的本意，除此之外，他是每戰必勝，沒有失敗過的，東北之失，歸咎於他，是不公平的。

徐蚌會戰的幕僚厄運

二十世紀三十年代末，張恨水先生在重慶《新民報》的專欄〈最後關頭〉天天寫時評，奇思宛轉，妙文百出。其中一篇謂之〈無情的故事〉，則係為《水滸》擬內閣名單，謔浪笑傲，令人絕倒。在他筆下：

內閣總理：鐵扇子宋清（標準飯桶）

內閣總長：潘金蓮

外交總長：三寸釘武大

工商總長：西門慶

財政總長：鼓上蚤時遷（善走黑市）

教育總長：黑旋風李逵陸軍總長：小霸王周通（善挨揍）

海軍總長：白日鼠白勝（耗子浮水是新聞）……

此外別無議論，真可謂不著一字盡得風流，而當時軍政界的不堪情形掬之如在目前。其陸軍總長一則，似乎不外是劉峙等人的投影了。

李列鈞談到北伐時期的劉峙，北伐時劉峙住到筧橋，當時是北伐軍與孫傳芳激戰，劉峙率領第四團奔赴龍潭，行至中途，火車相撞，血流滿面，左右勸他休息、撤退，他說，黨國生死關頭哪能顧及個人，於是裹傷前進，與孫傳芳激戰於龍潭，將其徹底擊潰。

劉峙早先是黃埔軍校的青年教官，北伐諸役，甘冒矢石，衝鋒陷陣，後官至重慶警備司令、徐州剿總總司令。一旦官至高位，漸露貪生怕死之相，後半生徒有虛名。李宗仁說他的長相是胖胖乎乎，其為人則老老實實，怕老婆的程度，則無人能出其右。五四之後有些文化人無聊，大講怕老婆的哲學，謂為中華文化傳統，以為其中有多少玄妙，並加以實踐。但這一點，若在劉峙面前，恐怕就要「梅須遜雪三分白」了。徐蚌戰酣，杜聿明（剿總副總司令）因病暫離戰場，劉峙怕得要命，不斷的念叨：光亭（杜聿明字）走了，我怎麼辦、怎麼辦？抗戰初期與日本交手的幾個大仗，他都落敗吃癟，輿論嘲為「長腿將軍」。徐蚌戰起，軍中將領即議論紛紛，以為如此大戰，如此生死關頭，理應以人中之龍、人中之虎來把守，至不濟也應派條狗來，怎麼讓劉峙這樣一條豬來自毀長城呢？這真是人不自愛天也不佑。徐蚌大崩盤，幾十萬精銳部隊毀於一旦，劉峙一路跑到南洋，為了生計，給小學生教授尺牘，被新聞界窺破。事洩，方回臺灣養老。

張恨水先生在重慶寫了很多這一類「無情的故事」。直到有一天，軍統來人，說是張先生，您要是心情不好，我們可以送您到息烽去休息休息！他才稍作停筆，以後依然照寫不誤。

劉峙的起落，是那國家強於社會的魅影在作祟，可是在他身邊的幕僚就難以施展了。作為或不作為都會受到牽制和擠兌，在徐蚌會戰驚心動魄的數十天，幕僚的日子真個是冰激火燎，像舒適存、李漢萍等人，就遭遇了平生最深重的撞擊，整個參謀生涯，和大局一道毀於一旦。若論幕僚之厄運，真莫此為甚。

徐蚌會戰的幾個策劃案

徐蚌會戰前當然要拿出總體因應的方案。

一是白崇禧局部攻勢作戰案。大軍以徐州為中心，布成十字架形之準備陣地，實施內線作戰，有效有利用該十字架鐵路、公路機動兵力，先確保該段隴海路及其以南蘇北、皖北地區，鞏固京滬安全，再圖恢復戰略攻勢。

二是參謀次長劉斐的積極防禦案。為徹底集中兵力及恢復戰場攻勢，主動放棄徐州及附近各城鎮，向淮河以南地區轉進，控制總體五分之四以上兵力保持機動，實施各個擊破，確保淮河及以南地域，鞏固京畿安全，同時努力於後方恢復戰力及民心士氣，暨擴編新軍，策劃戰略反攻。

三是劉峙、杜聿明的消極防禦案。以固守徐州、保衛南京門戶之目的，集中兵力於徐州附近，依內線作戰，機動守勢之指導，對進犯之對手，適時予以各個擊破。

後來的軍事學校培養作戰幕僚，研究戰史的專家就此有概略分析。認為第一案雖非奇案，但亦非為紙上談兵，就當時華東戰場雙方之實際情勢，國軍雖已至強弩之末，但尚未至不堪一擊之勢，其中最後一點說到：「乃為執行本案，必須有大決心、大勇氣，不能畏首畏尾及拖泥帶水，尤以內線作戰，更必須指揮官卓越，雖不能求之如拿破崙之蓋世英才，及第一次世界大戰坦能堡會戰德軍興登堡將軍，但在徐州剿總司令之選將方面，至少必須能遠超過陳毅、劉伯承之流，如將才不如共軍，則已輸了一半。但白崇禧將軍究系對本案缺乏必勝信念，抑為明哲保身，或有其他原因（事後僅知當時之副總統李宗仁因別有野心，不希望徐蚌會戰國軍戰勝），乃堅辭未就，繼又授意傅作義將華北戰場兵力轉用於華東戰場，並改任傅作義為徐州剿共總司令，但亦未有結果，最後胎死腹中。」

第二案亦不失為穩妥之案，其主要理由乃為遼南會戰瀋陽守不住，徐蚌會戰最後徐州也是守不住，即令固守徐州一點，也不能成為保衛南京門戶……

第三案實為最拙劣之一案，且違反軍事常理則而不按牌理出牌，其最重要之理由，乃為徐州工事堅強，近似守株待兔。其他似乎均不成理由，例如既采「固守防禦」，對方已合圍及完成四周包圍，就無法「實施內線作戰」，僅固守徐州一點，對方可以一部對徐州暫圍而不攻，主力直趨南京，因此也就無法達成「保衛南京」門戶之目的。

徐蚌慘敗，幕僚有所檢討。邱清泉的幕僚吳思珩《徐蚌會戰的序幕》以為，如果胡璉、邱清泉、黃伯韜能合作，而白崇禧在華中會戰也賣點氣力，則會戰決不致於失敗。而徐蚌會戰時假若白崇禧也出點力，也不致於敗得如此之慘。

吳先生的這個判斷可謂確鑿不移。因為當時白崇禧的幕僚實在太龐雜了。各種來路不明的人在他身邊，對其頗能蠱惑。這時候的小諸葛，跟抽取了神經一般，總之是各種不利因素急劇集中，成為處處死結的一團亂麻。

白崇禧這個人，張發奎以為他確有相當的軍事天才，足智多謀，但為人非常陰險，不坦率，遮遮掩掩的，徐蚌戰場危急時，蔣先生想把桂系部隊從武漢地區調到前線增援，雖然武漢沒有險情，但當時任華中「剿總」司令的白崇禧拒絕了。其實既然是奉命調走，一旦武漢因而失守，他是不必負任何責任的。

吳先生也對蔣先生表示了批評。「老先生也有時候喜歡管太多，我始終認為將在外主命有所不從是對的，國防部離得那麼遠，如何能察察為明？命令下完，前方情勢早就變了，如何能固守成命？邱清泉常說：『我不是不從命，而為了要打勝仗，不能不如此，上級只要確立原則，技術上一切遵從將領，如何能事事掣肘？』要打勝仗如何還能要他來回奔命、往回救援，他之所以不太從命是有道理的。他曾說：『今天這個仗是亮子和瞎子打架，瞎子本領再高強，無論如何也不會打贏亮子。中原會戰共方是亮子，而我們是瞎子，如何能戰？』他又說：『國防部給我的命令，副本先到那邊。』他這話也是一次一次體驗出來的，這是他不太從命的理由。他並不自始就如此驕悍，起初當馬家集被圍時（一九四六年三月），國防部是要他死攻六合的，他也從命，因為那裏離國防部近，國防部派人送來從六合、天長到宿遷十萬分之一的地圖，整個部隊都代為部署好，連行軍的紅藍線都一一指定。等地圖送到時，情勢早已發生變化，他丟了地圖說道：那這個還要我們指揮官幹什麼？」

吳思珩感慨地回憶當時的情景，一九四八年十月徐蚌會戰開始，第五軍在碭山，杜聿明已到徐州，十月十八日在徐州召集軍事會議，邱清泉帶了個軍長在徐州花園飯店召開會議，當天會議劉峙主持，由郭汝瑰報告部署計畫，邱軍長駁他說：「你今天這個部署就等於當年項羽在垓下的部署，今天陳毅從濟南下來，也就等於劉邦當年的情勢一樣。而今時代變了，戰略地勢沒變，我們現在在九裏山，也就是當年項羽失敗的地方，這個部署非蹈歷史覆轍不可！」平心而論，劉峙並無太高的才能。

徐蚌會戰在序幕階段，邱清泉在鐵佛寺搭救了黃伯韜，而黃伯韜又是趕去救區壽年他們的，在黃泛區大戰中，區壽年等人陷入絕境，沈澄年、米文和陣亡，區氏被俘，黃伯韜從商邱趕救榆厢鋪，也被圍於鐵佛寺，情勢一時陷入僵局。邱清泉救援期間下的決心很大，但是劉斐等人在後方蓄意製造高階將領之間的矛盾，其法甚巧妙，國防部卻頒給黃伯韜青天白日勳章。這勳章乃是身為軍人夢寐中的最高榮譽，邱清泉於此備受冷落，當一九四八年七月二十九日，部隊在商邱整訓之際，他即告了長假返回溫州老家，勳章頒給被救的黃先生，而他一無所有，心懷抑鬱，他孤獨地閱讀岳飛傳，喟然歎曰：自古忠臣都是寂寞的！這期間他的心境淒苦憋屈到了極點。

徐蚌會戰本是相持之局，孫元良晚年也堅持認為指揮出了問題。突圍前，杜聿明要他去研究作戰計畫，他派副參謀長熊順義出席。熊順義提醒說，突然改變方向，轉攻東南，掉轉方向起碼需要兩天多時間，在這期間不知有多少解放軍追趕上來，那時就不止濉溪口三、四萬敵人，而將是十幾萬、幾十萬追兵跟蹤而來重新形成包圍圈。那就等於自投羅網，插翅也難飛了。孫元良便於會後同邱清泉辯論，說透徹「死生之地存亡之道不可不察也，事到如今，三十六計走為上計，停下來是死路一條！」

突圍當日時兵慌馬亂，人車爭道，衝過火網時，孫部首席幕僚、兵團參謀長張益熙腹部中彈陣亡。孫兵團轄下一二五師是機動師編制，載重卡車尚有三百多輛。第十六兵團沖出重圍的部隊有四萬人，是所有同級單位中突圍最多的。未突圍的三分之一約兩萬人由兵團副參謀長熊順義收容。

孫元良晚年也很感慨地談及中樞指揮病象已深。他看到了劉斐女兒劉沉剛撰寫《劉斐將軍傳略》一書，程思遠為之撰寫序言，披露劉斐以參謀次長參加官邸作戰會議，存心作出了許多錯誤的部署和獻議，使國民黨軍受到非常不利的後果。另外郭汝瑰在國防部任職期間，與中共地下聯絡員接頭一百多次，提供了遼西會戰、徐蚌會戰以及長江江防的大量軍事機密，陝西人民出版社之《中共黨史人物傳》寫到杜聿明和郭汝瑰：杜聿明特赦後在出席全國政協會議時遇見郭汝瑰，杜聿明手指郭汝瑰激動地說：「郭汝瑰呀郭汝瑰，我們吃敗仗都吃在你手裏！」郭汝瑰笑著說：「各為其主嘛！」

當孫元良一百零二歲那年，歷史學家赴他府上拜謁，孫元良指出，劉斐察覺蔣公求勝心陡然上漲，乃巧妙地從旁指責杜（聿明）主任蓄意避戰，只想逃跑；郭汝瑰則旁敲側擊，極力強調杜聿明必須求戰而不能避戰。於是，蔣公一改初衷命令杜聿明停止向永城前進，轉向濉溪口解黃維兵團之圍。現在從杜聿明回憶錄可知，他接到國防部電令後，感覺蔣公「所以變更決心，是被郭汝瑰這個小鬼的意見所左右的」。他更數落道：叫王澤浚四十四軍由海州撤向徐州、叫黃伯韜帶一個兵團去援救王浚一個軍、叫黃維兵賓士千里去雙堆集袋形之地挨打、叫劉峙輕易放棄徐州、叫杜主任的三個兵團在公路上排成無法作戰的難民式長龍淪為龐大軟體動物的，都是劉斐、郭汝瑰。

當然，劉峙總的說來是個老好人。實際上在前線指揮的是杜聿明。到了陳官莊被包圍，防衛兵團從平漢路過來援救從徐州撤出在陳官莊的被圍部隊，邱清泉就在裏面。結果防衛兵團到了雙堆集附近又被包圍，形成上下被包圍的局面。

那天蔣緯國單槍匹馬坐了一部吉普車，到前方視察，然後回去報告劉峙。他建議繞道而過去打雙堆集，包家集自然就拿下了。不料劉峙說，老先生的脾氣你還不曉得啊，他說要打下包家集就是要打包家集的。結果蔣緯國就請劉峙給他一個步兵營，他自己再加一個戰車連，保證半小時之內拿下包家集，劉峙堅不同意。緯國一看噎塞不通，乾脆把步兵營交給其他師營，自己帶著人員繞到包家集後面。他憑他長期作戰幕僚的實踐和經驗，認為後面一定有地道，就開動戰車碾壓，把地道壓垮，再在地道口點燃幹辣椒，用煙把地道裏面的人熏出來，輕易地把包家集拿下。但是已經耽誤好幾天，緯國感慨：「如果劉總司令願意照我的方法做，我們老早就把包家集拿下，雙堆集也早就突圍了。」（見《蔣緯國口述自傳》）

緯國如是這般的幕僚經驗，當其在危局或困境中，力圖實現破局，覓取重生的機會。在戰略、戰術層次佔據活絡的制高點，達成另闢戰場的戰略目標，牽制、壓制業已傾斜的均勢槓桿。事實證明，他做得不錯。事後他回到南京，見空軍司令王叔銘向老先生報告投糧的狀況，王氏誇口說他在三千英尺的高度投糧，事實上緯國看他最低限度也有六千英尺，後來根據資料知道他們是在九千英尺投的糧。可見稱為王老虎的王叔銘荒唐的心態。緯國說：「軍隊被包圍時，我自己飛了一架L四偵察機，去看看包圍圈裏裝甲兵的情形，我還空投一把胡琴，投到陳官莊的包圍圈內。那時候戰車第一團的團長趙志華喜歡唱京戲、拉胡琴，我就寫了一個突圍計畫，內容包括如何突圍、如何掩護、如何打開缺口、突圍部隊如何走、打通缺口的部隊怎麼做、炮兵怎麼使用以及炮兵突圍的時機，每一步我都寫得很清楚，塞在胡琴裏面。我的飛機保持在八百到一千英尺的高度，我回來時機身翅膀是帶著八個洞回來的，不過等到他突圍出來後，我才知道他沒有收到那把胡琴。後來我們到了後方以後，我還把這份突圍計畫作為指參教育的教材，教導官兵正確的突圍方法。」

因為決策的一再失著，徐蚌會戰最後結局不堪回首，所有幕僚在會戰各時期所作計畫，陸續歸於流產。最後關頭，幾乎全系臨時被動反應。

參謀人員如兵團參謀長李漢萍、副參謀長董熙等只能窮於應付。邱清泉則無可奈何，最後也只能發揮他早年做幕僚時的無限火力、超強火力的思想，勉強應付；結果在四面楚歌的環境中，逐漸被壓制、收縮、歸於消融。

他在一九四八年十月十六日正式發表為第二兵團司令，還採用舊時儀式立誓，有雲「有敵無我，有我無敵，如違誓言，天誅地滅，雷打火燒，皇天后土，實所共鑒。」

徐蚌風雲緊急，形勢極端不利，數十萬難民擁塞徐蚌道上，使部隊交通，全部為之阻斷。解放軍以八十餘萬的優勢兵力，分進合擊，迂迴包圍。被包圍的邱清泉、黃伯韜等固守徐州，拱衛京畿，此時採用高級幕僚的內線作戰、守勢機動計畫，聊作反擊。第二兵團，下轄第五軍熊笑三、第七十軍高吉人、七十四軍邱維達、一百軍周志道，暨騎兵第一旅陳陶等部，十一月初奉令移駐黃口，遭到華野所部的猛烈攻擊。第五軍四十五師郭吉謙部激戰三晝夜，傷亡慘重，但此緒戰尚未崩潰。

但是到了十一月中旬，此時整編八十三師（周志道）又劃歸黃伯韜指揮。部隊行動分秒必爭，第五軍奉命之後，假若邱清泉即時馳援，則碾莊之圍必然即時解除，但經徐州時，國防部又叫第五軍在徐州停留了六個小時，救援徐州。就是這關鍵的幾個小時，造成黃伯韜萬劫不復的悲劇，碾莊陷落，黃伯韜自戕。國防部劉斐等人所掌控的千鈞一髮的時機滴水不漏，使邱清泉在徐州停留六小時。否則不救徐州先救碾莊，則碾莊之圍一旦解除，徐州也自然解圍，中原之精銳不會就此連環覆沒。

在此之前，吳化文已在濟南倒戈，王耀武被俘。徐州將在十二月中旬撤退，此時部隊的分佈是：第二兵團在陳官莊，黃維、胡璉兵團在雙堆集，劉汝明兵團在蚌埠，李彌在青龍集，華中白崇禧系列的張淦兵團在許昌以南……以上正規部隊總計六十萬人，解放軍則正規部隊有九個縱隊，包括民兵共有百萬人，這是雙方兵力的態勢。

到了十二月初，實施撤退。由於糧彈兩缺，邱兵團開闢空投站，接受空投補給。奈何天不作美，從九日起天氣驟惡，萬里雪飄，飛機無法降落，大軍陷入絕境。解放軍收縮包圍圈，在陣地四周挖掘深壕，布成天羅地網。在如此惡劣的情況之下，邱清泉所部知其不可為而為之，忍饑耐渴，據地死守。三十餘萬人馬被圍困在十八華里長，十五華里寬的狹小區域裏，糧盡援絕，寸步難行。騎兵旅的八百匹戰馬，全部殺了來充饑。

十二兵團的政治部主任吳思珩說：「當時我在南京，國防部天天叫我上前方。我說交通斷絕了，終於派給我一架飛機，載五十箱銀元飛徐州，徐州已陷落，無法降落，又飛回南京。機上往下看，蚌埠至雙堆集，陳官莊到徐州三百里戰線上，無處不冒煙。」

一九四九年元旦，邱清泉集中幕僚，神情肅穆地說：「皖北如入敵手，長江不足阻敵。國家存亡，在此一戰！這個重大的責任，如今正落在我們肩上。近來戰局逆轉，一至於此，我們實在是愧對領袖啊！本軍南北轉戰，歷經冀、魯、豫、皖、蘇五省，作戰歷時兩年，從不曾有如今日！所以，本軍官兵應抱定不成功便成仁的決心，奮鬥到底。」但這一切都是徒勞，他終在元月十日殞命。看他此番講話，在絕境中，仍能保持分析的頭腦，知長江難以成為事實上的天塹。另外此前的突圍之議，也牽絆阻礙，優柔寡斷，吳思珩（〈徐蚌會戰的序幕〉《口述歷史》第八期）認為，陳官莊和徐州的失守不是被打垮的，而是餓垮的。說來好像是天意，天下四十天大雪，解放軍也沒有作戰，他們只包圍著，士兵餓極了，他們在戰壕上拿饅頭誘兵。此時各軍長師長和幕僚們也數度建議杜聿明突圍，但杜腳跌傷了，不便於行，再者重裝備太多，難以突圍，即使放棄裝備突圍，丟了重武器責任太大。如果不是杜聿明在上，照邱清泉的個性，他是會不顧一切以輕裝突圍的，也不至於全軍覆滅。這和杜聿明的回憶大體是吻合的。

幕僚策劃如被認為是可行之策，則其各相關環節，必然環環相扣，如履帶傳送然，如大型機械之螺絲鉚釘然，不能有一個鬆懈，否則難免前功盡棄或者功虧一簣。即以白崇禧案而言，當東北局勢惡化，而當時華北傅作義節制各軍，尚處於分散之不利態勢，此時即應迅速調整部署，將主力集中天津、塘沽地區，以海上為後方，憑藉三軍統合戰力，依內線作戰指導，容或一時難以翻盤，也可至少先立於不敗之地；尤以塘沽海口及海上優勢在握，進可攻、退可守，具有足夠之主動。可惜傅作義不此之圖，竟迷於現狀，出以最不利之被動下策，零星應戰，終遭覆敗。

此時即令幕僚具備高度之冷靜思維，盱衡全般得失，而主官患得患失，能動喪失，仍無法作為。不為與遲疑，必然坐失良機，傅作義對平津作戰之指導，遲至一九四八年十一月中旬，始在搖搖擺擺中勉強定案，正待實施，複又遲疑，未即果行，園於甕中之勢已成。

當時局轉劇、烽火漫天的時分，幕僚處於一種左右為難的夾縫，構想尚未完全成熟，遽爾付諸實行，當然不能盡如理想。預先策劃與實情吻合，陡然硬性要求更改之；不得已臨時更張，則有步調凌亂之短。或者，工作上的要求過高，交賦的任務超重，卻未顧全到幹部們的能力極限，而人又非全能，旁逸斜出的情況就接連出現了。

也只好隨波逐流

郭寄嶠的情形，和舒適存、趙家驤也有類似。他先上保定軍校，第九期炮兵科畢業，然後再上陸軍大學、國防大學將官班深造，改換出身的門庭。

一九二九年任第四五師參議，抗戰爆發後任第十四集團軍參謀長，第五戰區司令長官部參謀長，亦曾任第二戰區副司令長官兼前敵總司令部參謀長，抗戰後期一度脫離參謀席位，出任過第一戰區副司令長官等職。抗戰勝利後轉任任國防部參謀次長。一九四九年任甘肅省政府主席兼西北軍政副長官。

一九三〇年代初，他輔佐衛立煌，後者就是看中他的系統軍事修養，但任衛立煌部參謀長，長達十年，他隨衛立煌升遷而升遷，對其軍事指揮影響極大。

他在西安事變中被扣押，後來他分析西安事變的原因，也頗具一等幕僚的眼光。其要點，一是東北軍入關後受歧視而待遇也低，故生發不滿情緒；二是紅軍在陝甘寧地區被圍而東臨黃河絕地，乃對張、楊統戰，而統戰又取得良好效果。

抗戰初期的防禦戰，因日中軍力的懸殊，郭寄嶠強調本軍的工事構築，在錯落工事上建立側防交叉火力網，誘敵而殲滅之，這是因武器的整體落後想出的轉圜辦法，頗為奏效。

衛立煌秘書趙榮聲《回憶衛立煌先生》中寫道：「郭寄嶠每天上午八點上班，除掉中間回家吃兩頓飯，一直忙到夜晚十一二點，一手握著電話機聽彙報，一手拿著一桿寸楷毛筆批公文，批完了隨手扔到地下，旁邊就有一個副官恭恭敬敬地蹲下去拾取。下級人員有什麼事情來請示，郭寄嶠一手握著電話機不放，一手握著毛筆不放，簡單明瞭地向來謁者答覆幾句，不一定都合理，但和當時別處許許多多糊裏糊塗的國民黨軍官和參謀人員比較，的確表現得強幹，高人一籌。蔣介石在武功軍事會議上當眾表揚他為『標準參謀長』」

郭氏著有《邊疆政策之研究》、《邊疆與國防》、《我國歷代邊疆地區各民族之遷徙與衍化》等書，不過他在大陸易手的時節，也是惶惶不可終日，失去了他長於謀劃的大參謀的本色。一九四八年秋，他在甘肅省主席任內，就和馬鴻逵言語不睦。後者問他：補充援榆林之役傷亡八千人之新兵，何時撥出？他竟回答說「漢人不替××當兵」。馬鴻逵一向主張泯除民族界線，息爭為國，他說「不意郭氏以肩負省政重任之封疆大吏，竟爾挑撥民族情感，製造亂源。鴻逵以與素志相違，難以協力合作，亟思勇退。」（馬鴻逵《給馬步芳的一封公開信》）當此撤守的真空時期，大家本應以同舟共濟的大義，通力合作，以挽危局。不料最傑出的參謀也惶急而口不擇言。指揮失度，而使壯士離心，宵小得逞，令人扼腕。

馬鴻逵早在前清宣統三年，於陸軍學校讀書時，年方弱冠，即加入同盟會，當時凡與政治有關者，袁世凱均勒令加入其所控制的共和黨，鴻逵雖數次被迫，但始終嚴拒加入。嗣奉孫總理令派赴甘肅，與多位志士一起，喬裝高麗人，共同從事革命工作。戎馬半生，曾參加抗戰，建立殊勳。

而在此危難關頭，郭氏未能將地方勢力調試到一個較為融洽的地步，並非不可為，雖然大勢掣肘，但其個人魯莽滅裂，終令人事向相反方向滑落。

馬鴻逵認為郭寄嶠是陳誠的人馬，實則郭氏也是胡宗南的好友。保護胡宗南，或給他一個下臺的臺階，算是郭氏最後的幕僚作業。據說他曾直接向蔣先生說：「送一名大將給敵人做俘虜，既違反了戰爭利益，也違反了指揮道德。」蔣先生似有所觸動，才默許派飛機到西昌接回胡宗南。

參謀的危局和宿命

曹聚仁以為，蔣介石應該讓毛澤東給他發一大勳章，要不是他自己到北平指揮戰事，關外何至於糟到這步田地。

東南人士以為可以劃江而治。

曹聚仁說，蔣介石對於華北局面，素來以甲制乙，以丙制甲，以乙制丙，這樣一種苦迭打政策，傳作義以守堅城出名，在平津被圍之前，蔣氏對他不放心，直到北平聽見了炮聲，傳作義才有軍政控制大權。平津圍城，只留了傳作義作一個可憐的孤兒了。

此前，徐蚌會戰正在開始，他能指揮三十五萬大軍南攻，和徐州國軍相呼應的話，則戰爭均勢就會增加砝碼，就會有絕大轉機。

當時，國防部作戰參謀，曾建議傳作義軍放棄平津，沿津浦路南攻，胡宗南放棄西北，出潼關渡河，攻山西，湯恩伯軍也渡江北攻，採取以攻為守的戰略，卻因蔣氏遲疑不決，失去了時機。（參見曹聚仁《採訪外記》四四八頁）

可是這當中有好多難以切割的人事糾纏，如劉斐等人，桂系等人，諸般人事，影響決策，影響歷史，事後都各有利於自己說辭。

劉沉剛《劉斐將軍傳略》（團結出版社，一九九八年版）裏面談到白崇禧在內戰尾聲時節的表現，說是白氏知道劉斐已到長沙，就接二連三地打電話催他去武漢。劉斐去了，白崇禧就埋怨李宗仁，說他不知天高地厚，一心只想做官。劉氏就遊說白崇禧，說是他們桂系的賭本，都被蔣介石輸光了。白崇禧迷信他的那一點實力，正在這進退兩難的情況下，舉棋不定，只好讓李宗仁去搞搞和平，等待時局的演變。他明知桂系主力孤懸在湖北大不利，他為了鞏固和自保，希望通過湖南同廣西老巢連成一氣，這樣，進退方有轉圜餘地，故對湖南很重視。但白崇禧對程潛的打算並不清楚，而對劉斐則一貫信任，於是白氏便推劉斐去湖南當主席，並認為劉斐最能盡力的，也最能跟程潛商量。

劉沅剛寫道：「我父當即回答白說：我在抗戰末期對蔣介石和陳誠這班人的搞法，早已深惡痛絕，所以抗戰一勝利，我就決心辭職，連續辭了八次才准，你是知道的。我身體差，需要休息，湖南的事，還是讓程潛去搞為好。」劉沅剛又說：白崇禧聽了我父的建議和分析很高興，當面答應給程潛一個師，而且是經我父周密考慮，認為對和平解放湖南有利的，可靠的陳明仁的部隊。這是我父回長沙後第一次應白邀請來武漢共商主和、反蔣的情況。

問題是，在整個內戰時期，劉斐正是積極跟進，在作戰中樞執掌機要，甚至決定歷史轉移的人，他是一種能動的驅動器呢？還是木馬肚子裏面的第五縱隊呢？抗戰時期他就想辭職？這和歷史事實不符，歷史是那麼容易隨意打扮的麼？

劉毅夫羞憤難當

劉毅夫在南京軍情緊張時，提出一個關鍵的戰備問題，事關緊要，結果竟被無理呵斥，官僚的積習，加上形勢危殆，扼殺了很多可行的幕僚意見。

那是徐蚌會戰開打前，到南京的聯勤總部參加軍事會議，將星雲集，會場中都是上將中將高階將領，少將足有一兩百。劉毅夫後來升到空軍中將銜，轉業到中央日報當記者。那時他還是少將。聯勤總司令郭懺說完補給安排，就問諸位還有什麼意見，劉毅夫自覺尚為毛頭小夥子，他沉不住氣，站起來說：「報告總司令，如果決定在徐蚌一帶會戰，我們必須動用鐵道兵兩個團，先把鐵路修通，同時動用兩個工兵團，把公路修通，使徐蚌地帶能與南京交通暢通無阻，前方能得後方的充分補給，然後才能……」話音未落，不知道是那位長官厲聲喝道：「這裏沒你說話的地方……」，劉先生陡然懵了。幸而何世禮將軍發言主持公道，他說「劉司長的話不無理由，值得考慮。」劉毅夫被辱得面紅耳赤，當時羞憤至極，就想扯下領章上的一顆星，辭官不幹，經何世禮這麼一說，氣又平了，這時運輸署長趙桂森中將坐他前邊，滿面笑容的回頭安慰他，也帶鼓勵的意味說「你的建議很正確，長官們應該考慮的。」

那是他第一次參加如此大型會議，從此是徐庶進曹營，再也不敢發言，學乖了。

劉毅夫和蔣緯國所遭遇的阻礙同出一轍。人事官僚積習太重，此情景下，上佳參謀策劃往往胎死腹中，或甫出即夭折。於大局實有大用，但置之人事環境則受排斥。當國民政府在內戰中陷於窘境時，形形色色的原地方軍事勢力，就叛變的叛變，反戈的反戈，起義的起義，逃跑的逃跑。看上去都是臨極而生變，實際上早已暗通款曲，只等時機罷了。

蔣緯國窺破了熊向暉的意圖，但沒有人聽他的，這是精彩意見受漠視。

邱清泉識破了劉斐、郭汝瑰等人的運作，公開叫罵。李漢萍回憶可信，其他多人皆可證它的言論，他甚至埋怨蔣先生，也未能引起重視，結果功虧一簣。

幕僚長的一腔愁悶

說徐蚌會戰是人類歷史上空前酷烈的戰爭，恐怕並不為過：火力最猛，人數特多，端的是槍林彈雨，刀山火海，雙方攻防均走極端，每一回合的拉鋸間不容髮，稍一猶豫，滿盤皆輸。這一仗打完，大陸易手，已成定局。那的確是「關於中國命運的決戰」。

在當時，黃伯韜兵團覆滅，黃氏殉節。杜聿明集團、其下三個主力兵團，邱清泉、李彌、孫元良已被解放軍攔腰隔斷。黃維、胡璉兵團孤立。

一九四八年十二月七日，胡璉再一次飛往南京，緊急敦促援兵，蔣先生滿口應承。而實際情形是：過去儲存在昆明、重慶的一部分美械彈藥，都已掃數動用，可謂羅掘俱窮。空軍總司令周至柔、副總司令王叔銘、聯勤總司令郭懺，集中了所有可供戰鬥和運輸的飛機，卻仍然捉襟見肘。

風色險惡，覆滅的命運已迫在眉睫。大突圍的命令雖已下達，然徒為具文。即令不降，卻也不能上天入地，實在已是無路可走。自此時起所有的戰鬥都是為了逃命而爭取一線生機，能跑則跑，能避則避。

胡璉是十二月七日倉促決定飛往南京的。一則國防部高參不穩的陰影在將領心中密佈；一則包圍圈越縮越小，飛機空投命令已很勉強、危險，而且無法進行簡單的應答商榷。戰況的危急已到了非有一線將領面陳蔣公不可的地步。胡璉起飛前，跟他多少有些矛盾的黃維及兵團一干軍師長大多神色黯然，他們主張胡璉此去，就留在南京彙報戰況、協調指揮，爭取軍援，促進突圍，絕不可再回雙堆集。他們囑託：

一：為國軍高級指揮人才保留一點火種。

二：委託胡璉收拾殘局，並照顧各殉難將領的家屬、安排袍澤後事。

那是一個肝腸寸斷的時分，絕世傷懷，無逾於此。不過，在胡璉心中，他很可能隱隱約約覺得自己並無留在南京的理由。臨登機時，遂漫應之。

胡璉聰明，又集仁智勇信與一身。他是上馬殺賊子，下馬草露布的奇才。在學問上，他近取文學研究會發起人之一、陸軍大學教育長蔣百里（方震）先生為圭臬；在作戰氣質的勇毅果決方面，較之名氣鼎沸的關麟徵、邱清泉也不稍讓。層峰對其倚望甚重，第一次用小飛機送他到徐蚌戰場前後，蔣先生先後寫了近十封親筆信給他，盼其創造奇跡，扭轉戰局。

已是多少年過去的一九七〇年代，他的部下楊伯濤將軍撰寫回憶錄，把黃維罵了個一佛出世、二佛升天。他以為黃維多年從事軍事教育，缺少作戰實踐，而且心胸狹隘，指揮昏頭昏腦。他極力推崇胡璉，說他戰功赫赫，居然屈居黃維副手。後來讀史者，把歷史人物「左看右看，上看下看」，發現事實並非如此。但不能排除，第十二兵團的正、副手之間，就毫無芥蒂。

但可驚的是，黃維相當尊重胡璉，而胡璉也從未當面或背後攻訐黃維。

黃維帶頭勸阻胡璉，同時也是各軍師長的共識。為國軍保留一點香火，一點可供傳燈的火種。

不回來的理由，有一萬種；而回來的結果，外行也曉得，那就是同歸於盡。

在過軍將領之間，涉及各派系的傾軋；雜牌與嫡系的重大矛盾不必說，就是嫡系內部，，也有令人扼腕的難以調和的隔膜。邱清泉和黃伯韜都曾指摘譏諷其頂頭上司劉峙；而關麟徵、陳誠則當眾指面破口大罵、拍案掀椅，各氣急吐血一升。

按照不長進的人性而言，在胡璉登機時，應有人希望他回來，要擔當一起擔當；或者，應有人爭奪這個苟延殘喘的大好機會。

然而沒有。眾將領一致催他火速啟程。

八日，也就是回到南京的第二天，蔣先生邀宋希濂、胡璉、蔣經國等共進晚餐。餐後放映電影《文天祥》，看畢，蔣的話語很簡短，他說「這個片子很好」。其實蔣公那時已昏了頭，但也著實感到黃埔將領的凋零。他希望宋希濂回鄂西再西進四川與胡宗南會合。力保西南基地；但他並不明令胡璉再回雙堆集——徐蚌會戰的中心。就是說，用最苛刻的標準來要求胡璉，他不回徐蚌戰場，也沒有任何不妥。

可是胡璉自己的決定完全出乎意料。他堅持要回雙堆集。也在八日這一天，蔣先生與白崇禧通話，白氏拒不出兵以救中原，胡璉在一旁聽得清清楚楚。袍澤的囑託讓他神傷，而校長的處境可能更使他動了感情。沒有衝不破的防線，讓我去把兵團帶出來。他想。九日上午，他領取了一批水果煙酒，準備帶給黃維和各軍師長。那天他乘坐一架軍用小飛機，毅然飛回了戰火紛飛戰況膠著的雙堆集重圍之內。彼時，包圍十二兵團的解放軍兵力，為中原和華東野戰軍戰力高強的七個縱隊。

趨利避禍，是人之常情，胡璉反其道而行之；權衡利害，也有一萬個理由，他不屑也不為。收拾殘局照看家屬保留火種處理善後，言猶在耳，也許比他重回戰場還要重逾萬鈞；然而他義無反顧。與部隊的血肉相連，歷史命運的包圍脅裹，他必然在那一時刻感到一種身負重托的莫名的強大力量，核聚變一般彙聚到他身上。

孟子說：志士不忘在溝壑，勇士不忘喪其元。

先賢下筆分量重如泰岱。

解放軍重兵合圍，萬馬奔逸，山洪爆發，幾無喘息之機。「黃維督促士兵在坦克引導下，多次反覆衝鋒，前仆後繼，死屍遍野。解放軍寸土不讓。戰鬥緊張時，劉伯承李先念在指揮部操起了步槍。劉伯承鼓勵部下說：中原野戰軍打完了也沒什麼，反正中國革命要勝利了。」（《民國軍事史略稿》四卷下六二八頁，中華書局）

解放軍在總攻擊前，將戰壕改進，由臥姿、跪姿最後挖成立姿的交通壕，至總攻擊前，塹壕距國軍陣地僅五十餘公尺。黃維、胡璉在大突圍時，迭次以一個營、團的兵力，在飛機戰車的掩護下，做瘋狂絕望的反撲。十五日傍晚衝開一條口子。黃維戰車故障，下車奔跑時被俘。胡璉臨上戰車時背部中一彈，十八軍戰車營開道，他的鐵騎箭也似地彈了出去。衝在最前面。他身上中的那一彈，是從別處炸開反彈的火箭彈，後來住院取出三十二粒小彈片，一九七七年他去世後遺體火化，發現肩胛骨裏尚嵌有一殘留彈片。

精銳的十二兵團七、八萬官兵，僅有三、四千人逸出包圍圈。

在這一場大戰中，十二兵團的參謀長是蕭銳。他曾有起死回生的三個建議案，但不幸被黃維所否決，憤而請辭返回南京倖免被俘，一九六〇年蕭銳在臺北三軍總醫院一年多養病期間，曾和他當年的部下攀談：「猶不勝唏噓及痛恨黃維誤國！」（王文稷〈談一八軍徐蚌會戰之失敗〉）

胡璉返回南京鼓樓附近十八軍駐京辦事處，當即召集留守幕僚計算兵團兵力並研究地圖，發現駐馬店到徐州並無可供大兵團運動之道路，問題嚴重！乃連夜向官邸連絡請見蔣先生，於次日上午前往林園謁見。胡璉報告：昨夜經與幕僚詳細研究地圖，駐馬店到徐州並無可供大兵團運動之道路，尤其十八軍、十軍汽車及三匹騾子拉的彈藥車各有千輛，現僅有一條泥土道路絕無法負擔。

前些天，他離開雙堆集之前，曾特別指著原十八軍參謀長現任兵團參謀長蕭銳，以誠懇語氣，向黃維慎重介紹，推崇他為不可多得之戰略家；再三叮囑黃維要尊重他的意見。

十一月十八日，黃維在蒙城文廟召集師長以上的軍事會議，聽取戰況報告後，兵團參謀長蕭銳將軍向黃維提出三點用兵建議：

第一案：一個軍守蒙城之線（以一個師佔領奶奶廟、南平集之線作為蒙城的前哨陣地，即第十軍及第十八師），兩個軍（十八軍、十四軍）轉向東進靠向津浦路，一個軍（八十五軍）回駐阜陽，並負責維持阜陽到蒙城交通線之安全，作為兵團之後方依託（進可攻退可守）。

第二案：一個軍守蒙城（十四軍），一個軍過河（十軍），一個軍（十八軍）轉向東進，三者任務均同第一案，八十五軍仍同第一案。

第三案：兩個軍過河（十軍、十四軍），惟任務較第一案再向前進攻，有利則繼續向徐州推進，無利則對峙以待戰機，十八軍仍依第一案東進，八十五軍軍部及主力置於蒙城之線，一個有力師守阜陽，一個師負責阜陽到蒙城交通線安全。

王文稷說，綜論三案重點：一、強調東進津浦路，俾利緊急時形成犄角，或作為外援走廊。二、強調掌握阜陽後方交通，以備緊急時與華中剿總張淦兵團呼應。三、蒙城以北主戰場從先前之一個師過河，到一個軍過河，再至兩個軍過河，其主要著眼在進攻退守完全操之在我。

蕭銳參謀長又進一步說明產生之背景：一、我十八、十兩軍攻略蒙城及渦河以北要點之艱苦及重大代價！二、據敵俘告稱：劉伯承有五個縱隊已先於兵團三日佔領南平集、奶奶廟東西之線加緊構工。三、我十八軍派出諜報報稱：劉伯承兩個縱隊已尾隨我兵團佔領阜陽。四、陳賡三個縱隊於兵團自確山出發時，即在我左側亳州與兵團同向徐州方向前進。請司令官仔細考慮此建議的三個方案，並以第一案最優，第二案次之，第三案又次之，蕭參謀長說完坐下靜候裁示。

不料這樣精心的籌畫竟被黃維所否決，黃維並站起來大聲宣佈：就這樣決定，散會！

蕭銳見黃維一意孤行、蠻幹，兵團此去凶多吉少！乃立即抄擬電報交十八軍通訊營（亦係兵團通訊營）加急拍發十八軍駐南京辦事處，稟報上情。隨後蕭銳寫了辭呈，請辭兵團參謀長職務，連夜送請黃維批示。黃維在稍加慰留後即予批准，蕭銳亦連夜與十八軍、十軍各軍師長分別打電話告知上情，互道珍重！於十一月十九日搭由蚌埠運糧卡車，揮淚離開十八軍袍澤。

蕭銳歸程，一腔愁悶，難以言宣。此處距兵團激戰地區已有數十里之遙，而炮聲隱約可聞，他的心愀然為之不歡，且北地早寒，草木枯黃，觸目一片蕭瑟。

這一派傷心慘目的景象，很像李華〈吊古戰場文〉描述的悲切，黃塵匝地，歌吹四起，一種酸楚陡然襲來，蕭先生禁不住為之淚下潸然。

以後的戰況是，黃維以及四個軍、師長均被俘，胡璉僅以身免，突圍時乘戰車被打斷多根肋骨，由五個衛士輪流背負，自渦河北岸某渡口棄戰車，行十餘公里，抵會流集。到了十六日天明，到達懷遠城西邊，竟巧遇隔在包圍圈外的十八軍騎兵團，而該團團長翟連運曾作過胡先生隨從軍官，這是不幸中的大幸，立即受到妥善照顧，迅速護送至上海同濟醫院治療。另有十八師師長尹俊、七十五師師長王靖之突圍。

心思飄忽　幕僚無為

雲南原生態民歌唱道：

一天想你十二辰，
想你心肝氣昏人。
吃飯端錯菜大碗，
挑水錯拿洗臉盆。

其六神無主的心理狀態，傀儡般的神情，表現得淋漓盡致。傅作義在進退維谷時刻，微妙難以自持的細節，被蔣緯國敏銳捕捉，傳神之處和民歌的意趣頗相吻合。

那是一九四八年的十月，蔣緯國到北京去看傅作義，轉達中樞的意思。因為蔣先生希望傅作義往海邊退，而且接他的船都準備好了。蔣緯國為了表現誠意，還對他說：「父親說如果您朝東走，要我在這裏多待幾天，陪您上船，只是我沒帶人來，起居方面要麻煩老伯了。」禮數相當周到，而且幾乎擺到桌面的意思，挑明隻身前來，就是蔣緯國願意做他的人質，並且跟他一起上船。傅作義就說：「你回去跟令尊說，這邊沒有什麼事情。」蔣緯國寫道：

雖然他嘴裏這麼說，但是當時我就感覺到他的神智非常不穩定。他拿了一支煙，放在嘴裏，拿著火柴沒有點燃。跟我講話時，在亭子裏轉來轉去，他給了我一支煙後，替我點火，過了一會兒，他又拿了一支香煙給我，原來那一支才剛點著沒有多久。他又從口袋裏拿了一支香煙往自己嘴裏頭塞時，才發現嘴裏已經叼了一支煙，而且那一支香煙也沒有點著。從這些舉動可以看出他的精神很不穩定，究竟是要撤退出來到南部重起爐灶，或是回老家包頭，還拿不定主意。他總覺得以保全自己為要，而且我去見他時，在在表示父親對他的關切，沒想到他最後還是選擇回包頭。（中國大百科全書出版社《蔣緯國口述自傳》）

這時候他強作鎮定都難了，因為從細微的肢體動作，即可看出他無法壓制的緊張，在此特殊峰會上強化這場歷史的戲劇張力，如此的心緒不寧，六神無主。此時，任何高明的幕僚都無法將就，也無法補救，蓋主官精神心思已游離軀殼，處於渙散漂移狀態，除非能將時光隧道的未來情景搬到眼前，使之憬悟，當然，這絕無可能。

蔣緯國到傅作義大營之際，綜觀全局，平津地區已陷於孤立狀態中。

此時他的作為顛三倒四、猶豫寡決，且有多次的錯誤判斷。當然有很多不得已的制約因素，使其備受壓制，甚至難以喘氣，不過，器度不夠，尤其是囿於條條框框，則是無可置疑的事實。如果當時他按照最高戰略，放棄察哈爾張垣、熱河承德，乃至於保定，將所有重兵轉移津沽，勢必形成極大的牽制力量，亦必有助於華東、華中兩戰場。

軍事行動，貴乎迅速，然而傅作義對此依然遲疑未決。不僅作為主帥的他出此下策，就是他的幕僚，似也方寸大亂。

幾經周折，最後決定又是——將平津地區所有部隊，迅速向天津、塘沽集結，採取以守勢作戰原則，然後適時待機改采攻勢，同時要求歸綏、包頭、大同、太原各方面竭力固守。

這樣行行復行行，躊躇再躊躇，張垣已被包圍得結結實實，再想突圍，已經艱難萬分了。

名將失和　影響幕僚作業

傑出的幕僚，在於及時把握良機，營造大氣候或小氣候。名記者陳嘉驥親眼觀察到杜聿明、孫立人失和的前前後後。名將意氣用事，導致糾葛叢生，遂將幕僚作業擠壓到失卻原有彈性限度，難以再生。

孫立人晚年的悲劇，實在也跟他恃才傲物、矜才使氣有所關聯，使其在爭取同僚信任同情方面丟分不少。他以為美國人對他支持到底，實則這種想法甚為虛飄。而杜聿明雖有一定才幹，但也是心高氣傲，這樣在一起暗中較勁，真是自毀門牆。

一九四六年初到東北，兩人首先因長春警備司令一職而生芥蒂。杜聿明屬意廖耀湘，而孫立人認為非他自己莫屬。然而廖耀湘的任命已經發表。孫立人堅持認為，新一軍雖然出關較晚，然抵達東北後，一路上追奔逐北首先進入長春，長春警備司令一職，無論如何也不應由新六軍軍長廖耀湘擔任。爭執的結果，最後還是杜聿明讓步，改派孫立人為長春警備司令，從此兩人嫌怨已深，肇致了日後的公開決裂（參見陳嘉驥〈杜聿明孫立人失和始末〉）。孫、廖這兩位曾在異鄉，並肩抗禦強寇的同僚，因此失和而對立，實在令人扼腕。

其次，孫立人認為他不是黃埔生，感覺受歧視。杜聿明則認為孫立人自恃為美國軍事學校畢業，涯岸自高，其心目中除了美國人以外並無本國部隊長存在。

再次，孫立人推崇機動戰術，迷信高機械化的戰力。杜聿明對孫立人不認真執行命令甚為惱火。

另外，杜聿明心中認為孫立人最不可原諒者，是當他在農安被圍之際，幾乎被俘，而怪孫立人在長春視若無睹。孫立人則說，新一軍其時正在艱苦作戰中，並非坐視不救，乃因備受糾纏一時無法出擊。

後來，杜聿明召開作戰檢討會議，會議席上，杜、孫兩人又發生嚴重爭執；散會後，杜聿明立派首席幕僚趙家驤專機飛往南京，報告種種隱曲，趙家驤自南京返瀋陽後，南京方面立刻發表孫立人調任東北保安司令部副司令長官，其所遺新一軍軍長缺，由潘裕昆升任。

陳嘉驥當年採訪孫立人，記得他話語間牢騷極大。譬如孫立人指摘說，他們在東北指揮，扭轉局勢很難。如想挽救四平街目前戰局，只有一條路好走：「但說出來，杜聿明也不敢去做！」就是命令長春與吉林所有部隊，現在立刻以全部力量渡松花江去打哈爾濱。因為林彪所有力量全部集中四平街附近，哈爾濱等諸空城；果能如此，四平街之圍自然可解，但他認為杜聿明絕無此膽量。

記者就問：如這樣一來，長春、吉林等地再丟了，不更糟了嗎？

孫立人答，你這想法與杜聿明想法可能一樣，你是新聞記者，當然難怪。杜聿明就是一向這樣畏首畏尾，所以坐失許多良機……我們需要的是戰勝而不是死拚，作戰最忌畏首畏尾。

重要將領失和情形，被林彪打聽得一清二楚，於是他便大膽的在東北施展陸上「跳島」戰術；越農安打懷德，越長春打四平，越四平打鐵嶺，越瀋陽打錦州……終致席捲了整個東北。

杜聿明與孫立人的先後離開東北，象徵二戰後東北全盛時代的結束，也標誌了混亂失敗時代的開始。孫、杜因各有腹稿而失和，又有邱清泉、胡璉的意氣用事而尖銳對立。

徐蚌會戰前兩年，整編第十一師胡璉的部隊一度撥歸第五軍邱清泉指揮。但為了前線部隊的調配問題，兩人產生裂痕。胡璉的部隊原有一個團在魯南張鳳集、張表集之間佈防，因為不知聽邱還是胡的命令，方猶豫間，這個團竟被解放軍全殲。這對兩個王牌軍的長官可謂極度難堪，既無法向社會交待，對友軍也說不過去，兩人遂有指責對方之意。雙方的隔閡必然影響整個戰局，於是他們兩人的共同上級王敬久趕緊來斡旋。但王氏也不大惹得起他倆，只好召集雙方的作戰幕僚全體參加調解。吳思珩說：「我當時任軍政治部主任兼機要室主任，在會議時擔任紀錄。戰地房子極簡陋，會議開始，胡璉從張表集趕來，一進門，邱清泉很客氣地稱呼他『伯玉兄』，胡璉也稱他『雨庵兄』，雙方客客氣氣，不幸漸漸談到這一團不靠攏的問題，雙方都動怒而直呼其名，邱說：『你胡璉怎麼樣！』胡也回他：『我也不怕你邱雨庵邱清泉！』先是呼號，後是呼名，雙方皆大拍桌子，情勢僵極了。王敬久很下不了臺，給雙方各說好話，我們也拉的拉，勸的勸，否則幾乎打起來。當時的階級邱是中將，軍校二期，胡是少將，軍校四期，但各有各的狠……關係更形尖銳化，從此這兩個沙場名將各自分道揚鑣。內部力量自此分化，對於此後戰局的全盤失敗投下濃厚的陰影。而國防部也妙得很，事後只把十一師劃歸第六綏靖區周磊指揮，對此項糾紛，沒有處置，也不問是非。中原作戰以徐蚌的失敗了結，其失敗的前因種在兩個關鍵。」（參見吳思珩〈徐蚌會戰的序幕〉）

以上各位，似乎都是才氣有餘，脾氣過剩而謙讓與情商不足，拍桌子打板凳，出言不遜，針鋒相對，不稍假借，情緒對立進而影響大局。

但在美軍將領中，卻全不是這樣。他們的矛盾也是隨時隨地產生，譬如二戰結束時，盟軍接受日本投降，就讓盟軍最高司令麥克亞瑟主持儀式。海軍聽到這個決定，馬上就不高興了，整個太平洋戰爭期間，海軍的陣地要寬泛得多，憑啥由陸軍出身的將領來風光顯要呢？各有各的頭目，各有各的人馬，事情鬧到總統那裏，還有接受投降簽字的地點問題、本國部隊兵種旗幟問題、麥帥和同僚太平洋戰區司令尼米茲的關係……都是緊急關頭的一團亂麻。然而美軍的智慧和胸襟確乎超人一等。他們很快找到化解矛盾、從焦點切入找到皆大歡喜的轉圜辦法，不特不會出現要對方知道馬王爺有三隻眼的自大膨脹，更不會惡化成阻礙大局的負面因素。甚至恰恰相反，矛盾一出現，馬上靠智慧和情感、乃至趣味來化解，麥克亞瑟簽字用了五支筆，虧他想得出，這樣佳妙高岸的的靈機一動，反而造成了自由精神的蔓延，是一種雙贏的你好我好大家都好！筆力驚豔，結構天成，事功聲名，皆大歡喜。

曾國藩作為純文人幕出身的大軍指揮官，可論之處實在太多，但具體他對部隊的建設而言，有幾點是不可忽略，比如當時的清代綠營不能打仗，原因很多，致命的是軍紀敗壞，待遇極低，所以民間說好鐵不打釘，好男不當兵，曾氏即針對這些下手，湘軍的餉額待遇加倍提高。另外他雖然說打仗重在精神的修煉，但實際上他對武器的製造，尤其對於殺傷力巨大的大炮的製造都是煞費苦心的。他四出網路幕僚人才、技術人才、練兵人才，自己則常往陣前督察檢閱，其所作為，乃屬高明而必要。所以蔣介石推崇曾國藩，非常贊同他的一個觀點：「湘軍之所以無敵者，全賴彼此相顧，彼此相救，雖平日積怨深仇，臨陣即彼此照顧，雖上午口角參商，下午仍彼此相援。」

這確實是極有眼光的體察，也是部隊葆有戰力的關鍵之關鍵。

李天霞不救張靈甫，李玉堂不救馬勵武，邱清泉不救歐壽年……可以看見國軍的許多惡習，導致意想不到的慘敗，令人難以相信的慘敗。馬勵武的二六軍，也是從滇緬戰場歷練歸來，頗有風雪血汗精神，敗北之際，那樣的迅速，那樣地不明不白，那樣的心有不甘。作為將軍、謀士，不少人赫赫有名，在特殊的大時代造就其蓋世的本領，過人的睿智，但他們都接二連三的鎩羽折損，隕落凋謝。

在總體戰略的捉襟見肘，畏首畏尾的情況下，某人不施援手，他甚至也有很多理由，這樣的境況下，再優秀的將領，再傑出的謀士，也都無濟於事。

孫立人悲劇　幕僚不成氣候

孫立人後來在臺灣走入人生彎路，陷於舉世聞名的冤案之中。他在一九五五年秋被軟禁，直至一九八八年恢復自由，後半生委屈淒涼，固然跟他與黃埔系鬥法漸處劣勢有關，但他的悲劇，更與兩個因素有密切聯繫。

一是他的性格。一是他的幕僚不成氣候。

一九四〇年代上半期史迪威和蔣先生鬧彆扭，後導致史氏解職回國。其後孫立人曾以中國軍官的名義發動上書羅斯福總統，要求讓史迪威重返中國，這些都是超越職責、混淆名分的舉措。此與智力無關，純系性格瑕疵使然。另外他在黃埔系將領面前崖岸自高，不把他們放在眼裏，但他在蔣先生面前卻很怪地是一幅軟乎乎的樣子。當他的助手、部下紛紛被立案時，有人希望他站出來講講話，偏偏孫立人就只敢說：「老先生正在氣頭上，等過一陣子吧！我會找機會告訴他。」他這一等，他的部下就陸續投入囹圄甚至斃命刑場了。谷正文說「孫立人的態度強悍，在同僚間算是小有名氣，連陳誠都吃過他的排頭，更別提彭孟緝之流的人物，然而，一站到蔣介石跟前，他卻又軟弱到了極點」。這的確是對他性格另一面的生動寫照。

他的悲劇的另一因素，就要說到他的幕僚的不成氣候，因而耽誤大事了。

谷正文〈彭孟緝導演孫立人叛亂案真相〉肯定地說，孫立人的悲劇：「除了他個人對中國官場慣例瞭解不夠透徹之外，幕僚人員能力不足也是重要原因。」他手底下的軍事人才還過得去，文人部分，孫立人全賴陳石孚、徐復觀兩人主事。此外，曾任北洋政府內閣總理的許世英，也是他的重要諮商人員。

許世英是北洋老官僚，行政經驗極為豐富，曾經做到國務總理之職。孫立人是他的同鄉晚輩。專責調查孫立人案九人小組，他也是成員之一。陳石孚是大學外文系主任，並兼任《中國郵報》總編輯；而徐復觀則為哲學美學學者，三人之中，大約要數他對中國政治模式最為瞭解。

孫立人與許世英為遠房親戚，就親屬輩分上來講，許世英是他的同鄉。不過，孫立人對他並未特別倚重。而陳石孚、徐復觀兩人，蔣經國對他們的評語是：「想做官的文人，無聊！」在谷正文看來，老覺得這兩人充其量不過有如三國時代的蔣幹。蔣幹雖然「有儀容，以才辯見稱」，卻總是以迷糊為聰明，常將要事辦砸。

整個事件的演變，遠超乎孫立人的想像之外，他原來只想順利坐上參謀總長的寶座，豈知竟演成兵諫，而毀去半生前途。

這些人大多保有個人野心。有野心，並非全是壞事，但核心幕僚長的政治藝術，是行止韜晦，政治才幹絕不顯山露水，不料這班人成事不足，敗事有餘，孫立人的悲劇，泰半與其幕僚息息相關。

對於孫立人，蔣先生日記顯示，他並非不願用他，但是「吳（國楨）、孫屢屢挾外（美國）自重」，蔣先生筆下對此多次痛斥。另外美國的蛋頭官僚做事有眼無珠，對中國傳統及人際關係兩眼漆黑，卻在那裏亂畫藍圖，當一九五〇年春，中情局一份機密報告稱：「近幾個月的報導顯示，受過美國教育、現負責臺灣防務的孫立人，正計畫發動政變，俾使蔣介石成為有名無實的領袖，且剷除其親信。」這些設計都和現實相當疏離，對中國的前途並無善念。也即說，其所設計，看似高明秘密，其實乃中材下駟在那裏運作籌畫，結果是欲蓋彌彰。即一班專業的或邋遢的幕僚，有眼無珠，學問素養跟不上趟，搞得滿地荊棘，亂出主意，宕延事機。碌碌庸才，承平時節尚可吹吹牛皮，遇到轉捩關頭就不免丟人現眼，難怪蔣經國要不屑地說道「想做官的文人，無聊！」

放棄北方守住長江以南的參謀建議

內戰時期，杜建時在天津市任內，注重防守工事。他籌集地方財力，構建城防，並設立城防委員會主持其事。針對解放軍缺乏大口徑火炮，構建碉堡以防步兵為主，建有大小碉堡一千五百餘個。

濟南、東北失守後，平津孤立。杜建時往見傅作義，建議放棄張家口，集中兵力於平津唐地區，總指揮部移駐天津，目的是，保持可戰、可守、可走的有利態勢，而傅作義猶豫不決，因傅作義這時看見上海得到美國太平洋艦隊支持，也想由美國直接支援平津。

而中樞當時覺察華北即將不守，漸有劃江而治的打算。此際，中樞的遲疑導致局面不可收拾。其一，既已覺察北方難以為繼，即應直接放棄北平，收縮主力，鑄造長江防線；其二，如欲傅氏堅守，就應大力支援，以求一逞。其三，上兩策均不用，就應以杜建時的可戰可守可退之策為實施方案。然而，此策也不見用，中樞的策劃竟然是長期固守，以待國際變化。

很快，傅作義在重兵合圍之下投降，陳長捷被俘，杜建時自首。杜氏不愧是讀書人，他說，我是軍人，軍人是不能投降的，我們又是市政官員，應對人民負責，檔案和公共財物，要完整交給接收的共產黨。此前，國防部參謀次長李及蘭，總統府參軍羅澤闓、聯勤參謀長吳光朝來勸他突圍，他因陳長捷態度保守未實施；到了解放軍將要突破之際，蔣介石派飛機接他，他怕走後天津大亂，遂動員飛行員空機返回。

舒適存雖長期擔任高級作戰幕僚，有時也被抽調負責方面之作戰，於收復海城後，又率陳林達及羅友倫兩師，攻略西安、東豐、海龍各縣，爾後進駐永吉，任前進指揮，旋升任第九兵團中將副司令官，晉授三等雲麾勳章，駐長春。

一九四八年夏季，東北戰局逆轉，整個戰爭形勢預示國軍即將可怕的坍塌。這個時候，高級幕僚的意見就特別的顯要和險要。顯要是急需良策，險要則是任何一策都有噬臍莫及的危險。

而舒適存的建議就是，他認定這是世界性的戰爭，必須作長期的艱苦戰鬥，在美國軍援斷供之前，更要趁早做更壞的打算，應該及時收縮戰線，集結兵力，做確保江南之計，此一策，實在是不可多得的可用之方，但因種種掣肘，當然不被接受。而形勢就急轉直下了。

此時舒適存又奉命兼陸軍第七訓練處副處長……他又建議長官部，應趁林彪部隊的大規模攻勢準備尚未完成以前，斷然放棄長春、瀋陽，集結兵力於錦州、義縣地區，在大凌河西岸，構成堅固陣地，打通錦州以西之北寧路兩側地區，使其與平津聯成一個整體，海上、鐵路、空中交通無阻，補給容易，兵力集中，應付西廂之敵，較有把握，但人微言輕，徒付空談而已。（《傳記文學》雜誌總第二四〇號）

此真令人扼腕，浩歎不已。

陳誠到東北的時候，局勢已經逆轉，但人心對他還有期望。尤其東北的耆宿以及地方公教人員，盼他挽狂瀾於既倒。

此前，接受偽軍問題，接收大員的腐化問題，老百姓的積怨問題……雖都不可忽視，但在軍事上是不是就毫無辦法可想，而只有坐以待斃了嗎？倒也不儘然。

包括陳誠本人，有這樣的企圖或打算，那就是戰線太長，貪多求大，以至東北兵力稀薄，即美械裝備的幾個甲種師，沒有替換，彈藥難以為繼。美國特使魏德邁當時還表示可以儘快補充槍械彈藥，最後變成空話。

但陳誠知道癥結所在，欲加挽救，他的辦法是，說服蔣公放棄東北，部隊撤往關內。保存精銳火種，甚至放棄華北，最低限度是達成劃江而治的局面。但是蔣先生一直下不了決心，他也向大員、僚屬徵求意見，又是眾說紛紜。但東北的局勢是不會靜止等待的，而是在分分秒秒的惡化中。結果幾乎同時的徐蚌又是一場窩囊的大戰，不但劃疆而治不可得，最後就是劃江而治也不可得了。三四年的時間，幾百萬軍隊，剪伐倒塌如巨鐮割草，如非戰略出問題，那是說不過去的。

曾國藩蕩平太平天國後，將湘軍解散，使之各各卸甲歸田，但是百戰餘生的將士，那裏還肯耕地，憂憤頓足，謀生無路，相率加入會黨。

這是為淵驅魚，為叢驅雀。

這和抗戰後軍隊整編情形如出一轍，同樣是沒有良策，只知一意實施並不高明的行政命令，導致不少征戰軍官哭陵，且在意識形態上就很容易走向反面。

四面楚歌，神仙也難以作為

在大陸易手前的緊急關頭，蔣先生已經方寸大亂。那時候可以說所有的當事人前線一線將領，都是臨時性事實上的幕僚，不少人推出較為可行的退守辦法，但都陰差陽錯未能實施。

一九四九年八月下旬，宋希濂和胡宗南在重慶向蔣介石建言。其中，宋氏長期在滇西，對川滇邊區地理很熟悉。

宋、胡二人的腹案是，當時在西南的部隊，少量的嫡系部隊也軍心不穩，軍頭甚至是地下黨，新編成的部隊及雜牌軍戰力脆弱，要想集結兵力和解放軍決戰，等於癡人說夢。於是宋、胡二人商量，將主力轉移到滇緬邊區，第一步控制西康和川南。如解放軍壓制，則退往保山、騰沖一帶，如再受壓制，則要退往緬甸，且必須儘量保存現有重炮、山炮、戰車等。

他們向蔣先生作了彙報，但老先生非常氣憤，堅不鬆口。他認為，西南為資源精華所在，乃復興事業的大本營，不能輕易丟棄，如果放棄，則國民政府在國際上地位完全喪失。

他所說的也是事實，問題是整體的支撐難以招架了，等於病骨支離的人去和大力士打擂，其結果可想而知。

所以宋希濂和胡宗南又說，如不設法避免決戰，將有被包圍全殲的危險。不如設法保存實力，還算上策，他們向蔣公反覆陳說。蔣先生堅不同意，且面有慍色。於是這一案就完全擱置了。

當時在大西南，胡宗南的參謀長羅列也有他的一個計畫，他認為劉文輝的部隊戰力孱弱，雅安、西昌可輕易拿下，但不宜從成都、雅安一線直接攻擊。宜從樂山、洪雅方向，以及灌縣草地方向合圍雅安。再將兩個軍調到雲南，守住雲南，西南的局勢是可以穩定下來的。

他這一案胡宗南也表贊同，但他曉得層峰必不准許。所以在漢中的時節，他苦悶到閉門謝客。那時，胡部的訓導處處長李猶龍，曾為此事去問參謀長羅列，羅列說，老頭子沒有批准我們的計畫，長一師不能去西昌，其他部隊亦停止行動，因害怕做甕中之鱉，胡先生在愁悶生氣呢。稍後李猶龍自己去見胡氏，胡宗南對他說，老是被動行事，將來只有作甕中之鱉了。一九四九年的十一月，宋希濂部隊已經只有撒腿西向狂奔了。在幕僚計畫的左右搖擺中，川東的防線已不復存在。

當胡宗南已退到成都，還在為怎樣去、去不去西昌而憂慮，解放軍已在多處重要關隘切斷了他們的退路。這時即使口頭上要守成都的人，也是忐忑不安，所以，成都籍貫的李猶龍就建議，假如要暫時守成都，自來兵家是北守綿陽，東守簡陽，南守瀘州；如打到成都附近，你就不能守了。就目前形勢說，他認為還是放棄成都，到西康、雲南保持一部分實力，才是上策。

這時候蔣先生也正在成都住在軍校裏面，胡宗南去請示，回來後大發牢騷。說是總裁得到張岳軍（張群）向他保證劉文輝、鄧錫侯、盧漢這些人都靠得住。蔣先生不同意胡宗南等人的計畫，而且下手令要其負責死守成都；並派顧墨三（顧祝同）任西南軍政長官，要他以副長官兼參謀長的名義代行。胡宗南以為這幾十萬人都會被張嶽軍埋在川西。

張群是蔣先生極為信任的大幕僚。但他這個時候的種種判斷，都是和實際情形相背離的。他的整個人脈、在他家鄉的多年的經營，此時已像大地震一樣，改變了地脈上的所有結構，即使原貌還在，整個基礎已經垮塌鬆懈，他還冒險相信，其他的人當然就成了他的計畫的犧牲品。所以胡宗南的牢騷也真不是空穴來風。

劉伯溫的感觸與喟歎

劉基（伯溫）的幕僚生涯，因了亂世中的神秘流傳，他的神機妙算又增加演義色彩。

他的先祖，到他父親這一輩都是讀書計程車子。

小時候他在讀書一方面顯現獨到的興趣。經史哲學、諸子百家如有神授；天文地理、兵法數學，每有別致見解。他的鄰居曾經要出借一本奇書給他，他婉拒之，蓋其曾經流覽一遍，即已熟誦於胸。少年時代就和他父親一起，踏著松間沙路，聽泉觀雲，感悟大自然和社會的生理。

劉基學問深足，氣象博大，先做縣丞，後為參謀，以道不行，遂起乘桴浮於海之意，隱居浙江青田山中。而他長成後，對象緯、星盤之學更有深入的鑽研。

他年過半百才出山為朱元璋擘畫軍機。日月星宿的習性、結合軍事地理的運用，顯示他對形勢攻守的獨到研判，對宏觀和微觀的有機把握。

小時候他是神童，成年後他是神人。

伯溫初為小吏，那種被同僚排擠，被制度束縛的無力感，和後來的曾國藩、郭嵩燾幾乎如出一轍。元末遍地亂象，貪腐彌漫的社會情景，也促成了他出山為軍師、為國師。

《郁離子》是他最最重要的著作之一，他有澄清天下之志，當時政治失路，政危官劣，志士思有以改變。因此書中的策略、參謀、量敵、審勢、用賢、治民諸方面，用意在探索成敗得失之蹤跡。前人視之為明代諸葛亮。

《郁離子》那些意義深遠的篇章，既透露他的知識學問，頭腦的睿智，也看得出是他切身經驗的總結。其作用，古人視為五穀雜糧，療饑之必須，可見推崇之一斑。

他的〈賣柑者言〉指斥那些「國之蠹蟲」，為一己的私利，非把國事拖到深淵而不甘休。

朱元璋與陳友諒於南京城外的龍江一戰，形勢危殆，幕僚集團焦躁不安，而伯溫力排眾議，認為此一危機乃最大轉機，他即在此下賭注，但敢賭也要須有超強的心理儲備。他穩住朱元璋，且派兵前去詐降，誘敵深入，遂在龍灣徹底擊敗陳友諒。

劉基在他山居做隱士的時節，曾經養了一群雞，一天晚上被狐狸叼去一隻，老劉很痛心；同受狐害的山民氣不過，就施計報復。次日就以一肥雞，放在狐狸洞旁邊，設局以待。狐狸不知，果然來抓，遂被板夾夾住，難以脫逃。狐狸身雖被執，而其爪、其口仍扯雞不放。狐狸死了，還緊緊抓著那雞。看到這情形，老劉感慨不已。他說，人因為貨利財物的貪圖而喪身的亦和狐狸差不多啊。宋代有因土地而受賄者，捉往官府審訊，受刑，不認罪，再打，仍三緘其口。行刑手看不過，就勸說道，你要是承認了，受罪也有個盡頭啊，如你這般死硬，會打死的啊。你怎麼不想想？那人仍然咬緊牙關抵死不認。然後他死了。將死之際，呼其子悄聲告曰，好好保存那筆財物，是我用死換來的。人們沒有不笑他的。

老劉說，這和那隻抓雞吃的狐狸多相像啊，於是將此事寫成一篇寓言〈山居夜狸〉。

民國末年，各級參謀有建議及早退出東北以保華北江南，蔣先生不之應，戰局崩盤；又有建議退出華北，以保長江以南者，又不之應。最後南北皆失，倉皇辭廟，黯然居小島，這和夜狸何其相似乃爾。狐狸怕是沒有參謀，而蔣先生卻曾是猛將如雨、謀臣如雲的啊。讀史撫膺，真要擲筆一歎。

結語

近代領軍而出身幕僚者多不可數。

據統計，曾國藩前後幕僚加起來，聲名顯要的就有四百多人。大概除了純粹的武將如鮑超等人以外，其餘從其身邊起家的軍政大員，沒有不是幕僚出身的。李鴻章、左宗棠、丁日昌、郭嵩燾、羅澤南、沈葆楨、劉蓉、薛福成、吳汝綸、胡林翼……側重面不同，有的一生為幕僚，有的很快出為方面大員，甚至疆臣。

曾國藩集團的得逞，在技術方面幕僚因素居大半，其高層大多由幕僚出身者組成，趙烈文這樣的知識份子，始終居幕僚地位，出謀劃策；更多的人，像左宗棠、李鴻章起初都是國藩的幕僚，奮其智鼓其力，中途走向方面指揮，再走向疆臣大吏；像郭嵩燾則以幕僚走向第一代傑出外交官。曾國藩手下的將帥只有像鮑超和塔其布等人，是純粹武官出身，其他的人無論是專職幕，還是外放任方面指揮官的人，多為知識份子。如左宗棠、羅澤南、彭玉麟、李鴻章……這裏面也有一些特殊的情形，例如王珍，他早期是羅澤南的助手，一旦進入湘軍系列，由純知識份子轉為指揮官的過程相當迅速，後來他寫《陣法新編》等書，在戰術方面就有相當具體的貢獻。

曾國藩本人在翰林院時期也可說得是廣義的幕僚。

其集團上層更多的人是由幕僚走向統領、提督、總兵。

曾國藩幕僚集團，撥動了清王朝時鐘即將停擺的指標。

曾國藩何以擁有如此之多的幕僚，蓋諸事需其彌縫也。中國社會、民間積弊太深。曾公謂，見人至京辦事，宜多磕頭，少說話。又戲言，今人欲得志，須讀三部書，即摟摳經，米湯大全，熏膨大典（《汪康年筆記》，四九頁，上海書店版），此是悲悼時局之言，世務須人事牽合，故幕僚大有用武之地。

其幕僚集團一系列排下來，有人力、有智慧、有操守，關鍵角色數百人，對時代有著絕大的影響，他們自有一套政策邏輯和決策程式，他們懂得各式各樣的行業，廣納人才成為精英團隊，長線的佈設，短線的籌畫，以及學術思想，經邦濟世。對於時局的鈕控，就是他們奠定的基礎。

在美國歷史上，總統政策的擬訂與運作往往依靠幕僚長。美國政體總統的幕僚長，文的要靠國務卿，武的要靠參謀總長。

當時勢造英雄的風雲際會時代，不安分的文人，往往扮演大小幕僚的角色，而且大半不擇手段，以謀個人的發展，范文程投效努爾哈赤，參加後金政權。為參與帷幄之主要謀士，教導滿清開國，凡伐明的策略、爭取漢官歸降、進攻朝鮮、撫定蒙古、國家制度的建設等等，他都參與決策，顛覆他所屬的明朝。

但又有不一樣的，太平天國的錢江，一度最重要的幕僚，現在的研究資料卻很少，乃因其當洪楊攻佔武漢時，他覺察其人不足有為，仿范增對項羽失望而逸去，所以給後來研究者造成神龍見首不見尾的印象。與之相對稱另一極端者，沒有傑出幕僚終吃大虧。太平天國，沒有第一流的幕僚。讀書人望望然而去。天王教義非驢非馬，正人君子避之唯恐不及。

民初知識份子，經過辛亥的冷卻之後，一部分不願意呆在學院的象牙塔裡專攻學術，而要在現實生活中實現他自己的想法。於是不少人選擇了幕僚的角色。純官僚機構尚顯約束，純學院又過於虛靜，學與術的嫁接為其夢寐以求，著書立說以期有用的色彩甚為分明。其策論式的文章對上，抒志的文章對下，對上以求一逞，對下買通群氓反響。

他們生活在社會的轉型時期，某種生活方式日趨衰落，意識形態面臨嚴重挑戰。

一部分如劉師培等但求聞達於諸侯，動大於靜，漸漸不能安靜，不能控制。

一部份如王士珍，雖歲月流動，靜大於動，漸漸趨於沉寂，對主官的決策過程、動機瞭若指掌。

孫中山先生青年時期甫入社會，也上書、遞策論，剛開始所扮演的，自忖能做到的，也是幕僚這個角色。

但超人型主官對幕僚班子也形成遮蔽，若曾國藩、麥克亞瑟、孫中山等，皆然。孫中山先生對戴季陶、胡漢民、汪兆銘等人的提攜，基本的修養，使之刮垢打磨，增其亮光。

北洋系的幕僚，其思想基礎，在時代的巨輪下，地域色彩濃厚，顯出過時的專制主義的歷史殘餘，重塑社會的努力和極強的個人訴求緊扣一起，造成人生奮鬥的巨大盲點。

天下哪有純而又純的幕僚？就以坊間輾轉傳寫的蔣介石的幕僚集團來說，所謂六大幕僚之類書籍，如張群、楊永泰、朱家驊等，都曾經外放，或負方面之責，不是貼身意義的幕僚。至於在侍從室的如陳布雷等，雖今之論師以軍機大臣來形容他，實則他的不少時間、他的職責，較多為處理事務，只是文章文字幕僚，於戰略態勢，並無專責。

袁世凱，他是權謀型人物，一切公理，德操、輿論，如與意志有衝突，則般般都要讓路。真是什麼藤上結什麼瓜，他的參謀班子也是這一流人物，只是型號小些，到底層，就純為鼠竊狗偷之輩，不像個當政的樣子。在專制肆虐的地方，政治腫瘤叢生，導致問題多多，漏洞處處。若非智囊智慧的匱乏，就是存心與民為敵，問題看似兩造，原因只有一個。

民國的參謀，多到像文豪的妙語，不擇地而出。在那歷史轉型的特殊時期，蔚成大觀。形態和類型也令人眼花繚亂，自由派文人如林語堂、曹聚仁、張恨水等等，這是週邊的、廣義的；學院派知識份子群如戰國策派議論驚悚，聳動視聽；機會型的人物若楊度、楊永泰、劉師培、羅隆基等，則把一切機會開掘到極點；純軍事幕僚則有羅友倫、蔣緯國、盛文、舒適存、趙家驤等等；把舊道德演繹到完美境界者則有陳布雷先生等人；過渡時期的幕僚則有伍崇仁、樊崧甫之屬；學生型幕僚，那種打蘸水式的，蜻蜓點水般鬧著玩的則有康白情等人；地方軍頭的幕僚則有沈默士、巴人等等；純粹文人帶有表演性質、行為藝術一般的參謀類型則以饒漢祥最為顯眼……

民國後期幕僚文化，乃屬一種一以貫之的使命感，持久的戰略文化。

其優秀者，努力從歷史的負疚感中掙脫出來，認同普世價值，自由的生活方式，並為造成行之有效的制度而奉獻智慧與生命。他們對肆虐的專制狂瀾葆有最大的警惕，他們作為參謀作業的手段，顯示出他們明晰的防禦心態和戒備心理，就是要為盲動的浪潮制動、剎車。最後，卻因種種偶然性因素的充量彙聚，歷史災難性的危機切斷了他們行進的步伐。

民國幕僚的知識構成，曹聚仁《採訪外記・戰地八年》中感歎，程潛的舊詩甚佳，王鐵漢能談人生哲學，極有條理。一位憲兵團的李團長，竟然把馮友蘭的書都吞下去了，雖不十分消化，但他口若懸河的舌辯很嚇人，某師長和曹聚仁談了整晚上的辯證法，他擅長黑格爾和康得。至於本來是燕京、清華大學出身者，如居浩然、孫立人將軍等，那更不必說了。

曹聚仁說，抗戰中期，不少軍事將領譬如王耀武、丁治磐、李良榮等人，都在那兒讀英文，看《資治通鑒》，他們比後方的政治圈中的人物高明得多。所以曹聚仁更斷言，記者的構成知識不淺，但要到軍人面前去稱雄，實在還不如藏拙為好。一九三八年初春，曹聚仁在黃山下，遇到了冷欣的參謀，他其貌不揚，像個土老兒，右眼角有點斜吊，他時常在走廊上散步，後來在戴戟的宴席上認識了，才知道這個土老兒，精通俄、德、法、英、日五國文字，而且政治經濟、文史博物，無所不窺。他們整日整夜談了一個星期，曹聚仁說：「要是我不懂謙虛之道，怕不被他笑死。」

至於上官雲相，他是北洋的出身，是不是大老粗呢？看起來像，實際又絕不是。他其實是粗中有細，他到過德意各國，他對於希特勒、墨索里尼集權政治的批評，以及現代軍事觀點的分析，非常精到，可說是第一流軍事家。

主官和幕僚的關係，有時有顢頇的主官，一意孤行，而有明敏盡責的幕僚；有時又有頗具卓識的主官，身邊卻圍繞小鼻子小眼的幕僚。前一種是幕僚的悲劇，後一種是主官的悲劇。幕僚跟主官的關係，有時也像婚姻，俊漢身畔拙妻，佳婦偏嫁莽漢。殊欠圓滿。

民國後期幕僚的職能，較之北洋時期，那種搖鵝毛扇的軍師形象，業已大為改進，甚至完全變異。正如美軍參聯會一樣，不僅容納各軍種參謀長，研擬制訂戰略計畫並統一全軍的戰略行動，且負具體指揮之責，蔣緯國經常強調的「指參」二字，即是指揮參謀一體化的減縮，至此，幕僚已居於核心地位，整合作戰、計畫與政策、人力與人事、指揮與通信及後勤等業務部門，協調三軍各自的特長，以及彼此的思想和行動，從而實現有效的統一指揮。

史地傳記類　PC0124

烽火智囊
——民國幕僚傳奇

作　　者 / 伍立楊
主　　編 / 蔡登山
責任編輯 / 蔡曉雯
圖文排版 / 陳湘陵
封面設計 / 蕭玉蘋

發 行 人 / 宋政坤
法律顧問 / 毛國樑　律師
印製出版 / 秀威資訊科技股份有限公司
114台北市內湖區瑞光路76巷65號1樓
電話：+886-2-2796-3638　傳真：+886-2-2796-1377
http://www.showwe.com.tw
劃撥帳號 / 19563868　戶名：秀威資訊科技股份有限公司
讀者服務信箱：service@showwe.com.tw
展售門市 / 國家書店（松江門市）
104台北市中山區松江路209號1樓
電話：+886-2-2518-0207　傳真：+886-2-2518-0778
網路訂購 / 秀威網路書店：http://www.bodbooks.tw
國家網路書店：http://www.govbooks.com.tw
圖書經銷 / 紅螞蟻圖書有限公司
114台北市內湖區舊宗路二段121巷28、32號4樓
電話：+886-2-2795-3656　傳真：+886-2-2795-4100

2010年11月BOD一版
定價：580元

國家圖書館出版品預行編目

烽火智囊——民國幕僚傳奇 / 伍立楊著.
-- 一版. -- 臺北市 : 秀威資訊科技, 2010.11
面； 公分. -- (史地傳記 ; PC0124)
BOD版
ISBN 978-986-221-608-8(平裝)

1. 傳記 2. 中國

782.18 99017243

讀者回函卡

感謝您購買本書，為提升服務品質，請填妥以下資料，將讀者回函卡直接寄回或傳真本公司，收到您的寶貴意見後，我們會收藏記錄及檢討，謝謝！

如您需要了解本公司最新出版書目、購書優惠或企劃活動，歡迎您上網查詢或下載相關資料：http:// www.showwe.com.tw

您購買的書名：________________________________

出生日期：________年________月________日

學歷：□高中（含）以下　□大專　□研究所（含）以上

職業：□製造業　□金融業　□資訊業　□軍警　□傳播業　□自由業

□服務業　□公務員　□教職　□學生　□家管　□其它_____

購書地點：□網路書店　□實體書店　□書展　□郵購　□贈閱　□其他

您從何得知本書的消息？

□網路書店　□實體書店　□網路搜尋　□電子報　□書訊　□雜誌

□傳播媒體　□親友推薦　□網站推薦　□部落格　□其他__________

您對本書的評價：（請填代號　1.非常滿意　2.滿意　3.尚可　4.再改進）

封面設計____　版面編排____　內容____　文／譯筆____　價格____

讀完書後您覺得：

□很有收穫　□有收穫　□收穫不多　□沒收穫

對我們的建議：________________________________

____

____

____

請貼
郵票

11466
台北市内湖區瑞光路 76 巷 65 號 1 樓
秀威資訊科技股份有限公司 收
BOD 數位出版事業部

....

（請沿線對折寄回，謝謝！）

姓　　名：＿＿＿＿＿＿＿＿　年齡：＿＿＿＿　性別：□女　□男

郵遞區號：□□□□□

地　　址：＿＿＿＿＿＿＿＿＿＿＿＿＿＿＿＿＿＿＿＿

聯絡電話：(日)＿＿＿＿＿＿＿＿＿＿(夜)＿＿＿＿＿＿＿＿＿＿

E-mail：＿＿＿＿＿＿＿＿＿＿＿＿＿＿＿＿＿＿＿＿